U0921241

国家社会科学基金项目最终成果

中国西南地区蒙古族的
民族认同研究

ZHONGGUO XINAN DIQU MENGGUZU DE
MINZU RENTONG YANJIU

王世丽 ◎ 著

云南出版集团
云南人民出版社

图书在版编目（CIP）数据

中国西南地区蒙古族的民族认同研究 / 王世丽著 -- 昆明 : 云南人民出版社, 2021.1
ISBN 978-7-222-17877-9

Ⅰ.①中… Ⅱ.①王… Ⅲ.①蒙古族—民族主义—研究—西南地区 Ⅳ.①K281.2

中国版本图书馆CIP数据核字(2020)第273274号

出 品 人 赵石定
责任编辑 金学丽 田大余
责任校对 王以富 李 红 董郎文清
装帧设计 马 滨
责任印制 代隆参

中国西南地区蒙古族的民族认同研究

王世丽 著

出 版 云南出版集团 云南人民出版社
发 行 云南人民出版社
社 址 昆明市环城西路609号
邮 编 650034
网 址 www.ynpph.com.cn
E-mail ynrms@sina.com
开 本 720mm×1010mm 1/16
印 张 20.75
字 数 350千
版 次 2021年1月第1版第1次印刷
印 刷 昆明理煌印务有限公司
书 号 ISBN 978-7-222-17877-9
定 价 90.00元

云南人民出版社微信公众号

序　言

离散、记忆与回归：族体认同现代转型的多重性与复杂性

周竞红

应学妹之命为其新作《中国西南地区蒙古族的民族认同研究》作序，囿于研究水平所限不能完成任务，幸好民族认同研究也是民族理论研究必须关注之点，作为一个学习者细读该书，收获多多，透过这一研究可以体会历史记忆或再造的历史记忆是如何在国家追求现代性进程中成为特定民族历史上离散的人口形成民族认同的基础，以及人们是如何在特定的环境、语境或生境中完成复杂和多重的认同自如转换并得以生存和发展。

王朝中国向主权现代中国转型是打破闭关锁国、开眼看世界的过程，也是社会权力从帝王中心向人民中心转变之始。在这一过程中，科学、民主、民族、自由、人民、政党等等带有全新价值和观念的概念在中国转型进程中西来并在仁人志士追求国强民富的大目标中成为推动传统中国社会变迁的重要概念，这些概念从最初的译介、仿用到在实际推动中国社会生活发生巨大转变中被中国化或与传统中国语境相适应，成为推进当时“千年未有之大变局”王朝中国转型的重要思想力量。在中国共产党正确的民族政策引领下，全国各族人民团结奋斗，浴血奋战，共同缔造了统一的多民族国家——中华人民共和国。现在中国已经进入习近平新时代中国特色社会主义时期，开创了民族团结进步事业的新局面。全党全国各族人民在谋求中华民族伟大复兴的征程中，毫不动摇地坚持民族平等、民族团结、各民族共同繁荣的基本政策。

流动且多重的民族认同是打造各民族团结的重要思想基础。《中国西南地区

蒙古族的民族认同研究》从蒙古民族历史上离散人口的认同演变、现状、环境及其背景支持的力量等复杂现象出发，呈现了中华人民共和国成立后进行的民族识别对于历史上离散蒙古族人口在西南地区民族认同的确定、构建的深刻影响，以及随着交通等条件变化，在统一的多民族国家稳固的社会政策条件保障下，这部分蒙古族人口与草原蒙古族人口再建立联系、认同并互动的生动场景。

该项研究在方法上很有新意，一方面追求新史料的发掘，一方面追求对既有史料的重新解读，并注意历史学与其他学科的交叉、联姻与转向，从而借助社会学、人类学、政治学、民俗学、经济学、历史地理学等学科的理论成果和方法，特别借助历史人类学将民俗习惯的历史变迁作为观察社会的视角，观察、说明和解读历史上离散的蒙古族人口的社会行为、历史记忆等现象，阐释在中华人民共和国民族政策实施进程中表现出的民族认同的多元性和多样性以及变动性。

在新时代中国特色社会主义思想指导下，遵守中国共产党民族理论和政策，该研究的探索和创新不仅尝试在方法上通过多样性打开视野，而且在如下两个方面进行了有益的尝试和探索：

第一，依据已有的历史资料和时代变化，将分布于川滇黔渝四省市的蒙古族人口的民族认同作为研究对象，研究西南各地的蒙古族人口的民族认同演变历程及其微观变化的条件，拓展出蒙古学研究一个新的区域和领域。全书详细阐述了蒙古族西南支系的历史记忆、主客观特征及文化差异，诠释了这些文化差异的存在、生成是蒙古族社会历史发展的结果，期望构筑起全社会理解西南地区蒙古族人口分布的形成、发展及文化变迁历程的桥梁，以减少误解、偏见和歧视。

第二，以西南地区蒙古族人口的历史记忆为核心，较为全面系统地以历史人类学的理论和方法分析其民族认同，特别是透过特定的复杂历史过程剖析西南地区蒙古族人口认同过程及其历史形塑，以及在统一多民族国家建构中认知，与周边多民族共生共处，团结奋斗，追求多元一体格局下的各民族平等团结互助和谐。西南各地蒙古族人口的民族认同形成与特定地域相关，其与自然和谐相处，而且成功地利用并改变了环境；在其离散生活开始之初，新的生存环境亦重新塑造了西南蒙古族的文化生态。以云南通海兴蒙乡为中心的考察又将在长时段的研究中注意个案与整体的结合，做到了点面结合，重点突出。

总之，作者通过多方面的观察和研究，特别是借助于田野调查和访谈方式，分析和展示了散居于西南各省市的蒙古族人口民族认同的复杂性、动态性、多重性和工具性等特征，基于客观实际的观察和研究结果提示人们：特定历史族体认同现代转型是一个复杂的过程，在统一的多民族中国现代化进程中，这种复杂性、动态性、多重性和工具性将会持续，社会政策的实施及发展目标的确定者需要充分考量这一实际。在中国共产党的领导下，各级地方政府应充分注意各民族人民对美好生活的实际需求，围绕人民利益为中心展开建设，以符合统一多民族国家国情、实现各民族共同团结奋斗共同发展繁荣和中华民族伟大复兴的总体目标。

2020 年 9 月 3 日作于中关村寓所

目　录

绪论

一、选题的缘起

中华文明是由生活在中国大地上的各族人民共同缔造的，其显著特点是土著性和多元性。历史上各民族不断交往交流交融，形成了中华各民族大杂居、小聚居的分布格局，在民族关系上也呈现出汉族离不开少数民族、少数民族离不开汉族、各少数民族之间也相互离不开的特征。近代以来，中华民族从自在实体发展到自觉实体，随着多元一体格局不断深化，中华民族共同体意识在不断增强，中华民族的凝聚力也在不断牢固。处理好民族问题及做好民族工作，是关系祖国统一和边疆巩固、民族团结和社会稳定、国家长治久安和中华民族繁荣昌盛的大事。中国共产党第十九次全国代表大会明确提出："全面贯彻党的民族政策，深化民族团结进步教育，铸牢中华民族共同体意识，加强各民族交往交流交融，促进各民族像石榴籽一样紧紧抱在一起，共同团结奋斗、共同繁荣发展。"这是习近平新时代中国特色社会主义民族工作思想创新发展的集中概括，也是新时代中国特色社会主义民族工作必须坚持的指导思想和总方针。鉴于此，我们有必要认真讨论和深度拓展《中国西南地区蒙古族的民族认同研究》这一论题，因为中国西南地区的蒙古族人口作为蒙古族大家庭的一员，为铸牢中华民族共同体意识提供了重要经验和生动案例。

在冷兵器时代，以游牧为主要生产方式的蒙古人作为"世界征服者"的历史演变促成蒙古人分布于世界各地，"成吉思汗"作为历史民族的始祖构成蒙古认同发展的重要标志，成为世界蒙古人精神的象征，激励着蒙古人向现代化行进。蒙古民族的历史记忆和民族认同也在世界各地不断发展和变化。历史上举凡蒙古军队所过之处，总会留下蒙古人口。蒙古帝国在灭西夏、吞金朝、降吐蕃、平大理、亡南宋的历史过程中，合引弓之民与耕田士庶为一体，并迁徙“行国”与定居“城国”同“天下”；属高丽，治交趾，领八百媳妇，略缅甸，声教被及东南亚；在挥戈西征中，构建横跨欧亚大陆的“四大汗国”，世界历史的格局为之变换，空前规模的人流与物流在非机械化时代跨越欧亚，借助水陆交通线畅行于不同文明之间。从全球史观的视角来看，元帝国经略东南亚必然要穿越西南地区的崇山峻岭，因此，这一历史民族区有蒙古人的后裔属历史必然。千百年来，他们民族意识的存续和认同的变迁值得深入观察和研究。特定的地理环境、人文环境因素是其认同存续的外部条件，然而在历代社会变迁中生存资源利用、利益分配和政治参与等因素则使这种历史身份得以凸显，并成为影响人们深层情感和意识行为的重要因子。在不同国家政治形态中，这种源于特定历史的身份意识或认同表现状况有着深层的差异。

由于西南地区复杂的自然和人文环境，各民族交错杂居、交流交融、群体共生、利益交织、总体和谐、差异明显。民族认同的差异巨大，具体表现在族际关系差异、认同场景差异、社会阶层差异、年龄代际差异等方面，即使是在蒙古族内部，分布于不同地区或来自不同部落的人口之间，也存在着民族认同和国家认同的共性与特性，有诸多问题需要开展实证性的研究，诸如分布于西南各地区蒙古族人口的历史记忆与民族认同存在的巨大差异性及由此而形成的社会问题，西南蒙古族各族群在资源竞争与权利分配体系中的地位，民族认同与现实民族政策的互动关系，西南蒙古族族群内部在生产生活方式、语言文字、文学艺术、宗教信仰、价值观念等诸多方面的巨大差异性，地域认同、国家认同与民族认同的不同途径及结果等。再如，同样是“摩梭”，在四川被认定为蒙古族，在云南丽江市被认定为纳西族，而宁蒗县却仍使用着“摩梭人”的称谓。为什么会出现这样的情况？“摩梭人”蒙古族身份的确立经历了一个怎样的历程？蒙古族在四川地区有一段什么样的历史？在当地的资源利用中，他们处于什么样的地位？在中华民族多元一体格局的大背景之下，我们应当怎样理解四川蒙古族人口在不同历史时代身份的变化？怎样看待民间留传下来的关于蒙古族认同的祖源记忆？

这些问题都是西南地区民族研究必须重视的现实问题。因此，西南地区蒙古族人口的民族认同研究可以从更细微的层面展现西南边疆民族史和区域社会史研究的类型，这一类型在研究西南地区民族迁徙、融合、发展历程方面具有重要的理论和现实意义。研究近现代时期的西南蒙古族的民族认同，有助于我们正确阐述中国西南边疆历史、人文、生态特征的形成与发展历程，进而对西南地区一部分人口认同于蒙古族这一历史事实作出学理性的探究，以达到解民情顺民意、巩固社会稳定和边疆安宁的目的。

二、学术史回顾

（一）关于西南地区蒙古族的研究

关于西南地区蒙古族的研究可以分为四个阶段：

第一阶段，1949 年中华人民共和国成立之前。西南蒙古族在元明清以来的地方志中以蒙古、鞑靼等名称出现。学术界的研究亦将之纳入西南史地研究的范畴内，视之为北方蒙古族的遗裔，并将之视为云南境内的世居民族。除了诸如《元史》《明史》《清史稿》等基本史籍外，当以夏光南的《元代云南史地丛考》涉猎最多，龙云修、周钟岳纂的《新纂云南通志 · 族姓》中，也有关于蒙古族的记述。四川省的清代咸丰《冕宁县志》、光绪《盐源县志》及国民政府军委会行辕编印的《川康边政资料辑要》《木氏宦谱》中亦有关于蒙古人的记述。

第二阶段，从 20 世纪 50 年代到 80 年代。随着民族识别工作的开展，以及民族区域自治制度的进一步落实，西南地区陆续建立了云南通海县兴蒙蒙古族乡，四川盐源县大坡蒙古族乡、沿海蒙古族乡（今泸沽湖镇），木里县项脚蒙古族乡、屋脚蒙古族乡、贵州省大方县凤山彝族蒙古族乡，西南蒙古族的社会经济历史发展历程也日益受到学界的重视。顾彼得于 1955 年在英国出版的《被遗忘的王国》中，搜集了涉及川滇边界蒙古族后裔祖先源于北方蒙古族的传说调查资料。杜玉亭先生自 1963 年开始，经 10 余年的调研和考证，于 1975 年写就了《云南蒙古族简史》一书，1979 年正式出版。该书是关于云南蒙古族的第一部历史著作，考述了云南蒙古族的源流，论述了云南蒙古族的经济文化特点，并著录了有关云南蒙古族的文物遗迹。此书的出版，引起了社会各界尤其是学术界的重视，使得越来越多的人了解到当今云南地区也有聚居的蒙古族人口存在。在四川地区，中国科学院民族研究所、四川少数民族社会历史调查组于 1963 年编纂的资料汇编《凉山西昌彝族地区土司历史及土司统治区社会概况》记载了盐源、木里蒙古族土司的历史渊源和社会历史发展面貌，四川省民族研究所的学者李绍明、李星星也多次深入到川滇边界纳日人生活区调研，撰写了大量的调研报告。

第三阶段，从20世纪80年代至90年代。这一时期关于西南蒙古族历史研究的学术论文和专著数量颇多、精彩迭出，从宏观和微观上都把西南蒙古人的历史研究向前扎实推进。方龄贵于1980年发表了《阿禚公主诗中的夷语非蒙古语说》一文，开创了深入细致的研究云南蒙古史的先河。此后方龄贵陆续发表了《元述律杰事迹辑考》《〈云南王藏经碑〉新探》《云南元代白话碑校证》等文章。方慧的《大理总管段氏世次年历及其与蒙元政权关系研究》，以扎实深厚的史学底蕴探讨了元代梁王与大理段氏总管的关系及其对云南政局的影响，认真梳理了梁王和段氏总管的世次年历，指出梁王、段氏从相互倚重到相互交恶，出现了政治二元化发展的结果，该论文是研究元代云南地方史和蒙古族史的成功之作。此后李治安的《元代云南蒙古诸王问题考察》一文与方慧的研究相呼应，论述了元代宗王出镇云南的历程及其性质，认为封藩不治藩是宗王出镇的主要特征。莫国芳的《从云南蒙古族特点看生态环境对民族的影响》从文化、服饰、体态、风俗习惯、宗教信仰等方面将云南蒙古族与北方蒙古族进行比较，认为虽然云南蒙古族与北方蒙古族深受自然地理环境以及社会环境变迁的影响，但他们始终同根同源。罗贤佑的《元代蒙古族人南迁活动述略》指出了蒙古族南迁的原因和经过，并且介绍了蒙古族在南迁后所施行的政策及其影响，认为蒙古族南迁过程中逐渐汉化并融合于当地。和即仁的《云南蒙古族语言及其系属问题》介绍了云南兴蒙乡蒙古族喀卓语（卡卓语），认为喀卓语是在语音上与白语接近，在基本词汇和基本句法构造上与彝语有诸多相似之处的一种独立语言。杜玉亭的《云南蒙古族的鲁班节研究》[①]详细介绍了云南蒙古族的“鲁班节”，认为其对云南蒙古族的内部团结起到了凝聚作用。关于四川蒙古族的研究，在族源记忆方面有《余氏族谱》《谭氏族谱》等谱牒。李绍明的《传为蒙古族之西昌〈余氏族谱〉考辨》，通过对作者本人搜集的西昌礼州《余氏族谱》、胡昭曦搜集的合江焦滩《余氏族谱》、犍为余氏《蒙族源流》、泸定沈村余氏口碑资料以及彭水向家坝的调研资料的考辨，得出西昌余氏来源极有可能与元代西夏贵族余阙有关，而与元朝皇室无涉的

① 杜玉亭：《云南蒙古族的鲁班节研究》，《内蒙古社会科学》（文史哲版）1990年第6期。

结论。李绍明的《川滇边境纳日人的族别问题》认为纳日人应为纳西族，而不是蒙古族。李范文的《西夏遗民考察记》，李文实的《霍尔与土族》，严汝娴、宋兆麟、刘尧汉主编的《四川省盐源木里两县纳日人社会调查》，四川省编辑组编写的《四川省纳西族社会历史调查》等记载或论述了川西高原各少数民族流传自己祖先是蒙古族的诸多说法。陈世松的《蒙古定蜀史稿》对蒙（元）征蜀进行了全面、系统的论述。蒙默的《四川古代史稿》也对蒙古人入川过程进行了论述。

第四阶段，从20世纪90年代至今。越来越多的学者从历史学、民族学、社会学、边疆学等诸多角度展开了关于西南蒙古人的研究。马世雯的《云南少数民族文化史丛书·蒙古族文化史》、方慧主编的《云南蒙古族村寨调查》，这两部书稿互为表里，用民族学的方法记述了云南蒙古族的社会发展、经济生活及文化面貌，以民族志的形式弥补了云南蒙古族研究的不足。桑郁的《云南通海蒙古族文化变迁》，宏英的《历史记忆与民族认同研究——以云南蒙古人的历史记忆为中心》，马京的《云南兴蒙蒙古族婚姻家庭的变迁》，董文朝、董文梅、张蓓蓓的《云南通海蒙古族民族心理认同研究》等，都是以云南蒙古族人口为切入点进行细致入微的研究。马世雯的《近20年来的云南蒙古族研究》[①]是一篇关于云南蒙古族的研究综述（1980—2000）。王世丽的《论蒙古族入滇的历史贡献》指出了进入云南的蒙古族对于云南行省的设立、土司制度的确定、儒学思想文化主流地位的确立、多民族杂居格局的形成等的历史贡献，《云南蒙古史研究中的两项史实考》则运用了经典的考据学方法纠正了《都元帅府修文庙碑记》中的时间是为“至元二十一年（1284年）”之误。有关四川蒙古族的研究，在《木里藏族自治县志》《理塘县志》《色达县志》《道孚县志》《凉山彝族自治州志》等地方志中都有记述。洛克的《中国西南古纳西王国》，郭大烈、何志武的《纳西族史》，溥任编写的《成都满蒙族志》，王文芝的《四川蒙古族》，李宗放的《四川古代民族史》等都论述了四川蒙古族属的方方面面。尤其是王文芝的《四川蒙古族》分别从四川蒙古族的历史源流、风俗信仰、社会物质、生产方式、军事、音乐舞蹈、语言文字、宗教信仰、文物古迹等方面进行了详细论述，是四川蒙古族学者以主位的立场撰写本民族历史，可以将之作为关于四川蒙古族的田野调查文本。还有

① 马世雯：《近20年来的云南蒙古族研究》，《云南民族学院学报》（哲学社会科学版）2001年第6期。

一些学者从民族学、社会学的角度来探讨四川蒙古族的文化变迁等诸多问题。四川学者赵心愚、李星星、李绍明、曾现江结合藏彝走廊的研究都对川滇交界纳日人的族属提出见解。赵心愚的《和硕特部南征康区及其对川滇边藏区的影响》论述了和硕特部征讨康区的军事行动以及该行动对青海、四川、西藏、云南的政治、经济、文化以及各民族之间的关系产生了深远的影响。赵心愚的《纳西族木氏土司家谱所记蒙古始祖问题的探讨》指出纳西木氏土司家谱之中攀附蒙古族的时间应该在元中后期，是纳西族蒙古化的一个表现。李星星的《川滇纳日人的族称问题的由来与现状》论述了哪些因素、哪些人物以及事件促成了川滇交界纳日人被确立为蒙古族身份，而当下的纳日人又是怎么看待自我的民族身份等问题。曾现江的《胡系民族与藏彝走廊——以蒙古族为中心的历史学考察》，论述了元明清藏彝走廊地区诸多民族之间的关系，分析了若干胡系民族在藏彝走廊的遗存，并论述了木氏在其家谱中没有攀附忽必烈等蒙古英雄人物，而将西域蒙古人作为其始祖的原因。曾现江的《对藏彝走廊蒙古族后裔传说的几点认识》《藏彝走廊的蒙古族源传说》《明代中晚期东部蒙古部落在康区的活动及其影响》《中国西南地区的北方游牧民族——以藏彝走廊为核心》《先取西南诸蕃，后图天下——蒙古对藏彝走廊的军事征服》等论文以藏彝走廊为中心论述了沿藏彝走廊各个区域的蒙古族源传说、重大军事行动等诸多问题。王希辉的《重庆蒙古族来源及其社会文化》关注到重庆蒙古族的来历与文化特征，认为重庆蒙古族确实为元代蒙古族后裔，甚至追溯到了奇渥温家族，并详细描述了重庆蒙古族在语言文字、饮食习惯、居住方式、宗教信仰、节日文化以及婚丧嫁娶等方面的地域特色，形成了具有西南地域特色的蒙古族西南支系。尤其是 2010 年在重庆彭水苗族土家族自治县出土的一块石碑，碑文记录了当地蒙古族先民与周围民族之间的团结友好关系，对研究重庆蒙古族有着较高的史料价值。此外，孔萨益多的《甘孜州甘、炉、道地区被称为“霍尔巴”的由来》、张朴的《梭坡藏族人口、婚姻、家庭考察报告》、邓廷良的《明正土司考察记》等文章对四川蒙古族也多有涉及。

近些年来，有诸多学者尝试着以生命科学、体质人类学、遗传学、艺术学、生态学等学科的角度来研究西南蒙古族的历史文化变迁，不失为一种新的视角和范式。

总之，经过前人的不懈努力，关于西南地区蒙古族民族认同的研究在各方面都取得了很大成就，但依然有一些理论和实践上的问题尚待继续深入研究。

第一，研究的视野尚有待拓展。西南地区蒙古族的来源及落籍、发展与元明清以来中原王朝对西南边疆的经营开发有紧密的联系，西南蒙古族的历史与文化是统一多民族国家整体发展的一部分，其中既包括蒙古族整体发展的历史，也包括西南边疆民族地区整体发展的历史。因此，应该将西南蒙古族的研究纳入中国边疆史研究的范畴，以便将地域、民族、文化有机地结合起来，进一步拓展内涵丰富而复杂的中国统一多民族国家的发展历程研究。

第二，研究的理论需要进一步检验。目前的研究成果往往囿于学科分类的限制，进行的是某一学科的独立研究，所以就理论体系而言，第二阶段的研究过分重视历史唯物主义的阶级斗争的革命理论，第三、四阶段的研究大多仅按照“中华民族多元一体格局”的理论来阐释西南地区蒙古族的发展历程。这一理论在研究元明清时期西南蒙古族的社会发展中有着指导性，而对于近代以来西南蒙古族的形成和发展却缺乏普遍的指导意义，还要与族群学理论相结合，才能正确阐述西南地区蒙古族的发展历程。

第三，研究的方法需要进一步挖掘口述史的资料。以往的研究方法主要集中于历史学的文献资料分析法和民族学的田野调查法。在运用历史学的文献分析法时尚未做辨章学术，考镜源流，对史料不加考辨的引用导致了错误的结论，最明显的就是将元代一些色目人、契丹人、女真人、汉人都纳入蒙古族中，虽经方龄贵、杨毓骧先生校证，尚有遗漏之处。在运用文化人类学田野调查的研究方法过程中，受所属课题体例和时间的限制，没有对所研究的社区做至少达到半年的田野调查，这与20世纪50年代开展的中国民族社会历史调查工作难以相比，其结论也难免出现偏颇之处。况且民族研究工作涉及历史学、民族学、社会学、宗教学、语言学等诸多学科，其复杂性是单一学科方法难以独立解决的。

第四，要加强对西南蒙古族人口分布地区的地域性特点的研究，突出其地域文化特色。西南蒙古族的地域文化既有这一地区的一般性特点，又与北方草原蒙古族及周边民族的文化交相辉映。在近现代时期，西南蒙古族作为中华民族一员的民族意识普遍觉醒，涌现出杨一波、艾思奇等杰出历史人物。同时，西南蒙古族人口聚居区也完成了由戍边屯田向渔樵耕牧转化的文化变迁过程，民族文化特征具备了中华民族在近现代的共性和蒙古民族西南支系的特性。

（二）关于民族认同的国内外相关研究述略

关于族群理论的研究，20 世纪 50 年代德国社会学家马克斯·韦伯（Max Weber）把族群与血缘亲属加以区分，强调主观认同对族群形成的作用。挪威学者弗里德里克·巴斯（Fredrik Barth）在《族群与边界——文化差异下的社会组织》一书中对族群的定义强调了文化孕育及组织类型，弥补了族群客观特征论的不足，形成了此后西方学界对族群的主要取向。[①]《哈佛美国族群百科全书》中的族群则逾越了亲属、邻里与社区，共同享有历史记忆、血统、语言、信仰，由主观意识所维系的群体。中国学者最早加入族群讨论的是台湾学者，此后大陆学者也加入相关研究之中，以郝时远的系列文章《对西方学界有关族群（ethnic group）释义的辨析》《Ethnos （民族）和 Ethnic group（族群）的早期含义与应用》《中文语境中的“族群”及其应用泛化的检讨》《台湾的“族群”与“族群政治”析论》《先秦文献中的“族”与“族类”观》《中文“民族”一词源流考辨》为代表针对族群的词源、适用范围、泛化问题等进行了探讨，指出族群泛化于社会群体范围及用“族群”概念取代中国固有的“民族”概念都不是本土化的形式。针对郝时远的观点，纳日碧力戈在《问难“族群”》中指出，“马克思主义的民族理论的所指是 nation，而不是 ethnic group”，“中国的民族（族群）定义离不开 20 世纪 50 年代以来的‘民族大调查’和 30 年代开始有雏形、40 年代以后成熟起来的民族区域自治政策及其实施”[②]。中国台湾学者王明珂则把族群的有关理论更进一步引入中国民族史的研究范畴之中，著有族群与边界研究的系列著作：《华夏边缘——历史记忆与族群认同》《羌在汉藏之间》《游牧者的抉择：面对汉帝国的北亚游牧部族》《英雄祖先与弟兄民族》等。此外，黄瑾《关于族群与族群认同的讨论》诠释了族群与民族的区别及界定，并指出族群认同的主位认同与客位认同的区别以及族群认同需要有场景的存在。兰林友《论族群与族群认同理论》指出族群认同、族群关系、族群冲突以及移民等愈加成为影响国家、区域发展的重要因素。国内外学者将族群理论的研究充分融入了人类学、民族学、历

① 弗雷德里克·巴斯主编，李丽琴译：《族群与边界——文化差异下的社会组织》，北京：商务印书馆，2014年。

② 纳日碧力戈：《问难“族群”》，《广西民族学院学报》（哲学社会科学版）2003年第1期。

史学、民俗学、社会学、政治学、统计学等学科理论背景，取得了丰硕的成果。周大鸣指出，在未来关于族群理论的研究中需要注意两个核心问题：一是如何协调好以西方文明模式发展起来的族群研究与中国本土化解释体系之间的关系；二是如何将多学科的理论方法更好地应用于中国族群研究。①

民族是一个历史的范畴，其本身具有一个发生、发展直至消亡的过程。斯大林对民族的定义是“人们在历史上形成的一个有共同语言、共同地域、共同经济生活以及表现在共同文化上的共同心理素质的稳定的共同体”②。该观点一度被奉为有关民族定义的经典论述，但之后饱受学术界质疑。中国学术界也不断地对斯大林民族定义提出补充与修正。如费孝通提出中国语境中的“民族”有三层含义：中华民族统一体；中华民族统一体的中国各民族；组成中华民族统一体的各个民族内部的人群（即还没被国家识别为单一民族的人群）。林超民认为国家的政治权力、国家体制对民族的形成与发展起着至关重要的作用，提出“民族是由国家权力构建的人们共同体。民族具有共同地域、共同语言、共同经济、共同文化、共同思想、共同历史六个要素”③。纳日碧力戈在《民族与民族概念辨正》《民族与民族概念再辨正》《“民族”百年回眸》《现代背景下的族群建构》中总结出“民族是在特定历史的人文和地理条件下形成，以共同的血统意识和先祖意识为基础，以共同的语言、风俗或其他精神和物质要素组成系统特征的人们共同体”④，也就是“具有或者有资格具有国家地位的族群、多民族共同体或者人们共同体”⑤。

关于“族群”与“民族”之间的关系，学界可谓是仁者见仁智者见智。周大鸣《关于中国族群研究的若干问题》指出“民族”与“族群”是一个互补的概念，两者并不矛盾更不冲突，只是针对具体的研究对象时有着具体的区分。进而提出

① 周大鸣：《关于中国族群研究的若干问题》，《广西民族大学学报》（哲学社会科学版）2009年第2期。

② 斯大林：《马克思主义和民族问题》，《斯大林选集》（上卷），北京：人民出版社，1979年，第64页。

③ 林超民：《“民族”概念管见》，《民族学评论》第四辑，昆明：云南人民出版社，2015年，第9页。

④ 纳日碧力戈：《民族与民族概念辨正》，《民族研究》1990年第5期。

⑤ 纳日碧力戈：《现代背景下的族群建构》，昆明：云南教育出版社，2000年，第120页。

“我们不应当拘泥于对名词概念或定义的束缚，而是要从我们面对的人群出发，从多元、互动的角度来分析和把握复杂的族群现象。考察与研究不同地域族群的差异，帮助我们去理解地域中的‘他者’，借此更清楚地认识我们自己”[①]。纳日碧力戈在《万象共生中的族群与民族》中指出不论是“族群”还是“民族”，两者都不可能单纯地依靠想象来建构共同体，而是依靠符号认知及历史记忆，依靠日常生活和社会实践等，并批判地运用美国皮尔斯的三元理论来研究族群和民族关系问题，认为人们有可能跨越个人、家族、部落、民族、宗族、地区、国家，认识到各个民族首先是生命体，他们相互之间以及和周围的各种生命和非生命现象之间可以共生并存，各自以对方为生存环境，达至“美美与共”的境界。[②]

“认同”一词，最先由奥地利学者西奥蒙德·弗洛伊德（Sigmund Freud）提出，指出认同是“指个人与他人、群体或模仿人物在感情上、心理上趋同的过程”[③]。继承者埃立森（Erik H. Erikson）是以自我与他人的关系来界定认同。英国学者吉姆·麦克盖根（Jim McGuigan）认为“认同是一种集体现象，而绝不仅是个别现象。它频繁地被从民族主义的方面考量，指那些身处民族国家疆域之中的人们被认为共同拥有的特征”[④]。尤尔根·哈贝马斯（Jurgen Habermas）认为“认同归于互相理解、共享知识、彼此信任、两相符合的主观实际相互依存。认同以对可领会性、真实性、真诚性、正确性这些相应的有效性要求的认可为基础”[⑤]。国内学者对于“认同”的概念与认识也有着自己的诠释与理解。王希恩指出，认同是“人们对于自己归属于自己国家、社区、家族、阶级、文化等的认知和感情依附”[⑥]，因此认同包括诸如民族认同、国家认同、社区认同、家族认同、阶级认同、文化认同等。张海洋指出，“认同是个人或社会根据互动对象确定我他关系的过程”[⑦]。

① 周大鸣：《关于中国族群研究的若干问题》，《广西民族大学学报》（哲学社会科学版）2009年第2期。

② 纳日碧力戈：《万象共生中的族群与民族》，北京：中国社会科学出版社，2015年。

③ 陈国强主编：《简明文化人类学词典》，杭州：浙江人民出版社，1990年。

④ ［英］吉姆·麦克盖根：《文化民粹主义》（中译本），南京：南京大学出版社，2001年，第228页。

⑤ ［德］尤尔根·哈贝马斯：《交往与社会进化》，重庆：重庆出版社，1989年，第3页。

⑥ 王希恩：《民族认同与民族意识》，《民族研究》1995年第6期。

⑦ 张海洋：《中国的多元文化与中国人的认同》，北京：民族出版社，2006年，第251页。

姚大力则认为，认同指“自我在情感上或者信念上与他人或其他对象联结为一体的心理过程。也可以说，认同就是一种归属感”，并进一步将近代以前的国家认同归结为三个层面：“第一个层面集中体现在对在位专制君主的忠诚，皇帝就是国家；第二个层面被聚焦于维持着属于某一姓的君主统系的王朝，王朝在则国家在，王朝亡则国家亡；第三个层面历时性的政治共同体‘中国’，王朝可能结束，中国却没有结束。”① 近期，纳日碧力戈结合国家“一带一路”倡议，认为“努力呈现广大中国观，倡导跨文明跨文化互利共生，百川异流，同汇于海。从家园认同、民族认同递进到祖国认同、人类认同、万物认同，差序认同中存在重叠共识”②。

关于民族认同，英国学者马林诺夫斯基（Bronislaw Malinowski）认为“民族认同”是“认同”含义在民族研究领域内繁衍而出③。张海洋认为中国语境中的民族认同包括三层含义，其一，“国内各民族的内部认同，即族群认同（ethnic identity）”；其二，“国内各民族之间的整体认同，即国民认同（national identity）”；其三，“跨国的中外籍人士（包括海外华人）对中国历史文化或文明的认同，即文化认同（cultural identity）”④。王希恩认为，民族认同是“社会成员对自己民族归属的认知和感情依附”⑤，也就是人们对本民族身份的确认。王希恩突出强调民族意识对民族认同有着关键性的作用，民族意识是“社会成员对自己民族归属和利益的感悟”，包括“社会成员对自己民族归属的感悟”“社会成员对自己民族利益的感悟”两部分。⑥ 因此民族认同也就是“民族内部于理智上形成共识、情感上产生共鸣、意志上达成共同追求，从而将本民族与他族相区别的方式”⑦。同时，民族认同的发生往往遵循“从边缘向中心，从较高社会

① 姚大力：《追寻“我们”的根源：中国历史上的民族与国家意识》，北京：生活·读书·新知三联书店，2018年，第16—19页。
② 纳日碧力戈：《灵魂激情与万象共生：差序认同中的重叠共识》，《中国音乐》2018年第1期。
③ ［英］马林诺夫斯基著，费孝通译：《文化论》，北京：华夏出版社，2002年。
④ 张海洋：《中国的多元文化与中国人的认同》，北京：民族出版社，2006年，第1—2页。
⑤ 王希恩：《民族认同与民族意识》，《民族研究》1995年第6期。
⑥ 王希恩：《民族认同与民族意识》，《民族研究》1995年第6期。
⑦ 王希恩：《民族过程与国家》，兰州：甘肃人民出版社，1997年，第140页。

阶层向一般成员的浸润，是一种水平方向的推移过程”[①]。周大鸣认为民族认同需要基础要素和一般要素，基础要素“包括共同的历史记忆和遭遇”，一般要素“包括语言、宗教、地域、习俗等文化特征”，此外“家庭、亲属、宗族的认同也会影响到族群的认同”[②]。张海洋认为民族认同“会因时、因地、因对象、因感受而异，没有一成不变的”，并且还会“随主观感受和客观场景的变化而变化”[③]。

关于国家认同，1953年勒文森（Joseph R. Leveson）在《梁启超与中国近代思想》转述梁启超在《中国的前途之希望与国民责任》中指出的：“当人们潜在地把整个世界看成是单个的国家时，就不可能再有民族国家认同或者爱国主义的意识。”[④]贺金瑞、燕继荣在《论从民族认同到国家认同》指出，“国家认同是随着人出生时被赋予的公民身份而具备认同前提的，它是指一个国家的公民对自己祖国的历史文化传统、道德价值取向、理想信仰信念、国家政治主权等的认同”[⑤]。高永久、朱军在《论多民族国家中的民族认同与国家认同》中指出，民族认同和国家认同是相互矛盾的，但需要我们用和谐、大同的视角来诠释，用科学的眼光处理好二者之间的内在关系，二者只有在价值和功能上达成一致，才能构筑起民族和国家的一致性。张宝成在《民族认同与国家认同——跨国民族视阈下的巴尔虎蒙古人身份选择》谈到民族认同和国家认同之间的关系时，指出民族认同与国家认同存在着差异性、冲突性、一致性，需要正确对待族群认同与国家认同的一致性与冲突性。[⑥]

处理好民族问题、做好民族工作，是关系中国的国家统一和边疆巩固的大事，是关系民族团结和社会稳定的大事，是关系国家长治久安、中华民族繁荣昌盛与伟大复兴的大事。习近平总书记在第二次新疆工作座谈会上提出“牢固树立中华

① 王希恩：《民族认同发生论》，《内蒙古社会科学》（文史哲版）1995年第5期。
② 周大鸣：《论族群与族群关系》，《广西民族学院学报》（哲学社会科学版）2001年第2期。
③ 张海洋：《中国的多元文化与中国人的认同》，北京：民族出版社，2006年，第40页。
④ ［美］勒文森著，刘伟等译：《梁启超与中国近代思想》，成都：四川人民出版社，1986年，第151页。
⑤ 贺金瑞、燕继荣：《论从民族认同到国家认同》，《中央民族大学学报》（哲学社会科学版）2008年第3期。
⑥ 张宝成：《民族认同与国家认同——跨国民族视阈下的巴尔虎蒙古人身份选择》，北京：人民出版社，2012年，第273—283页。

民族共同体意识”，到第四次中央民族工作会议时提出“积极培养中华民族共同体意识”，再到党的十九大提出“铸牢中华民族共同体意识”。马戎指出：“我国逐渐实现了‘民族’话语基调的历史性转变，过去的表述往往强调‘民族平等’和‘民族区域自治’，近些年则更加偏重于强调‘中华民族共同体’和‘各民族交往交流交融’。这说明中央已经意识到在‘中华民族多元一体格局’中，只强调多元存在重大偏差，要‘铸牢中华民族共同体意识’。”[①] 王希恩针对新时期民族融合、民族交融、民族互嵌三者之间的内在逻辑关系进行阐释，认为“交融”不同于“融合”，“交融”强调的只是相互接纳、吸收、包容和认同，是“融合”的进行时态或过程，不是结果；“互嵌”讲的是一种物质(或可延伸为精神)的空间距离，相互之间的掺杂交叉。“互嵌”是“交融”的必需途径，“交融”是“互嵌”的自然结果。[②] 纳日碧力戈的系列研究《双向铸牢中华民族共同体意识》《三维铸牢中华民族共同体意识》《四方铸牢中华民族共同体意识》《“五通”铸牢中华民族共同体意识》等，认为共同体意识不能只靠少数民族单向铸牢，而是要靠多数民族和少数民族双向铸牢，包括少数民族要认同多数民族，多数民族更要认同少数民族，共同认同新时代中华民族，彼此差异互补、互联互融、求同存异。铸牢中华民族共同体意识需要从历史传统、语言文化、政治制度三个维度着手，缺一不可。同时，铸牢中华民族共同体意识需要高层领导与基层民众相通，中层领导与知识界互联，需要“心通”“情通”“语通”“文通”“政通”。[③]

① 马戎：《习近平同志近期讲话指引我国民族工作的方向》，《中央社会主义学院学报》2018年第3期。

② 王希恩：《民族的融合、交融及互嵌》，《学术界》2016年第4期。

③ 纳日碧力戈：《双向铸牢中华民族共同体意识》，《中南民族大学学报》(人文社科版)2019年第4期；纳日碧力戈等：《三维铸牢中华民族共同体意识》，《中央民族大学学报》(哲学社会科学版)2020年第1期；纳日碧力戈等：《四方铸牢中华民族共同体意识》，《广西民族研究》2020年第1期；纳日碧力戈等：《“五通”铸牢中华民族共同体意识》，《西北民族研究》2020年第1期。

三、核心概念

（一）西南地区

一般来说，今天“西南”的概念大致有广义与狭义之分。狭义的“西南”相当于行政区划中的四川省、重庆市、云南省和贵州省；而广义的“西南”还包括西藏和广西两个民族自治区。不过历史上所谓的“西南”，其空间范围主要是指前者，即狭义的“西南”，而且人们多以司马迁《史记》中的相关记载为依据，将“西南”界定在“巴蜀西南外”的云、贵两省及川西南的部分地区。当然，在不同历史时期，“西南”一词所涵盖的地域也有一定程度的变化。如方国瑜先生曾在《中国西南历史地理考释》一书中指出：“西南地区的范围，即在云南全省，又四川省大渡河以南，贵州省以西，这是汉至元代我国的一个重要政治区域——西汉为西南夷，魏晋为南中，南朝为宁州，唐为云南安抚司，元代为云南行省——各时期疆界虽有出入，而大体相同。”[①] 由此可见，历史上的西南已不仅是一般意义上的一个远离中原的自然区域和行政区域，同时也是一个内部相互联系并与外界彼此兼容的完整文化区域。这一区域自古以来就是多民族的聚居地之一，其自然环境的多样性与相对封闭性、经济社会发展的滞后性与不平衡性以及由此形成的文化的多样性，构成了西南边疆社会的基本发展背景和基础。而本课题的相关研究正是基于这一特定的地域即狭义的西南的背景下所进行的探索。

本文中的四川地区主要是包括今天的四川省和重庆市。“四川地区”系指传统的四川而言，即在重庆单列为直辖市之前的四川。这样做的目的是为了对这一区域蒙古族的发展有一个全面的把握和认识。今四川和重庆历史上属于同一行政区划，1997 年 3 月行政区划调整方划分为并列的省市。但历史联系是行政区划所割裂不开的，二者在蒙古族相关问题的诸多方面都是一体的，因此本文把重庆纳入到了四川部分进行论述。从这个意义上而言，本文以历史行政区和历史民族区的“云南行省”作为空间范围，次第讨论蒙古族的民族认同问题。

① 方国瑜：《中国西南历史地理考释·略例》，北京：中华书局，1987年，第1页。

（二）民族认同与族群认同

民族　斯大林的民族概念：“民族是人们在历史上形成的一个有共同语言、共同地域、共同经济生活以及表现在共同文化上的共同心理素质的稳定的共同体。”这与中国的民族历史发展有些出入，学术界和政府部门进行了不懈的努力，使之日臻完善。2005年5月中央民族工作会议之后，中共中央、国务院在《关于进一步加强民族工作加快少数民族和民族地区经济社会发展的决定》中，将中国共产党民族理论和政策的基本观点集中表达为“十二条”，其中第一条就是:“民族是在一定的历史发展阶段形成的稳定的人们共同体。一般来说，民族在历史渊源、生产方式、语言、文化、风俗习惯以及心理认同等方面具有共同的特征。有的民族在形成和发展中宗教起着重要作用。”这是中国共产党关于民族概念的第一次正式阐述。从表述上有与斯大林民族定义相近的地方，比如说民族是在一定历史发展阶段形成的稳定的人们共同体。这一坚持是对的，因为民族是一历史现象，在历史上形成，又将在历史上消亡，是马克思主义历史唯物论的基本观点之一；民族又是稳定的人们共同体，不是一个偶尔形成又会轻易分解的社会团体。再比如将“语言”仍然作为民族具有的“共同的特征”，虽然和斯大林的表述相近或相同，但符合马克思主义，符合民族现象的实际。然而，与斯大林的民族定义的不同之处更多一些：取消了“共同地域”，增加了“历史渊源”“风俗习惯”“心理认同”等因素，将“共同经济生活”改为“生产方式”，增添了“有的民族在形成和发展中宗教起了重要作用”等。这些改动使民族概念大大中国化了。“共同地域”不再作为民族的必备特征，符合中国民族大分散、小聚居的分布特点。

认同　“认同（identity）”一词流传甚广，它在哲学里讲的是同一事物在变化中的同态和差别中的同一问题，美国心理学家埃里克森（Erikson）将其引进心理学。他把心理分析知识用于文化人类学、发展心理学和历史学研究，使得在哲学中表示“同一”或“自性”，在心理学描述关键期个体内心活动的“认同”一词，进入社会文化研究领域就变成了兼有“求同”和“辨异”的行为和态度。它包括社会认同、文化认同和民族认同等，它们分别指个人认为自己与所处的特定的社会地位、文化传统和民族群体的统一。张海洋主张：“认同是个人或社会根据互动对象确定我 / 他关系的过程，他是个人或社会根据自性标准识别自身与外界特点的态度或行为。”[①] 中国语境中的民族认同包含了三层含义：一是国内各民族的内部认同，是为族群认同（ethnic identity）；二是国内各民族之间的整体认同，是为国民认同（national identity）；三是跨国的中外籍人士（包括海外华人）对中国历史文化或文明的认同，是为文化认同（cultural identity）。本书所涉及的民族认同问题，显然与第一、二层的国民认同密切相关，相关研究也将在这一层面上展开。

族群　“族群”在人类学著作中一般被理解为：①用以指明一群人在生物上具有极强自我延续性；②共享基本的文化价值，实现文化形式上的公开的统一；③组成交流和互动的领域；④具有自我认同和被他人认可的成员资格，以形成一种与其他具有同一阶层（order）的不同种类。有关族群（ethnic group）的概念是多种多样的。1950 年，韦伯给族群下过一个定义：族群是指因体质的或者习俗的或者对殖民化以及移民的记忆认同的相似而对共同的血统拥有主观信仰的群体，这种信仰对非亲属的共同关系具有重要的意义，族群不同于亲属群体。后来，《哈佛美国族群百科全书》在定义族群时就考虑到边界和内涵的综合：族群是一个有一定规模的群体，意识到自己或被意识到其与周围不同，“我们不像他们，他们不像我们”，并具有一定的特征以与其他族群相区别。这些特征有共同的地理来源、迁移情况、种族、语言或方言、宗教信仰，超越亲属、邻里和社区界限的联系，共有的传统、价值和象征，文字、民间创作和音乐，饮食习惯，居住和职业模式，对群体内外不同的感觉。族群认同的要素包括：①共同的文化渊源是族群的基础。族群是建立在一个共同文化渊源上的。族群组织经常强调共同的继嗣和血缘，这样由于共同的祖先、历史和文化渊源而容易形成凝聚力强的群体。社会科学家们认为这是群体中个人认同最重要的，也是其基本的社会身份。同时文化渊源又是重要的族群边界和维持族群边界的要素。任何族群离开文化都不能存在，族群认同总是通过一系列的文化要素表现出来，族群认同是以文化认同为基础的，因此这些文化要素基本上等同于族群构成中的客观因素。②共同的历史记忆和遭遇是族群认同的基础要素。每一个族群对于自己的来源或者某些遭遇有共同的记忆，这种历史记忆具有凝聚族内人和区分族外人的重要意义。人在社会

① 张海洋：《中国的多元文化与中国人的认同》，北京：民族出版社，2006年，第251页。

化过程中，逐渐地便获得了他所出生的族群的历史和渊源。这个族群的历史和文化将会模塑他的族群认同意识。③语言、宗教、地域、习俗等文化特征也是族群认同的要素。语言在某种程度上是表征族群性的符号。从一个族群语词的语源和演变、造词心理、亲属称谓、姓氏等，都可以追溯其文化渊源，语言可称作是维系族群认同的明显成分，族群认同不仅是族群成员对族群文化的接纳，而且还是他们主观心理归属的反映。因此，吴燕和认为文化在族群认同的图式中有时是虚幻的，王明珂也认为一个族群共同的历史记忆并非是历史事实。就是说，尽管共同的历史渊源和相似的文化特质是族群认同的要素，但在实际中，认同并非完全在这些客观要素上成正比等量地发生。④家庭、亲属、宗族的认同也会影响到族群的认同。费孝通提到中国人的“差序格局”，认同也是从自己逐渐向外推，父母、亲戚、本家、本乡人对个人的认同是影响很大的。

族群认同的理论有根基论和情境论。根基论认为族群认同主要来自天赋或根基性的情感联系。格尔兹指出这种根基性的情感来自亲属传承的既定资赋。一个人生长在一个群体中获得了一些既定的血缘、语言、宗教、习俗，因此他与群体其他成员由于这种根基性的联系凝聚在一起。但是，根基论者并不强调生物遗传造成族群，也不是以客观文化特征定义族群。相反，他们注重主观的文化因素，认为造成族群的血统传承只是文化解释的传承。情境论者或工具论者强调族群认同的多重性，以及随情境（工具利益）变化的特征。近来，一些权威学者如王明珂等把两派理论综合起来，认为只有在可行的根基认同与可见的工具利益汇合时，族群认同才会产生。

本书所指的“民族认同”通常情况下与“族群认同”相一致，具体到具有政治身份的族别时用“民族认同”，同一族属内部的不同支系与群体则用“族群认同”，特殊情况下作出说明。

四、主要研究方法

目前的史学研究领域中，方法的创新愈来愈多地受到研究者的重视，以至于不少学者在进行多学科对话的过程中，提出了“新史学”的概念。不过在笔者看来，传统的史学治学方法——对史料的搜集、整理、归纳、考辨等始终是研究工作的基础和核心。实际上，任何“新论”的提出以及在其所表述话语的背后，其最终的立足点恐怕还是要落在对新史料的发掘以及对既有史料的重新解读上面。毕竟理论只是治史的手段而不是治史的终极目标。

当然，笔者的上述认识，并非是持有画地为牢的学科偏见，因为任何一个学科都有其与生俱来的局限性和单一性——史学当然也不例外，所以对研究者来说跨学科的综合研究是一个自然的思想过程，而且相邻学科的理论和方法的确也为史学研究提供了丰富的可资借鉴的思想资源和分析手段。正如当代英国著名史学家查弗里·巴勒克拉夫所言：“如果说，历史学家向社会科学去寻找新见解和新观点的根本原因是对历史主义及其立场和观点的强烈反动，那么，历史学家首先应当面向人类学和社会学去寻找新方向是毫不足怪的。在所有的社会科学中，社会学和人类学在观点上与历史学最为接近。”[①]法国史学家勒高夫也曾在《新史学》中指出：历史学要“优先与人类学对话”，新史学的发展是历史学、人类学和社会学实行合作的社会科学。由此不难看出，注意历史学与其他学科的交叉、联姻与转向，强调多学科方法的交叉渗透已逐渐成为当代史学的鲜明学科特征之一。不过就本书所涉及的研究对象和内容而言，除了社会学和人类学之外，政治学、民俗学、经济学、历史地理学等学科的理论和方法，也理应进入我们的研究视线，并且通过学科间平等的交流与对话，真正把一些学科的概念、方法、分析框架融入我们的研究当中。

从方法论来看，历史人类学研究在西南地区蒙古族认同研究实践中有着指导意义。1978年，法国学者安德烈·比尔吉埃尔在《历史人类学》一文中指出：“历史人类学并不具有特殊的领域，它相当于一种研究方式，这就是始终将作为考察对象的演进和对这种演进的反应联系起来，和由这种演进产生或改变的人类行为联系起来。”“我们可以将历史人类学叫作一门研究各种习惯的历史学，这些习惯包括：生理习惯、行为习惯、饮食习惯、感情习惯、心态习惯……人类学的特性在于研究那些能用来确定一个社会和一种文化的现象；用一句眼下时兴术语来说，这些现象无关宏旨，而是被社会所说明，也就是说通过社会来理解和心领神会的。”“人类学在这里也从文化生活的底层征服了史学，这些底层也就是最无

① ［英］查弗里·巴勒克拉夫著，杨豫译：《当代史学主要趋势》，上海：上海译文出版社，1987年，第76页。

关紧要的、最松散的表达：如群众信仰、浸润于日常生活之中或联结于宗教生活的仪式、少数人的或私下的文化等，简言之即民俗。”[①] 将民俗习惯的历史变迁作为观察社会的视角是历史人类学的最大特点。瑞典学者雅各布·坦纳指出：“无论从何种视角出发进行阐释或解释，在过去的几十年里，历史人类学的代表人物都把日常史、习惯史以及人类生活再生史和变化史当成了历史研究的对象。”[②] 他将历史人类学的研究范围概括为三个基本问题：一是涉及人类图像的演变，涉及以人为中心的自我描述的讨论和传媒条件的演变；二是关乎人们用以组织和调节自己社会共生的社会实践和符号形式；三是涉及人类本性的历史性。

历史人类学强调在充分搜集、利用图书馆、档案馆等公藏机构文献的同时，通过扎实的田野工作，搜集广泛散存于乡间的族谱、碑刻、契约文书、口述等多种资料，以自己独特的办法保留民间文献既有的存在系统，注重阅读文献的现场感，强调在历史现场解读文献的重要意义。它既可以使带有总体史趋向的西南蒙古族地区的区域社会史研究成为可能，也可以使西南蒙古族民族认同研究走向深入。因此，本书主要采用历史人类学的研究手段，将历史学、人类学、社会学等不同学科的风格与方法结合起来，注重个案研究与比较研究相结合、文献解读与田野工作相结合。

五、主要内容和基本思路

（一）主要内容

（1）西南蒙古族人口民族认同的形成与发展、变迁。西南蒙古族的族群认同不同于北方草原蒙古族，没有经历草原上各部的混战和融合时期，是元代以来开拓治理西南地区的历史创造物，同时也创造了西南地区的历史。西南各地区蒙古族人口的历史记忆与民族认同存在着巨大的差异性，其中不同类型的社会组织与文化宗教活动等因素与国家的民族政治管理体制积极互动，揭示了这一复杂而生动的历史过程是如何被“制造”出来的。

① ［法］勒高夫著，姚蒙译：《新史学》，上海：上海译文出版社，1989年，第40页。
② ［瑞士］雅各布·坦纳著，白锡堃译：《历史人类学导论》，北京：北京大学出版社，2008年，第172页。

（2）西南蒙古族人口的历史记忆与重构。西南蒙古族的“创造”和“想象”并非任意攀附，而是基于一定的客观历史事实。各地区的蒙古人有不同的祖源，由此形成了以屯垦戍边、流寓仕宦、土司后裔等类型为主的历史记忆，其中各个时代的社会精英是坚持蒙古族认同的主要力量。

（3）西南蒙古族各族群在资源竞争与权利分配体系中的地位。由于地处多民族聚居区，无论从区位还是从人口数量方面，西南蒙古族人口都是“弱势群体”，加之蒙古族的核心族群在北方的蒙古高原，在本民族内部也属边缘族群，即使在其同一区域族群内部也有被边缘化部分，因而存在着民族认同与国民认同的较大差异，然而蒙古族的西南支系与周边各族关系总体和谐，民族认同与国家认同的关系亦总体和谐。

（4）西南蒙古族人口民族认同中的传统文化与文化再造。由于西南蒙古族族群内部的差异性，造就了族群内部在生产生活、语言文字、文学艺术、宗教信仰、价值观念等诸多方面的巨大差异，但这并不妨碍西南蒙古族的族群认同；相反，在族群认同的场域中，新的文化传统正在被各种群体观看、诠释、学习并产生新的意义，塑造出以地域文化为基础的西南蒙古族文化面貌。

（5）现实关怀中西南蒙古族人口与周边民族关系研究。由于西南蒙古族较其他土著民族而言是迁徙而来的，因而呈现大分散、小聚居的特点，且多分布在交通沿线，有着复杂的民族生态环境，直接关系到族群的发展和变迁，也关系到西南边疆民族关系的和谐及社会稳定。蒙古民族认同的核心问题是地域文化的依赖与国家认同并存。如何从民族政策和群众现实需求方面关怀西南地区蒙古族人口的民族认同颇为迫切。

（二）基本思路

我们认为，以个案性、总体性的方法研究具体的社区或者村落历史是历史人类学的重要取向，这样可以较为深入地把握所研究地区的历史脉络。特别是西南各地区蒙古族人口在地理上、社会上互相连接与互动。因此，本研究将结合西南蒙古族的民族认同与社会发展的互动过程，以具体的个案构成的总体史来揭示西南地区蒙古族自元代以来的发展脉络，探索西南蒙古族社会的整合与构型过程。因此，本课题研究的重点是：

（1）西南各地区蒙古族人口的历史记忆与民族认同存在的巨大差异性及由此而形成的社会问题必须重视。

（2）西南蒙古族不同族群在资源竞争与权利分配体系中的地位、民族认同与现实民族政策的互动关系需要深刻反思。

（3）西南蒙古族族群内部在生产生活方式、语言文字、文学艺术、宗教信仰、价值观念等诸多方面的巨大差异性，文化认同、社会认同与民族认同的不同途径及结果值得深入调查研究。

围绕以上重点，我们的研究思路是：首先，民族或族群认同的发展是一个动态的历史过程，我们不能以今天的民族概念来思考古代的民族，古今民族只有源流的关系，没有一一对应的关系。其次，北方蒙古族的研究是与王朝国家建构历史、近代以来中国北方、西北的边疆危机紧密相连的，并成为一个世界性的研究学科，西南蒙古族民族认同与西南地区地方认同和国家认同亦密切相关，但对其关注度与北方核心族群相比存在着的巨大的差距，这种差距使得西南地区蒙古族人口在整体上表现为一种更为边缘化状态。我们需要构筑全社会理解西南地区蒙古族的形成、发展及文化变迁历程的桥梁或纽带，以减少误解、偏见和歧视。再次，我们将不再以确定哪些族群应该属于蒙古族，哪些族群不应该属于蒙古族，亦即以客观文化特征为基础的民族政治身份的识别为重点内容，而是关注西南地区蒙古族人口如何保持、建构和想象自己的蒙古族祖源和历史，从而形成蒙古族的西南支系，并且关注他们在现实的民族关系中的处境，在各种资源竞争和权利分配中的地位。

在前贤研究的基础上，我们主要从以下几方面有所探索和创新：

第一，主要关注西南各地蒙古族人口的民族认同历程，相关研究视野覆盖到蒙古族分布的整个西南地区，以期克服川、滇、黔、渝四省市的蒙古族人口民族认同研究自说自话的现象。由此丰富民族学尤其是蒙古学的类型学研究。

第二，较为全面系统地以历史人类学的理论和方法对西南地区蒙古族人口的历史记忆与民族认同进行研究，透过特定的历史过程剖析西南地区蒙古族人口民族认同过程及其历史形塑，厘清西南蒙古族统一的多民族国家建构中的特殊理路，尤其是在多民族、多族群共生共处区域民族认同的普遍性及特殊性。

第三，提出了“总体和谐的民族关系和密切的族际交流，能够促进民族认同的形成，并与国民认同、国家认同达成正相关”的结论，基于实际的观察和研究，这一结论也符合统一多民族国家历史发展的实际。

第四，详细阐述了蒙古族西南支系的历史记忆、主客观特征及文化差异，诠释了这些文化差异的存在、生成是蒙古族社会历史发展的结果，期望构筑起全社会理解西南地区蒙古族人口分布的形成、发展及文化变迁历程的桥梁，以减少误解、偏见和歧视。

第五，西南各地蒙古族在族群认同和文化再造中与自然和谐相处，成功地利用并改变了环境；同时，新的生存环境亦重新塑造了西南蒙古族的文化生态。以云南通海兴蒙乡为中心的考察又将在长时段的研究中注意个案与整体的结合，做到了点面结合，重点突出。总结西南蒙古族在中华民族共同体意识凝聚和铸牢过程中的实践历程和经验贡献。

第一章　西南地区的自然环境与民族分布

地理环境决定论在十八九世纪流行于西方自然主义思潮之中，强调生态环境在历史发展中的重要作用，要把自然地理环境因素作为社会变迁中的重要参与者和重要变量来进行考量。西南地区民族的分布和族际关系与该地的自然条件息息相关。西南地区地形地貌复杂多样，其中四川东部和重庆大部属于四川盆地，且盆地中夹杂着低山丘陵；贵州大部和云南东部地区属于云贵高原区；四川西部和云南西北部属于青藏高原边缘区域；此外云南南部和长江流域多为河谷地区。西南地区大部分以亚热带季风气候为主，气候湿润温和，无霜期短，有利于森林等植被的生长，比较适合人类居住和发展农业生产；云南南部地区以热带季风为主，降水丰沛，气温高，水热条件优越，适合热带作物的种植；而川西和滇西北青藏高原地区属于高山高原气候，海拔高、气温低、降水少，高寒的气候只适合从事畜牧业。总体而言，西南地区以山地为主，大山之间的河谷地带成为古代族群迁徙的重要“民族走廊”。山地之间又有山间盆地、河谷地带，即“山间平原”，西南地区的人们称之为“坝子”。坝子地区土壤肥厚，水热条件较好，适宜发展种植业，不仅是西南地区重要的农耕区，也是人口分布的主要区域。

西南地区自然地理环境的多样性和相对封闭性，使其成为我国少数民族分布最多、情况最为复杂的聚居区，世居民族有 29 个。其中，云南是我国民族最多的省份，世居民族就有 26 个，包括汉族、白族、哈尼族、傣族、傈僳族、拉祜族、佤族、纳西族、景颇族、布朗族、普米族、阿昌族、怒族、基诺族、德昂族、独龙族、彝族、壮族、苗族、回族、瑶族、藏族、布依族、水族、蒙古族、满族；贵州世居民族有 18 个，包括汉族、苗族、布依族、侗族、土家族、彝族、仡佬族、水族、回族、白族、瑶族、壮族、畲族、毛南族、满族、蒙古族、仫佬族、羌族；

四川世居民族有 15 个，包括汉族、彝族、藏族、羌族、苗族、回族、蒙古族、土家族、傈僳族、满族、纳西族、布依族、白族、壮族、傣族。

第一节　西南各地蒙古族聚居区的自然生态环境

一、云南蒙古族的自然生态

云南地区的蒙古族，主要来源于忽必烈率蒙古大军征讨大理国所落籍下来的蒙古人。当时，云南作为蒙古人统治的一个区域，云南行省的统治上层多为蒙古人。另外，云南作为战略要地，尚有不少统率蒙古军的蒙古“诸王”驻治各地，其蒙古军计有十余万人。元朝灭亡之后，之前留守在云南的蒙古人口有的返回“北元”，但大部分仍旧生活于云南地区。明朝建立之后，统治者利用民族矛盾，下达了“杀鞑子”令，对全国各地留居的蒙古人进行驱赶、追杀，云南蒙古人也没能逃脱此类命运。云南蒙古人面对明朝施行的歧视性、压迫性的民族政策，只能隐姓埋名或者改掉蒙古族的身份，直接融入当地其他民族之中，以避杀身之祸。时至今日，云南的蒙古族人口大多散杂居于云南省的诸多州县地区，其中通海县的兴蒙蒙古族乡为其主要聚居区。

云南通海县的兴蒙蒙古族乡是云南省内唯一的蒙古族聚居区。兴蒙乡蒙古族生产和生活方式与通海县的自然环境息息相关。通海县位于云南省中部，玉溪市南部。大致为东经102°30′—102°52′、北纬23°55′—24°14′之间，东西长37.97公里，南北宽36.32公里。东与华宁县接壤，西邻峨山县、红塔区，南与石屏、建水两县交界，北连江川区，全县总面积721平方公里，海拔在1350米至2411米之间，县年平均气温为15.6℃，平均降雨量为881毫米，年日照总时数为2286.3小时，年均无霜期262天。通海县的常年主导风为偏南风，县境内特征为低纬度、高海拔，加上杞麓湖调节空气的作用，所以该县四季如春，无严冬酷暑。农作物可以一年两熟，以种植水稻、烤烟、甜瓜、蔬菜等农业作物、经济作物为主。县境内公路四通八达，自红塔区到通海的一级公路从北向南贯穿兴蒙乡，自兴蒙乡至昆明130公里，不到两小时即可到达省城，交通可谓便利。杞麓湖像一颗镶嵌在滇中大地上的明珠，哺育着湖畔的各族儿女。杞麓湖不仅灌溉着近万亩农田，成为通海县农业生产的水利命脉，还是水产养殖的天然宝库。20世纪50年代前蒙古人就生活在杞麓湖边，后来大规模的围湖造田，湖泊面积不断缩小，使得现在杞麓湖距兴蒙乡已有7.8公里。兴蒙乡的地理环境也变成了北倚凤凰山，南望螺峰山，东俯杞麓湖，西枕曲陀关。兴蒙乡村落具体位置如下图所示：

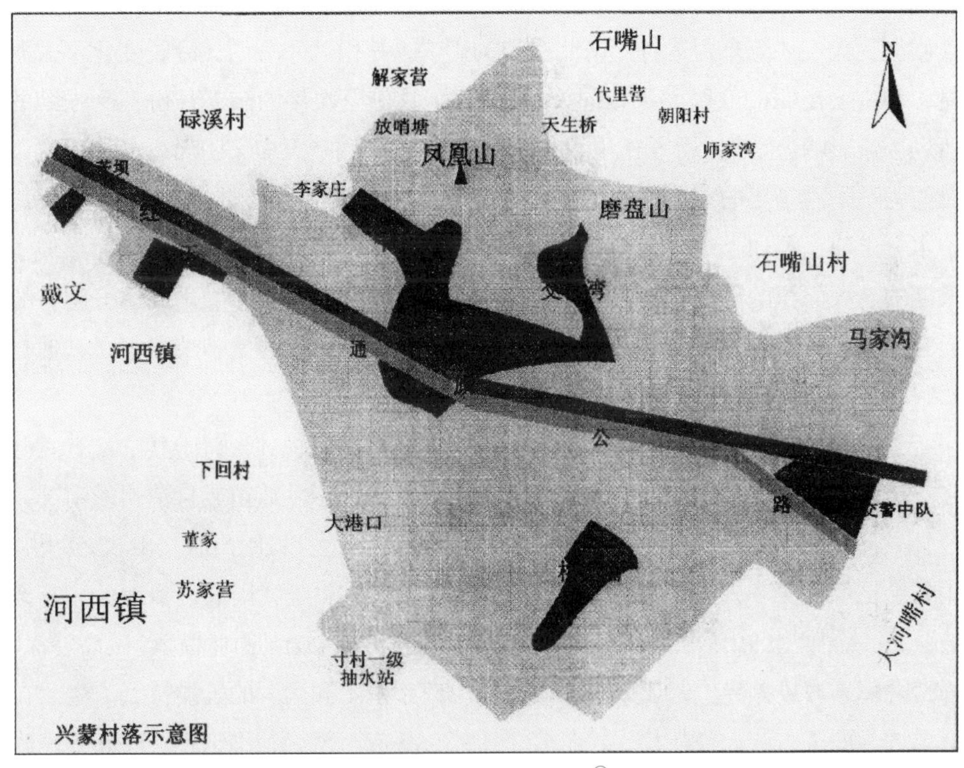

兴蒙乡村落示意图[①]

通海县兴蒙乡的蒙古族聚居于杞麓湖的西岸，呈散列式、多边形分布于凤凰山脚下。兴蒙乡与玉通公路相毗邻，红旗河从全乡穿过，距离玉溪市区 39 公里，距离省会昆明市 130 公里。兴蒙乡的地理环境也变成了东边与九街镇大河嘴

① 此图依据马京《云南兴蒙蒙古族婚姻家庭的变迁》（博士学位论文，云南大学民族研究院，2010年）第36页原图修改得来。

村相连，南边与河西镇的下回村、寸村相接，西边毗邻河西镇代文、解家营，北边毗连河西镇石山嘴。地域范围在北纬 24°8′9″—24°9′48″ 之间，东经 102°39′—102°41′ 之间。全乡东西约 3.74 公里，南北约 3 公里，总面积约为 4.77 平方公里。人口密度约 1175 人 / 平方公里[①]，海拔 1800 米左右，年平均气温 15.6℃。年均降水量 890 毫米，年均日照总时数为 2286 小时，日照率为 52%。全年无霜期平均 262 天，有霜期 103 天。年平均湿度 73%。[②] 常年主导风为偏南风，平均风速 2.7 米 / 秒，风力 3—5 级。兴蒙乡地处低纬度高原地带，属于亚热带半湿润高原气候。受大气环流东西运行、南北交换的影响，旱雨两季分明，冷暖变化不太明显，和省会昆明的气候大致相同。每年的 11 月份至次年的四五月份，受强劲的西风环流影响，空气中水分含量少，暖而干燥，导致晴天多、阴天少，故而这段时间为旱季。每年的 5—11 月，此时东南暖湿气流和西南暖湿气流强劲，空气之中水分丰沛，再加上东北方袭来的冷气流，使得水汽遇冷凝结成雨，从而形成了长期的、大面积的降雨，是为雨季。季风活动的频繁，使得旱、雨两季分明，故而频发旱涝灾害。20 世纪 90 年代以来，兴蒙乡最为严重的是旱涝灾害，其他自然灾害如冰雹、地震也多有发生。

云南省文山壮族苗族自治州也生活着一定数量的蒙古族人口，其中又有三分之一居住于麻栗坡县。该县位于云南省的东南部，文山壮族苗族自治州的南部，全县大部分地区属亚热带气候，少数地区属热带气候。县城距州府文山 85 公里，距省会昆明市 450 公里，南距中越国界线 9.7 公里，属于我国的边疆地区。麻栗坡县是一个典型的山区县，山地占全县总面积的 99.9%，全县山脉横亘，山高谷深，峰峦叠嶂，海拔差异大，形成“一山有四季，十里不同天”的气候特点。生活在麻栗坡县的蒙古族人口与壮族、苗族、瑶族、彝族、傣族、仡佬族、汉族等民族一道为建设边疆、保卫边疆贡献着自己的力量。此外，云南地区还有部分未被国家确定为蒙古族的“铁改余”群体，主要分布在今滇东北的曲靖、昭通等地区。

① 此数据按2010年人口统计计算。

② 通海县民族事务委员会编：《通海县少数民族志》，昆明：云南人民出版社，1994年，第101页。

二、四川蒙古族人口的自然生态

四川地区的蒙古族人口主要分布于凉山州的盐源县、木里县、彭水县和成都市，以及原属四川省的重庆市市内。四川省一共有 4 个蒙古族乡，隶属凉山州的盐源县、木里县，分别为盐源县的大坡蒙古族乡、沿海蒙古族乡（今已改为泸沽湖镇），木里县的屋脚蒙古族乡、项脚蒙古族乡。除了 4 个蒙古族乡之外，上述几个地区也均有蒙古族散居且人口较少。凉山彝族自治州的蒙古族乡地处横断山脉南缘，山高谷深，是四川地区蒙古族分布最广、人数最为集中的聚居区。4 个蒙古族乡的蒙古族主要居住于盐源县和木里县的河谷地带、半山区以及较为平坦的坝子里，占全省蒙古族总人数的一半以上。居住在半山区的蒙古族，房屋分布比较分散，但紧挨着自家的田地。常见的村子住户少的有几户、十几户，多的达到几十户。居住在河谷地带及坝子里的蒙古族人口则较为集中。据当地人所言，民国期间，因居住在这一带的蒙古族经常遭受周边彝族势力的侵扰，便逐渐聚居在一起，以期共同抵御外部的威胁。

凉山州是彝族自治州，也是我国最大的彝族聚居区，位于四川西南部的川滇交界处。盐源县位于东经 100°42′09″—102°03′44″ 之间，北纬 27°06′31″—28°16′31″ 之间。具体位于凉山州的西部，木里县的南部，总面积约 8398.6 平方公里。全县中部为丘陵盆地，面积约为 1049 平方公里，约占全县总面积的 12.5%，县城就坐落于此。除此之外，盆地四周全都是连绵起伏的群山，占全县的绝大部分。大坡蒙古族乡与沿海蒙古族乡（今泸沽湖镇）均位于该县境内。大坡蒙古族乡属于高海拔区，面积为 183.7 平方公里，位于县城北 120 公里。当地有得天独厚的优质牧场，全乡的畜牧业收入相当可观，生产方式体现出明显的游牧文明与农耕文明兼容的特点。农业主要种植马铃薯、玉米及一些杂粮。畜牧业以马、牛、羊、猪、禽为主。由于地处偏僻，交通不便，当地很多的蒙古族同胞在政府的帮助下搬到县城周围的坝子里居住。沿海蒙古族乡（今泸沽湖镇），面积 283 平方公里（包括泸沽湖水域面积 35 平方公里），位于盐源县西北部，西南与云南省宁蒗县永宁乡接壤，东北为盖祖乡和前所乡，居住着蒙古族、纳西族、彝族、汉族、藏族、壮族等民族。辖区内的泸沽湖是一个高原淡水湖泊，水域面积 55 平方公里。湖内有丰富的动植物资源，其中还有一些濒危的国家级保护动物。

全镇拥有丰富的森林资源及天然草场，耕地以旱地为主，主要种植玉米、马铃薯、荞麦等粮食作物。近几年，随着旅游业的开发，当地居民经济收入也迅速增长。

木里县地处凉山州的西北部，原属盐源县九所之一，1953年2月建立自治区，1955年改为木里藏族自治县。位于东经100°03′—101°40′之间，北纬27°40′—29°10′之间。木里县东与冕宁接壤，南依盐源，北傍理塘、雅江，西南部与宁蒗县和香格里拉市相接，总面积达13252平方公里。木里县的地形地貌比盐源县的更为复杂，全县位于横断山脉的南部，属于横断山系的南部延伸部分，多以高山、峡谷地貌为主。境内地势陡峭，少有平地，就连县城也坐落于高山的缓坡地带。居于该县的民族除了蒙古族之外，还有彝族、苗族、藏族、布依族、纳西族、壮族、白族、汉族等14个民族。项脚蒙古族乡和屋脚蒙古族乡则分别位于木里县东南角和西南角。项脚蒙古族乡与盐源县的沃底乡、大坡蒙古族乡接壤，是全县中独有的较为平坦的地区。全乡呈南低北高的地势，在这里居住的民族除了蒙古族之外，还有彝族、藏族、苗族、纳西族、壮族、汉族等6个民族。经济以农业为主，主产粮食作物为水稻、玉米和麦类等，是全县大米的主产区之一，历史上曾是木里土司家的粮仓。这里有丰富的动植物资源及野生菌。项脚蒙古族乡的群众介绍：在这里是饿不到的，因为产粮食比较多，但是受交通条件的限制，农副产品卖不出去，使得这里也富不起来。屋脚蒙古族乡位于川滇两省三县（盐源县、木里县与宁蒗县）交界处，地势西高东低，属于山地地形，平均海拔3000米，距县城有180公里。全乡交通条件较差，道路凹凸不平，每逢雨季便泥泞不堪，难以行走。年均气温7℃，降水量800—900毫米，全年无霜期150天。这里居住了蒙古族、汉族、彝族、藏族、纳西族等5个民族。境内有丰富的森林资源和草场。经济以畜牧业为主，农业为辅。主要放牧的动物有马、牛、羊、猪等；粮食作物主要是青稞、马铃薯等。乡政府位于屋脚村，除了乡政府的大楼之外，周围只有十几户挨在一起的木楞房，到2011年底还没有固定商品交易市场和移动通信信号。

除盐源县和木里县两地区之外，成都也是四川蒙古族的主要聚居区。成都平原，土地肥沃，降水充沛，气候温和，特别适合农业生产。中华人民共和国成立后，诸多历史时期落籍于此或中华人民共和国成立后支援西南边疆而举家搬迁到此的蒙古族得以快速发展。

三、贵州蒙古族人口的自然生态

贵州省蒙古族人口主要分布于黔西北地区的毕节市和黔东北地区的铜仁市，其中毕节市大方县就占整个贵州蒙古族人口的一半左右，而大方县凤山彝族蒙古族乡则是贵州省唯一的一个蒙古族聚居乡。凤山彝族蒙古族乡距离大方县城有20公里，位于凤山脚下。全乡共84.12平方公里，林地占42%，耕地占34%。凤山乡下辖9个行政村和1个社区，分别为凤山村、杉坪村、店子村、联兴村、谢都村、羊岩村、银川村、石坪村、白鸡村和栖凤社区。其总人口18000多人，分别为汉族、彝族、蒙古族、苗族、白族、仡佬族等11个民族，其中少数民族占39.1%，少数民族之中以彝族、蒙古族居多。全乡以山地为主，海拔在980—1850米之间，平均海拔为1600米。这里气候宜人，年平均气温12℃，年均降雨量为1250毫米，无霜期为250多天，年日照时数为1300小时，属于典型的亚热带山区气候。由于森林覆盖率高达42%，所以这里的气候呈现出冬暖夏凉的特点。但是该乡没有河流，水资源相对匮乏，抗干旱能力较差，成为制约其经济发展的主要原因之一。该乡有天然的马干山大草原，草场有1万多亩，因此畜牧业比较发达。

第二节　西南地区蒙古族的人文生态

一、云南蒙古族的人文生态

（一）蒙古人入滇历程

公元1253年，忽必烈率军平定大理国。到第二年，兀良合台已经“平大理五城八府四郡，洎乌白等蛮三十七部”[①]。“五城”指的是押赤城、哈刺章城、察

① 〔明〕宋濂等撰：《元史》卷一二一《速不台传》，北京：中华书局，1976年，第2980页。

罕章城、金齿城、赤秃哥儿[①]。“八府四郡”中的“八府”指的是善阐、威楚、统矢、会川、建昌、永昌、腾冲、谋统[②]。四郡有石城郡、河阳郡、秀山郡、东川郡，四郡各有疆界，可以视为善阐府直属的郡。大理后期以部为政区，其中石城郡有：么弥部、普摩部、纳垢部、罗雄部、夜苴部、落蒙部、落温部、师宗部、弥勒部、仁德部、沙摩部、于矢部；河阳郡有：罗伽部、强宗部、布雄部、宁部；秀山郡有：阿僰部、落恐部、思陀部、溪处部；东川郡有：闭畔部、乌蒙部、乌撒部、茫部、易娘部、易溪部；威楚府有：罗婺部、罗部；最宁镇有：阿宁部、维摩部、纳楼部、褒古部、王弄部、教合部、矣尼迦部[③]。三十七部代表爨地处在不断变化发展的过程中，在元明行政区划属武定、寻甸、曲靖、云南、澄江、广西、开化、临安、元江等路府州，是为西爨故地[④]。大理后期设四镇，分别是西北剑川节度边境设的成纪镇，西南银生节度边境设的蒙舍镇，西部永昌、敕化二节度边境设的镇西镇，东南通海都督边境设的最宁镇。四镇首邑分别是，成纪镇在善巨郡，蒙舍镇在开南郡，镇西镇在干额赕，最宁镇在阿宁部[⑤]。四镇作为防边要害之地以军事统治为主。

至元元年（1264年）秋，“舍利畏又以众十万谋攻大理，诏都元帅也先与信苴日讨之，师至安宁，遇舍利畏，击破走之，遂复善阐，降威楚，定新兴（玉溪），进攻石城（曲靖）、肥腻皆下之，爨部平”[⑥]。至元十三年（1276年），元廷将阿僰万户府更名为临安路，路治设在通海县城。至元二十年（1283年），“置临安、广西、元江等处宣慰司都元帅府于河西县北境之曲陀关”[⑦]，分管军民事务。同年，阿喇帖木耳“领山东江冀晋关陕番汉军一十五翼”镇戍曲陀关，“凡四境之千户、百户及万户府皆属焉”[⑧]。大将完颜卜花、完者卜花率蒙古军

① 方国瑜：《中国西南历史地理考释》，北京：中华书局，1987年，第784—793页。
② 方国瑜：《中国西南历史地理考释》，北京：中华书局，1987年，第640页。
③ 方国瑜：《中国西南历史地理考释》，北京：中华书局，1987年，第643页。
④ 方国瑜：《滇史论丛》，上海：上海人民出版社，1982年，第124—127页。
⑤ 方国瑜：《中国西南历史地理考释》，北京：中华书局，1987年版，第644—645页。
⑥〔明〕宋濂等撰：《元史》卷一六六《信苴日》，北京：中华书局，1976年，第3910页。
⑦ 云南省通海县史志工作委员会编纂：《通海县志》，昆明：云南人民出版社，1992年，第6页。
⑧〔清〕董枢修，罗云禧等纂：乾隆《河西县志》卷一，《职官志·名宦》，台北：成文出版社，1975年，第94页。

驻防于凤山脚下，并将蒙古军编为上、中、下营。命蒙古族镇戍士兵屯田于此，以供军队自足。至元二十一年（1284年），阿喇帖木耳修文庙于曲陀关。[①]泰定二年（1325年），又“建学立师于古城山”，“开河西人文之始”。元代末年，驻扎在杞麓湖畔、凤凰山脚下的蒙古军主要以捕鱼为营生，随着杞麓湖面的内缩，进行围湖造田，又把之前设置的上、中、下营改为上、中、下村。因三村主要是以捕鱼为生，所以周围的人们称他们为“三渔村”。

洪武十四年（1381 年），朱元璋“命颍川侯傅友德为征南将军，永昌侯蓝玉、西平侯沐英为副将军，帅诸路师征云南……征南副将军蓝玉、沐英师次板桥，故元梁王把匝剌瓦尔密率其妃属及其亲信臣驴儿达德俱赴滇池死……云南平”[②]。洪武十五年（1382 年），“宣德侯金朝兴兵驻临安”，并“革临安宣慰司，置临安府及临安卫指挥使司”[③]。“通海、嶍峨、河西、蒙自属临安府”[④]，并将府治改设在建水。明朝在云南地区大肆掠杀蒙古人，使得云南很多蒙古人被迫隐姓埋名或者直接融入周边其他民族之中。但杞麓湖畔、凤凰山脚下的蒙古人仍旧保持自己蒙古人的身份。每逢遇到明军烧杀抢掠，他们就划船到杞麓湖躲藏起来，才得以生存下来。周围的上村、沙罗村、水磨村、鞑靼营、河西城等地的蒙古族人口也开始逐渐向凤凰山下移居，形成了以杞麓湖西畔为中心的蒙古族聚居地[⑤]。

清代，河西县分为东、南、西、北、中五个区。五区之下再设乡，今兴蒙乡就属于东区东浦乡。乾隆三年（1738 年），河西出现涝灾，三渔村派出 200 多人修大堤，使河西县城得以保全，于是清政府就免除了三渔村缴纳马草马料的赋役。乾隆九年（1744 年）河西县的普万成、普万常带领蒙古村民 100 多人，为减轻苛捐杂税到河西县衙讨要说法，后立《永革三渔村官衙马草料碑》。光绪年

① 《通海县志》记载，阿喇帖木耳于至正二十一年建文庙，有误，按王世丽教授考证应为至元二十一年，此处订正。

② 〔清〕倪蜕辑，李埏校点：《滇云历年传》卷六，昆明：云南大学出版社，1992年，第247—248页。

③ 《明太祖实录》卷一四一，台北：台湾“中央研究院”历史语言研究所校勘印本，1962年，第2229页。

④ 《明太祖实录》卷一四三，台北：台湾“中央研究院”历史语言研究所校勘印本，1962年，第2252页。

⑤ 通海县民族事务委员会编：《通海县少数民族志》，昆明：云南人民出版社，1994年，第102页。

间，下渔村村民围湖造田形成的150多亩田地被周边外族占为己有，经过下渔村民的努力争取，河西县衙出400多两银子把田地赎回，重新交与下渔村。河西村民在光绪二十九年（1903年）立“以垂永久碑”[①]。此外有嘉庆十八年（1813年）所立的石碑《河西县正堂晓谕中渔村后山管业事项碑》载“自元朝以来，祖居中村，相传数百世矣，其营后左右俱系民等祖茔山场……”[②]道光二十年（1840年）立于后山上的一块墓碑《明、清故赵氏门中历代先远昭穆考妣神主之墓》也记载：“吾家系蒙古籍，自蒙古入滇，居河西下渔村住，世年久远矣。”光绪十三年（1887年），新设临安、开化、广南道，治所在蒙自县城，通海、河西隶属临开广道。

民国沿袭清制，行政建制上今兴蒙乡仍属于东区东浦乡。民国十八年（1929年）改为五区制。民国二十五年（1936年），下渔村出现霍乱，死亡200余人[③]。民国二十九年（1940年）河西县改为保甲制，凤凰山周围是仙岩乡，管辖兴蒙、解家营等地，治所在下渔村三教寺。

中华人民共和国成立之后，于1950年1月成立了河西县人民政府。1951年，根据中共玉溪地委的指示精神，召开代表大会并通过了成立“新蒙蒙古族自治乡”的决议，乡政府设在下渔村三教寺。1953年11月，召开第一届二次各界代表大会，会议决定启用“兴蒙蒙古族自治乡”旧名来扩大云南蒙古族的知名度，于是“下渔蒙古族自治乡”恢复旧名。1956年11月，通海、河西两县并为一个县，名称为杞麓县，县治所在原通海县城[④]。1958年，兴蒙乡又改属于西城公社下渔管理区。10月18日，华宁县和杞麓县合并，统称通海县[⑤]。1959年，华宁县从通海县划分出去，杞麓县仍称为通海县[⑥]。1962年，兴蒙乡改为通海县第二区下渔人民公社。1969年，通海县第二区又改为西城公社，而下渔公社则改成下渔大队，

① 此碑现存放于兴蒙乡三圣宫内。

② 此碑现存放于兴蒙乡三圣宫内。

③ 云南省通海县史志工作委员会编纂：《通海县志》，昆明：云南人民出版社，1992年，第11页。

④ 云南省通海县史志工作委员会编纂：《通海县志》，昆明：云南人民出版社，1992年，第19页。

⑤ 云南省通海县史志工作委员会编纂：《通海县志》，昆明：云南人民出版社，1992年，第20页。

⑥ 云南省通海县史志工作委员会编纂：《通海县志》，昆明：云南人民出版社，1992年，第20页。

1977 年又改成新蒙大队。1982 年，新蒙大队正式向通海县人民政府提出申请，要求继续用之前的名称“兴蒙大队”[①]。1984 年，召开兴蒙大队第二届一次乡人民代表大会，要求成立兴蒙蒙古族乡。1987 年，兴蒙乡向通海县正式提出申请，要求成立“兴蒙蒙古族自治乡”[②]。1988 年 1 月 7 日召开了兴蒙乡人民代表大会，宣布正式成立“兴蒙蒙古族自治乡”[③]。

（二）云南蒙古族人口的分布地域

1949 年中华人民共和国成立，为推进民族平等政策的落实并进一步实践民

① 《通海县河西公社新蒙大队关于要求更改“兴蒙”大队名称的报告》现存于兴蒙乡档案室，1982年1月至10月第31卷长期，内容如下：

通海县人民政府：

蒙古族聚居的新蒙大队，是云南二十三种少数民族之一，解放三十多年来，在党和政府的领导下，在党的民族政策的光辉照耀下，蒙古族人民和全省各族人民一起看着社会主义建设事业发展和提高，人民生活逐步改善，形势一年比一年好。

新蒙大队解放初期成立“新蒙自治乡”，但由于种种原因，曾经又使用过“下渔乡”“下渔大队”等名称，粉碎“四人帮”以后，我们向上级要求，于1977年8月1日通海革命委员会第13号文件《关于恢复新蒙大队名称的通知》，由县发给“新蒙大队革命委员会”的新印章。

近几年来，内蒙古各条战线的同胞先后来云南新蒙大队看望我们，我们也派出代表到内蒙古探亲，从而加强与内蒙古联系，文化交流，互相学习，起了积极作用。居住在通海的蒙古族不是新产生的蒙古族，而是元代忽必烈率领十万军队到云南来的，至今有七百多年的历史了。随着形势的发展，我们认为：保障少数民族地区的平等地位，应用民族的形式，按照民族地区的政治、经济、文化的方式，增强民族团结，使各民族繁荣兴旺，为建设文明的社会主义而努力奋斗。我们提出要求，把新蒙大队名称更改为兴蒙大队。

请给予批示

此致

敬礼

河西公社新蒙大队

1982年9月6日

② 此处依据笔者在兴蒙乡乡政府档案室查询的有关资料为据：《通海县兴蒙蒙古族乡档案》组织人事监察类，1987年10月第60卷，保存了有关当时成立民族乡的请示、报告和会议纪要，分别是《通海县兴蒙乡关于要求成立民族乡的请示报告》《云南省通海县兴蒙乡关于要求建立蒙古族乡的请示报告》《恳请玉溪地委办公室给予兴蒙民族建立民族乡的请示》《关于建立民族乡的请示》《通海县兴蒙乡白阁村关于要求成立民族乡的报告》《通海县兴蒙乡下村三社要求成立民族乡的报告》《兴蒙乡召开关于成立民族乡的群众代表座谈会会议纪要》。

③ 按民族区域自治法规定，县以上设自治机关，乡一级只设民族乡，不设自治乡。为真实反映历史原貌，此处按原始档案记载，未做改动。

族平等，在人口普查之后进行了民族识别工作。1953 年我国进行了第一次人口普查，云南蒙古族人数有 3538 人。截至目前，第六次全国人口普查显示云南蒙古族共有 22624 人。这些蒙古族人口除了少数由于工作等原因后迁入云南者外，主要还是历史上就生活在当地者。此外，尚有部分人口蒙古族身份未被确认。

云南蒙古族人口以“大分散、小聚居”的形式分布在云南各个州县地区，主要包括文山苗族壮族自治州、红河哈尼族彝族自治州、楚雄彝族自治州、保山市、丽江市、普洱市、曲靖市、玉溪市、昆明市等地。其中，文山苗族壮族自治州 6451 人，红河哈尼族彝族自治州 1214 人，楚雄彝族自治州、保山市和丽江市共 2253 人，普洱市 973 人，曲靖市 5057 人，昆明市 4157 人[①]。玉溪市通海县兴蒙乡是云南蒙古族唯一的聚居乡，现有人口 5609 人[②]。

至于兴蒙乡蒙古族人口从何时迁徙到杞麓湖西畔凤山脚下，我们可以从兴蒙乡残留的碑刻中看到一些痕迹。中村有一块清嘉庆十八年（1813 年）立的石碑，碑文中说：“自元朝以来，祖居中村，相传数百世矣，其营后山左右俱系民等祖茔山场。”这块碑上还载有：“渔山何为而名也？忆自元时，旃姓莅任滇南，镇守曲陀，随从北人，寄居于此，志曰渔山，相传数世几百年矣。”[③]凤凰山脚下的蒙古族能够在 700 多年来生息繁衍，与当地的自然人文环境有着密切的联系。凤山脚下的蒙古族居于杞麓湖畔，有鱼可捕，有田可耕。传说云南蒙古族祖先有可耕种的土地，是蒙古族祖先辛勤劳动围湖造田的结果，可惜的是田地被外族所占，为了反抗压迫，他们漂泊在湖上，长年累月以捕鱼为生，以鱼虾为食。清道光二十年（1840 年）立的下村赵氏墓志，最能说明凤凰山下蒙古族的艰难处境：

① 数据转引自黄淳《当代云南蒙古族简史》第五章。昆明：云南人民出版社，2009年。据2010年第六次全国人口普查数据显示：云南省蒙古族共22624人，其中玉溪市最多，占7139人；余下为文山壮族苗族自治州5655人，昆明市3578人，曲靖市2169人，红河哈尼族彝族自治州1221人，普洱市980人，丽江市429人，昭通市324人，西双版纳傣族自治州265人，大理白族自治州250人，楚雄彝族自治州173人，德宏傣族景颇族自治州130人，临沧市118人，保山市103人，怒江傈僳族自治州46人，迪庆藏族自治州44人。总体相比2010年有所减少。数据来源：云南省人口普查办公室、云南省统计局编：《云南省2010年人口普查资料》（上册），北京：中国统计出版社，2012年，第104—106页。

② 根据《通海县兴蒙乡2010年统计年鉴》（内部资料）统计，2010年全乡人口5609人。

③ 《河西县正堂晓谕中渔村后山管业事项碑》，立于清嘉庆十八年（1813年），现存于兴蒙乡三圣宫内。

“吾家系蒙古籍，自蒙古入滇，居河西下渔村住，世远年久矣！门户凋残，饥馑有星留之感；人烟寥落，忧劳若鸿雁之悲。遐思明清两朝所故之人丁，不计其数，兹略存神主六十八个，奈室如悬磬，俱无供主之处，将吾主东倒西斜，每触目而伤心。今于道光庚子年，合族公议，同立石碑，并葬神主。”墓志让后世子孙铭记住了，无论生活有多艰难，仍不能忘记自己的祖先。这种深沉坚毅的民族心理性格，正是通海的蒙古族得以繁衍的重要原因之一。此外，据笔者走访当地蒙古族老人得知：古来的传说都讲旃元帅来云南曲陀关后，住过大村、红石岩（今汉邑乡）、鞑子营，最后其后裔定居在凤凰山脚下。这些传说是对碑文记载的一种生动补充，同时也暗示着兴蒙乡的蒙古族人口并非整体迁徙而来，也并不是一开始就定居在凤山脚下，而是有一个辗转迁徙的过程。

兴蒙乡辖区内分为5个自然村和6个村民小组，分别为中村、下村、交椅湾村、桃家嘴村、白阁村，共计1781户5609人。白阁村是兴蒙乡政府驻地，距离通海县城13公里。兴蒙乡有蒙古族、彝族、哈尼族、瑶族、拉祜族、回族、白族、汉族等10个民族，其中蒙古族5379人，占总人口的95.9%。据统计可耕地面积为3312亩，其中水田3024亩，人均占有耕地0.62亩[①]。2003—2010年兴蒙乡的人口统计表和民族统计表见表1–1及表1–2。

表1–1 兴蒙乡人口统计年表（2003—2010年）

单位：户、人

年份	总户数	总人口		
		合计	男	女
2003年	1689	5565	2675	2890
2004年	1710	5618	2716	2902
2005年	1710	5613	2721	2892
2006年	1712	5620	2719	2901
2007年	1726	5636	2737	2899
2008年	1760	5657	2743	2914
2009年	1795	5665	2748	2917
2010年	1781	5609	2744	2865

①《通海县兴蒙乡2010年统计年鉴》（内部资料）。

从表 1-1 我们可以看出，自 2003 年至 2010 年 8 年间，兴蒙乡人口数量呈增长趋势，但 2010 年稍有所下降。因 2010 年云南省出现严重旱灾，兴蒙乡也没能幸免，死亡人数有所增加，而且 2010 年兴蒙乡姑娘外嫁、学生入学、务工人员迁出祖籍的人数较往年增长较多。

表 1-2 兴蒙乡民族统计表（2003—2010 年）

单位：人

年份	蒙古族	汉族	彝族	白族	哈尼族	回族	傣族	拉祜族	瑶族	布依族
2003 年	5354	160	29	1	10	3	5	2	1	0
2004 年	5404	160	31	1	10	4	5	2	1	0
2005 年	5406	152	31	1	10	4	6	2	1	0
2006 年	5424	147	28	1	9	2	6	2	1	0
2007 年	5429	155	30	1	10	2	6	2	1	0
2008 年	5440	162	33	1	10	2	6	2	1	0
2009 年	5441	166	36	1	11	2	4	2	1	1
2010 年	5379	171	37	0	12	2	4	2	1	1

从表 1-2 中的数据可以看出，兴蒙乡是以蒙古族为主，彝族、哈尼族、傣族、汉族等多民族杂居，这就使得兴蒙乡呈现出多民族文化交织的形态。露丝 · 本尼迪克特曾说过："个体生活历史首先是适应由他的社区代代相传下来的生活模式和标准。从他出生之时起，他生于其中的风俗就在塑造着他的经验和行为。"① 因此，一个人从他出生的那一刻起，就身处他所在的文化环境的影响之中，兴蒙乡所在的自然环境和人文历史塑造了生活在这里的蒙古人的基本文化特征。

① 露丝 · 本尼迪克特著，何锡章、黄欢译：《文化模式》，北京：华夏出版社，1987 年，第2页。

（三）云南蒙古族的文化特征

凤凰山脚下的蒙古族后裔深受儒家文化的影响，使得他们渐染华风，喁喁向化，同时该地区的蒙古族后裔还加强和周边民族的互动，客观上为其后来生存与发展奠定了坚实的基础。云南境内各地蒙古族开辟了一条新的生活之路，他们行汉礼、遵汉法，并与周边民族积极互动，相互融合。同时他们又顽强地保存了蒙古族传统特征和共同的心理素质，将本民族文化与其他民族文化有机地结合在一起，逐渐形成了一个在文化上有别于北方草原蒙古族的通海兴蒙蒙古族实体。

兴蒙乡一直就是曲陀关至通海的交通要道，如同方志里记载的“渔村渡”。20 世纪 50 年代以前，这里仍旧是昆明至滇南通海等地的水路转运码头，所以划船运输、肩挑搬运是蒙古人谋生的方式之一。勤劳勇敢的蒙古族民众长期以来耕作于田间、捕捞于杞麓湖畔，基本能够自食其力。虽说和周边民族不断通婚，但是依旧保留了一些蒙古民族的特征，使得草原蒙古族的后裔得以在云南杞麓湖畔生息、发展。

兴蒙乡蒙古族人口早已脱离北方蒙古族的游牧经济方式，他们在红土高原多民族复杂环境之中，为了生存不断地与周围的其他民族进行经济、政治、文化等各方面的交流，从而形成了一种多民族混合的文化圈。由于当时的蒙古族士兵并没有携带家眷来到云南，他们娶当地妇女为妻，便定居于此。因与当地民族的通婚交流、融合而受到周围民族文化的影响。对于他们来说自己是弱势的文化群体，容易被强势文化所影响与渗透，这是各个民族自然互动的过程、逐渐涵化的结果。聚居于此的蒙古人经历了从“牧民”到“渔民”再到“农民”身份角色的转变，而这种角色的转变，正是他们适应云南当地自然和人文环境的结果，从而使得这里的蒙古族元素的外在表现方式也随之发生改变。

“任何民族在其文化发展过程中都会尽可能保留自己的传统文化，并在不断地创造与现代社会相适应的新的文化。因为民族传统文化是一个民族世代积累的文明成果。”[①] 兴蒙乡蒙古族人使用的是一种被称为“喀卓语”的特殊语言，喀卓语只有 10% 左右的北方蒙古语成分，主要是彝语、傈僳语、白语融合的结果。又如兴蒙乡蒙古族的“跳乐”习俗，就是在与彝族逐渐交往的过程中受其影响，

① 杨·巴雅尔、王静安：《从滇、川蒙古族文化现状谈少数民族传统文化的传承与发展》，《内蒙古师范大学报》（哲学社会科学版）2004年第3期。

而被渐渐引入蒙古族生活之中的。再如兴蒙乡蒙古族妇女的服饰“三滴水”[①]，已经看不出北方蒙古袍的样式，但是从图案、装饰、风格等元素上来看还是能找到许多与北方蒙古袍的相似之处。特别是将兴蒙乡蒙古族妇女服饰和彝族的服饰作对比的话，就会发现与其说是与北方蒙古族服饰相似，倒还不如说是与彝族服饰更为相近。

从20世纪50年代到80年代，国家确认了兴蒙乡蒙古族的身份，之后他们也强化了自我民族身份的认同，尤其是其民族自我意识在对外交流交往中表现较为突出。内蒙古草原同胞的“探亲团”活动使他们感受到了来自遥远故土的蒙古族大家庭的温暖。自内蒙古师范学院云南蒙古族调查组1976年到该乡调查出存在有蒙古人之后，来自北方蒙古族草原的各个阶层都纷纷到兴蒙乡寻根认亲，而且人数日益增多。内蒙古自治区各地的文艺演出团以及著名歌唱家腾格尔都为兴蒙乡蒙古族同胞送来了来自北方草原族胞的问候。从兴蒙乡派遣到内蒙古各大高等院校学习的教师、艺人、技工等都为兴蒙乡的民族文化发展注入了新鲜活力。

1981年，兴蒙乡蒙古族举办了第一届“那达慕”大会，自1996年开始变为每三年大过一次，时间一般定在12月13—15日。兴蒙乡蒙古族在“那达慕”大会上载歌载舞，既唱蒙古歌曲、跳蒙古舞蹈，也要唱滇剧、耍龙灯、踩旱船、舞狮子，还会跳金凤凰舞、蚌壳舞和农夫与耕牛舞。周围乡邻的汉族、回族、傣族、哈尼族、彝族也都有代表参加演出，表演本民族的传统节目。各村组织公共伙食，愿参加的客人都可以在兴蒙乡住宿、吃饭，呈现出一幅其乐融融的民族团结画卷。在桃家嘴村举办的观音会上，汉族唱经，蒙古族磕头拜观音，彝族、哈尼族、傣族与蒙古族一起“跳乐”，各民族文化在此欢聚一堂。正如纳日碧力戈所言：“通海蒙古人的身份是在各种各样的互动中维持和创新的，而这些互动的空间范围和样式，大大超过以往任何一个时代。现代化的信息——图像技术帮了忙，它让人们以虚拟空间的手段，就像青少年喜欢的游戏机那样，以自娱方式在想象中完成原

① 以前书籍上均写作“三叠水”，但笔者在实地调查后发现，按照当地民间的叫法应是叫“三滴水”。据村民们说，兴蒙乡的人们在外从事建筑行业，在下雨的时候，经常会看见雨水从屋檐顺着瓦片一滴一滴地流下来，以后就用来比喻衣服上的层次（下摆）。“一滴水”就是指从外观上能直接看出是一层衣服，同样“二滴水”和“三滴水”就是指从外观上看出是两层和三层。

来面对面才能完成的交流，以此借助他人塑造自己，互通有无，‘和而不同’。”[①] 如今兴蒙乡蒙古族的不断发展，正是各民族互相学习、平等团结、彼此互助的结果。频繁而迅捷的交流方式，并没有使得云南蒙古族失去本民族的传统文化，反而是日益发扬光大。

二、四川蒙古族的人文生态

（一）四川蒙古族人口的分布地域

四川地区的蒙古族人口主要分布以下几个地区：成都市、盐源县、木里藏族自治县，以及原属四川省的重庆市市区和彭水苗族土家族自治县等地。其中，除了四个蒙古族乡即盐源县的沿海蒙古族乡（今泸沽湖镇）和大坡蒙古族乡、木里藏族自治县的项脚蒙古族乡和屋脚蒙古族乡，其余散居的蒙古族与当地的其他民族和睦相处，生产、生活、风俗习惯都与当地百姓相差无几。据笔者收集到的第六次人口普查资料显示：四川蒙古族共有 36646 人，男 18350 人，女 18296 人，其中城市 4666 人、乡镇 8791 人、农村 23189 人。重庆市蒙古族共有 5688 人，男 2890 人，女 2798 人，其中城市 3756 人、乡镇 579 人、农村 1253 人。

成都，又被称为“蓉城”，是四川省政府所在地，也是成都平原上的政治、经济、文化中心。在成都市生活的蒙古族人有 5000 多人，他们的生活条件比起其他地方较为优越。因为这里的蒙古族人多数是清代进驻成都的蒙古八旗的后裔，为了反映该地区蒙古人的利益诉求，成立了“成都市满蒙人民学习委员会”（以下简称“成都满蒙学会”，是成都市民政局批准的独立法人社团组织）。由于成都满蒙学会在满蒙同胞和政府部门之间的工作开展顺利，纽带作用突出，因此受到政府部门的高度关注与好评。

（二）四川蒙古族的文化特征

生活在四川的蒙古族，从外部文化特征来看，我们很难用准确的语言来描述或者界定，不像云南兴蒙乡蒙古族那样特色鲜明，该地区的蒙古族留下的较多

① 纳日碧力戈：《全球场景下的“族群”对话》，《世界民族》2001年第1期。

的是对祖籍蒙古族身份的认同感以及对现代国家民族优惠政策下的归属感。

生活于成都市的蒙古族同胞，他们除了在特定节日和参加本民族的节庆活动以外，基本都是着汉装、说汉话（尤其是四川话）。至于蒙古文字，除了为数不多的几位地方文化精英略懂一些，在其他蒙古族族人生活中，我们几乎难以发现其蒙古族语言文字痕迹。基于这样微弱的蒙古族文化特征，成都满蒙学会开办了具有针对性的蒙文培训班、马头琴培训班等，特别开设了一系列具有民族文化特色的课程，供成都的蒙古族同胞学习蒙古文及民族乐器。每年在满族举办“颁金节”、蒙古族举办“那达慕”大会的时候，他们身着民族服装，在节日舞台上呈现着本民族的文化符号，保持着自己的蒙古族身份，加强着自己内心中的民族认同感，其余时间他们与周围的其他民族几乎没有太多的区别。

凉山州的木里、盐源、盐边、西昌等地蒙古族大多数人的衣着、服饰也趋于现代化。调研过程中发现，还着本民族服饰的以年龄较大的老太太居多，其余村民多着汉装。只有木里县的屋脚蒙古族乡的蒙古族，平时多穿着自己民族的服饰。笔者认为这是因为屋脚蒙古族乡海拔较高、山地较多，交通相对闭塞，与外界的交流相对较少。相对封闭的空间，使得他们很少与外界交流，于是一些比较传统的风俗习惯得以保留下来。但该地区却并没有举办过“那达慕”大会，北方蒙古族的文化元素在这里显得很是单薄。居住于泸沽湖畔的多数居民则努力对外宣传摩梭文化，标榜着自己的摩梭人身份，不愿意承认国家给予他们的蒙古族身份。

从语言方面来看，凉山州的蒙古族除了少数年龄较大的老人不会说汉话，其余人基本都会讲四川话，有些人甚至还可以讲一口流利的普通话。他们平时各个村落之间拉家常时，大部分说的是当地的“摩梭话”，摩梭语在这个地区较为流通。云南宁蒗县的摩梭人和凉山州的蒙古人交流基本是没有问题的，一些差异主要体现在语速的快慢等方面。若有些词汇差别较大，他们也会用汉话进行交流。因此凉山地区蒙古族的语言，也不能说是四川凉山地区蒙古族的外部文化特征，而是历史上生活在川滇交界的、被称为“摩梭”后裔的这部分人群的共同语言。

从他们每年欢度的民族节日来看，虽然都是凉山州之人，但不同地区的蒙古族所欢度的节日也不尽相同。如《四川蒙古族》一书中讲道，“嘛呢鄂包节”是凉山地区的蒙古族最具有特色的节日。“鄂包”是凉山地区蒙古族在道路、驿站交界堆放的“石堆子”。这种“石堆子”在其他地方又被称为“敖包”“嘛尼堆”“路包”“阿鲁包”等。“鄂包”的种类较多，但绝大多数是用石头堆砌而成，也有木制的，只是比较少见。每年的农历三月十四日至二十日，凉山地区的蒙古族村民都会请喇嘛或者达钵选一天吉日，到堆有“嘛呢鄂包”的路上进行祭嘛呢鄂包、祭山活动。通常还会邀请喇嘛或者达钵念经，以祈求平安吉祥。[①] 在田野点走访调研的时候，我们在泸沽湖镇小学和木里县高中做了两次关于当地学生对自己民族身份认知的问卷调查。两地问卷的结果大致如下：在泸沽湖镇小学调查收到的 89 份有效问卷中，有 74.71% 的学生选择了“非常了解”，7.86% 选择“了解一些”，4.49% 的学生选择“好像听说过”，8.98% 的选择“没有听说过”，另外 5 份没有选。在木里县高中收到的有效问卷中，总计 38 份，60.52% 的学生选了“没有听说过”，13.15% 的选择“好像听说过”，只有 7.89% 的学生选了“非常了解”，另外 4 份没有选择。从问卷中我们可以得出这样的结论：“嘛呢鄂包节”在沿海蒙古族乡和木里县蒙古族中并不普及，只是部分地区在过这种具有蒙古族特色的节日，而且泸沽湖镇附近和木里县附近地区的蒙古族对这一节日的参与程度大不一样。

笔者同样了解到，在盐源县泸沽湖镇和前面我们提及的其他几个蒙古族乡中，过的最为盛大的节日是“转山节”，于每年的农历七月二十五日举行。在这一天蒙古族同胞会着盛装去朝拜格姆女神山，祈求女神的庇佑。这一节日不仅仅只是这些地区蒙古族的盛大节日，也是云南宁蒗摩梭人的盛大节日。他们都自称“纳”或者“纳日”，也叫“摩梭”。因为身处当地，泸沽湖镇小学的孩子们对这个节日是非常了解的。至于中秋节，项脚蒙古族乡的蒙古族则表示不会过中秋节，相反在泸沽湖镇的蒙古族同胞中，笔者了解到他们没有不过这个节日的说法。

四川地区蒙古族的“转山节”“嘛呢鄂包节”等具有四川蒙古族特色的民族节日，其实是不能够代表其蒙古族文化符号的，他们深受藏族文化影响，同时认同于更加古老的“纳日”或者说“摩梭”文化。正如王明珂所言：“一族群的语言、体质与文化特质常是变动的……我们难以由客观的语言、体质与文化来描述或者界定这个族群。”[②] 我们还了解到，在当地蒙古族中普及程度较高的反而是

① 阿拉塔·扎什哲勒姆：《四川蒙古族》，香港：香港大地出版社，2004年，第135页。

② 王明珂：《羌在汉藏之间》，北京：中华书局，2008年，第15页。

国家法定节日，如春节、端午节、中秋节等。这也从侧面反映出凉山地区具有蒙古族身份的纳日人文化具有明显的地域性差异。

三、贵州蒙古族的人文生态

据 2010 年全国第六次人口普查，作为贵州省 18 个世居民族之一的蒙古族共有 5.6 万人。贵州省的 87 个县（市）中，有 68 个县有蒙古族分布，主要分布于贵州省毕节市大方县、黔西县，铜仁市石阡县、思南县等地区。毕节市大方县占贵州蒙古族总人口的一半左右，大方县凤山彝族蒙古族乡则是贵州省唯一的一个蒙古族聚居乡。

凤山乡整体是个很贫穷的乡，基础设施比较落后，至 2016 年为止仍然有一个自然村没有通公路。农田水利基础设施严重跟不上其需求，人畜饮水还很困难。全乡受教育程度较低，文盲率高达 9%。凤山乡贫困的主要原因在于资源相对匮乏，发展后劲严重不足；自然条件恶劣，交通闭塞；农民观念保守，脱贫意识较差；整体文化素质较低，缺乏相关技术；生产投入资金不足等。其实凤山乡还是有很多有利的发展条件，比如地方出台政策，帮助脱贫致富、发展畜牧产业规模化等。针对地区发展特点，大方县也抓住发展的机遇，致力于乡镇的脱贫致富。实施了农村公路硬化，建设农田水利灌溉工程、危房改造等工程。政府部门在加大基础设施建设的同时也进行农业产业化建设，建设核桃示范园，加大漆树产业经济带，大力发展畜牧业等经济产业，来提高农民收入。随着国家“十三五”规划的推行，凤山乡也逐渐开展具有本地区特色产业的建设，如力推高原生态肉类产品加工、“支嘎阿鲁”民族高端品牌白酒、原生态特色食品生产加工、高山草原高尔夫度假中心、“马干山大草原蒙古风情园”、沓帕珐戈神山、水西古彝小镇、食用名贵中药种植加工基地、黔西北特色产品交易市场、杭瑞高速凤山物流中心、黔西北彝族工艺品厂等项目。这些项目都充分发挥了凤山乡自身的特点，彰显了彝族、蒙古族民族乡的彝族、蒙古族特色。比如，“马干山大草原蒙古风情园”就是充分发挥了贵州省唯一一个蒙古族乡的优势，有机结合了高山草原和蒙古族文化特征。该项目 2011 年正式立项，启动招商；2012 年基础工程启动，园区建设启动；2013 年相关项目正式启动，各类生产设施完善；2014 年相关产品正式上市，盈利渠道建立；2015 年初步形成园区产业整体效应，经济效益初见成效。[①]

贵州地区在全国各个省份的经济文化发展排名上比较靠后，在这样的大背景下，大方县凤山乡无疑是具有巨大发展空间的。可以预见在国家民族政策的不断扶持和当地相关政府部门启动的新兴的民族旅游文化产业的带动下，再加上凤山彝族蒙古族乡同胞的不懈努力，凤山乡“整体落后贫穷”的局面现在已经大有改观，实现了与全省各族人民一道整体脱贫。

小　结

西南地区是我国自然地理环境最为复杂的地区，从地形上来讲，西南地区有盆地、山地、高原、丘陵等地形类型；从气候类型来讲，西南地区有热带季风气候、亚热带季风气候、高山高原气候等类型。因地处低纬度高海拔地区，气候垂直变化显著。这样复杂多样的自然条件有利于西南地区各民族迁徙和定居，但同时也制约着西南地区各民族的生存发展。历史上西南地区蒙古族的迁徙和定居与西南地区的自然地理条件息息相关，现今西南地区蒙古族分布也与自然条件、交通和战略位置相关联，如四川木里县、盐源县，云南通海县和贵州毕节市等西南地区蒙古族主要聚居区多位于历史上重要的交通沿线和战略要地，而部分蒙古族还分布于成都市、昆明市等自然环境较为优越的地区。从整体上来看，西南地区的蒙古族在地理空间分布格局上呈现出了“大散居”的分布格局。现今西南地区蒙古族共 10 万余人，云南、四川、重庆、贵州均有蒙古族分布，特别是云南省蒙古族分布更为广泛。截至 2010 年，云南省有蒙古族 22624 人，分布于昆明市、玉溪市、红河州、文山州、楚雄州、曲靖市、普洱市、丽江市、保山市等地区，分布较为分散。西南地区蒙古族在局部区域内又呈现出“小聚居”的分布特点。就四川地区而言，蒙古族主要集中分布在凉山州、成都市和重庆市的彭水县地区，其中又以凉山州木里县脚屋蒙古族乡、项脚蒙古族乡和盐源县大坡蒙古族乡、沿海蒙古族乡（现泸沽湖镇）四个蒙古族乡最为集中。贵州省蒙古族主要聚居于黔

① http://www.gzjcdj.gov.cn/wcqx/detailnew.jsp?id=2664144

西北地区，特别是毕节市大方县就占贵州蒙古族人口一半左右，而大方县蒙古族又主要聚居在凤山蒙古族乡。云南地区蒙古族主要分布在昆明、玉溪等地区，其中又以玉溪市通海县兴蒙蒙古族乡分布最为集中。在这些聚居区的周围，汉族、彝族、回族、藏族等民族交错杂居、共存共生互融，各民族人民既相互竞争又互相包容促进，形成总体和谐的地域文化圈。

第二章　西南地区蒙古族的历史记忆与族源认同

自铁木真被推为成吉思汗，蒙古高原上各分散部落被统一起来，并逐渐形成了统一的蒙古族。为了攻打南宋，云南成为蒙古攻打南宋的“迂回包抄”战术的战略要地。于是随着大批蒙古族人南下，蒙古人的分布范围也扩大至西南地区。忽必烈于1271年建立元朝后，为稳固西南边疆统治，派遣蒙古宗王镇戍西南地区，任命土官管理所辖地区，促进了边疆地区与内地的经济和文化的交流，为蒙古族人定居下来奠定了政治、经济、军事基础。元末明初，随着最后一任梁王把匝剌瓦尔密战败后投滇池而死，西南地区的蒙古的军事存在也迅速瓦解。除部分战死或返回“北元”之外，大部分蒙古人隐姓埋名，加快了与周边其他民族的融合。受西南自然地理环境以及当时历史条件的影响，西南地区蒙古人不断借鉴、融合当地文化，但始终保留着蒙古族人的历史记忆和族群认同，并通过墓碑、家谱、口述等方式传承着蒙古族人在西南地区生存发展的历史记忆，不断繁衍生息。

第一节　历史上蒙古人在云南的统治

一、忽必烈汗平定大理国

1253年，蒙哥汗令忽必烈率领十万大军从六盘山经川西高原兵分三路进攻大理国。元军“跨革囊”渡过金沙江到达丽江地区，丽江地方摩梭首领麦良率先投靠蒙古军，并为向导协助蒙古军进攻大理国。

进攻大理国之前，忽必烈派遣信使劝降大理国主，但段兴智却选择杀死蒙古使者，迎战蒙古军。蒙古三路大军合力攻下大理城，大理国王逃亡善阐（今昆明）时被俘，大理国灭亡。1254年攻灭大理国后，忽必烈率军北上围攻襄阳，留大将兀良合台镇守云南地区，继续攻伐云南地区未归附的各部族势力。因段兴智在觐见蒙哥汗时"献地图，请悉平诸部，并条奏治民立赋之法。宪宗大喜，赐兴智摩诃罗嵯，命悉主诸蛮白爨等部，以信苴福领其军"①。蒙哥汗赐以金符，仍委任其管理洱海及滇西地区事务，形成云南王与段氏共治云南的局面。

蜀地是南宋重要的税赋和兵员来源地，也是南宋战略要地。蒙古大军攻下大理后，蒙哥汗于1256年亲自率领蒙古军兵分三路进攻蜀地。蒙哥汗自领一军从重庆方向进攻南宋，忽必烈重点进攻鄂州（今武汉）。蒙古军队与南宋军队战事激烈，尤其在重庆地区，战况惨烈，蒙哥汗战死合州。其后忽必烈北返，与其幼弟阿里不哥争夺汗位。于1260年在其潜邸继承了蒙古大汗位。

忽必烈继承其先代各位大汗的霸业继续对外征伐，采用出奇制胜的策略，巧妙地利用进军路线，取得了对大理国军事征伐的胜利，也创造了中国古代军事史上的奇迹，正如顾祖禹所言，"吾观从古用兵，出没恍惚，不可端倪者，无如蒙古忽必烈之灭大理也"②。统一的目标也在忽必烈时期得以实现，从而开少数民族入主中原并建立统一帝国的先例，而元朝也是我国历史时期疆域最为辽阔的朝代。《元史·地理志》开篇便有记载："自封建变为郡县，有天下者，汉、隋、唐、宋为盛，然幅员之广，咸不逮元。汉梗于北狄，隋不能服东夷，唐患在西戎，宋患常在西北。若元，则起朔漠，并西域，平西夏，灭女真，臣高丽，定南诏，遂下江南，而天下为一。故其地北隅阴山，西极流沙，东尽辽左，南越海表。盖汉东西九千三百二十里，南北一万三千三百六十八里，唐东西九千五百一十一里，南北一万六千九百一十八里，元东南至所不下汉、唐，而西北则过之，有难以里数限者矣。"③由此可见元代疆域之辽阔。《大元一统志》序言中记载："臣闻春秋所以大一统者，六合同风，九州共贯

① 〔明〕宋濂等撰：《元史》卷一六六《信苴日》，北京：中华书局，1976年，第3910页。

② 〔清〕顾祖禹撰：《读史方舆纪要》卷一一三《云南方舆纪要序》，北京：中华书局，2005年，第5026页。

③ 〔明〕宋濂等撰：《元史》卷五八《地理一》，北京：中华书局，1976年，第1345页。

也。然三代而下，统之一者可考焉。汉拓地虽远，而攻取有正谲，判服有通塞，况师异道、人异论，百家殊方，指意不同，无以持一统，议者病之；唐腹心之地为异域而不能一者，动数十年。若夫宋之画于白沟，金之局于中土，又无以议为也。我元四极之远，载籍之所未闻，振古之所未属者，莫不涣其群而混于一，则是古之一统，皆名浮于实，而我则实协于名矣。"[①]蒙古攻占大理国不仅开拓了西南地区的疆域，也使得西南地区成为蒙古进攻南宋、安南和缅甸的前沿阵地。鉴于云南地区独特的地位，有元一代，元朝政府积极经营云南行省，不仅派遣宗室亲王和重臣镇守云南，还派遣了大量镇戍军镇戍西南地区。同时在云南设立了大量土司，大理末代国主段兴智也被任命为大理总管府总管，段氏成为元代西南地区最大的土官。

二、镇戍云南的蒙古宗王

元代"云南去京师万里，诸彝杂处，叛服不常，必威之以兵，则长治久安"[②]，各部族"生多犷悍，不闲礼教，牧以雄剥渔猎之人，啸呼蚁聚，激忿肆毒"[③]，加之云南行省是元朝政府经营西南的重要基地，忽必烈便"命九王以镇之"[④]。派宗室亲王镇守云南行省"是元代云南政治体系中重要的一环，它与行省制、土司制和宣慰司体系等一起构成元代在云南的一元多极政治体系，为元代中央政治在云南统治的加强奠定基础"[⑤]。历代宗王以军事镇守的形式镇守云南地区，"宗王受封于某地，负责该地区的镇戍征伐，并代表朝廷监督当地的军政"[⑥]。

① 〔元〕许有壬：《至正集》卷三五《大元一统志序》，新文丰出版公司编辑部编著：《元人文集珍本丛刊》（7），据石印本影印，台北：新文丰出版公司，1985年，第180页。

② 〔元〕李泰：《都元帅府修文庙记》，方国瑜主编：《云南史料丛刊》（第三卷），昆明：云南大学出版社，1998年，第336—337页。

③ 〔元〕元明善：《云南志略序》，方国瑜主编：《云南史料丛刊》（第三卷），昆明：云南大学出版社，1998年，第124页。

④ 〔元〕揭傒斯著，李梦生标校：《揭傒斯全集》，上海：上海古籍出版社，1985年，第259页。

⑤ 周芳：《元代云南宗王考析》，《云南民族大学学报》（哲学社会科学版）2010年第6期。

⑥ 周芳：《元代云南宗王考析》，《云南民族大学学报》（哲学社会科学版）2010年第6期。

《经世大典·序录·屯戍》记载："国初征伐，驻兵不常，其地视山川险易，事机变化而位置之，前却进退无定制。及天下平，命宗王将兵镇边徼襟喉之地。如和林、云南、回回、畏吾、河西、辽东、扬州之类。"由此可见，蒙古统治者早期进入汉地的时候，没有特定的驻兵机制，后来才逐渐形成"命宗王将兵镇边徼襟喉之地"的制度。元朝在云南设置行省后也循例派遣宗室亲王镇守，这些亲王或为"云南王"，或为"梁王"，名号不一。朝廷颁赐金印驼纽或金镀银印驼纽给这些亲王。忽必烈五子忽哥赤成为首任镇守云南地区的云南王，统领善阐、大理、赤秃哥儿、察罕章和金齿等地。此后，见于记载的云南王还有：也先帖木儿，承袭其父位出任云南王；至大二年（1309 年），诸王老的出任云南王；延祐七年（1320 年），王禅任云南王；泰定元年（1324 年），王禅儿子帖木儿不花为云南王；元统二年（1334 年），忽哥赤的孙子阿鲁被封为云南王，后又封阿鲁的儿子孛罗为云南王。

元朝政府除在云南行省敕封"云南王"之外，还封有地位更高的"梁王"。梁王的地位、权重都比云南王要高，云南王主要是管理日常事务，是行政事务的参与者，而梁王主要占有军事指挥权、军队调度权、建议监督权、干预行省事务等权力，云南王往往会受制于梁王。一般而言，梁王驻中庆镇守滇东地区，云南王驻大理镇守滇西地区，分处两迤。但元末时期，梁王已经主掌了云南地区一切军政要务。

忽必烈派遣宗室亲王镇守云南之时，正值蒙元发动大军征讨南宋，因云南地区地处边陲，加上交通不便，蒙古统治者一时没有足够精力经营西南边疆，不可能对云南进行深入改革。忽必烈也适时赋予宗室亲王重权，让他们手握重兵，并兼领军事和行政，这样诸亲王就拥有统兵作战、遣使招降、设站立道等权力。出镇各地的宗室亲王各尽其能，镇戍一方，征讨不庭和抚绥各部，从而避免了蒙古大军出现两线作战的局面。

元代任用宗室亲王镇守云南，稳定了云南行省和西南边疆，但显而易见，宗室亲王权力过大也造成了诸多不良影响。天历兵变以后，元朝国力逐渐衰弱，朝廷再也无力顾及云南等边疆地区。"云南行省形同虚设，行省、宗王、段氏三足鼎立的格局被打破，呈现宗王一家独大的局面”[①]，最后，行省作为地方最高行政机构的权威也不复存在，梁王成为云南军事、行政最高长官。

三、土司世守与蒙古族落籍

（一）土司制度的渊源

土官土司是元朝统治西南地区的政治基础，“土人为官，谓之土官。世世相传，谓之世袭，亦曰世守。云南自蒙、段窃据僻陋，在夷执事之官皆其部内之土人。元定其地，始由选授而来，然土官亦参其间”[②]。土司制度是“封建王朝中央政府对边疆地区少数民族大小首领授予世袭官职的制度”[③]。土司必须向朝廷朝贡纳赋，《明史·职官志》记载：“皆因其俗，使之附辑诸夷，谨守疆土，修职贡，供征调，无相携贰。有相仇者，疏上听命于天子。”[④]虽说元代土官土司朝贡纳赋的数量较少，但象征意义重大，朝贡意味着土官土司对中央王朝的臣服，纳赋意味着土官土司所辖区域归属于中央王朝的版籍[⑤]，中央王朝通过土司来实现对各边疆民族地区的间接统治。

元朝统治者在总结了汉、唐以来西南民族地区实行的羁縻府制基础上，推行了土司制度。忽必烈灭大理后，面临云南少数民族不断反抗的复杂形势，采取了“以夷治夷”方略，对归附的各部族首领予以“服从者恩之以仁，拒敌者威之以武”[⑥]的宽大优待政策，正是这一方针初步奠定了西南地区的土司制度。一般而言，对那些率部归附的地方首领大酋，蒙古统治者便“锡赉甚厚，宠渥优礼”[⑦]，

① 方慧：《段氏世次年历及其与蒙元政权关系研究》，昆明：云南教育出版社，2001年，第91—98页。

② 〔清〕王崧著，杜允中注，刘景毛点校，李春龙审定：《道光云南志钞》卷七，《土司志上·云南府》，昆明：云南省社会科学院文献研究所，1995年，第301页。

③ 龚荫：《中国土司制度史》，成都：四川人民出版社，2012年。

④ 〔清〕张廷玉等撰：《明史》卷七六《职官五》，北京：中华书局，1974年，第1876页。

⑤ 龚荫：《中国土司制度史》，成都：四川人民出版社，2012年，第120页。

⑥ 〔明〕宋濂等撰：《元史》卷一六八《陈祐》附《陈天祥》，北京：中华书局，1976年，第3950页。

⑦ 〔明〕木公撰：《玉龙山灵脚阳伯那木氏贤子孙大族宦谱》，方国瑜主编：《云南史料丛刊》（第五卷），昆明：云南大学出版社，1998年，第536页。

授之以高低不等的官职。在忽必烈班师后的一段时间里，“以段兴智主国事”[①]，但是，对抗命不从的地方大酋，则是严厉惩罚，举兵讨伐。

元宪宗去世后，忽必烈为巩固汗位而忙于平定内乱及征讨南宋。在此特殊时期，只能派遣宗室亲王和将帅镇守西南地区，维持稳定。在地方上，元朝采取了“政治重于军事”[②]的统治策略，利用丽江木氏、大理段氏、善阐高氏等云南大酋进行间接统治。例如，大理段信苴日，中统年间初赐虎符，统领大理及善阐（今云南省昆明市）、统矢（今云南省楚雄彝族自治州姚安县）、会川（今四川省凉山彝族自治州会理市）、建昌（今四川省凉山彝族自治州西昌市）、威楚（今云南省楚雄市）、谋统（今云南省大理白族自治州鹤庆县）、腾越（今云南省保山市腾冲市）、永昌（今云南省保山市）一共八府之地[③]，这些地区万户府以下官员都受大理总管府的节制，可以说“国家待段氏之意，可谓渥矣”[④]。蒙古统治者之所以优待并重用段氏，是要利用段氏在西南地区的影响力以“抚安已附之民，招集未降之众”[⑤]。在蒙古统治者纷纷给予优惠政策的情况下，段氏也“益自奋励，抚绥蛮夷，奖练士卒，攻都阐，下石城，克新兴，取寻甸，挫舍利畏三十万啸集之师于滇海之上，破释多罗十余万寇抄之众于洱水之滨”[⑥]。蒙古先以兵威震慑西南地区，又以高官厚禄为诱饵，极力招抚、笼络依附的各少数民族首领，给予他们极大的军政权力，协同朝廷委派的流官共同管理地方事务，此外还利用这些部族首领的军队征讨未降各部，镇压反抗势力。这种政策不仅减轻了蒙古军、探马赤军的伤亡，还间接削弱了各部族首领的军事实力，最终达到稳定和巩固蒙古在云南地区的统治的目的。

---

① 〔明〕宋濂等撰：《元史》卷一六六《信苴日》，北京：中华书局，1976年，第3910页。

② 李则芬：《元史新讲》，台北：台北黎明文化事业股份有限公司，1989年，第509页。

③ 〔明〕宋濂等撰：《元史》卷一六六《信苴日》，北京：中华书局，1976年，第3910页。

④ 〔元〕李源道撰：《大崇圣寺碑铭并序》，〔民国〕龙云等修，周钟岳等纂：《新纂云南通志》卷九三《金石考十三 · 后期二 · 元》，1949年铅印本，第34页。

⑤ 〔元〕王恽撰：《秋涧先生大全集》，卷八二《中堂事记》（下），中统二年秋八月十六日丙午。新文丰出版公司编辑部编著：《元人文集珍本丛刊》（2），据明刊修补本影印，台北：新文丰出版公司，1985年，第389页。

⑥ 〔元〕李源道撰：《大崇圣寺碑铭并序》，〔民国〕龙云等修，周钟岳等纂《新纂云南通志》卷九三《金石考十三 · 后期二 · 元》，1949年铅印本，第33页。

（二）土司制度的形成

云南地处边陲，与内地路途遥远，且民族成分复杂，各民族间的风俗习惯差异较大，并且“夷俗资性悍戾，瞀不畏义”[①]，难以治理。加上云南各地社会经济、文化发展水平参差不齐，用内地制度难以进行有效的统治，仅依靠蒙古军队的武力威慑是远远不够的。当时，云南地区被世人视为“遐荒烟瘴之地”，谈之色变，内地人士多不愿前往就官，朝廷只能在各级地方政权中“杂土人用之”[②]。同时不得不任用当地土著的首领为官，以便笼络各民族的上层人士，稳定边疆。至元十六年（1279 年），忽必烈便“诏遣使诏谕西南诸蛮部族酋长，能率所部归附者，官不失职，民不失业”[③]。自此，在云南地区土官便开始了长达几个世纪的统治。

随着众多部族的归附，云南行省的行政机构逐步完善，元朝对西南边疆的统治也日益加强。忽必烈在沿用蒙古祖宗成法、援引宋金的地方官制、沿袭云南诸部旧俗的基础之上，逐步开创了一套管理严格、内容丰富、影响深远的土官制度，为后来明清土司制度的形成与完善奠定了基础[④]。忽必烈时期，云南宣慰司以下的行政机构之中，土官职务以宣抚使、总管为多，如乌蒙蛮夷宣抚使阿蒙[⑤]、大理总管段信苴日[⑥]、大理路军民总管段忠[⑦]、中庆路总管高龙善[⑧]、定昌路总管谷

① 〔元〕郭松年：《创建中庆路大成庙碑记》，方国瑜主编：《云南史料丛刊》（第三卷），昆明：云南大学出版社，1998年，第275页。

② 〔明〕宋濂等撰：《元史》卷一五《世祖本纪十二》，北京：中华书局，1976年，第315页。

③ 〔明〕宋濂等撰：《元史》卷一〇《世祖本纪七》，北京：中华书局，1976年，第216页。

④ 〔清〕永瑢、纪昀等撰：《历代职官表》卷七二《土司各官表》，〔清〕永瑢、纪昀等纂：影印文渊阁《四库全书》，史部职官类360，第602册，台北：台湾商务印书馆，1986年，第600页。

⑤ 〔明〕宋濂等撰：《元史》卷一三《世祖本纪十》，北京：中华书局，1976年，第281页。

⑥ 〔明〕宋濂等撰：《元史》卷一六六《信苴日》，北京：中华书局，1976年，第3910页。

⑦ 〔元〕赵傅弼撰：《创建大理路儒学碑记》，〔民国〕龙云等修，周钟岳等纂：《新纂云南通志》卷九二《金石考十二·后期一·元》，1949年铅印本，第9页。

⑧ 〔元〕张道宗撰：《纪古滇说原集》，〔民国〕郑振铎辑：《玄览堂丛书》，据明嘉靖己酉刊本影印，上海影印，1941年，第17页。

纳[①]、乌蒙路总管阿牟[②]、建昌路总管沙智[③]、金齿干额总管阿禾[④]等。从至元年间中后期开始，行省、宣慰司以委派流官为主、土官为辅。而“自宣慰司都元帅府宣慰使以下，虽亦参用流官，然以番夷酋长为之者实多”[⑤]。路、府、州、县、甸、寨等基层行政机构中以流官见于记载者甚少，而其下层地方官吏则多“参用其土人为之”[⑥]。

按照职官的分类，元朝在云南行省地区设置的土官可以分为以下几种：①有行中书省土官。至元十八年（1281年），大理土官信苴日与其子阿庆入朝，忽必烈为嘉奖其功绩，进封信苴日为大理威楚金齿等处宣慰使、都元帅，并留其子阿庆宿卫东宫。之后不久，信苴日又被拜为云南诸路行中书省参知政事。其后人段功平定红巾军起义有功，被任命为云南行省平章政事。在天历兵变时期，罗罗人土官举宗、禄余，遥授行省参知政事，实卜、月鲁帖木儿任行省官员。这类土官虽名为省官，但徒有虚名，其势力范围仅在本土。②有宣慰司土官。宣慰司是元代首创，是介于行省和郡县之间的行政机构，其长官由少数民族首领担任。《元史·百官七·宣慰使司》载：“宣慰司，掌军民之务，分道以总郡县，行省有政令则布于下，郡县有请则为达于省。有边陲军旅之事，则兼都元帅府，其次则止为元帅府。”[⑦]由此可见，宣慰使司还可兼都元帅府职，其原因是：“以蛮夷未附者尚多，命宣慰司兼行元帅府事。”[⑧]此外，宣慰司还兼管军万户府，例如至

① 〔明〕宋濂等撰：《元史》卷一三三《脱力世官》，北京：中华书局1976年，第3228页。
② 〔明〕宋濂等撰：《元史》卷十《世祖本纪七》，北京：中华书局1976年，第201页。
③ 〔明〕宋濂等撰：《元史》卷一三《世祖本纪十》，北京：中华书局1976年，第269页。
④ 〔明〕宋濂等撰：《元史》卷二一〇《外夷三·缅》，北京：中华书局1976年，第4656页。
⑤ 〔清〕永瑢、纪昀等撰：《历代职官表》卷七二《土司各官表》，〔清〕永瑢、纪昀等纂：影印文渊阁《四库全书》史部职官类360第602册，台北：台湾商务印书馆，1986年版，第600页。
⑥ 〔明〕宋濂等撰：《元史》卷九一《百官七》，北京：中华书局1976年版，第2318页。
⑦ 〔明〕宋濂等撰：《元史》卷九一《百官七》，北京：中华书局，1976年，第2308页。
⑧ 〔明〕宋濂等撰：《元史》卷八《世祖本纪五》，北京：中华书局，1976年，第160页。

元二十五年（1288年），“改云南乌撒乌蒙宣抚司为宣慰司，兼管军万户府”[①]。③有宣抚司、安抚司、招讨司。这类官职的品级低于宣慰司，《元史·百官七·宣慰使司》载：“其在远服，又有招讨、安抚、宣抚等使，品秩员数，各有差等。”[②]④宣抚司、宣慰司、招讨司是品级低于宣慰司的行政机构，云南设有丽江路军民宣抚司、金齿等路宣抚司。《元史·李德辉传》载：“十七年……德辉以其言上闻，乃改鬼国为顺元路，以其前为宣抚使。”[③]⑤有路总管府土官。大理段氏从段信苴日到段明，共十代人世袭大理路总管。此外，还有车里路总管寒赛，东川路总管普折，元江路总管普双，建昌路总管阿宝，通西路总管缅吉，普安路总管阿宋，普定路总管适姑，姚安路土官高明，孟定路总管阿鲁，威楚、开南等路总管忽都等。元代在云南民族地区如同在内地一样，也有路、府、州、县的建制，但土知府、土知州、土知县、土县丞，见于记载的也很多。再如土巡检、土千户、土酋吏等蛮夷长官司长官。这些官员多是基层组织，担任土官的基本都是少数民族的头人。《元史·百官志》载：“诸蛮夷长官司。西南夷诸溪洞各置长官司，秩如下州。达鲁花赤、长官、副长官，参用其土人为之。”[④]

（三）土司制度的性质与影响

元朝初期，朝廷对土官的任命、迁调、承袭已形成一种定制。具体说来，朝廷为土官配发信物，任命为地方官，他们在享有特权的同时还要履行朝贡纳质、籍定户口、输纳赋税、签军从征、设驿立站等义务。同时，蒙古统治者在云南各宣慰司之下的各级军政机构中，均设达鲁花赤为监官，并派遣宗王将帅出镇至行省各地，对土官进行严密监视。通过对土官的权力、义务、官衔与朝廷对土官所

---

① 〔明〕宋濂等撰：《元史》卷一五《世祖本纪十二》，北京：中华书局，1976年，第312页。

② 〔明〕宋濂等撰：《元史》卷九一《百官七》，北京：中华书局，1976年，第2308页。

③ 〔明〕宋濂等撰：《元史》卷一六三《李德辉》：北京：中华书局，1976年，第3818页。

④ 〔明〕宋濂等撰：《元史》卷九一《百官七》，北京：中华书局，1976年，第2318页。

采取的监督措施来看，笔者认为土官制度不过是蒙古统治者对蒙古“旧制六事”[①]稍加变通并糅以宋金官制、蛮夷旧俗，合而为一的一种政治制度和民族政策，具有蒙、汉、夷三重文化色彩。历史证明土官制度确实行之有效，不仅结束了云南诸部之间的争战和大酋举兵叛乱的混乱局面，而且有力地维护了蒙古对云南的统治，对后世产生了深远的影响。

元朝实行的土司制度相较于汉、唐的羁縻府州制度，管理上更为严格。土官不仅要管辖领地，还必须按时纳贡，同时还要受达鲁花赤监督。朝廷用封官、赏赐、联姻等方式与土官往来，看似拉拢土官，事实上是削弱其实力，对其势力加以控制，使之无法超出中央权力的范围。蒙古统治者通过这种间接的方式，既削弱了土官的势力，又有效地统治了边疆民族地区，使得少数民族地区的政治、经济、文化、军事等方面都被纳入中央王朝控制范围内，可谓一举两得。总之，元代的土官制度在巩固和稳定云南地区方面起到了重大作用，也促进了边疆地区与内地的经济、文化交流。而土司制度带来的客观影响是多方面的，土司治下的民众因名从主人，形成对蒙古族的认同意识亦为其一。

第二节　历史上蒙古人在四川的统治

一、蒙古人入川的军事活动

早在成吉思汗攻略金朝之时，郭宝玉便献上了先取西南诸番，从侧翼进攻中原的战略。随着对金战事的持续，南宋绍定三年（1230 年），窝阔台汗决定借道宋境向金国发动进攻。成吉思汗幼子拖雷奉窝阔台汗之命，承担这次“假道伐金”的任务。南宋绍定四年（1231 年），由于宋军未同意托雷的“借道”请求，并杀害了拖雷的爱将速不罕，拖雷大怒，于是将大军分作两路，一路“长驱入汉中”强行借道，另一路“进袭四川”，意图报复。这次蒙古军队进入四川地区，

① 即以上“入朝进贡、子弟入质、籍定户口、输纳赋税、签军从征、设驿立站”。〔明〕宋濂等撰：《元史》卷八五《世祖本纪五》，第160页；《元史》卷二〇九《外夷二·安南》，北京：中华书局，1976年，第4635页。

一路进袭至葭萌（今广元市昭化镇）、阆州（今阆中市）、果州（今南充市）等地，“凡破四川城寨一百四十余处”[①]，“略地至西水县（今南部县西）而还”[②]。

这是蒙古军首次进入四川，他们长驱直入，如入无人之境，宋军则损失惨重。四川制置使桂如渊刚一开战，便携带家眷朝三峡方向逃去。一路溃散的官兵和逃难的百姓使得广安地区（今四川省广安市）人满为患，道路“久绝不得通”。

1234年，金朝灭亡，蒙古与南宋的关系迅速恶化。窝阔台汗决定“躬行天讨”[③]，全面发动对南宋的军事征服，南宋的蜀中四路为其进攻重点之一。为了打开进攻四川地区的通道，蒙古人与宋军首先在外围展开争夺。1236年，经阳平关一战，蒙军大胜，通往四川内郡的门户被彻底打开。同年8月，阔端率部经大散关进入蜀边，沿金牛道深入四川腹地。10月，蒙古军攻占利州，破大散关，继而各部向成都推进。10月中旬，蒙古军占领成都后，阔端命各部四处抄掠，他自己则率主力离开四川。不久宋军收复成都，蒙古军全部退出四川。

最初，蒙古人攻打蜀地的主要目的在于破坏、抄掠，不让四川成为南宋的后方基地。阔端这次入川的军事行动便“破四川府州数十，残其七八”[④]。阔端退出四川之后，蒙古在此建立了兴元、石门两个战略基地，不断对蜀地进行袭扰。1239年秋，蒙古军打算经四川进攻长江中游的湖北等地，塔海等率领大军攻袭川东地区，史称“己亥之警”。这次蒙古军先头部队越过川东占领了湖北恩施等地。但是，由于宋军早已做好充分准备，塔海没能继续东进，率师撤退。1241年，塔海再次率大军进入四川地区，攻入成都并四处抄掠。除成都之外，还攻破了汉州、泸州、嘉定、叙州等二十城，史称“西州之祸”。

1241年，窝阔台汗去世后，蒙古内部陷入了争权夺位的纷争。淳祐六年（1246年），蒙古军四路攻蜀，被余玠击退。淳祐七年（1247年），蒙古军取青羌，因遭遇西路诸蕃失利。宋军在岩州（今泸定岚安乡）击退蒙古军后，在大渡河擒

① 〔清〕毕沅编著：《续资政通鉴》卷一六五，北京：中华书局，1957年，第4502页。
② 〔元〕脱脱等撰：《金史》卷一一一《完颜讹可传》，北京：中华书局，1975年，第2446页。
③ 〔明〕宋濂等撰：《元史》卷一一九《塔思传》，北京：中华书局，1976年，第2939页。
④ 苏天爵编：《元文类》卷六二《兴元行省夹谷公神道碑》，北京：商务印书馆，2008年，第901页。

获蒙古大将秃璮。同年，都元帅带答儿统领的四川等处蒙古军、汉军，和里台统领的吐蕃等处蒙古军、汉军合力进攻四川，汪德臣等率部一路攻至嘉定，皆被宋军击退。但是宋军组织的几次北伐也没有取得成功。

1251年，蒙哥继承汗位，蒙古内部形势逐渐稳定下来，重新在四川展开攻势。1252年7月，带答儿受命统帅各蒙古军、汉军继续对四川进行征讨，与余玠在嘉定展开激烈的争夺。最后蒙古军队对嘉定的围攻被粉碎，元军在撤退途中还遭到沿途宋军阻截，损失惨重。为实现对南宋的战略合围，蒙哥汗命令忽必烈率大军南征大理。1253年10月，忽必烈率军兵分三路经四川阿坝藏族羌族自治州南下。忽必烈率中路大军，经满陀城[1]，过大渡河，穿越今凉山彝族自治州山谷，渡金沙江，到今川滇交界的云南省宁蒗县永宁乡休整军队，驻跸在日月和。当地部落首领率部内附。大将兀良合台则率西路大军，穿越今甘孜藏族自治州，自旦当岭（今香格里拉市）入云南，渡金沙江，至大理。东路大军在诸王抄合、也只烈等率领下，由白蛮穿越今凉山彝族自治州，在会川渡金沙江入云南至大理。蒙古大军所到之处，川西地区之土酋望风归降。12月，忽必烈率东、西两路大军会合攻克大理城，北上前留大将兀良合台主持云南战局。很快蒙古人控制整个云南地区，完成了对南宋的战略合围。

云南局势稳定之后，兀良合台率军从乌蒙（今云南昭通）进军泸江（今金沙江），在叙州（今宜宾）击退宋将张实，沿长江东进至重庆，然后率部由重庆北上抵达合州。与此同时，为了配合兀良合台实现战略合围，宪宗五年（1255 年）带答儿率部进至巴州（今巴中市），随后进入重庆；蒙古元帅铁哥火鲁（落）赤沿嘉陵江南下，经利、果、阆、蓬、巴之境抵达合州（今重庆合川区）境内。三路大军在合州会师，这是忽必烈南攻大理实现对南宋合围的首次战役。从此南宋面临腹背受敌的作战局面。随着战争形势的发展，蒙古人的攻蜀意图开始转变。他们不再以袭扰、抄掠为目的，而是要占领四川地区。为此，蒙古人逐渐在各地建立起军事据点，并派遣军队长期驻守。1253 年，都元帅汪田哥在利州筑城屯田，建立攻蜀基地。1257 年，刘黑马和夹谷龙古带领蒙古汉军占领成都废城。元军在废城的基础上只用了 7 天的时间便新建成都城，派军队驻守，初步奠定了蒙古对成都的统治。

① 即盘陀寨，今汉源县西飞越岭至古城间，或说在今丹巴县城。

由于成都关系着整个蜀地的安危，1258年，宋理宗命令蒲择之率部夺回成都。蒲择之率大军围困成都数月，却久攻不下，最后反被纽璘击溃。元兵乘宋军败退之机顺势占领利州、隆庆、顺庆等地，阆、蓬、广安等地守将也相继投降。经过此战，宋军势力彻底退出西川，蒙古在成都平原上的统治得以巩固。

宪宗七年（1257年）蒙哥汗召集诸王百官大会制订了“图蜀灭宋”的计划，四川地区成为蒙古人灭宋的主攻地点。宪宗八年（1258年）10月，蒙哥汗亲率大军由利州入蜀，渡嘉陵江。各路大军一路势如破竹，在两个月内，蒙古已经占据四川大约三分之二的土地。但蒙古大军在攻打合州钓鱼城时遭到宋军顽强抵抗，蒙哥汗在督战的时候“为炮风所震，因成疾”，继而病逝于送往休养营地的途中。钓鱼城也因此被称为“上帝折鞭”之所。蒙哥汗去世后，蒙古军在阿速台的带领下北撤，但仍占据着川西、川北大部。

至元八年（1271年），忽必烈建立元朝，改变蒙哥汗“图蜀灭宋”的作战计划，将主攻方向定在襄阳。在1274年蒙古人攻下襄阳之前，元军在四川地区的军事行动主要是收复建都。建都是当地百姓对建昌的别称，在今天西昌一带。这一地区本在蒙哥汗在位的时候已经降服。1264年，当地泸沽县的少数民族首领建蒂将其叔父杀害，自立为酋长，并且背叛蒙古。1267年，忽必烈派怯绵等领兵前去诏谕建都，建蒂拒绝诏谕并且打败了前来诏谕的军队。至元九年（1272年），忽必烈派皇子奥鲁赤等领兵讨伐。奥鲁赤率蒙古大军进行征讨，进展顺利，至元十年（1273年）10月，向建都城发动总攻，建蒂投降。元朝为了加强对该地区的统治，设置了宣慰司都元帅府对建都地区进行管理。至元九年（1272年），南宋嘉定府都统昝万寿乘元军攻打建都，成都守备空虚之际率部袭击成都。元成都佥省严忠范率部迎战，因寡不敌众败退子城。昝万寿攻入外城，掠走外城数千百姓。在回师途中，昝万寿在青神[①]遭到元军的袭击，部分百姓被夺回。

至元十一年（1274年）6月，襄、樊相继陷落，忽必烈下诏大举灭宋，四川蒙古军也加大攻势。11月，西川枢密院也速答儿受命指挥各路元军进攻嘉定。元军首先切断嘉定城与外界的联系，昝万寿在嘉定被围数月之后，于次年5月被迫率部出战，被元军打败，6月昝万寿率部投降。受此影响，四川各山城也纷纷

① 《元史》中原作青城，陈世松考证为青神。详见陈世松：《蒙古定蜀史稿》，成都：四川省社会科学院，1985年。

向元军投降，“泸、叙、长宁、富顺、开、达、巴、渠，诸郡，不一月皆下”[①]。“忠、涪诸部，及巴县筹胜、龟云、石筍等寨十九族，及西南夷五十六部，悉来降。”[②]11月，忽必烈命令元军攻取东、西两川。至元十二年（1275年）秋，东、西川行枢密院两路大军合兵围攻重庆。但由于东、西两川枢密院军政互不统属，互相交恶，使得重庆久攻不下。至元十三年（1276年）6月，由于宋军收复泸州，元军围攻重庆的计划被打乱。西川行院军队急忙回师进攻泸州，东川行院军队亦撤围而去。于是宋军乘机率部出击，收复部分失地。

1276年，元军攻入临安，但四川宋军因重庆解围又得以支撑下去，仍在反抗。忽必烈派安西王节制四川，原来东西两川枢密院互不统属的状况得到遏制。至元十四年（1277年）3月，元军招降南平军都掌蛮、罗计蛮及凤凰、中垅、罗韦、高崖等四寨。11月，元军再度攻破泸州。至元十五年（1278年）东川副都元帅张德润击败宋涪州兵。西川行枢密院使不花率大军再次将重庆包围，在也速答儿部众的猛攻之下，宋都统赵安率部投降。元军在涪州擒获制置使张珏，西川行枢密院顺势招降西蜀、重庆等处。至元十六年（1279年）正月，合州钓鱼城安抚使王立向元军投降。王立的投降标志着元朝平定巴蜀战争的结束，四川完全纳入了元朝统治之下。

二、元代蒙古人落籍四川

从1231年到1279年，蒙古对四川的军事征服持续了半个世纪。在这段时间里，有大量的蒙古人进入四川地区，四川平定后，他们有的返回了北方或者调往他处，有的留驻四川。元代生活在四川地区的蒙古人很多是驻守在这里的将士。当时，四川地区“东川、西川、果州青居山、重庆、夔门、成都、利州、嘉定、碉门、鱼通、黎雅、长河西、合答城、建都等处，川西吐蕃地方，都驻有蒙古军”[③]。比如，成都驻有蒙古军七翼，蒙古人“即营以家”，所以一同进入四川地区的还

① 〔元〕脱脱等撰：《宋史》卷四五一《张钰传》，北京：中华书局，1985年，第13280页。

② 〔明〕宋濂等撰：《元史》卷一五二《刘思敬传》，北京：中华书局，1976年，第3605页。

③ 李宗放：《四川古代民族史》，北京：民族出版社，2010年，第252页。

有将士们的家眷。

蒙古军占领四川地区之后，次第设置了行政机构。元初规定，“以蒙古人充各路达鲁花赤”，“官有常职，位有常员，其长则蒙古人为之”[①]。根据上述规定，当时四川各级行政机构大都由蒙古人占据要职。驻守四川的探马赤军、汉军、新附军、蒙古军等的统帅主要也是由蒙古人来担任。据载，在川为官的蒙古人有纽璘家族，纽璘家族在元朝攻略四川的过程中立下了汗马功劳，其家族封地也多在四川。纽璘子八剌、也速答儿皆为蒙古军万户；纽璘孙拜沿袭蒙古军万户，兼四川行省左丞，纽璘孙南加台担任四川行省平章政事；曾孙答失都鲁任四川行省参知政事等职。蒙古汉军征讨大元帅按竺迩镇蜀，在成都安家，其子黑梓袭职镇蜀，兼文州（今甘肃文县）吐蕃万户达鲁花赤，其孙赵世延任四川肃政廉访使，后任四川行省平章政事等职。有速哥，曾任嘉定总管府达鲁花赤、成都水军万户、重庆夔府等路宣抚、招讨两司军民达鲁花赤、四川南道宣慰使、佥书四川行省枢密院事。有也罕的斤至元年间授蒙古匣剌鲁河西汉军万户，戍守眉州，先后担任嘉定军民西川诸蛮夷部宣抚司达鲁花赤、四川宣慰使都元帅、四川行枢密院副使等职，其子也连沙袭其蒙古军万户职。还有帖木儿不花，曾先后担任四川等处行尚书省平章政事、行中书省平章政事等职。其兄帖木脱斡为定远大将军兼嘉定镇守万户、本路总管府达鲁花赤。此外，也有蒙古人被流放四川地区的情况，如至治三年（1323 年），御史大夫铁失、知枢密院事也先帖木儿、诸王月鲁帖木儿等因弑英宗被流放[②]，至正十五年（1355 年）3 月，流放也先帖木儿于碉门。

除了上述两类在川蒙古人外，四川地区还有许多未载入史册的蒙古人，据推测，当时在川的蒙古军政人员及家属至少有 10 多万人[③]。

三、月鲁帖木儿之变

元朝末年，蒙古贵族月鲁帖木儿出任建昌路平章，洪武年间归降明朝后，

① 〔明〕宋濂等撰：《元史》卷六《世祖本纪三》，北京：中华书局，1976年，第106页。
② 〔明〕宋濂等撰：《元史》卷二九《泰定帝记》（一），北京：中华书局，1976年，第638页。
③ 李宗放：《四川古代民族史》，北京：民族出版社，2010年，第252页。

又被任命为建昌卫指挥使。明初，朝廷极力拉拢月鲁帖木儿，“月给三品俸赡其家”[①]。月鲁帖木儿归附之后，与明廷关系甚密，曾多次进京朝贡，明朝也给予月鲁帖木儿丰厚的封赏。洪武十八年（1385年），“月鲁帖木儿举家入朝，请遣子入学，愿番其家于京师，上不许，厚赐遣还”[②]。自此，月鲁帖木儿对明朝渐生不满之意，为后来之变埋下祸根。

洪武二十五年（1392年）4月，月鲁帖木儿乘内地防务空虚之机，主动发难。他“合德昌、会川、迷易、柏兴、邛部并西番土军万余人，杀官军男妇二百余口，掠屯田、烧营屋，劫军粮，率众攻城”[③]。会川知府、土官王春、柏兴指挥使贾哈喇、苏州土官忙兀他也纷纷起事。王春“陷会川，毁民居府治”[④]，四川、云南都为之震惊，驻军迅速把月鲁帖木儿之变奏报到朝廷。月鲁帖木儿率众围攻建昌城，被土官指挥使安的率兵打败，起事之军退驻阿宜河，接着又攻打苏州（今冕宁县）。明军指挥佥事鲁毅出城迎战，因势单力薄，被迫退入城中据守。叛军围城，鲁毅坚守，又趁叛军士气松懈之际，派遣猛将突出重围。

朱元璋闻月鲁帖木儿叛乱，便命蓝玉为总兵，又以四川都指挥使瞿能、驻守四川的都督聂伟、徐司马等为副总兵，一并率军平叛，命“云南、贵州、四川三都司从征军司，悉听节制”[⑤]。四川都指挥瞿能部5月破柏兴州，“月鲁帖木儿惧，欲遁去”，又“恐我师追及”[⑥]，于是诈降，又乘明军松懈之际再度叛逃。鉴于这次起事，明朝决定废建昌府，升卫所为军民指挥使司，还增设苏州卫军民指挥使司、会川军民千户所，“调京卫及陕西兵万五千余人往戍之”[⑦]，以加强建昌一

① 《明太祖实录》卷一五〇，台北：台湾“中央研究院”历史语言研究所校勘印本，1962年，第2367页。
② 《明太祖实录》卷一七〇，台北：台湾“中央研究院”历史语言研究所校勘印本，1962年，第2584页。
③ 〔清〕张廷玉：《明史》卷三一一《四川土司传》，北京：中华书局，1974年，第8017页。
④ 〔清〕张廷玉：《明史》卷三一一《四川土司传》，北京：中华书局，1974年，第8021页。
⑤ 《明太祖实录》卷二一七，台北：台湾“中央研究院”历史语言研究所校勘印本，1962年，第3196页。
⑥ 《明太祖实录》卷二一七，台北：台湾“中央研究院”历史语言研究所校勘印本，1962年，第3201页。
⑦ 〔清〕张廷玉：《明史》卷三一一《四川土司传》，北京：中华书局，1974年，第8017页。

带的军事力量。此时，僰人、罗罗、百夷、西番、摩梭等部也纷纷归附于明廷。7 月，明军伏击伪千户段太平，攻破叛军据守的双狼寨。月鲁帖木儿闻风溃逃至托落寨，明军紧跟其后，与叛军交战于打冲河（今雅砻江）三里，叛军寡不敌众，大败，“被俘五百余人，溺死者千余”[①]。明军乘胜追击，于打冲河西，“又斩月鲁帖木儿把事七人”[②]。此时，王春等已败降，忙兀他等被击杀。至此，月鲁帖木儿已无力与明军对抗，只能退守柏兴州，11 月被蓝玉用计擒获，解送南京处死。洪武三十一年（1398 年），明军清除建昌地区叛军余残部，此次起事才全部平息。

月鲁帖木儿为何会起事？李宗放提出因朝廷侵犯了月鲁帖木儿在当地的利益所致。[③]月鲁帖木儿投诚后，明朝就设置了建昌卫、苏州卫、会川卫和一些千户所，派军驻守、屯田、修城。建昌地区的黑、白盐井也被收归中央管理。后来，朝廷在这里又增置建昌府九驿。据载，“建昌卫故城周回仅七里，戍兵不过二千”，到洪武二十五年（1392年）已经“开拓至十六里”，之后“又所拓地多侵民田。”[④]这都极大地损害了月鲁帖木儿等势力的原有政治、经济利益，这才导致了月鲁帖木儿起兵反明。王文芝认为月鲁帖木儿当初是假降于明廷，待重整旗鼓之后再次反叛明廷。[⑤]雷弟明、赖悦等认为，月鲁帖木儿希望恢复之前原有的统治区域及没人约束的独立统治。而月鲁帖木儿举家入朝，“请遣子入学，愿番其家于京师。上不许，厚赐遣还”[⑥]，是叛乱的直接原因。[⑦]虽然史籍对于建昌地区的记载并不多，很难找到确切的原因，但据起事之初，当地众多土酋积极响应月鲁帖木儿的现象可以看出，这次叛乱的主要原因是明朝对该地区统治触及他们原来的地方势力利益。

---

① 〔清〕张廷玉：《明史》卷三一一《四川土司传》，北京：中华书局，1974年，第8018页。

② 〔清〕张廷玉：《明史》卷三一一《四川土司传》，北京：中华书局，1974年，第8018页。

③ 李宗放：《四川古代民族史》，北京：民族出版社，2010年，第307页。

④ 《明太祖实录》卷二一五，台北：台湾“中央研究院”历史语言研究所校勘印本，1962年，第3172页。

⑤ 阿拉塔·扎什哲勒姆：《四川蒙古族》，香港：香港大地出版社，2004年，第12页。

⑥ 《明太祖实录》卷一七〇，台北：台湾“中央研究院”历史语言研究所校勘印本，1962年，第2584页。

⑦ 雷弟明、赖悦：《明初平定建昌卫月鲁帖木儿叛乱浅析》，惠州学院学报（社会科学版）2002年第5期。

四、和硕特蒙古势力的介入

明末清初，蒙古部落已将青海地区纳入势力范围，又以此为基地，侵扰邻近青海的川西高原，其军事行动给当地社会造成极大影响。其中，东蒙古部与和硕特部的活动最为频繁。东蒙古原本在河套地区驻牧，后因部族内部矛盾，亦卜剌等部被迫于正德八年（1513年）离开河套进入青海地区，“自是洮岷松潘无宁岁”[①]。次年，卜儿孩也因部族内部争斗，逃到青海地区依附亦卜剌。

明朝听闻此事，立刻派“三边总制”杨一清率大军讨伐青海蒙古部落。亦卜剌等受到明军追击，不敌，便继续向南逃离。正德十年（1515年），亦卜剌等开始进入川西北地区，到达四川西北的松潘地界。明军“千户张伦，小旗高三保，率众合番夷申卜儿拓等夜攻虏营，败之”。亦卜剌战败后被迫“走乌斯藏”[②]，这些蒙古部族为躲避明军追击逃离青海，一旦明军退出青海，他们便重新回到青海驻牧。

嘉靖十二年（1533年），济农衮必里克（即达延汗之孙）率众五万，“袭破亦卜剌营，收其部落大半，惟卜儿孩所领余众脱走”[③]。《明史》中记载卜儿孩部后“衰败远徙”[④]。但有学者认为他其实是率部南下，进入了川西北地区[⑤]。卜儿孩重回青海后，为得到明朝支持，积极努力改善与朝廷的关系。得到明朝支持后，其部众不断发展，势力不断增强，邻近部众争相依附。卜儿孩强大之后，又与明朝关系恶化，不断南下侵袭，川西北地区的民众深受其患。明朝也对此进行干预，在受蒙古部落侵袭的川西北松潘等地加强防御。嘉靖二十年（1541年），明朝在

① 〔清〕张廷玉等撰：《明史》卷三二七《鞑靼》，北京：中华书局，1974年，第8477页。

② 《明武宗实录》卷一三二，台北：台湾“中央研究院”历史语言研究所校勘印本，1962年，第2625页。

③ 《明世宗实录》卷一八三，台北：台湾“中央研究院”历史语言研究所校勘印本，1962年，第3892页。

④ 〔清〕张廷玉等撰：《明史》卷三二七《鞑靼》，北京：中华书局，1974年，第8478页。

⑤ 曾现江：《胡系民族与藏彝走廊——以蒙古族为中心的历史学考察》，成都：四川人民出版社，2007年，第97页。

松潘，“增官军两千名，修建城墙一万三千五百三十丈，深挖坎井二千五百六十四口，及于大坝建立一堡，西山平坝更修一墩，以防虏骑侵扰之患”[①]。

然而，卜儿孩也经常遭受别部的侵袭。从嘉靖二十三年（1544 年）到嘉靖三十八（1559 年）年间土默特部俺答汗率部曾五次进入青海地区，并最终击溃卜儿孩部，占据了整个青海地区。之后，俺答汗留下部众，以其子丙兔、侄永邵卜、火落赤等为首领驻牧青海，俺答汗率众退回河套地区。

土默特部占据青海之后，不断南下发展本部落的势力，役属朵甘思、松潘等北部诸番。松潘驻牧的蒙古人被当地人称为“土鞑”。万历三年（1575年），俺答汗侄孙丙兔“役属作儿革（今若尔盖）、白利（在今甘孜县生康乡）等诸番”[②]。同年，“俺答至，果令祈命（今松潘水晶乡）、寒盼（今水晶乡寒盼）诸羌并献见”。万历七年（1579年），“宾兔又来寇牟泥寨包子寺（今松潘牟尼乡）”。“宾兔动以数十万骑，蹂践汉稞麦也，其敢无畏惮类如此。自是以后，元坝（今松潘川主寺镇元坝）、潘哑、商巴（今松潘山巴乡）、石嘴四寨，间阑出物，与虏交易。”[③]俺答汗及丙兔死后，火落赤发展成为青海蒙古诸部的首领。他率众大肆侵扰诸番，并率军继续南下，进入松潘地区。火落赤还进攻明朝沿边卫所，攻下阿坝寨，直逼松潘，征服了黄河以南的若尔盖草原。明廷赶紧调兵遣将，并命各路土司严阵以待。

青海蒙古部的军事行动已经威胁到明朝在川西北的统治，故明朝转而对其进行打击。一方面，明朝不断招抚诸番，建立防御体系；另一方面，又对那些不归附的部落直接剿杀。万历十五年（1587 年），明朝发兵进攻火落赤部。在莽剌川明军击败火落赤余部之后，进入青海，并驱赶蒙古诸部，扶持番人。但明军班师回朝之后，火落赤再次率部扰乱青海。万历二十二年（1594 年），“西鞑虏寇临西，丽江知府木旺击破之”[④]。万历二十四年（1596 年），火落赤进犯松潘

---

① 〔清〕顾炎武：《天下郡国利病书》第十九册，《四川·松潘》，四部丛刊本，第82页。

② 《明神宗实录》卷三七，台北：台湾“中央研究院”历史语言研究所校勘印本，1962年，第858页。

③ 〔明〕瞿九思：《万历武功录》卷五《四川·元坝潘哑商巴石嘴列传》，北平：文殿阁书庄，民国二十四年，第82页。

④ 方国瑜主编：《云南史料丛刊》（第十三卷），昆明：云南大学出版社，1998年，第13页。

地区，由黄胜（在松潘川主寺镇）等草场驰入，围漳腊（在今松潘），被张良贤率军击破，“所斩敌级中，有大（火）落赤之侄小王子”[①]。“火落赤子名八雁者，率四万余人攻围镇夷堡”，松潘卫百户杜世仁父子射杀八雁。万历二十五年（1597年），“自俺酋西牧，遗孽两川”。“自北界作儿革（今若尔盖），迤西至杀鹿塘、毛儿革（今松潘若儿盖）地方，其间番族为虏所挟者十有八九。”[②]

青海蒙古部在明朝军事的不断打击下逐渐衰落，无力再侵川西，明朝也顺势招降滞留在四川地区的蒙古部。万历三十三年（1605年），“有合而顿、夺咱（今若儿盖县的达扎寺镇）、毛儿贡等鞑接踵投居，会治兵使者亦属官也，侈然后张伐之意，辄抚赏安插，牛马羊只布满山溪，毛帐毡房星列草池”。在漳腊，曹学佺到任时，“自土鞑合坝（今若儿盖县的达扎寺镇）、合儿顿等驻牧其中，毡房毳室以百五六十计”[③]。

崇祯三年（1630年），火落赤家族的两个儿子古鲁洪台吉和罗桑丹增嘉错发生内讧。崇祯五年（1632年），喀尔喀蒙古却图汗乘火落赤家族内乱之际率军南下，征服当地各蒙古部落，入驻青海。

之后是和硕特蒙古部的侵扰。和硕特蒙古部原驻牧于天山北麓，因受准噶尔部的扰乱，被迫率众迁徙。崇祯十年（1637年），和硕特部首领固始汗率部从新疆徙牧至青海，击败蒙古喀尔喀部，杀其首领却图汗。后来为了扫清自己进藏的障碍，固始汗于崇祯十二年（1639年）“伐白利（今甘孜县生康乡），庚辰年十二月二十五日，白利土司及其属下逃而复获”[④]。通过两年的征战，和硕特蒙古族征服了康北各部，基本完成战略目标。打败白利土司后，固始汗任命其子罕都为主将驻守康区。明崇祯十三年（1640年），“多康六岗”的大部分地区被罕都收服，其势力甚至对木氏土司的统治区构成威胁。

一些藏文文献中记载了和硕特蒙古在川西高原的军事行动，如《木里政教

① 〔明〕曹学佺：《蜀中广记》卷三一《川西一·松潘、漳腊》，文渊阁《四库全书》光盘236号，第10页。

② 《明神宗实录》卷三〇九，台北：台湾“中央研究院”历史语言研究所校勘印本，1962年，第5787页。

③ 〔明〕曹学佺：《蜀中广记》卷三一《川西一·松潘、漳腊》，文渊阁《四库全书》光盘236号，第8—19页。

④ 刘立千编译：《续藏史鉴》，成都：华西大学华西边疆研究所，1945年印，第75页。

史》记载卡卓王在木里格鲁派组织的军队协助下，攻占稻城阿采家，蚕食木氏领地[①]。曾现江在其《胡系民族与藏彝走廊——以蒙古族为中心的历史学考察》一书中作出推测，“卡卓王”可能就是一位蒙古王公，或许就是罕都本人。罕都作为固始汗之子，对格鲁派持支持的态度，所以极有可能在格鲁派反抗木氏土司统治中施以援助。康熙五年（1666 年），罕都的势力已扩张到整个康区，川西高原地区基本已在和硕特蒙古部的控制之中，他甚至对邻近四川的云南丽江等地发动进攻。

固始汗在其控制地区设立营官进行管理，直至清雍正二年（1724 年），“四川之松潘、打箭炉、理塘、巴塘，云南之中甸等处皆系西番人等居住牧养之地，自明以来失其抚治之道，或为喇嘛耕地，或为青海属人，交纳租税，惟知有蒙古而不知有厅卫营伍官员”[②]。

五、蒙古土司的设置及沿袭

月鲁帖木儿叛乱被平定后，蓝玉提出应在建昌和嘉定增加军卫，朱元璋认为“建昌、嘉定俱为要道”，必须加以巩固，于是采纳其建议[③]。于洪武二十七年（1394 年）在建昌地区设置建昌前卫，又把四川行都指挥司的治所设在建昌城。“以建昌军民指挥使司及建昌前卫、宁番（今冕宁）、越嶲、会川（今会理）、盐井六卫隶之。”[④]建昌军民指挥使司的管辖范围还包括打冲河中前、打冲河中左、礼州中中、礼州中后及镇西、迷易、冕山、德昌等八个千户所。凉山地区的几个蒙古族土司的设置便始于此时。

凉山地区的九个蒙古土司分别是：马喇长官司长官阿氏、葛氏，古柏树土千户郎氏、瓜别安抚司安抚使己氏（又写作吉氏或纪氏）、中所土千户喇氏、右所

① 阿旺钦绕著，鲁绒格丁等译：《木里政教史》，成都：四川民族出版社，1993年，第13—14页。
② 《清实录》卷二〇《雍正实录》，北京：中华书局，1985年，第332页。
③ 〔清〕张廷玉等撰：《明史》卷三一一《四川土司传》，北京：中华书局，1974年，第8018页。
④ 《明太祖实录》卷二三四，台北：台湾“中央研究院”历史语言研究所校勘印本，1962年，第3421页。

土千户八氏、左所土千户喇氏、前所土副千户（清为土百户）阿氏、后所土副千户（清为土百户）白氏、木里安抚司项氏（同治七年加宣慰司衔）[①]。他们的历史活动深刻影响了当地社会观念和民族意识。《凉山西昌彝族地区土司历史及土司统治区社会概况》的记载也印证了这一历史事实："盐源县原有九所土司。即：左所、右所、中所、前所、后所、瓜别、木里、古柏、盐边。九所土司下又有'四司''三码头'之称，所谓四司：盐边马拉长官司（盐边以往是属盐源县），瓜别安抚司、木里宣慰司、古柏树巡城兵马司。所谓三码头（土司以下的大头人）即现在的盐边县葛家，盐源县的乌蒙家、阿撒家。五六十年以前，瓜别土司吉歪歪在时，被清朝政府调往昭觉攻打过凉山彝族人民，由于攻打凉山彝族人民有功，清朝政府才委任瓜别吉姓（蒙族）土司为安抚司，并正式成为九所土司的代表。从此其它九所土司换印、继承等都必须首先取得（瓜别）安抚司的同意。"[②]

木里土司，木里东接打箭炉、南至古柏树、西界中甸、北邻里塘。土司设置于明代和硕特蒙古打败丽江木氏土司势力之后，以黄教喇嘛世袭。光绪《盐源县志·土司》记载："木里安抚司，六藏涂都，雍正七年（1729 年）投诚，颁给印信号纸，住牧木里。世以喇嘛和尚承袭。并不娶妻生子，病故以胞弟袭，无胞弟以胞侄袭。其亲枝住八尔村，娶妻生子，俗呼人种村。"[③]土司的承袭顺序是："格藏郎章哩（都胞侄）乾隆二十四年（1759 年）袭，格藏林钦（哩胞侄）乾隆三十九年（1774 年）袭，项拈查（钦胞弟）乾隆四十六年（1781 年）袭，项克珠（查胞侄）嘉庆五年（1800 年）袭，项琼玖（珠胞弟）嘉庆二十四年（1819 年）袭，项札史（玖胞弟）道光二十九年（1849 年）袭，同治六年（1867 年），防剿滇匪阵亡，失去印信。项松郎札什（史胞侄）同治七年（1868 年）袭，赏加宣慰司衔，同治十二年（1873 年）颁发清篆新印一颗。"[④]境内"所管夷民一百九十一村。所管大小经堂九座，念经僧人三千三百一十八名。所属夷人五种：呷迷、约古、

① 〔清〕辜培源等修、曹永贤等纂：光绪《盐源县志·土司》，成都：巴蜀书社，1992 年。第783—785页。

② 中国科学院民族研究所、四川少数民族社会历史调查组：《凉山西昌彝族地区土司历史及土司统治区社会概况》，1963年， 第81页。

③ 〔清〕辜培源等修、曹永贤等纂：光绪《盐源县志·土司》，成都：巴蜀书社，1992 年，第783—785页。

④ 〔清〕辜培源等修、曹永贤等纂：光绪《盐源县志·土司》，成都：巴蜀书社，1992 年，第783—785页。

虚迷、么些、西番”[1]。

由于在五所、四司、三码头中独享宣慰司衔，地位最高，木里土司经常代表各土司与汉官打交道，遇土司内部纷争则出面调停。

马喇长官司，治所在今四川盐边县东南力马。之前由阿氏担任土司，清末民初马喇土司第十三长官司去世，阿所拉葛善忠（又称葛五王）入赘阿喇氏为夫，后就由葛善忠、葛善政兄弟掌控了马喇长官司。本来最后一个土司是葛世藩，但被其叔父葛绍武和其堂兄葛世槐杀害，于是葛世槐就成了马喇长官司的最后一任土司。1984 年，葛善政的儿子葛世泽、入赘阿喇氏葛善忠的儿子葛世兴强调自己是蒙古族的后裔，并写书面材料申诉。

古柏树土千户，治所在今四川盐源县双河乡。据说古柏树土千户郎氏土司是蒙古族巡城兵马司千户长。据《盐源县志》：郎俊位于康熙四十九年（1710 年）投诚，郎三宝于雍正二年（1724 年）承袭，郎世忠于乾隆四十九年（1784 年）承袭，郎廷玺于嘉庆十四年（1809 年）承袭，郎廷芳（玺的堂弟）于道光元年（1821 年）承袭，郎应升于道光十六年（1836 年）承袭，郎朝鼎于同治十年（1871 年）承袭，朗瑞麟光绪年间承袭，郎治邦于民国期间承袭土司位，并在 1950 年与解放军负隅顽抗，后被抓击毙。长子郎承宗于 1949 年底承袭土司位，接受和平解放古柏树，其长房正是左所土司喇宝成的次女喇拉珠。清末以来，他们都自称为蒙古族的后裔。

中所土千户，治所在今四川盐源县黄草乡。中所土千户喇氏，是蒙古族千户长，据其家人讲述，他们是忽必烈进攻大理国的中锋骑兵统帅。据《盐源县志》：喇瑞麟于康熙四十九年（1710 年）投诚，喇君荣于乾隆十五年（1750 年）承袭，喇用忠于乾隆二十年（1755 年）承袭，喇廷相于乾隆三十四年（1769 年）承袭，喇英翰于嘉庆九年（1804 年）承袭，喇文清于道光三年（1823 年）承袭，喇邦佐于同治元年（1862 年）承袭，喇淑统（佐的侄子）于光绪十九年（1893 年）承袭，喇绪统（统的弟弟）于光绪三十二年（1906 年）承袭，喇成杰民国期间承袭，1940 年被杀。

右所土千户，治所在今四川盐源县右所乡。右所土千户八氏，是蒙古族右翼千户长，据其家人讲述，他们是忽必烈进攻云南的右翼骑兵统帅。史载，八玺于

① 〔清〕辜培源等修、曹永贤等纂：光绪《盐源县志·土司》，成都：巴蜀书社，1992 年，第783—785页。

康熙四十九年（1710年）投诚，八仕昌（玺嫡长孙）于乾隆十六年（1751年）承袭，八靖邦（昌次子）于乾隆三十三年（1768年）承袭，八仕魁于乾隆三十八年（1773年）承袭，八鸣瑞（魁嫡长孙）于嘉庆七年（1802年）承袭，八鸣熙（瑞的弟弟）于道光元年（1821年）承袭，八兴宗（昌的曾孙）于道光十六年（1836年）承袭，八寿桩于咸丰四年（1854年）承袭，八宝成（桩的弟弟）于同治三年（1864年）承袭，八仁祥（亲支系）于同治十年（1871年）承袭，八昌爵于宣统元年（1909年）承袭，之后八全忠、八成宗于民国期间任职。八成基（宗的弟弟）后来担任盐源县文教科科长，1954年打死人，被关进监狱病死。其正妻葛家菊曾担任“办妇理”，后进入盐源县政协，改嫁喇总管的儿子喇品文，后病死。

左所土千户，治所在今四川盐源县泸沽湖镇。左所土千户喇氏据传是忽必烈进军云南大理时的蒙古族左翼统帅。据《盐源县志》：喇世英于康熙四十九年（1710年）投诚，喇南仲于康熙五十二年（1713年）承袭，喇光远于乾隆二十三年（1758年）承袭，远嫡长孙喇国玉于乾隆五十三年（1788年）承袭，喇邦德于咸丰八年（1858年）承袭，喇祯祥于同治九年（1870年）承袭，喇宝成生于1906年，担任左所末代土司。1957年，喇宝成参加了内蒙古自治区成立十周年庆，更加坚定自己就是蒙古族的后裔，着实影响了一大批当地人的民族认同。

前所土副千户清为土百户，治所在今四川盐源县西境。前所土副千户阿氏据传是忽必烈进军大理时的前锋骑兵统帅。据《盐源县志》：前所土百户阿成福于康熙四十九年（1710年）投诚，嫡长孙阿正荣于乾隆二十一年（1756年）承袭。嫡长孙阿德于乾隆四十九年（1784年）承袭，阿仁寿于道光十六年（1836年）承袭，阿世昌于咸丰九年（1859年）承袭，阿国兴于光绪十六年（1890年）承袭，民国初期阿朝栋承袭，势力衰弱，1925年到1945年期间阿兆祥担任土司位，1946年其长子阿启文继承土司位，中华人民共和国成立后调入木里县教育局工作，现已退休。

后所土副千户清为土百户，治所在今四川盐源县西境。白氏相传是忽必烈攻打云南时的粮草统帅，元代居于今凉山西昌，明洪武二十五年（1392年）才迁至盐源，清康熙四十九年（1710年）又迁到后所乡田坝村。白马塔于康熙四十九年（1710年）投诚，白耳居于乾隆九年（1744年）承袭，白宗耀于乾隆三十四年（1769年）承袭，白世荣于乾隆五十四年（1789年）承袭，白国贤于嘉庆十七年（1812年）承袭，白廷璋于道光二十年（1840年）承袭，白廷珊（璋堂弟之子）于道光二十七年（1847年）承袭，白怀馨于光绪十一年（1885年）承袭，白钟岳于民国初年承袭，白安仁在民国后期承袭。

瓜别安抚司，治所在今四川盐源县北瓜别。安抚使玉珠迫于康熙四十九年（1710年）投诚，己角补于康熙五十五年（1716年）承袭，己联贵于乾隆二十五年（1760年）承袭，己绍先于乾隆三十五年（1770年）承袭，己光宗于乾隆五十三年（1788年）承袭，己国富于嘉庆二十年（1815年）承袭，己天赐于同治三年（1864年）承袭，前面都是嫡长子承袭土司位，己廷梁于光绪十五年（1889年）承袭，是己天赐的胞侄。之后《盐源县志》再无记载，己廷梁的长子纪镇藩任职于民国期间，后被己廷梁的胞弟纪歪歪于民国十二年（1923年）夺取土司位，纪歪歪于民国后期病逝[①]。到中华人民共和国成立之时，其实瓜别安抚司已经没有土司了。

凉山地区的各蒙古族土司为维护自己的统治，在政治、经济等方面建立一套完整的土司制度。在政治上，他们根据血缘关系远近把人分为三个等级：第一等人称为“斯匹”，这个等级是土司的近亲或血缘贵族，属于统治阶层；第二等人称为“责喀”，这个等级的人群包括蒙古族（内责喀）和藏族（外责喀），是普通老百姓；第三等人称为“俄”，这个等级的人群是世世代代作为土司阶层的家奴、家丁。[②]在经济上，土司的领地称为“郭勒”，土司是其辖区内土地的所有者。土司在领地的分配上，会将最好的一部分土地留给自己，除了将部分土地租给汉族之外，剩下大部分会分给头人、百姓、家丁耕种。“按村户分给各村百姓的土地，大家都平等，伙头也不得多分土地。全村公有的山林可以自由开荒，开荒以后，土地的使用权即为开荒者所有。”[③]在土司的治区范围内，土地买卖是被严厉禁止的，但土地（除了土司和佃客的土地）的相互典当则是被允许的，而且没

① 以上土司的设置沿革依据中国科学院民族研究所、四川少数民族社会历史调查组《凉山彝族地区土司历史及土司统治区社会概况资料汇辑》整理得出，1963年12月印制。

② 有些书中将其概括为有四等人，即斯匹和责喀中间还有一等是拉珠布舍，主要是指一些头人。详见中国科学院民族研究所、四川少数民族社会历史调查组：《凉山西昌彝族地区土司历史及土司统治区社会概况》，1963年，第44页；阿拉塔·扎什哲勒姆：《四川蒙古族》，香港：香港大地出版社，2004年。

③ 中国科学院民族研究所、四川少数民族社会历史调查组编：《凉山西昌彝族地区土司历史及土司统治区社概况》，1963年，第44页。

有固定的期限。一旦经济条件允许，典当者还可以赎回土地。领取份地的民众可以自由耕种，并且不用缴纳租税。但是，第二等人“责喀”却必须承担土司规定的经济负担和劳役。辖区内的公共草场都可以（除了佃户）自由放牧，而且不会收取任何租金，但土地所有权仍归土司所有。

1949年以前，土司统治下的百姓生活十分艰难，负担较重。“每年要承受的苛捐杂税就达77种之多。”[①]据调查资料显示，左所末代土司喇宝成回忆苛捐杂税加起来有十多种：“门户银”“秋粮”“冬粮”“贡仓银”“马粮”“牛粮”“羊粮”“鸡粮”“鸡蛋粮”“鱼粮”“换板粮”“草粮”“麦粮”“豆粮”等[②]。除此之外，还有“收租费”“柴山税”“水费”“住地费”“封山、开山税”“羊场税”“过年礼”“婚丧税”“封印、开印税”“火草税”“麻税”“青刺果税”“松明税”“打猎税”“屠宰税”“祭鬼、敬神税”“小手工业税”“报丧税”“过山保路税”“见汉官税”“银子税”等[③]，名目繁多。除了土司家办丧事、喜事时，百姓要送一头牛或其他礼物外，汉族、藏族、彝族、苗族等民族的佃客还需要交纳在公共牧场放牧的租金，他们的经济负担则比一般的百姓要重[④]。

土司家族为维护其辖区的统治，建立了一支常备军，常备军的人数并不是很多，主要是由青年土司贵族及其家奴、家丁组成，主要职责是保卫土司衙门。在特殊时期，在家耕田放牧的“责喀”也会被编入军队。这支武装是土司维护其统治必不可少的军事力量，它具有防御和扩张的双重作用：对内用来维护土司家族的统治，对外可用来“打冤家”、抵御外敌的入侵、进行对外扩张等。

① 阿拉塔·扎什哲勒姆：《四川蒙古族》，香港：香港大地出版社，2004年，第45页。
② 中国科学院民族研究所、四川少数民族社会历史调查组编：《凉山西昌彝族地区土司历史及土司统治区社会概况》，1963年，第44页。
③ 郭大烈、和志武：《纳西族史》，成都：四川民族出版社，1999年，第446页。
④ 中国科学院民族研究所、四川少数民族社会历史调查组编：《凉山西昌彝族地区土司历史及土司统治区社会概况》，1963年，第44页。

第三节　历史记忆中的族源认同路径

一、《余氏族谱》与《谭氏族谱》的书写模式与族源记忆

14 世纪中期，元朝日渐衰微，起义军四起，元朝已无力与之抗衡，蒙古人不断逃往偏远之地，改名易姓逃避祸乱的大有人在。他们为自身安全，隐匿身份与汉族杂居在一起，在生产、生活、风俗习惯等方面逐渐与汉人趋同。虽然他们不敢以蒙古人身份生活，却一直保留着蒙古族身份强烈的认同感。现在生活在四川地区的余姓、谭姓、张姓等家族的家谱记载中，都称其祖先是蒙古人，他们则是蒙古人的后裔。

西昌礼州镇陈远三队《余氏族谱》成书于明成化年间，由余之纲等所书，是目前所见到的书写时间最早的余氏家谱。该族谱包括有“谱序”和“宗支”两部分。“谱序”包括余正祥《族谱遗嘱》、余之纲《余氏起祖序》、余永启《新华县祠堂序》、余之纪《九子十进士记》、余泰《一女打荆棺记》与《改铁为余序》。宗支是《木见祖诸子州县遗序》。李绍明考证此为清末民初的手抄本[①]。

《余氏起祖序》：

余氏奇渥温，胡人也……初号蒙古，铁木真出焉……继世祖而王者成宗，世祖之孙也。我祖姓铁木讳见，成宗皇帝铁木耳即位，封其弟铁木见为南平王。大元太祖高皇帝，姓奇渥温，名铁木真，吾祖铁木见，是其后裔也。

《九子十进士记》：

始祖铁木见，祖籍江西，原系大元朝武国城第七渡生长人氏，元世祖封殖湖广省。“木见妻洪氏生四子，名曰秀一、秀二、秀三、秀四。后娶张氏，生五子名根五、根六、根七、根八、根九，一女名金莲，又名寿英，女招婿姓金名根十。”十人“俱中会进士，乃九子十进士”。

《改铁为余序》：

我铁氏子孙，又被红巾贼乱，兼之奸臣谤诽，洪武听信谗言，凛凛有诛九族

① 李绍明：《传为蒙古族之西昌〈余氏族谱〉考辨》，《四川文物》1988第4期。

之意。十人畏惧祸成流家，窃负而逃川西，改铁为金，金有相似，又改为佘。佘家万代不改。为了方便后人相认，他们作诗并留下暗语。“诗曰：本是元朝宰相家，红巾赶散入西涯，泸阳岸上分携手，凤锦桥边折柳桠。否泰是天皆是命，悲伤思我又思他。十人十马归何处。如梦云游浪卷沙。佘字本无三两姓，一家分作千万家。”“对云：九兄弟，一妹夫，十进士；四太守，五尚书，一侍郎……誓曰：至今改铁为佘，而后世子孙俱要相认，不可以骨肉视为路人。”

《木见祖诸子州县遗序》：

秀一公，讳清，住江南徽州休宁县。（原注：子思贤）。秀二公，讳真，住洪雅、峨眉、乐山。秀三公，讳醇，住华阳、成都。秀四公，讳和，住成都、江油。根五公，讳藩，住宜宾。根六公，讳垣，住泸州、荣昌、隆昌、长宁。根七公，讳屏，住仁寿、井研、犍为。根八公，讳翰，住叙（遂）宁、犍为。（原注：子思臣、思宗）。根九公，讳方，住荣县、犍为。根十公，讳伯，系木见抚婿，住中州、长寿县。

四川各地佘氏族谱与此类似。礼州《佘氏族谱》和犍为《蒙古源流》等载，佘氏族人除了上述居住地，青神、威远、纳溪、自流井（今自贡市）、富顺、马湖府、江津等处也有佘氏族人的分布。

礼州《佘、池族谱》说：

溯吾宗祖原姓两字，元明姓铁、佘两字，清姓佘、池两字。在昔始祖，居住江西吉安府太和县千秋乡。“科甲大展，九子十进士，一女搭金桥。女婿亦登进士，声名洋溢中国。迨元末明初，居湖南北松滋等处。”“祖叔佘腾蛟登武进士，选任建昌都司职，尝与建昌宣慰司安配往来，其子孙亦多在宣慰司署任文牍等职，留业斯土，后世子孙并与斯土人民相处相联，竟为夷汉通婚，变为彝族。”传至池宜俄史，“有子六人，分居西、冕……升科报粮，照池名报姓为池，照佘名报姓为佘，从此分为池、佘两姓矣。池属居住太平搪、麻都平、落山等处。佘姓居住三块石、大凹、安宁河坝等处，耕读为业。”①

德昌县佘氏“根五，讳蕃，字金朝。洪武年间，铁氏子孙被红巾军乱，有灭族之险，遂畏惧出逃四川，改姓铁为姓金。后又以‘金有相似’而改姓佘”。金

① 《西昌专区彝族地区社会调查（初稿）·关于彝族——“水田”的社会历史调查》，1963年铅印本，第77—78页。

朝之孙自新，“奉母避患于大邑县之南乡，成为川内余姓蒙古族之源，县地余姓蒙古族续谱称自新为三世祖，传至今已 14 代”，“服饰、生产、生活、风俗均与汉族相同”。1982 年，蒙古族 19 人，后来又恢复了部分人的蒙古族身份。他们主要分布在麻粟乡、德州镇、锦川乡、五一乡、永郎乡等地。①

沈边长官司余氏在今泸定县兴隆乡沈村。从沈边土司家谱所载的内容来看，蒙古帖木儿即为余氏之先祖。明朝代元之后，余氏效忠明政府，还被授予千户，清朝时则担任长官司，之后姓氏才由“铁木”改为余姓。②其修于乾隆五十九年（1794年）的《余氏家谱》写道：

吾祖名孛瑞義儿，生于唐荛甲辰……八世孙铁木真其势愈大。与宋衡伐灭金而有天下，改国号曰大元。封两平王，食邑湖广麻城。年五十无子，祖母张洪两安人乐善不倦，有一癞僧到家供养三年，渡以金丹不果，嘱祖父母你家好善，上苍赐尔九子一女，仙逝之时葬在牛眠山下，日后坟生长茅时，尔子孙折铁更姓可免此难。……十子俱中元朝进士，官至四太守五尚书。适红巾贼刘福通等作乱，十祖各吟诗一句逃窜天涯，备日后子孙相遇，各述前言以亲骨肉之意耳。……我本元朝宰相家，红巾冲散入西涯。弟兄十人齐分手，风岭桥边插柳椏。否泰是天还是命，悲伤思我又思他。十人失散之何处，如梦云游浪卷沙。余氏并无三两姓，一家分作千万家。……始祖余伯锡守隘有功，置长河西鱼通宁远百户，永乐八年，蒙武德禄军，加正千户……

盐源县卫城镇的余启忠家里还珍藏了一本修于道光七年（1827 年）的《族谱源流序》。其内容称，今住在盐源县和西昌高视、黄水等地的余姓家族为“铁蔑赤”后人秀一公的后裔。其祖先原是江西布花元帅，是红巾军起义之后改姓进入四川的。该序也有一首诗：

余本元朝宰相家，红巾赶散入西涯，泸阳岸上分携手，凤锦桥头插柳椏，否泰在天人在命，悲伤思我又思他，铁字更为余家姓，一家改作千万家，十进子孙不认族，身生白癞丧长沙。

① 德昌县志编纂委员会：《德昌县志》，成都：四川人民出版社，1998年，第986—987页。

② 邓廷良：《明正土司考察记》，李绍明、童恩正主编：《六江流域民族综合科学考察报告之二：雅砻江下游考察报告》成都：中国西南民族研究学会印，1985年，第47页。

凉山州越西县城关镇余国成家有一本名为《羽翼贻谋》的家谱。家谱称，该家族为铁蔑秀四余真的后裔。该谱的内容和前述的族谱大致一样。不同之处在于，前述家谱的“四太守五尚书”，该谱中则是“十进士，四丞相，五尚书”。秀四公更名之前，曾经为元朝吏部天官（即吏部尚书）。该谱写到了余真第二十代孙余文炳、余文渊（大约光绪九年）[①]。

在重庆还有人自称蒙古奇渥温家族后代，他们分布在彭水苗族土家族自治县，主要是鹿鸣乡向家坝村的谭姓和张姓两个姓氏。他们的家谱记载了他们流落西南的经过：

元朝末年，元军不敌朱元璋的起义大军，元顺帝奇渥温妥欢帖陆尔迁移上京。元朝分崩离析之际，当时掌权的八兄弟除三人到北方上京之外，还有五人逃到四川。朱元璋建立明朝之后，便派大军合力剿灭残元势力，四川成为明王朝亟待攻克重要地区，五兄弟兵败逃至凤柳桥头，各自离散，留诗八句：

本是元朝帝王家，红巾追散入川涯；
绿杨岸上各分手，凤柳桥头插柳桠；
咬破指头书血字，挥开泪眼滴浪沙；
后人记得诗八句，五百年前是一家。

分别后，其中一人改为谭姓，在“夔府”定居240年。到明末清初，传到第九代的时候，谭启鸾搬到了彭水下塘口居住，并改姓张。后来又有家支迁到鹿鸣乡向家坝村居住。

彭水县太原乡橡树坝村还居住着另外一支谭姓蒙古人。据《谭氏族谱》记载，元顺帝至正二十八年（1368年），元代末臣谭国知化装成汉人，带帖木儿十子中的铁满四等七人随其改为谭姓，隐匿身份逃离大都，在河南灵宝以北隐居。至正二十九年（1369年）2月，他们在洛阳桥边插上柳枝为记号，作为他日族人相见互认的凭证。这些人后来迁入湖北孝感乡高街珍珠石码头定居，迫于明军追杀，又再次迁徙至四川万县三積里龙王坝。洪武四年（1371年），他们兄弟几人又作七言诗八句：

① 阿拉塔·扎什哲勒姆：《四川蒙古族》，香港：香港大地出版社，2004年，第31页。

本是元朝帝王家，红巾赶散入西涯。
红阳岸上分携手，凤凰桥头插柳桠。
一姓改为几样姓，几姓分居百千家。
要想兄弟同相聚，一梦云游海推沙。
后人记得诗八句，五百年前是一家。

兄弟几人改姓谭姓之后，各自离散，这几句诗却在谭姓家族中传承下来。由于害怕明军的剿杀，谭姓家族经常四处迁徙。谭满四与其妻黄氏从忠州迁到巫山县，后又迁往石柱县沙子关。他们的后代又于永乐年间迁徙到彭水县龙射堡（太原乡谭家堡）定居。谭姓蒙古兄弟共七人：谭满一携家属至涪州黑石里；谭满三一支则继续留居万州三積里龙王坝；谭满四及其家人迁居忠州珠子乡大梨树；谭满五一家迁至云南通海县沙子河；谭满六携妻子儿女迁居至重庆狮子山；谭满七则携家眷迁居至巴州秀月山；谭满九及妻文氏迁到丰都高家镇文溪。

《余氏族谱》《谭氏族谱》《张氏族谱》所载的家族历史和经历有诸多类似之处。首先，是他们的祖先历史，要么是帝王之家，要么是显贵之家，都是具有高贵身份和血统的。其次，族谱也是他们家族的苦难史，说明了他们到达四川地区的过程（都因被红巾军杀戮而逃难）。最后，他们的祖先都留下了相似的诗句，以便后人日后可以相认。

这些家谱之中所叙述的内容也有诸多令人不解的地方。如家谱中的“又被红巾贼乱，兼之奸臣谤诽，洪武听信谗言，凛凛有诛九族之意”。该诗句记录如果属实,那是什么原因让朱元璋下令诛杀其先祖？因为正史之中并未收录个中缘由，故而我们也难以探其真相到底是什么。再如不同源流的三支人，留下的暗语却高度相似。分别的地方均提到桥，又都以插柳为誓，难道这些家族逃难期间也均有联系？倘若有的话为什么之后就没了联系？再如明末清初，四川地区人口大量减少，清政府令“湖广填四川”，那么，元末逃到四川的蒙古族人口怎么能发展到几万甚至 10 余万的人口？就连四川当地的蒙古族同胞都觉得难以理解。

对于这种文化现象，李宗放认为：元末明初，朱元璋起义大军竭力剿杀元朝皇室，为躲避追杀，蒙古皇族中的一支逃到了四川，改姓为余，以保安全。这也带动四川蒙古人纷纷将自己的姓氏改为余。他们拥有相同的民族心理，不断地加强自身民族认同和凝聚力，成为一个“祖先”的后裔。

根据这些家谱的记载，对其历史脉络也大致可以厘清一二。元朝灭亡之际，有一部分蒙古皇室及大臣曾经逃到西南地区，他们想以巴蜀为根据地，凝聚势力重新复国，不料在四川战败，只能逃亡，为躲避明军各自分头行动。这些逃亡的蒙古人里既有元朝皇室后裔、王公贵族，也融合了四川当地的蒙古部族。这些人为了他日族人相见，合力复国，便留下诗句作为暗语。后来明朝大势已定，复国再也无望，这些人便在改姓之后融入汉人之中，生活逐渐安定下来，帝王将相成了这些蒙古人后裔附会的家族史内容。比如《余氏家谱》就有附会之嫌。据李宗放考证："沈边余氏不是吉水人，是鱼通人，元时已在沈村……与雅州土千户余真、余伯锡为同家族人，由驻鱼通、黎雅的蒙古人分出。"①

总之，学者们为了彻底弄清"铁改余"家谱及其传说，往往是争得面红耳赤。"铁改余"问题的研究，仍旧需要花费更多的时间和精力翻阅大量一手材料以及实地调研，才能够有所突破。最为重要的是修家族宗谱也好、统一祖源传说也罢，必须要尊重历史、尊重蒙古文化。用以汉文化传统构建出来的家族谱系作为认同蒙古族的证据，怎么能以理服人，即使溯源到黄金家族、王侯将相依然难以逻辑自洽。

二、模仿与攀附——丽江木氏土司的族源传说

元代统治时期，丽江木氏土司逐渐兴起，明朝时其势力达到鼎盛，统治着川滇藏交界大片区域，被当地各民族尊称为"木天王"。故而虽然木氏统治核心区丽江属于云南，但其势力达于川南，故将木氏家谱一并论述。木氏土司的家谱和传说故事中认为祖先是蒙古族，但从史料记载及现代一些学者的研究来看，木氏家族一直是纳西族。

关于木氏土司的蒙古族源说一共有两个不同的版本。

第一个版本之中，木氏土司是西域蒙古人后裔：

在很早以前，从蒙古来的一个陌生人，坐在一块木头上顺金沙江漂流而下。当他到达北沧浪的时候，白沙村有个领袖叫美陶阿古，看见这个陌生人品貌不凡，

① 李宗放：《四川古代民族史》，北京：民族出版社，2010年，第292页。

便把女儿嫁给他。后来五个村子的领袖共同拥戴这个陌生人为爷爷。在那个时候，有个名叫年乐年保的人，自封为总将军，收爷爷作义子，又作为他的继位人。因爷爷是乘坐一块木头来的，所以取名为木天王。[①]

据修撰于乾嘉年间的《木氏宦谱》（图谱）载：

肇基始祖名曰爷爷，宋徽宗年间，到雪山，原西域蒙古人也。初，于昆仑山中结一龛于岩穴，好东典佛教，终日趺坐禅定，忽起一蛟，雷雨交兴之际，乘一大香树浮入金江，流至北澜沧。夷人望而异之，率众远走，遂登岸上，时有白沙美陶阿古为野人长，见其容貌苍古离奇，验其举止安详镇定，心甚异之，遂以女配焉，俗兴祭宾，另择一地，而祀于从俗之中，便寓离俗之意。是时分有五支：一云干罗睦都，二云匈起选，三云阿娘挥，四云尊宛，五云瓦均阿乃，原祟爷爷为五家之长，时年乐年保自称为大将军，爷爷生有一子名阿琮，生而奇颖过人。年乐年保见而异之……抚以为嗣，袭大将军之职。噫！根深木茂，源远流长，古今世族，每考肇基，定多奇迹，于此可以见矣。[②]

《甘孜藏族自治州史话》中记载的传说和《木氏宦谱》（图谱）中对爷爷的记载基本一致。不同的地方有两处：其一，《木氏宦谱》（图谱）中记载“爷爷……西域蒙古人”，传说中“爷爷”却为“从蒙古来的一个陌生人”。其二，《木氏宦谱》（图谱）中，年乐年保将“爷爷”子阿琮“抚以为嗣”，而在传说中“年乐年保”收“爷爷”作义子，又作为他的继位人。

第二个版本之中，木氏土司被演绎成是忽必烈与当地一头人的女儿所生的儿子：

蒙古人忽必烈率领军队，穿越甘孜藏族地区，沿扬子江顺流而下，进攻缅甸人时，他的部队在丽江西北的巴塘一代遭遇到罕见的大雪，迫使其在这一带屯军三个月之久。这个时期，忽必烈住在一个村子的头人家里，并看上了头人的女儿，因为这个女儿体美德善，才华超群。三个月当中，忽必烈与头人的女儿朝夕相处，建立了深厚的感情，到分别的时候，两个人恋恋不舍，忽必烈告诉她，等他征服缅甸人后，再回来娶她为妻。光阴似箭，一晃过了很长时间，头人的女儿生下了

① 格勒：《甘孜藏族自治州史话》，成都：四川民族出版社，1984年，第111页。
② 云南省博物馆供稿：《木氏宦谱》（影印本），昆明：云南美术出版社，2001年，第99页。

一个儿子，但仍不见她的情人归来娶她，在羞愤交加中，她把孩子绑在一块木头上，让他顺江（金沙江）漂走，她却投江而亡。后来忽必烈回来了，询问他的情人在何方。当得知她已投江自寻短见，而孩子在一个名叫巴拉塞的地方（现在的巴拉卓）被人从江里捞起，忽必烈百感交集，就赐给这个孩子一个世袭称号，并封他为纳西亲王，俗称木天王。[①]

洛克的《中国西南古纳西王国》一书中收录的关于丽江地区的一则口头传说与上面的故事十分相似：

当忽必烈率领他的军队，穿过云南，沿扬子江顺流而下，进攻缅甸之时，他在云南西北部遭遇到大雪，这样在那里延误了三个月。他住在村子的一个头人家里，这个头人有个很美丽的女儿，每天都躲在家里。忽必烈想娶她为妻，告诉她待他和缅甸人打完仗，征服了他们后，就会回来娶她。很长时间过去了，这个女儿一直在等着她的情人回来。在这期间，她生了一个儿子。因为她的情人没有回来娶她，她就把小孩绑在一块木头上，让他顺江（金沙江）漂下，而她自己则投江而死。后来忽必烈回来了，打听他情人的情况，人们告诉他，她已投江自尽，而她的儿子在一个名叫北勒此的地方，被人收养。北勒此这个村子在阿喜区。这个村名的意思是："北"字从"北辞汝"一词而来，意思是"人"，"勒"意为"来"，"此"意为从水里捡起东西。由于这个小孩就是从那里从水里捞起来的，所以把这样一个名称给予附近的这个村庄，来纪念这件事情，而北沧浪则是这个纳西村名的汉文音译。

据说，因为这个缘故，忽必烈就赐给这个小孩一个世袭称号，并封他为纳西亲王。这样这个小孩就成了纳西王的第一代祖先了……[②]

方国瑜先生结合有关材料，认为木氏土司蒙古族始祖说"始于嘉庆初年"[③]，"木氏附会蒙古原籍，希得清统治者之重视，乃作新谱，则可能也"[④]。方先生之所以得出这样的推测，主要引用的是两则材料。其一便是，清嘉庆年间巨甸一户和姓纳西族改姓"元"，恢复蒙古籍，受到云贵总督厚待，并以此为荣的案例。

① 格勒：《甘孜藏族自治州史话》，成都：四川民族出版社，1984年，第111—112页。
② ［美］洛克著，刘宗岳等译：《中国西南古纳西王国》，昆明：云南美术出版社，1999年，第44页。
③ 方国瑜：《纳西学论集》，北京：民族出版社，2008年，第225页。
④ 方国瑜：《纳西学论集》，北京：民族出版社，2008年，第224页。

此为木氏可能附会蒙古籍的佐证。其二，引《滇系・土司系》中关于丽江府土通判的记载：

其先麦琮，西域人，宋理宗末始入丽江，土人推为酋长。

方国瑜先生认为此记载“即据新谱为说”。赵心愚则认为方先生对此所做之推测有待商榷，首先，方先生举出的第一则材料，仅是佐证，不能作为充分的证据使用。其次，在乾隆《丽江府志略・官师略・土司》中，土通判条也有诸如“其先麦琮，西域人，宋理宗末始入丽江，通各方语，土人推为酋长……”的类似记载。赵心愚根据《丽江府志略》的序、跋等推测，《丽江府志略》的内容主要参照的是万咸燕于雍正二年（1724 年）到乾隆五年（1740 年），在丽江任儒学教授时所著的《雪山外史》。赵心愚认为应该是康熙、顺治年间，由于和硕特蒙古部和木氏土司之间围绕领地的争夺，两者处于敌对的状态，因此不可能会有附会蒙古祖源的可能。而明代木氏土司在明代的地位处于巅峰，亦不需要附会蒙古祖源。赵心愚指出：木氏家族的蒙古始祖说始于元代，是“木氏土司家族元代蒙古化的反映”[①]。

从《甘孜藏族自治州史话》中的两则故事看来，明朝时，木氏土司统治着甘孜州巴塘、理塘等地。明末清初，木氏土司在硕特蒙古族军事打击之下，逐渐退出该地。虽然不再统治川西，但相关的传说故事却流传下来，还传到丽江地区。

总之，不管是木氏家族认为他们是忽必烈后裔的传说，还是《木氏宦谱》（图谱）中将西域蒙古人“爷爷”作为自己的始祖，学者们认为多是附会之说。从甘孜州上述的传说看来，更为合理的解释如下：蒙古祖源说可能始于元代，一直以口传的形式在民间广为流传。伴随着木氏家族势力的深入，影响到周边地区的认识，到嘉庆、道光年间，才将蒙古祖源明确地记入《木氏宦谱》之中。这样的推测也就能够解释今四川甘孜地区为什么会有关于“木天王”来历的两则出于蒙古族祖源的民间传说。

① 赵心愚：《纳西族历史文化研究》，北京：民族出版社，2008年，第119页。

三、川西高原地区蒙古族祖源传说

（一）康定木雅藏族地区

邓廷良先生在木雅地区搜集了不少诸如“蒙古王”的传说及蒙古族祖源传说：

传说在洪武时期有一支从南方（九龙方向）来到的蒙古人，人称梭坡甲波（蒙古王）或托托甲波（托托王）。另一传说托托甲波来自西方，说他是生在阿里的蒙古人，小名叫祖武巴德，学名叫格劳真祖让保，后来他入寺庙学习，称成了大喇嘛，并来到木雅地区说法……人们修了梭坡寺（蒙古寺）来纪念他。

在木雅地方，还更广泛地流传着蒙古甲嘎王战胜了木雅王，烧毁了木雅王的宫殿康错木，统治了这一地区的传说。

原革什咱头人巴登也说，他们家族原都是蒙古人……在名字上多冠有“索仁”等蒙古字。[①]

任新建先生指出，上述传说中的两个“木雅王”指的是和硕特蒙古派驻的营官昌侧集烈杀明正土司，从而引发康熙三十九年（1700年）的“西炉之役”一事[②]。至元年间，蒙古在此地设置了土官长河西千户。至元十一年（1274年），长河西千户“集众为乱”。此次起事平定之后，蒙古于此设置了长河西管军招讨使、长河西管军万户府等机构，从此成为蒙古军的一个军事据点。元朝灭亡之后，长河西的首领向明朝投诚，明朝在此地设置了长河西等处军民安抚使。后又将鱼通、宁远两土司和长河西土司合并，设置了长河西鱼通宁远宣慰司。至清康熙五年（1666年），长河西土司又向清朝投诚。康熙三十九年（1700年），和硕特部蒙古的营官昌侧集烈攻占长河西领地，杀死了长河西土司。

通过上述的历史追溯，我们看出，在木雅地区广为流传的外来蒙古王战胜本地木雅王的传说是具有其历史依据的。

① 邓廷良：《明正土司考察记》，李绍明、童恩正主编：《六江流域民族综合科学考察报告之二：雅砻江下游考察报告》，成都：中国西南民族研究学会印，1985年，第50页。

② 任新建：《论康区民族史中的几个问题》，载《四川藏学研究》（三），成都：四川民族出版社，1995年，第126—128页。

（二）丹巴县梭坡乡

梭坡，是藏文音译，有“蒙古人”的意思。传说，很早以前有一些蒙古人到这个地方放牧，所以这个地方才被称为“梭坡”。这个地方的人也认为自己就是蒙古后裔，而且还保留着一些蒙古人的风俗习惯。

当地还有传说：“忽必烈远征大理南下时，有一批蒙古军就被留下来驻守，定居在丹巴县梭坡乡，现在的梭坡人就是蒙古军人的后裔。相传当地还有一些军事防御设施就是蒙古军留下的。”近年还发现了古城遗址，是位名为“蒙若”的国王留下来的，这个蒙若就是蒙古人。对此当地有关于“蒙若国王”的传说是这样的：

元朝军事力量不断扩张，1227 年西夏被灭以后，吐蕃、畏兀儿也畏惧元朝武力征服先后对元称臣，元宪宗三年，元军南下攻打大理经过甘孜境时，蒙若奉命进驻丹巴。为维护蒙古在藏东地区的统治，忽必烈便以蒙若为王，镇守丹巴威慑一方。后来蒙若及其部众逐渐在此地繁衍生息成为藏东地区最大的部落，其势力范围极广，当时整个康区的领主和土司都向蒙若供奉，人称蒙若杰布。

当地还有人说，他们以前也保留着祖先流传下来的“完全与现代蒙古族服饰无异”[①]的蒙古族服饰。

历史上，1253年，忽必烈率领大军南征大理国，其亲率的中路军便路过甘孜州的丹巴等地。明末清初，又有蒙古部落在甘孜等地活动，并统治该地区近百年之久，有部分蒙古部牧民到此放牧是可以解释的。之后有些牧民留下来和当地的百姓通婚，因此，在当地传说中声称自己祖先是蒙古族应当是有其历史依据的，也代表了梭坡牧人的民族认同。

（三）色达县瓦述等游牧部落

在康区瓦述部落有这样的祖源传说：

蒙古族曾经在青海湖右岸一带游牧生活。在玛错西本阿部落头人家，出生一男孩，并以藏文经文“丹增瓦曲”取名董·瓦色交，又名董·瓦曲交，俗称董瓦色交，从此形成五个新的血缘系统瓦修骨系。

① 康珠、竹林：《一个古部落的密址》，《成都晚报》2004年10月31日。

色达草原上的去昌胥系中的“所过玛”部落也传说是蒙古族后裔。20世纪50年代的社会历史调查获悉，色达的色须部落传说称：在很久以前有七户来自青海的蒙古族牧民迁移到色达大草原，当地土司允许他们在当地草场放牧，这些蒙古人不断发展壮大，后来又结合一些新迁来的牧民，形成色须部落。随着部落经济的发展，内部阶级逐渐分化，蒙古人旺黑色登成为最富有的牧民，他担任部落首领，部落的政治经济大权也落入其手。德格土司承认其统治权，并且封旺黑色登为大头人，其后人可世袭传承。

还有一些人推测，青海地区的和硕特蒙古人是色须部落祖先。白玉县安章寺一些佛教高僧也认为康区瓦述部落极有可能也是蒙古族的后裔。他们称：瓦述的意思是“狐狸遗种”。蒙古部落以前有很多的姓氏，瓦述就是蒙古人的姓氏之一。瓦述姓氏的部落不断发展，又分成了“拥入”和“也入”两支，后来“拥入”部落在草场争夺内乱中逐渐退出原来的居住地，迁徙至康区。当时和“拥入”一起迁走的还有“柯驼松波部落”和“拥德玛部落”。在理塘、白玉、雅江、新龙等县草原上还有这三个部落的后人居住。

道孚县境内的瓦述榆科部落信奉名叫“海尔森”的神，他们自己是藏族部落，但神明却是蒙古人，因此很多人认为他们也是蒙古人的后裔。瓦述榆科部落不仅被其他人看成是蒙古人，就连该部落的一些牧民也认为自己的祖先来自蒙古瓦述部落。在康区南部的理塘县也分布有一些瓦述部落，他们一样自称是蒙古族的后人，同时还认为自己是“古羌人”后裔。也有本地知识精英认为，随着和硕特南下，蒙古移民进入理塘地区，有不少的蒙古族官兵落籍于此，与当地民族不断融合，才是当地瓦述部落中蒙古族后裔的来源。

（四）霍尔部落

在《四川省甘孜藏族自治州文史资料选辑（第二辑）》登载的《甘孜孔萨土司家族的由来、世系及其兴衰经过》一文中，收录了一则民间传说：

元世祖忽必烈邀请萨迦法王八思巴到京城讲经，八思巴在途经甘孜时，见当地土地肥沃，地域辽阔，但佛教不盛。到京后便要求元世祖忽必烈批准在甘孜建立寺庙。忽必烈出于政治需要，答应了八思巴的要求，并派自己的儿子霍尔色翁同八思巴的弟子一起到康北修建寺庙。霍尔色翁在甘孜建寺期间，与甘孜拖坝一藏女相通，生一男孩，取名霍尔郎加。霍尔色翁返京时把母子俩托付给“着给寺”（后来的仲撒寺）日巴活佛。霍尔郎加长大成人后，日巴活佛送给他几户“科巴”（差民），遂成为头人。由于霍尔郎加有勇有谋，逐渐征服了当地的众多小的部落。至其六代郎卡降泽时，其统治范围已扩大到西至甘孜扎科、东至炉霍、道孚等大片地区。郎卡逝世后，其所娶三妻不和，各自分立门户。长妻之子任麻书土司，次妻之子任朱窝土司，三妻之子任章谷土司。而麻书土司传到第三代时，其所娶两妻所生儿子又自立门户，长妻之子继麻书土司位，次妻之子在麻书官寨右方新修了一幢房子，成为第一代霍尔孔萨土司（孔萨藏语意为新房子）。由于甘孜、炉霍、道孚一带为霍尔诸土司势力，因此人们称该地方为霍尔地方。

在上述的传说里，霍尔是忽必烈的后裔。

在甘孜兰扎活佛珍藏的手稿、章谷寺格聪活佛藏文手稿、大金寺堪布《向巴克珠传集》等史料中记载了一则相似的传说：

公元1251年元世祖忽必烈邀请萨迦法王八思巴到蒙古族地区讲经说法，途径甘孜时看到现汉人寺地址是个吉地。八思巴向忽必烈建议在该地建一寺庙以利众生。于是，忽必烈即派一蒙古族大臣随八思巴到康区选址建寺。蒙古族大臣在建寺期间，与岗村地方（今甘孜县拖坝乡）一位藏女相爱。当他完成建寺离开甘孜时，藏女已有身孕。于是他将藏女托付给当地僧俗首领照顾。后来藏女生下一男孩，取名霍玛桑布，意为“无意所生蒙古之儿”。由于得到当地僧俗首领的照顾，霍玛桑布成人后在甘孜岗村等地娶3女为妻，成为部落首领。至其第八代翁罗时期，他把所辖的8个区域划分给5个儿子，使之各据一地，成为霍尔麻书、霍尔朱窝、霍尔章谷、霍尔东谷、霍尔孔萨五大地方官。

这个传说将康北霍尔部落的起源归结为蒙古大臣后裔。

上述两则传说仅仅是主人翁的姓名、身份不同，而其情节则没有大的区别，估计应同为一故事的两个不同版本。

关于他们的由来，汉文典籍中有如下记载：

《甘孜县志》载：

公元一六四二年（明崇祯十五年），甘孜白利土司以黑教摧残黄教，旋被青海固始汗派兵灭之，以蒙古霍尔种人分治于此。

《甘孜藏族自治州概况》载：

后来元世祖忽必烈统一康、藏，遂有蒙古人移入。元、明之交，青海和硕特部首领住固始汗征服康、藏，封其王子七人于甘孜州北部的甘孜等地，称霍尔七部（清初尚存五部）。

以上两书记载的史实基本是一致的，即康区霍尔部落原为驻牧于青海的蒙古族和硕特部首领固始汗的后裔。这和传说相比较而言，在人物上有所不同。

但不管怎样，自元以来蒙古族曾经两次统治过该地，当地土司的先人有可能确实是蒙古人或者与蒙古人血统有关，也有可能当地土酋长出于某种目的而附会蒙古族身份。

（五）木里土司

传说木里土司的始祖是忽必烈大军的一位将军，被忽必烈封为“木里终身王子”。

20 世纪俄国人顾彼得在川滇一带活动，搜集了大量有关的传说故事，他认为木里王是蒙古人的后裔，其始祖是忽必烈南征大军中的一位将军，在忽必烈远征大理中立下赫赫战功，忽必烈对其进行奖赏，便封为木里王。

在永宁地区，也流传着木里的项氏土司祖先是一个蒙古人的故事，他们称：

在早先时候，一位来自西藏昌都的黄教喇嘛来到永宁所管的“西番地”，将该地区除永宁、左所以外所有信奉黑教（本教）的人都转化为黄教信徒，永宁土司遂将木里地区交给这位喇嘛管理；后来，喇嘛的后人向雍正皇帝推荐自己的管理员——“一个蒙古人出身的人”为木里的世袭安抚司，即项氏土司。

元朝时期，忽必烈率军南征经过川西南时，曾有一批蒙古军人留驻木里地区，甚至于有民间传说八尔家族（木里土司项氏家族住在八尔村，所以又称八尔土司）始祖就是忽必烈南征军留下的将领。明代木氏土司势力不断向康区扩展，当时木里地区也受木氏土司管辖。木氏土司为对木里地区进行严密控制，采取与噶举派联合的方式进行统治。木里地区八尔家族为反抗木氏土司的统治，与格鲁派进行联合，最终打败了木氏土司并将其势力驱逐出“西番”。从此八尔家族在木里地区崛起，成为当地的政教统治阶层，后来木里地区的大喇嘛和土司都由八尔家族人担任。当时蒙古人是格鲁派的主要信徒群体之一，木里土司和格鲁派（又称黄教）的合一，既是木里土司的政治权力和宗教力量紧密结合，也是木里土司与和硕特蒙古势力的联合。八尔家族在打败木氏土司时候在很大程度上依靠了蒙古人的力量。传说故事中的黄教喇嘛接管木里地区，应当是当时木里土司接纳黄教成为其统治力量的史实反映。

（六）盐源县月鲁帖木儿的后裔传说

据《四川蒙古族》载：

据凉山蒙古族口传：中东两路军到建昌后，在称为“波瓦瓦”的礼州建立了蒙古大营，又在“喔依窝桌巴塔底”的白塔之地设立“雪城都督府”以统之，并任命诸王将领阿塔和喇塔为驻军和治理川滇接合部大部分地区。

他们在建昌下传三代：

第一代为额直阿扎拉，继任建昌“雪城都督府”统帅，在位约 42 年。

第二代为平章月鲁帖木儿继任“雪城都督府”指挥使，任职约 26 年，时值朱洪武推翻元朝，这时的云南境内梁王、云南王和蒙古诸王的蒙古军户无法回到北方故土，在月鲁帖木儿及其子的带领下，假降明军，后重整旗鼓，再次反叛明廷，元、明两军在建昌激战数月，元军终于寡不敌众战败，于 1390 年率军退经安宁河、翻越磨盘和米易普威区等山，渡过打春河，进入盐源，与驻守在该地的蒙古军户及首领汇合，定居在“呼底比耳窝”下。

第三代为斯匹茹尔玺，明时继任两盐及木里蒙古军户驻军首领，于康熙四十九年（1710 年）才降清政府，任命为该地区的统治者，并设府于“文昌宫”（今盐源盐厂所在地及山包包上）。共生六子：长子喇玛塔驻守拉塔（又名纳塔，今左所区）；次子吉古塔（纪各塔）驻守戈壁（今瓜别区境内的大坡蒙古族乡和沃底等乡）；三子巴尔哈驻守拉（纳）窝（兀）（今右所区）；四子喇哈塔驻守拉惹（今中所）；五子阿拉（喇）哈驻守拉入（又名窝入，今前所）；六子白玛塔驻守拉（纳）雅地（今木里县后所）。另外一个部下浪戈尔（即郎戈耳管家）驻守古柏树（今元宝区和双河乡）。斯匹茹尔玺娶丽江麼些木氏土司妹妹为妻。自此，留居川滇边界的蒙古族开始与当地纳西、藏、汉等民族通婚，特别是与势力比较强大的纳西族联姻，更加巩固了自己的统治地位，并保障了民族的生存和人们的生活。[①]

这则传说讲述了凉山地区蒙古族的由来，史籍中的记载并不多，但有关月鲁帖木儿叛乱及其向明朝投诚的时间与史实基本相符。多数人对凉山地区蒙古人与当地融合的这一情况持认同态度，此则故事中，盐源地区“五所”及“两司”的蒙古人，清初原本是一家。但在史籍记载当中，“五所”历史都可以追溯到明朝初年，出现于清朝的只有古柏树巡城兵马司和瓜别安抚司，该地土司之间互相通婚，所以并非源自一家。而这位盐源及木里蒙古军户驻军首领“斯匹茹尔玺”也是不存在的，在明代盐源地区主要土官便是五所。

此外，存在于川西高原的蒙古祖源传说，还包括“铁改余”的《余氏族谱》及传说和木氏家族的蒙古族祖源说。这两部分在前面已做介绍，不再赘述。

忽必烈远征大理国，蒙古大军经今四川松潘地区兵分三路南下，抵达丽江的史实已成为西南蒙古族人凝聚族群的“根基历史”，已成为大多数蒙古族表达族群认同的“我族历史”记忆。那些为了躲避祸乱改名易姓隐匿身份的蒙古人虽逐渐被趋同于其他民族之中，但他们一直保持着对自己民族身份的认同感，在他们族谱、家谱的记载之中，往往能够将自己的现实情感和历史记忆相结合，形成自我群体的苦难史记忆。

小　结

西南地区蒙古族人的历史记忆，既有关于祖先英雄事迹的记忆，也有关于民族苦难的记忆。这些历史记忆虽然叙述上有一定的差异，但都在一定程度上表明其对自身生存发展历史的感知，是有历史依据的，而不是凭空捏造的。因此，现在的蒙古族认同是有其共同历史记忆基础的。正是这些独特的历史记忆，通过口述、家谱等方式传承下来，维系着散落于西南地区蒙古族人“我族”的边界意识。

但是我们也应该注意到，在“铁改余”这一问题上，西南各省市在政策执行

① 阿拉塔·扎什哲勒姆：《四川蒙古族》，香港：香港大地出版社，2004年，第12页。

中存在差异，贵州省、云南省的文山州在 1985 年确定了“铁改余”人口的蒙古族身份，从而带来示范效应，刺激他们自发地组织起来统一祖源、编修家谱，希图被国家认定蒙古族身份。然而在追溯祖源时一味攀附黄金家族，过分强调出身贵胄，确实背离蒙古历史文化的道路。

第三章　现实关怀中的民族关系

西南地区蒙古族人口在历史记忆、身份获得、文化传承、文化再造方面既有共性，也存在较大差异。无论是在民族自我认同，还是在与他族互动中都表现出了鲜明的地域性特征：云南蒙古族人口以其核心聚居区通海兴蒙乡为主体构建了民族认同与国家认同正相关的典型，在今川、滇、黔、渝区域具有示范性效应。同时，由于文山州、曲靖市及其他县市仍有大量的伙姓、余姓群众自我认同为蒙古族，但未得到国家政府层面的确认，故而在构建民族身份必要的文化特征中所做出的努力更多，举凡走访各地的“铁改余氏”族人，参加全国各地的蒙古族节庆活动及会议，纂修家谱，寻求政、学、商界支持等方面，其社会精英人物都付出了极大的精力。文山伙姓蒙古人的诉求得到了国家的确认，而“铁改余氏”仍在奔走努力，反映了在西南蒙古族中既有内部族群认同中的群体差异性，也有外部国家政策执行中的地域性差异。这些共性和特性的存在决定了西南地区蒙古族人口在全国蒙古族群体中的差序性格局。在与全国乃至全世界蒙古族的交流、交往、交融的历程中，中华民族共同体意识日益增强，西南地区蒙古族各个聚居区业已发展成为民族团结进步示范区。

第一节 西南地区蒙古族与周边主要民族的互动

一、云南蒙古族与周边民族的关系

（一）与回族的关系

13 世纪初，蒙古军发动了三次大规模的西征，大量被征服的中亚人口被编入蒙古的探马赤军，并于 1253 年随忽必烈大军征讨大理国而入居云南地区，后多从事镇戍、屯田。随着形势的发展，一些伊斯兰工匠、商人、传教士等也陆续进入云南，在官方文献中被称为“回回”，“色目仕宦滇者，三十二员，达十一种”[①]。

今居于玉溪的保姓回族，原为蒙古族。据民国二十一年（1932年）的《保氏族谱》记载：“吾族源于蒙古，初以特穆尔为氏，元之右族也，自库库台特穆尔尊号保保，而入滇始祖亦以阿保名，于是改姓保氏。明代以降，子孙繁衍，其支分派别，殊难统纪。有久宦官他省，因以忘其根源者；有因事变逃避于蛮夷间者；有改姓马氏者。”[②]在通海一带，回族与蒙古族共同生活于一个地域，在生产技术、经济生活等方面互帮互助、取长补短。例如，滇中的一些清真寺是蒙古族的建筑工人参与建造的，今通海县纳家营一带回民的灶台，也多为蒙古族工人堆砌而成。同时，兴蒙乡政府前的广场上“蒙古人历滇七百五十年”纪念碑，除了有蒙古族的同胞、工商业的捐款以外，还有附近回族同胞（纳古镇和河西镇大回村、小回村、下回村）的捐款，例如通海清真寺1000元、下回万通公司焊管厂1000元、古城清真寺500元等。

但是在族际交往过程中，蒙古族与回族也出现过摩擦。在调研时知悉，1993 年 8 月 31 日，兴蒙乡的蒙古族村民与下回村的回族村民发生了冲突事件。对于

① 夏光南：《元代云南史地丛考》，上海：中华书局，1935年，第82页。
② 白寿彝：《滇南丛话》，罗伯逊编：《中国伊斯兰教史参考资料选编》（上），北京：生活·读书·新知 三联书店，1958年，第709—710页。

这次事件，据时任兴蒙乡党委书记的奎来团先生说：“这是由于当时的乡政府对这个事件没有引起足够的重视，没有正确地处理，才导致了第二天事态的升级，以至于上级派来的工作组也不管用，才引发了惨案。归根结底，是我们没有积极妥善地处理好此事，这对于我们是一次沉痛的血的教训！”村民杨必富老人也说：“民族间的矛盾和摩擦，这是很正常的现象，兄弟之间都会有摩擦，何况民族之间，现在我们之间很团结。”时至今日，这次冲突事件早已不被提起，该地区的蒙古族和回族已经和谐共处，如互通商贸、相互通婚、相互邀请对方参加民族节日等，总体和谐是主流。

据兴蒙乡小学前校长赵汉章老人讲述：“在解放（指中华人民共和国成立）以前，我们蒙古族与周围民族通婚很少的，现在互相通婚都比较普遍。解放以前回族的姑娘不外嫁，现在也有回族的姑娘嫁到我们乡里来，我们兴蒙乡就有两个是下回村嫁过来的姑娘，以前刚嫁过来的时候她们还是每天坚持做礼拜，但是慢慢地也融入我们蒙古族的生活中来，现在她们也穿我们蒙古族的服饰，过我们的节日。”可知，现如今兴蒙乡蒙古族与周边回族的关系已经相当融洽。

（二）与彝族的关系

在云南蒙古族人口中，兴蒙乡蒙古族长期与彝族交往，受彝族文化影响最深。元以来，进入云南的蒙古族士兵没有携带家眷，便与当地彝族、汉族等民族通婚。长期以来，蒙古族与彝族在语言、服饰、文艺活动、节日等方面相互影响。在语言上，通海兴蒙乡蒙古族使用的喀卓语受到了彝语的影响。在很多词汇上与彝语相同，例如，“吃饭”一词，蒙古族、彝族均说“咂咂”。据著名语言学家戴庆厦先生的研究，喀卓语属于汉藏语系藏缅语族彝语支，但又异于彝语，因为蒙古族转用彝语后不久，大批彝族迁移而去，与蒙古族分离，结果促使兴蒙蒙古族独立发展，增加了不同于彝语的特点[①]。所以，喀卓语虽与彝语相近，但发展到今天已经不能相互通话了。在服饰上，北方蒙古族偏爱鲜艳、光亮的颜

① 戴庆厦、刘菊黄、傅爱兰：《云南蒙古族嘎卓语研究》，《语言研究》1987年第1期。

色，崇尚白色、天蓝色。在兴蒙乡，蒙古族妇女“三滴水”服饰的颜色由天蓝色和白色两种基本颜色组成。但背心颜色或为天蓝或为黑，黑色大概就是受到彝族的影响①。在民间文艺方面，兴蒙乡蒙古族会在农闲时节进行“跳乐”活动。“跳乐”是源自彝语支各族的一种娱乐活动，通过“跳乐”来建立一定的婚姻恋爱关系。据说最初蒙古族进入云南的时候，大多数兵士没有家眷，只好与外族女子通婚，于是就慢慢地学会了其他民族联谊交友的方式，彝族的“跳乐”就是其中之一。尽管蒙古族的“跳乐”源于彝族，但是又有差别，蒙古人在“跳乐”中融入了自己民族的个性。蒙古族的“跳乐”风格——改彝族“跳乐”的轻灵秀气、灵巧多变为柔中带刚、沉稳有力。蒙古族“跳乐”层次分明，动作规范，舞姿优美，唱腔动听。此外，蒙古族“跳乐”最开始是由年轻人进行欢跳的活动，他们在跳舞的时候是不允许表达相互爱慕之情的，谈恋爱更是被严加禁止，如果表现出来爱慕之意，就会受到其他人的指责，如果不收敛行为并改正的话，被孤立或是被开除出伙都是极有可能②。“跳乐”现在主要是蒙古族的一些中老年人在闲暇之余进行的休闲娱乐活动。除此之外，兴蒙乡的蒙古族对外展示其蒙古族身份的时候也会进行“跳乐”活动。在节日方面，每年农历六月二十四至二十七是彝族最隆重盛大的传统节日火把节的祭祀活动日。蒙古族进入云南后，受彝族影响，也会过火把节。

（三）与汉族的关系

自西汉伊始，云南与内地的政治、经济、文化联系不断加强，汉人随之进入云南地区，因而内地先进的生产技术和新的物种被引进到云南，给云南的政治、经济和社会发展带来了巨大的影响。两汉至唐宋时期，云南的汉族长期处于“夷

① 在官方文献中写作“三叠水”，意即长长短短三件衣服叠起来穿。但是笔者实地调研期间走访了当地民众，均称其为“三滴水”，询问原因是据传说兴蒙乡工匠外出做活时，在下雨天经常会看见雨水从屋檐顺着瓦片一滴滴地流下来，以后就用来比喻衣服上的层次，因此便有了“三滴水”的叫法。而“三滴”也是代表了妇女人生的三个阶段：童年少女、新娘、老年。每个阶段所穿服饰也均有不同样式。

② 杨秉礼等调查，邓启耀整理：《通海县兴蒙乡蒙古族的习俗和口头文化》，云南省编辑组修订编辑委员会《云南少数民族社会历史调查资料汇编》（五），北京：民族出版社，2009年，第170页。

化”的过程中，直至明朝中后期，云南的汉族人口才逐渐超过了当地土著民族，汉族与云南各民族共同发展[①]。因此，蒙古族作为元朝时期的统治民族，当然与汉族有着密不可分的关系。明朝是汉族移民人口大规模进入云南的时期，据陆韧教授的研究，明代进入云南的移民有三大类型：一为军事移民，一为罪徙移民，一为民屯移民和自发式移民，总数量约为三百万，到明末汉族人口已经超过云南当地民族人口，汉族成为云南各民族中最大的民族[②]。事实上，元代进入云南的统治者在云南重建儒学，大力推行儒学教育，使得汉文化获得了极大发展，以至于明清以来，蒙古族受汉文化影响最深。除了通海蒙古族还保留其特色民族语言外，其余地区的蒙古族均丧失了本民族语言的特色，都以汉语为主要的交流工具。在服饰方面，笔者实地调查期间了解到，除兴蒙乡蒙古族妇女还保留有本民族服饰外，其余地区蒙古族均着汉装[③]。婚姻方面，除了兴蒙乡外，全省蒙古族大多数都与汉族通婚。如今，随着对外交往的频繁，兴蒙乡也开始与汉族通婚，其婚俗习惯中亦有着汉文化因素的影响存在。思想观念及行为方式上，大多数蒙古族也与汉族无异。在民俗节日方面，云南蒙古族除了过那达慕节、鲁班节、忆祖节之外，还有春节、清明节等节日。蒙古族和汉族过清明节都要追忆自己的亲人，但是蒙古族除此之外，还要追思祖先成吉思汗。汉族过中秋节，但蒙古族不过。据传说，元朝灭亡前夕，在八月十五这一天庆祝节日时，人们发现月饼里面有“八月十五杀鞑子”的字条，这是他们祖先受难的日子，所以蒙古族是不过中秋节的，中秋节对于他们来说就是忌日，他们要在这一天祭奠逝去的同胞。随着社会发展，现在蒙古族有很多与汉族开始通婚，渐渐在蒙古族中也有跟着过中秋节的习俗了。但是，蒙古族中过中秋节的人是相当少的，而且形式非常简单，不像汉族那样过得十分隆重。

中华人民共和国成立以来，蒙古族与周边民族的关系总体来看是友好的，但

① 陆韧：《唐宋至元代云南汉族的曲折发展》，《民族研究》1997年第5期。

② 陆韧：《变迁与交融——明代云南汉族移民研究》，昆明：云南教育出版社，2001年，第136—137页。

③ 笔者同时也了解到一些例外情况，兴蒙乡年轻人及省内其余地区蒙古族在民族节日等场合也穿蒙古族服饰。

因利益关系和资源分配等问题，偶尔也会出现些许摩擦。如兴蒙乡中村村民所言，曾经兴蒙乡中村（蒙古族）与上村（汉族）发生过一次地界纠纷，中村与上村之间本来有一块界碑，但是某次上村人悄悄把界碑移向了中村以扩大本村的地盘，于是中村与上村之间就起了争执，中村的人集体去上村说理，最后上村的人又把界碑挪回了原处，这次争端最后以双方让步谅解和平解决。如今兴蒙乡蒙古族与汉族之间关系相当融洽，两边村民会相互祝贺节日，参加庙会和婚丧活动。

二、四川蒙古族与周边民族的关系

居住于四川地区的蒙古族一直以来和其他各民族基本保持友好关系，和平共居。但是，由于历史时期民族之间为争夺生存资源，外加王朝政府对川西地区管理欠缺，蒙古族与其他民族多多少少还是存在一定的矛盾冲突。有些蒙古土司还在和其他民族的械斗中逐渐衰微。中华人民共和国成立以后，国家推行民族平等，各民族生活水平不断提高，生活稳定，各民族之间冲突也大大减少。各民族逐渐打破过去存在的民族之间的隔阂，相互之间交往联系更加密切，四川地区蒙古族也积极寻求与其他民族共谋发展。如泸沽湖镇小学里面蒙古族、彝族、纳西族、藏族、汉族等多个民族的孩子在同一个学校及班级里面学习知识。这就是蒙古族与周边民族和谐共存的印证之一。

2010 年，重庆彭水苗族土家族自治县向家坝村村口象鼻子洞内发现了“象鼻塞碑”。从碑文，我们可以看出这些散居在民间的蒙古族同胞和当地汉族、土家族、苗族等民族面对贼寇侵扰，团结合作共同保卫家园的历史场景。“可以认为，清同治年间，重庆地区蒙古族、汉族、苗族、土家族等少数民族之间的关系是融洽的，文化互动也非常紧密。”[①] 这些地方的蒙古族由于和汉族长期杂居在一起，其自身的语言、服饰、文字、风俗等客观文化特征已经丧失殆尽，但在心理上还是保留着强烈的蒙古族认同。我们从木里县中学和泸沽湖镇小学做的问卷调查数据可以说明，蒙古族的学生和汉族关系更为密切。在木里县高中，大概 80% 的蒙古族学生都有汉族的朋友，还有约 20% 的孩子本身就是汉族和蒙古族家庭出

① 王希辉：《重庆彭水“象鼻塞碑”考释》，《黑龙江民族丛刊》2010年第3期。

生的孩子。在泸沽湖镇小学，约 70% 的蒙古族学生会和汉族的学生交朋友，约 12% 的蒙古族学生是出生于汉族和蒙古族结合的家庭。从这些调研数据中可以看出，当地蒙古族和汉族之间的关系更加密切。此外，我们在调研的时候还听到当地的村民告诉我们，蒙古族也会过汉族的一些节日，这是蒙古族和汉族之间的关系融洽、和谐相处的表现。

（一）与藏族的关系

四川蒙古族和藏族之间的关系一直非常密切。木里藏族主要由普米和呷米支系构成，由于共同信奉藏传佛教，无论是格鲁派还是宁玛派、萨迦派都在环泸沽湖区域的蒙古族（摩梭人）和藏族中间有着深刻的影响。他们的衣、食、住、行、婚嫁、丧葬、伦理道德、习惯法规都与藏传佛教紧密相连。在调研中，泸沽湖镇的杨姓达巴告诉我们，他们在为亡人超度时，与藏族喇嘛左右分列，各自念经作法，彼此也能听懂对方的话。因为共同的信仰，蒙藏活佛共同创建了木里县有名的三大寺庙。此外，木里藏式楼房的建筑风格也体现在环泸沽湖的蒙古族（摩梭人）建筑中，屋脚蒙古族乡政府的办公楼即为藏式风格。喝酥油茶、吃糌粑亦是这里蒙古族（摩梭人）的日常饮食。此外，在凉山地区有“蕃纳子一家”的俗语。“蕃”是指的藏族，“纳子”是凉山地区蒙古族的自称。现今，蒙古族和藏族之间还相互开亲。根据笔者在木里县高中和泸沽镇小学做的调研数据显示，木里县高中约有 82% 的蒙古族学生有藏族朋友，蒙古族的汉人朋友和藏族朋友差不多持平；泸沽湖镇小学约有 30% 的蒙古族学生有藏族朋友，这个人数仅次于汉人朋友的数量。这表明了蒙古族与藏族青少年之间关系比较友好。

（二）与满族的关系

清代满族统治者为扩大自身统治基础，纷纷拉拢蒙古族上层人士联姻，并组建蒙八旗，形成政治联盟。清初，清政府为保卫成都、巩固西南防务，抽调驻防湖北荆州的部分满蒙八旗（满蒙混编八旗）入川并于 1720 年开始留驻成都。旗兵眷属陆续迁来成都直到乾隆初年才结束移眷工作。当时八旗官兵及眷属共计 5000 余人，其中满族约占 2/3，蒙古族约占 1/3。这些满、蒙八旗子弟后裔成为今天成都地区满族和蒙古族的主要来源。成都地区满族和蒙古族关系密切。1957年成都地区满蒙人民成立了“成都市满蒙人民学习委员会”（简称“成都满蒙学会”）。成都满蒙学会在学习和经济上给予满蒙学生鼓励和支持，如给予一些贫困的学生书籍补助。随着经济条件好转，1982年重新拟定章程给满蒙学生发放奖学金、助学金，这种助学方式一直延续至今，大大调动了学生学习的积极性，有利于学生升学。成都满蒙学会向满蒙群众发放老年金、助学金、扶贫、救灾、助残和助困捐款，组织老年同胞活动和春节团拜，每年重阳节前采购食用油、优质大米等，组织专人看望80岁以上的老年族胞。此外，成都满蒙学会每年还筹备“那达慕大会”和“颁金节”庆典，并且配合各类节庆活动，邀请同胞们展示精彩的民族歌舞和书法绘画艺术。2010年5月后，确定每月第二个星期五作为民族文化活动日，组织同胞开展满族、蒙古族日常用语培训班和马头琴培训班等丰富多彩的主题活动，力求让更多同胞参加与满族、蒙古族有关的民族历史文化工作。

成都地区满族和蒙古族友好相处，互助互利，满族、蒙古族群众也积极参加学会活动。近几年来，不仅每月来学会上参加活动的族胞人数明显增加，而且正月初二学会上的团拜更是盛况空前。2009年来学会上参加团拜的人数达到了1114人，2010年为1224人，2011年的人数已突破1300人。成都地区满族、蒙古族成立共同的协会组织和参加协会人员逐年增加，凸显了“满蒙亲为一家”的族际关系，这种族际间的良好互动也成为西南地区各民族和谐友好相处的典范。

（三）与彝族的关系

至元十年（1273年）10月，蒙古大军占领建都。元朝在此次第设置了州、县等行政管理机构以及宣慰司都元帅府，加强对建都地区的管理。于是蒙古族先民和彝族先民便开始了直接往来。蒙古族土司在凉山地区的统治时间长达七百年之久，形成了一套独立的管理体系。后汉族、彝族等其他民族逐渐迁入盐源地区，其社会形势也在不断地变化。汉族势力的膨胀，使得蒙古土司大力改招彝族作为其佃户，但事与愿违，随着时间的推移，彝族人口激增，蒙古族土司难以驾驭，最后走向衰亡。

盐源县是一个多民族杂居的地区，“相传此最早的土著系西番族，元初蒙族迁来，以后是汉族，最后是彝族（大约七八十年前）”[①]。此言见于1963年前七八十年，是清末。一说彝族是清初逐渐迁入盐源。[②]彝族来得虽然晚，但是人口发展的速度却很快，成为该地区人数最多的民族。“据西昌专署材料，左所全区人口19015人，其中彝族人口最多，共7732人，其次为蒙古族，共4794人，再次为西番族共1850人……”[③]这份材料虽然没有注明具体是哪一年的数据，但却可以看出民国时期彝族在左所地区的人口优势。“彝人构成了他们所谓的臣民的大部分。”[④]不仅左所如此，民国时期盐源县的各蒙古族土司管辖境内都存在这样的情况。彝族势力之大，最后连土司也难以驾驭。终于，两者间爆发了激烈的流血冲突。各蒙古族土司在这样的冲突中走向衰亡。

首先遭受冲击的是瓜别安抚司。瓜别土司家族在民国初年纪廷梁在位时，曾经盛极一时，由于其对百姓残酷剥削，逐渐丧失民心。境内的彝族也因其平时的盘剥而怀恨在心。纪廷梁死后，其长子纪镇藩担任土司。纪镇藩为人残暴专横，就连其亲属也十分痛恨他。终于，其弟勾结彝族势力发动政变。民国十一年（1922年）冬，彝族夜攻土司衙门。事先，双方约好，“一是杀死土司尤尔沛；二是不抢土司家产；三是由土司的叔叔‘纪歪歪’袭土司职位”[⑤]。但是，彝族攻进衙署之后不但杀害了土司及侍从，将土司财产洗劫一空，还放火烧了土司衙门。这次变乱之后，曾经显赫一时的瓜别安抚司家族势力一落千丈，无力与彝族对抗。民国后期，瓜别全境已被彝族控制，土司家族逐渐走向衰亡。

盐源县的各蒙古族土司之间互为姻亲关系。瓜别事件后，各土司调土练数千人合围前所。但是由于这些土司兵纪律涣散，加上古柏树土司郎治邦因贪功而贸然前进，导致全军覆没。彝族趁势追杀，且大肆抢劫村落，抢夺人口牲畜。民国十三年（1924年），古柏树衙署也被烧毁，土司为了逃难不得不四处奔波。在其余五所土司里面情况最好的左所土司，也无力控制整个左所。洛克在书中写道：

① 中国科学院民族研究所、四川少数民族社会历史调查组编：《凉山西昌彝族地区土司历史及土司统治区社会概况》，1963年，第35页。

② 郭大烈、和志武：《纳西族史》，成都：四川民族出版社，1999年，第442页。

③ 中国科学院民族研究所、四川少数民族社会历史调查组编：《凉山西昌彝族地区土司历史及土司统治区社会概况》，1963年，第35页。

④ ［美］洛克著，刘宗岳等译：《中国西南古纳西王国》，昆明：云南美术出版社，1999年，第44页。

⑤ 阿拉塔·扎什哲勒姆：《四川蒙古族》，香港：香港大地出版社，2004年，第80页。

“（左所）土司家庭已经丧失了他在农民中的一切威信，而且已无力管理他的辖区……他们对我承认只能管辖住在卧罗河（打冲河）迤西的纳西臣民。尽管他的辖地延伸至卧罗河迤东，但他从不敢冒险到那里去，那边住着的部族使他和他的臣民经常处在惶恐惊惧的生活中。”[①]洛克在书中所指的卧罗河迤东的这些部民正是彝族。洛克此次访问的时候土司喇宝臣28岁，喇宝臣生于1906年，28岁的时候是1934年。1930年，左所与五大支黑彝交火失败。接着又是家族内讧，虽然族人篡位失败，但其实力受到很大程度的削弱。左所以外的蒙古族土司也在民国时期的动乱中走向衰落，彝族乘机大肆占据其地，而他们毫无还手之力。

但是蒙古族与彝族之间主要还是以民族间的相互交流与融合为主。比如，有人考证，凉山彝族自治州蒙古语仍保留了部分蒙古语的词汇或者词根，但是总体来说他们现在的语言“已不属阿尔泰语系，而属于汉藏语系藏缅语族彝语支”[②]。彝族人称蒙古人为“莫苏”，“莫”彝语为“大军”，“苏”彝语指人或族，“莫苏”意为大军人或者带有军队的民族；同时，彝族称自己为“诺苏”“纳苏”，称蒙古人也就是“蒙苏”了。而彝语“蒙”的发音为“摩、莫”，又由于汉语与少数族群发音之间的差异性，所以用汉文记载时就成了“莫索”或“摩梭”。可能因为凉山的彝族人口较多，所以彝族对蒙古人的称呼也逐渐为其他民族的人所接受。另外，蒙古族现在所过的火把节是受彝族同胞影响的结果。虽说蒙古族同胞们过火把节没有彝族同胞们过得那么隆重，但是农历六月二十四这天，也会点上火把，驱逐害虫等。特别是在中华人民共和国成立后，在党和政府的号召之下，两族同胞摒弃前嫌，共同携手建设自己的家乡。笔者在成都调研期间，一个蒙古族大哥称，他有很多彝族的朋友，经常一起吃饭、喝酒。

（四）与汉族的关系

蒙古族土司在凉山地区维持了七百年的统治。但是随着社会的发展，汉族、彝族等民族逐渐迁入当地，改变了当地的民族结构，当地的形势也随之改变。根据史料记载，汉人进入盐源等地区的历史要追溯到汉代。当时中央在这里设置郡

① ［美］洛克著，刘宗岳等译：《中国西南古纳西王国》，昆明：云南美术出版社，1999年，第293页。
② 凉山彝族自治州地方志编纂委员会：《凉山彝族自治州志》（上），北京：方志出版社，2002年，第380页。

县，并派流官进行管理。但是，直到清代以前，这里的汉人一直都很少。清代以来，大量汉族、彝族移民的迁入改变了当地的民族分布格局，促进了当地经济大发展，同时也推动了该地社会政治格局的变迁。

汉人进入盐源地区在清代达到高峰。蒙古土司领地之内的矿产资源十分丰富，汉人进入之后主要从事矿业的开采工作来赚取利润。据光绪《盐源县志》记载："每岁中，自秦、楚、吴、黔及川东、川北来者以千计。"除矿工之外，该地区的汉人还包括汛塘兵丁、商贾流民。这些移民大多数定居下来，尤其是矿工在矿产开采枯竭之后，不得不另谋出路，有的向各土司租种土地，成为土司的佃农。他们也多居住在垦牧条件较好的盆地及低山河谷等地区。"清嘉庆十九年（1814年），建昌道曹六兴编查夷地，清出盐源县夷地佃耕汉民二万五千六百三十七户，男七万三千八百九十七丁，妇五万二千八百七口，共男妇一十二万六千七百四丁口。"[①]由于汉人带来了先进的生产技术，引进良种，开垦荒地，有力地推动当地经济的发展。之前，"蒙族最初只知种荞子和燕麦，以后才传进苞谷、洋芋。历史很短，只不过四五十年，闻系从盐源县城汉区传进来"[②]。据上述材料可以知道，玉米、马铃薯等美洲高产旱地作物大约是清末民初传入该地的，这些作物的引进有效地解决了该地区粮食短缺问题，并促进了该地区人口的迅速增长。

汉人的进入，使得这里的矿产资源得到充分的开发。其中盐源有黑、白二井，清朝在这里设置了盐捕厅典史管理课税。朝廷按月抽取定额税银之后，所余之利皆为各土司所有，从中获利最多的是瓜别安抚司。随着矿产的发展，商旅云集于盐源地区，促进了商业的繁荣。部分汉人通过开采矿产资源，获取了丰厚收益之后，便向土司购置大量的地产，然后聘请长工耕种或者直接租与他人，成为"二地主"。汉族地主经济由此逐渐发展起来，并逐步触动了该地土司的封建领主土地制度。

此外，汉人还在这里兴办学校，倡导儒学。光绪年间，盐源县有书院三所，义学34所。这些汉文化的传入，使得这些地区逐渐移风易俗。

① 〔清〕何东铭：《邛嶲野录》卷二九，《赋役类·户口》，四川省档案馆藏。
② 中国科学院民族研究所、四川少数民族社会历史调查组编：《凉山西昌彝族地区土司历史及土司统治区社会概况》，1963年，第37页。

随着汉族地主经济的不断发展和势力的不断膨胀，日益威胁到当地土司的统治。这些土司们也感到了此种威胁，在以后时间里，他们极力地排斥汉族佃户，而改招彝族作为其佃户。但是事与愿违，彝族到来之后，人口迅速增长，以致后来居上，彝族奴隶主势力不断膨胀。这些蒙古族土司随后不断遭受彝族势力的打击，逐渐走向了衰亡。

清末及民国时期，汉族逐渐深入该地区，在这些汉人的带动下，泸沽湖地区商品经济获得了较大的发展。在汉族和彝族大量涌入的情况下，土司为了增加收入，发展自己的军事力量，以巩固自己的统治，将大量的田地租给汉族，后来抵押给汉人的凭证在动乱中被烧毁，而有的土司因为没有能力收回，大量土地被汉人占有。汉人取得土地之后，租佃关系迅速发展起来。此外，土司对“责喀”的剥削由劳役地租逐渐向实物地租转变。土司允许以粮食等实物交租，这样一来，“责喀”对于土司的人身依附关系逐渐减弱，他们纷纷从土司的份地上解脱出来，此外，还有一部分百姓成为受雇佣的长短工。可以说，租佃关系的变化促进了泸沽湖地区商品经济的发展。盐源县城也以此为契机逐渐发展起来，其中以汉商最为活跃。盐源卫城、白盐井很早就是著名的盐交易场所。清朝后期，除白盐井之外，盐源地区交易市场也逐渐增多，日用品交换十分便利。到民国时期，盐源地区“矿产开发，商品流动渠道愈演愈繁，市场销售分工也因需求层次而各异。白、黑两盐厂业主灶户，以主采办材煤供盐业生产者数万。四至销场，骡马运载，络绎于西、会、越、冕及康区边境。无论汉、番、摩梭，牧羊牲畜极为繁荣。……他若洼里、龙达、紫支金矿，深沟、大石包各处之铁矿，皆系明令公开，官督商办，同时并旺，公私两立……城、井、梅各地，商旅云集，物资辐辏。陕号之长期经营者：天增、世丰、恒泰、复兴四家外，其临时商贩熙来攘往，烟叶布匹之畅销难以数计。至邛、渝两地之药材，滇、湘商贩之珍玉，喇嘛、古宗之毛织、山货、鹿茸、茯苓之属，堆栈林立，洋纱、丝绵之取道以千驼计”[①]。商品经济的发展也促使商业行会的产生和发展。民国三十三年（1944年），盐源县成立了“盐源县商会”。该商会下设盐源县盐业、棉业、驮运、商业等公会，而商业公会下又有同业公会，如缝纫鞋业制造公会、金属制造公会

① 戴自朴：《盐源建设计划》，四川凉山彝族自治州档案馆藏本。

等，同业公会下还设有若干同业委员会等。由此可见当时盐源地区商品经济的繁荣程度。

（五）与其他民族的关系

凉山地区与蒙古族共同居住、生活的还有纳西族、普米族、壮族、白族等民族。尤其是抗日战争爆发后，由于滇缅公路受阻，滇藏贸易异常活跃。藏族、白族以及在丽江永胜一带的摩梭人都来泸沽湖地区经商。他们通过马帮将西藏、巴塘、理塘等地的货物运送到川滇交界的泸沽湖周围地区，然后在泸沽湖周围收购药材、皮革这些物品，再转运到其他地方进行贸易。在外来商人的带动下，当地不管是贵族还是百姓很多都开始转向赶马经商活动。凡是进出泸沽湖地区的货物，几乎都是由摩梭人的马帮驮运的，一时间，藏族、白族、摩梭人的马帮成为民国时期泸沽湖地区一道亮丽的风景。

至今泸沽湖附近居住着藏族、白族、摩梭人多个少数民族（族群），他们在交往交流交融中建设和平相处、共同进步的“小王国”，是多民族聚居地区最值得一探的胜景。笔者走访泸沽湖镇时，街上各家店铺老板的民族身份也是各不相同，有壮族、蒙古族、藏族等。泸沽湖周边，各民族都建了小旅社，随时准备接待从各地前来观光旅游的游客，在泸沽湖镇旁边下游走到上游的几百米的距离内你就会就看到这样一幅画面：一群群普米族的小孩在嬉戏，三五位彝族的老汉在晒烟，还有几位抱着小孩的蒙古族妇女在闲聊……他们能够在生活中和谐相处，足以说明他们相互之间的关系很融洽。

改革开放以后，四川地区的蒙古族青年也随着改革的大流进城打工谋生，有的走向了沿海地区，也有的蒙古族同胞因求学进入大城市。在复杂多元文化交融的大都市，他们接触到了全国各地更多的各族同胞，以前还讲究姑舅表婚，现在已经冲破传统的束缚，和每个民族都可以结亲，有的结婚对象甚至来自北京、广州等地。随着泸沽湖地区旅游业的发展，当地蒙古族同胞甚至还结识了外国友人。这些都开阔了他们的眼界，使他们拥有了更多的朋友和更加广阔的天地，也使他们获得了更好的发展机遇。

第二节　西南地区蒙古族内部的族群关系

西南地区蒙古族总人口约为13万人，大多分布在传统交通线周边，形成大分散、小聚居的居住格局，与周边各族联系紧密。在与他族的交往中都保持着明确的族群边界，民族认同的族际差异始终存在，但民族关系的发展总体和谐。在西南蒙古族内部，照样存在着中心与边缘的差异，云南的兴蒙乡、四川的项脚乡居于中心，其余地区则处于边缘。一些居于边缘地区的蒙古人后裔经过努力获得了国家的民族身份认同，另一部分人群的诉求还处在继续调适中。本节着重以居于边缘区的蒙古人后裔在国家认同和民族认同之间的际遇为视角，具体阐述在中华民族多元一体格局中西南地区蒙古族的地位和作用。

一、文山伙姓蒙古族身份的确认

在今云南省文山州地区有大量的伙姓、余姓蒙古族人口。据文山州档案材料显示，1981年12月居住在云南省文山州一些地区的伙姓和余姓干部群众先后来信要求恢复其蒙古族身份。后通过文山州民委的认真调查研究，将居住在麻栗坡县马街、西畴县鸡街和广南县曙光等3个公社23个村的108户余姓与居住在麻栗坡县铁厂、八布，西畴县西洒，马关县都龙等4个公社和文山城的101户伙姓的蒙古族身份及改为汉姓的来龙去脉都弄清楚了。根据国务院人口普查领导小组、公安部、国家民族事务委员会《关于恢复或改正民族成份的处理原则的通知》中的规定："凡属少数民族，不论其在何时出于何种原因，未能正确表达本人的民族成份，而申报恢复其民族成份的，都应予以恢复"，"一个村或一个地区居民恢复或改正民族成份，须经县以上人民政府调查认定方可办理"。1984年1月，文山州人民政府批准恢复上述的108户余姓和101户伙姓的蒙古族成分，共计2000余人[①]。

国家民族识别和文山州民委进行文山州伙姓更正蒙古族籍的调查历经近三

① 《文山州人民政府办公室（批复）》，1984年1月21日，档案号2-222-56，文山州档案馆藏。

年时间。自 1980 年至 1983 年，文山州民委组织专家工作组先后五次深入文山州各县地区调查伙姓蒙古族的情况，写出了大量的调查报告[①]，最终文山州民委对伙姓恢复蒙古族身份的调查结果给出了如下意见：第一，公元 1206 年，成吉思汗所统辖的大漠南北，概称为蒙古地区，所辖各部的居民统称为蒙古人，他们逐渐形成了共同的语言和共同的文化。13 世纪初，蒙古人成为震动世界的力量，成吉思汗及其后代们在三四十年内，不仅征服了中国西部的西夏和西域各国，而且吞灭了整个西伯利亚、中亚细亚、西南亚以及俄罗斯和东欧的一些国家，又在 1234 年击灭了女真族在北部建立的金朝政权，建立元朝政权。在此情形下，伙姓祖先虎都帖木儿自蒙古草原从军，又在集庆路任职。元末明初，虎都帖木儿的后裔仍继任应天府朝官，明太祖朱元璋为平定云南元军旧部，而派傅友德、沐英、蓝玉率领三十万大军挺进云南，并派虎都帖木儿的后人助讨，这是事实。第二，从伙姓家谱的记载中看出，自火（虎）都帖木儿至伙国忠的二十二代人，伙姓氏族字辈不乱，来龙去脉清楚。第三，砚山、西畴、麻栗坡三县伙姓墓碑上均有"一世祖火都帖木儿，旧名虎都帖木儿，原籍蒙古塔滩里人，原蒙古族"等记载，足以证实伙姓始祖属蒙古族。第四，伙姓保持的丧葬、节日、禁忌、心理素质等方面特征，与通海蒙古族相似。[②]据此，文山州伙姓族在历史上属蒙古贵族，元明代两世袭流官。据西畴、麻栗坡、马关三县民委的报告及既有的调查，伙姓系属蒙古族是有证据的。

以上结论是在文山州砚山县、西畴县的大量资料的基础上形成的。根据文山州砚山和西畴两县的县志和一些伙姓蒙古人墓碑上的记载，最早进入云南的伙姓蒙古人并不是追随忽必烈南下时的随军，而是明朝建立之后，才进入云南地区的。关于火都帖木儿入滇的历史背景，除了文山州伙姓祖坟的墓碑记载，相关史籍中也有记载。

---

① 沈朝忠、伙辅祥：《砚山县盘龙公社探科自然村——〈蒙古人的调查〉记录》，1980年10月20日；赵橹、沈朝忠：《蒙古族调查》，1982年7月5日至9日，地点：西畴、麻栗坡；沈朝忠、伙辅祥：《蒙古族调查》，1982年10月30日；沈朝忠：《对伙姓蒙古族的第四次调查》，1982年11月24日至12月2日，地点：麻栗坡、西畴县；沈朝忠：《马关县都龙公社伙姓蒙古族调查》，1983年1月14日，以上报告均收藏于文山州档案馆中。

② 文山州民委：《关于我州蒙古族的调查报告》，1982年12月14日，档案号：2-222-56，文山州档案馆藏。

原籍为蒙古塔滩里的虎姓蒙古军，就曾追随忽必烈远征云南。至元朝末年，虎姓成员中有一个名叫虎都帖木儿的人，在元朝政府中担任要职。朱元璋灭元，建立新政权，为维护其统治，对前朝蒙古族人则实行各种压迫政策。虎都帖木儿家族因有亲属在朝为官而未遭清洗和镇压，一度还在朝为官。但是明朝政府认为虎都帖木儿的“虎”与明王朝皇家之“朱”（“朱”谐音“猪”，而虎是吃猪的）姓相忌，这不利于其江山的稳定，所以虎都帖木儿在朝为官也步履维艰。当然，这恐怕不是虎都帖木儿遭排挤的主要原因，主要原因应从当时统治阶级内部的权力之争中去寻找。最终虎都帖木儿于洪武九年（1376 年）离开南京，至大同担任大同前卫总管。但他们仍然逃脱不了受歧视的厄运。其后，经权贵中的亲戚向明太祖朱元璋求情，虎都帖木儿才重新得到明政府的重用。但是虎都帖木儿及其家族人不能再以“虎”为姓，而且必须誓死效忠明政府。虎都帖木儿对明朝给予自身的“恩惠”欣然接受，而且也一直对明朝忠心耿耿。从虎都帖木儿自己和他的后代的现实行动表现中都可清楚地看到，他们对朱氏王朝是忠心耿耿的。至于改换姓氏，经全家反复商议之后，很快就定下来了——将“虎”姓改变为“火”姓。为什么要取这个姓氏呢？原来这是受蒙古人原始崇拜思想所影响，认为火是万物中威力最大的东西，必须崇拜火，故以“火”为姓，虎都帖木儿改叫“火都帖木儿”，此后他和家人也没再受到刁难。以至于在洪武十四年（1381 年），当明朝中央派往云南平定元蒙残余势力的军队因不通蒙语和不了解蒙古人的习俗，在平叛中遇到困难时，明廷便决定重用已经真心实意归顺明朝的原蒙古旧将，像火都帖木儿这样的人物，他们是明廷最理想的人选，让他们发挥归顺的作用，是当时这些元朝旧将最大的价值所在。是年，朱元璋命傅友德、沐英、蓝玉率领三十万大军入滇平定云南，明廷任命火都帖木儿为助讨，随军到云南。

又据伙姓家谱上记载：虎都帖木儿因助明朝平定云南有功，被任命为滇南临安卫摄守，守御通海，虎都帖木儿及其家人也随之迁到通海并定居下来。是为今日通海火姓蒙古族的始祖。永乐六年（1408 年），火都帖木儿病逝于通海任上。他被公认为最早进入云南的火姓蒙古人，有子二人。此后，改姓火姓的蒙古人在明朝政府中宦途可谓一帆风顺，他们世袭官职并效忠于明廷。崇祯九年（1636 年），八世祖火调鼎为国捐躯，战死沙场。明朝政府对火姓蒙古人更是嘉奖和重用。清朝统治期间，火姓后裔不再享有明朝时的待遇和特权，因此火姓蒙古人基本以务农为生。火姓蒙古人火天卫（第十三世祖）偕弟火成南于乾隆年间，从通海徙居到砚山县，并将“火”字加上偏旁“亻”，变“火”姓为“伙”姓。据说这是为了减少自己姓氏中的原始色彩，使之显得文雅一些。此后，“伙”姓一直沿用至今。他们在改变姓氏的同时，还为子孙后代排了字辈，现在砚山县的伙姓成员，大多数是辅、国、安字辈的。留居于通海的虎都帖木儿的后人则世世代代定居火家营一带，他们还是以“火”为自己的姓氏。今天文山州内火姓蒙古人的这一支，从清代末期开始，便不断地迁徙，至现在已分布多个地区。清末伙世明（第十五世祖）开始徙居麻栗坡县铁厂和八布一带，其家族后人又转迁至西畴西洒，至民国年间，马关县的都龙和文山县城也开始有伙姓后人定居生活，这些事实伙姓家谱中都有详细记载。

关于云南蒙古族的“伙”姓，从历史学和语言学的角度来看，无疑来自“虎都帖木儿”或“火都帖木儿”的第一个字。“虎都”或“火都”是同一个词的不同音写而已。该名词具有中世纪蒙古语特点。《蒙古秘史》中就有与之相似的几个人名，加以比较就可断定，这是中世纪蒙古语的 kudu 或 hudu 的音写，意为“恩赐”。这是与蒙古人原始宗教相关的名词。虎都帖木儿可译作“神赐予的帖木儿”。该词在《史记》《汉书》《后汉书》等汉文史籍中则以“骨都”或“骨都侯”出现，是匈奴的官号。该词本身就蕴含着很古老的信息。

自伙姓更正蒙古族籍后，1987 年经文山州批准建立的麻栗坡县石龙蒙古族乡，全乡 501 户 1469 人，其中蒙古族 119 户 441 人，蒙古族人口占全乡总人口的 30.2%。由于这里是滇东南喀斯特地貌区，1992 年的粮食产量仅为 288 吨，人均 196 公斤，人均纯收入 146 元。麻栗坡县石龙被批准为蒙古族乡后，云南省有关部门对其给予了特殊的照顾。麻栗坡县民委通过努力，投资帮助解决了通电问题，交通部门解决了通公路的问题，教育局投资修建了校舍，改善了办学条件。但由于种种原因，如今石龙蒙古族乡已改并为马街乡石龙村。

麻栗坡县铁厂乡关告村也是文山州蒙古族聚居的村落，该村共有 784 户 3616 人，少数民族有瑶族、蒙古族、苗族、彝族、仡佬族，其中人口最多的为瑶族，53 户 298 人，其次为蒙古族，40 户 195 人。据笔者实地走访，蒙古族居住的村落是当地土地较好的地段，且该村其他民族均认为蒙古族群众文化水平较高。当地党政领导也非常重视对蒙古族聚居地的经济建设投资，例如 1987 年拨资金架通了

10 千伏 8 千米的电线，安装了 3 台变压器；1988 年麻栗坡县民委投资解决了蒙古族群众低压线路入户的问题，并修建了关告水库，保证了 1200 余亩水田种植；县教育局、民委联合投资修通了关告的乡间公路并修建了关告中心学校。

文山伙姓蒙古族形成了现今自己独有的社会经济文化局面。复杂多变的全球化经济冲击着云南蒙古族生活的方方面面，但也无法改变通海兴蒙乡、文山州砚山县与西畴县的蒙古人民内部千丝万缕的关系，这些割不断的联系使得他们相携共进，建设自己的家园。

二、文山“铁改余”蒙古族身份的确认

1982 年，麻栗坡县马街公社石龙大队的余学润、余文友、余学修、余秀田等群众提供“铁改余”的信息：余姓原为蒙古族，是成吉思汗的子孙，曾经一度姓铁，以铁木真的第一个字为姓氏。据碑文记载，元末农民起义，被红巾军追杀，才改姓余。在余姓残缺不全的家谱中记载：

盖闻，木则有本，水则有源，谱派之设，肇自先代，籍乃江西临江府兴义县十字村，起籍，族众人多，徙自西蜀落失忠原府家，俾百世之不易也，今吾本因铁门郡氏者，宗功祖法，后裔繁昌，绩世相传，但字辈难以校举，虽尊卑有序，贵贱有分毫无紊也。自先祖本盛族，有九举一进士之名，本准，急扑，因而合族逃窜。至于一津无渡，忠诚所感，有一天鱼出现，负族众而过，不忘其恩，因以改铁为余（余、鱼同音），族众以作诗十句，以致后辈之不紊也！诗曰：

余姓原为帝王家，红巾追散入西涯。
兄弟十人各分手，江北桥头插柳桠。
如有一人不认祖，身生白癞染黄沙。
再有谁人转姓铁，让他全家都死绝。
记得上述满八句，铁改余姓是一家。

自九江分手之后，他们辗转江西宁江府兴义县、四川重庆府、贵州遵义军民府正安州，最后入滇。后族人余子江以石工为业，自入滇后定居昔开化府文山县普元甲普腊。余子江终于普腊，埋葬于余家屋基（又称余家坟，今麻栗坡县董浪大队余家屋基）。其子余恺祥徙居今马街公社石龙大队的龙马后，生四子，即余

朝芳、余朝琏、余朝远、余朝阳。据传余朝阳流入广东，下落不明。余朝远、余朝琏、余朝芳三人子孙繁衍定居于麻栗坡、西畴两县马街公社、鸡街公社等地。入滇至今已十代人，近二百年。余朝远生子十三人，即昌龙、昌凤、昌林、昌井、昌应、昌德、昌献、昌明、昌伦、昌禄、昌吕、昌福等。余恺祥、余朝远、余昌龙、余昌应、余昌远等葬于石龙大队龙马后、多衣树。从余昌远墓碑文中得知，余姓实属源于江西，碑文云：

盖天地者，乃三才所定而祖之，有祖如水有源而木有本矣。所吾祖籍前于江西，可算双全，骤然反判亦被奸臣诳奏准旨，红兵追散至江北桥头，各插柳树吟诗分散为记，然而吾先祖逃于四川重庆所辖兴喻县十字村落业。忽后又逃饥荒逃至滇南，以石工为业，制下产业十房，分刻耕耘，谁奈皇天辜员，十房绝嗣，便分受之业，亦作清明追祭之资，以遗留存记。然而族侄孙等无以遗报，聚齐论报，以将十房善积金资之碑为念永垂不朽之耳。

昔存原祖□生于上皇咸丰九年（1859 年）己未年吉月吉时，生在云南省东安里普元甲地名龙马后，生形□在享春光二十二年岁止。

民国二十五年（1936 年）丙子岁阴历十月十七日立碑。[①]

自元亡农民起义后，铁姓怕诛九族，而改铁姓为余姓，隐匿其蒙古族人身份。目前余姓已全部汉化，其间所保留蒙古族特征殆尽。所以“铁改余”蒙古人的民族身份恢复也历经了十分艰难的过程，直至 20 世纪 80 年代，国家有关部门最终确认了“铁改余”的蒙古族身份。

1982 年，文山州民委组织相关专家学者历时一年的调查后认为：“余姓申请恢复为蒙古族是有依据的，按马列主义理论所阐述民族的四个基本特征，他们基本具备的：第一，共同的语言：蒙古族是有其共同语言的，而余姓是元朝贵族于元末处于被驱赶、镇压的对象，逃过江西九江之后，为了生存而改蒙古族为汉族，改铁姓为余姓，有族众吟记诗十句为证。第二，共同地域。余姓的先祖余子江进入西畴、麻栗坡之后，其子孙都繁衍定居西畴、麻栗坡、广南三县接合部，属大杂居小聚居的特点。如麻栗坡县的马街公社、西畴县的鸡街公社、广南县的鸡街公社，地理连接。又多聚居于马街公社的石龙大队多衣树、龙马后、柳家坪

① 《余姓蒙古族人调查材料》，1982年11月24日至12月2日，档案号：2-222-56，文山州档案馆藏。

等自然村。第三，共同的经济生活，余姓多以农为主，主食苞谷，亦有不完全脱离农业的小手工业者，多住土房，食粮自足，重视文化，初中文化程度普遍。第四，共同文化上的共同心理素质。余姓保持蒙古族习俗中有：一、信佛教，经常读念佛教经，倘遇老年人丧终者，均以佛经超渡，族中有佛教经师。二、忌过中秋节（此与农民起义杀元朝统治者——“杀鞑子”有关），立为余姓凶日。三、余姓过九江之后共吟誓诗十句，流传至今，表示不忘其祖先遭遇，改族换姓的共同心理，加之余姓二十个字辈自余子江之后无紊，足以说明余姓改奉祖宗誓言，沿袭不乱。我们认为，余姓要求恢复蒙古族成份，是有根据的，应给予恢复。但应严格按二十个字查记校实，不能凡姓余的都给予蒙古族成份。① 于是，1982 年麻栗坡县余姓被国家认定为蒙古族。

余姓蒙古族共分布于云南、广西两省 7 个公社 9 个大队 24 个自然村，111 户，718 人。其中，云南省麻栗坡县马街公社石龙大队多衣树生产队 10 户 59 人，龙马后 15 户 100 人，上湾 9 户 76 人，苏□场 3 户 14 人，李子树 6 户 40 人，张家水井 6 户 46 人，槽子 6 户 35 人，大寨 2 户 15 人，小水井 7 户 31 人。良子街大队菁保寨 4 户 19 人，茶油冲 1 户 12 人。昌泉大队□泉生产队 2 户 11 人。马街大队田冲生产队 6 户 39 人。黄家坪大队岩头寨 3 户 22 人。麻栗坡公社 2 户 21 人。广南县鸡街公社木梳队 3 户 16 人，罗氏队 5 户 28 人，堂上农场 1 户 4 人。西畴县鸡街公社者迪 1 户 8 人，那马队 3 户 22 人，那拐队 3 户 29 人，牛厂坝大队柳家场队 6 户 51 人，长冲队 1 户 6 人，沙岩队 2 户 15 人。广西百色地区古掌公社古掌大队木堵队 3 户 22 人。余姓蒙古族自迁徙入西畴、麻栗坡等县后，多住石山区，以农业为主。自然条件原因，旱地较多稻田少，主食多瓜类，有在石旮旯地中种植农作物的丰富经验，亦有不完全脱离农业的手工业者。他们大多住毡房，人畜分居，生产生活基本自给自足。②

① 文山州档案馆藏《余姓蒙古族人调查材料》，1982年11月24日至12月2日，档案号：2-222-56。
② 文山州档案馆藏《余姓蒙古族人调查材料》，1982年11月24日至12月2日，档案号：2-222-56。

三、西南地区“铁改余”族群之间的互动

西南地区的川、滇、黔、渝均涉及“铁改余”的问题。虽同为“铁改余”，但他们却被识别为不同的民族，情况甚是复杂。但是这并不影响“铁改余”群体之间的互动，他们通过加强群体内部的联系来推动整个西南片区“铁改余”群体的自我认同。

文山的余姓蒙古族在20世纪80年代国家重启民族识别之时，已经被确定为蒙古族身份，其民族身份问题得到了很好的解决。但同为“铁改余”的昭通、曲靖地区，余姓却被划分为汉族，自我认同为蒙古族的诉求没有得到国家的认可。在调研时我们获悉，曲靖“铁改余”族群流行着这样一种说法：在国家20世纪80年代进行民族识别之时，由于申请为蒙古族的材料被耽误，没有及时送到有关部门进行审批，才导致他们的诉求没有得到应有的回应。笔者认为这是曲靖“铁改余”没有被认定为蒙古族的原因之一，而不是主要原因。主要原因还是在于当时曲靖“铁改余”群体提供的申请为蒙古族的材料不够齐全或者说没有足够的说服力。据笔者查阅档案资料得知，1966年，云南省文山州麻栗坡县石龙村的余氏老人向后代传言他们是蒙古人。1972年，四川凉山州的部分“铁改余”氏要求恢复其蒙古族身份，经过四川民委调查落实后，恢复了其蒙古族的身份。1985年，贵州省大方县八位余姓老人联名写申请要求恢复蒙古族身份，经当地民委调查并经当地人民政府确认后，有一万多“铁改余”恢复了蒙古族身份，与彝族一起建立了凤山彝族蒙古族乡。1987年，云南省文山州广南、西畴县和丽江等地的“铁改余”后裔要求更正蒙古族身份，经过调查批准后也得以恢复。这些西南其他地区的余姓都获得了蒙古族的民族身份，利益诉求得到了解决，而曲靖余姓的诉求却没有得到回应。

即使曲靖“铁改余”群体申请为蒙古族的诉求没有得到落实，他们也不放弃通过各种方式来表达自己的诉求。如通过编写家谱、参加各项蒙古族节日活动、参加学术会议、走访各级政府部门、建设自己的博客等来发出自己的声音。而曲靖“铁改余”群体也引起了西南其他地区“铁改余”蒙古族、兴蒙乡蒙古族以及内蒙古蒙古族乃至蒙古国蒙古人的注意。曲靖余姓流传下来的族谱、碑刻都与西南地区“铁改余”有着密切的关系，都属于“九子一婿”族源传说的一部分，这

也强化了其与西南地区“铁改佘”蒙古族的族源认同。1996年，云南省宣威市“铁改佘”氏开始续修族谱，成立了“铁改佘”氏族谱修撰委员会，进而发展成为西南地区“铁改佘”氏统一续修族谱。1997年，“铁改佘”氏向云南蒙古族研究会提出申请，一同前往内蒙古参加自治区成立五十周年庆典活动，并向内蒙古社会各界介绍了西南“铁改佘”氏蒙古族的历史与现状，加强了与内蒙古同胞的往来与合作。1999年，内蒙古自治区政府参事室主任荣盛来到云南曲靖、宣威看望了“铁改佘”群体，并进行了实地考察。

尤其是以佘廷达为首的佘姓族群坚持自己为蒙古人的后裔，并为争取回归到“铁改佘”蒙古族大家庭之中付出了不懈的努力。在他退休后，不断投入到《佘氏家谱》《佘公墓碑》等研究之中，并在2004年主编了《沾益铁改佘家族志谱》，2011年主编了《西南蒙古族铁改佘氏宗族志谱》，使得曲靖佘姓发出了属于自己的群体呼声。之后云南省市党报及《内蒙古日报》《中国档案报》等都给予了报道，扩大了曲靖佘姓群体的知晓度。2012年，佘廷达主编的《沾益铁改佘氏家族文物暨有关蒙古历史文化录》获得了《珠江源晚报》的报道。在《沾益铁改佘家族志谱》的基础上，他又深入调研十余载，辗转西南各地，如去贵州息烽县考察了立于光绪二十九年（1903年）的佘金魁墓碑，到昭通镇雄考察了立于乾隆四十三年（1778年）的入滇始祖佘伯金墓碑，在四川青神县获得明成化年间（1465—1487年）编写的《佘氏族谱·卷三》，又去到安徽、湖南等“铁改佘”迁徙路过地区进行实地调查。在此基础之上，于2014年出版了《西南地区蒙古族后裔铁改佘氏宗族志谱》[①]。此佘氏宗族志谱出版之后，在曲靖、昭通滇东北地区以及云南省、西南地区都产生了很大的影响，各大媒体都相继报道。如2014年8月2日的《云南日报》报道了“珠江源蒙古文化保护传承研讨会在曲靖召开”：

日前，珠江源蒙古文化保护传承研讨会在曲靖召开。民族学、历史学等领域专家、学者，以及来自云南、四川、贵州、重庆和内蒙古等地的200余名蒙古族代表参加研讨。

作为研讨会重要内容，在会上举行了《西南地区蒙古族后裔铁改佘氏宗族志谱》首发式。该书系作者佘廷达在2004年撰写《沾益铁改佘氏家族志谱》基础上，

① 佘廷达：《西南地区蒙古族后裔铁改佘氏宗族志谱》，昆明：云南民族出版社，2014年。

经过10年拓展补充而成。该书通过拍照影印把史料原件复制汇集载册，印证“铁改余氏”这部分公民的民族族别、族源、祖源史实。同时，从侧面反映了数百年来生活在西南地区珠江源头的蒙古人繁衍生息，与兄弟民族共同团结奋斗、共同繁荣发展的历史。[①]

曲靖余姓还积极参加各项蒙古族节日，如西南各地区蒙古族举行“那达慕”大会时，他们都会派代表来参加，尤其是兴蒙乡于每年12月13—15日举办的“那达慕”大会。另外，“中华余姓历史文化研究中心”召开常务理事会之时，曲靖余姓也会积极参与。每当有和西南蒙古族有关的会议之时，他们也都积极参与，如2009年7月底参加了云南大学举办的“国际人类学与民族学联合会第十六届世界大会”，让参会的4000余人了解了曲靖余姓的群体诉求。此外，曲靖余姓还通过走访各级政府部门、组建自己的博客等方式来表达他们的群体诉求。

西南“铁改余”群体之间也不断进行沟通与交流。如“中华余姓历史文化研究中心”本身就是一个以西南“铁改余”族群为主体的组织，目的是加强西南余姓群体内部之间的交流和相互联系、族属认同。下面将以《中华余姓历史文化研究中心常务理事会关于2012年工作总结及2013年工作意见》[②]为例，来理解西南各个分中心为余姓族群所做的工作：

其一，重庆分中心在余勇、余德明的带领下，成立了余氏族胞联谊会；推动了余栋臣故居修复、文物保护和旅游规划工作；为重庆璧山区福禄镇100周岁的余海涛老人过生日，成为坊间流传的佳话；为云阳县盘龙镇患白血病的余美玲筹款3万多元等工作。

其二，贵州分中心在余红带领下，积极参与云南、贵州、四川、重庆西南地区余姓家族活动；组织贵州余姓族胞多次奔赴内蒙古参加各项活动；捐助3万多元用于成都中心的办公费用；成立“帮贫致富基金会”，资助余姓贫困学生。

其三，四川余氏在余森带领下，充分利用各级媒体、社团等来加大余姓群体的影响力，并提拔选用热衷于家族事业的青年骨干和企业家来扩大余姓群体的凝

① 余红报道：《珠江源蒙古文化保护传承研讨会在曲靖召开》，《云南日报》2014年8月2日。

② 中华余姓历史文化研究中心：《中华余姓历史文化研究中心常务理事会关于2012年工作总结及2013年工作意见》，中华余姓历史文化研究中心第三届第三次常务理事会上的工作报告，2013年4月。

聚力；分中心经济委员会副主任余道亭成立了5个基金会并捐出300万元为农村实现水电气“三通”，捐出30万元进行抗旱工作；加强对余氏后世裔孙的教育工作，为家族后继发展吸纳人才；组织祭祀余姓先祖，2012年四川余姓机构就组织了97场次；2013年清明节在自贡市荣县余家坡举行了“四川成吉思汗后裔铁改余姓族胞2013年清明祭祀大会”，接纳了来自云南、贵州、重庆、四川余姓族胞；川中办事处修建了供奉圣祖和“铁改余姓”祖宗的祠堂。

其四，云南分中心在余亨明的领导下积极筹备建立各地办事处。

以上各项活动和工作，无不体现了各分中心内部对“铁改余氏”群体宗族的兴旺和发展做出的努力，更体现了“中华余姓历史文化研究中心”为联系西南“铁改余氏”族人所开展各项工作，强化了西南“铁改余氏”的群体认同。但所有的活动都应该在尊重历史、尊重蒙古族文化、遵守党和国家民族政策和法律的前提下开展。

西南地区蒙古族本身就处在整个蒙古族的边缘地带，因此处在这一地区的蒙古族本身都具有危机感。“需要强调族群身份的人，经常是处于族群边缘而有认同危机的人。这时，强调族群特征等于是宣称一种族群认同。”[①] 他们需要通过和内蒙古的交流与合作来强化他们蒙古族的身份。1992年，四川汉源县蒙古族同胞余子均应内蒙古之邀参加“那达慕”大会，并在内蒙古寻根访祖。1993年，云南省文山州广南县“铁改余氏”蒙古族同胞举办了首届“家族节”，进行蒙古族传统思想文化和家族历史宣传教育，并议定每年正月二十八日举办。1999年8月，内蒙古自治区政府主席云布龙到访昆明，并接见了西南“铁改余氏”蒙古族代表。

西南蒙古族之中，又以云南兴蒙乡蒙古族为核心，来进行自身文化的传承和发展。西南地区蒙古族一般有盛大的民族节日或者研讨会等，都会选择在云南通海兴蒙乡举行。如2011年12月13日至15日兴蒙乡的第十二届“那达慕”大会，西南各地区蒙古族以及曲靖“铁改余”群体都派代表团来参与到其中。再如2013年《纪念蒙古人历滇760周年暨云南蒙古族历史文化研讨会》，来自国家民委、云南省民委、内蒙古各高校、云南各高校以及各蒙古族协会等单位的人员也都来到兴蒙乡进行研讨会活动。

① 王明珂：《华夏边缘——历史记忆与族群认同》，北京：社会科学出版社，2006年，第46页。

第三节　西南地区蒙古族与北方蒙古族的交流互动

一、云南蒙古族与北方蒙古族的交流互动

云南蒙古族最早被外人所知是在1956年，蒙古国的历史学教授那楚格·道尔吉，来到兴蒙乡调查以后才确定了云南确实存在蒙古族。早在1953年，蒙古人民共和国主席泽登巴尔在北京访问期间，杨必富就从昆阳县夕阳区三定工作组发出了一封不封口的信件寄往北京《人民日报》编辑部，请求把这封信转交给泽登巴尔主席。[①]在信中杨必富告诉泽登巴尔主席云南还有蒙古族，后就有了1956年蒙古国的历史学教授那楚格·道尔吉来到新蒙大队考察确认云南确有蒙古族。1976年，哈丹·必扎拉桑、朝格柱、林色、哈斯、额尔敦等内蒙古师范大学学者对通海县的云南蒙古族聚居的新蒙大队进行了长达20多天的调查访问[②]，再次确认了云南是有蒙古族的。而后兴蒙乡邀请云南省社科院的杜玉亭先生为其写一部《云南蒙古族简史》[③]并于1979年出版。

奎来团先生向我们讲述了近些年来兴蒙乡与内蒙古的交流："我们认同于北方蒙古族，虽然我们身在遥远的南疆，但那边是我们的故乡。在20世纪80年代，我们乡先后输送了34位同胞去内蒙古的艺校、工校、农校、建筑学校学习，内蒙古都是无偿地给我们培养人才。而内蒙古对于我们的认同感也是逐渐加强，呼和浩特市民委的一位科长还曾经是我们这里的名誉乡长，我们还专门发了聘书，我们经常与内蒙古来往，前后有1200人次，近期（指2012年）我们马上还要去内蒙古进行考察。"在白阁村还有一个财神庙，在寺庙内的院子里还有"那达慕"大会时的"旱船"，"跑旱船"是云南蒙古族民间重要的活动之一，平时在有重

① 信的内容已刊载于《云南蒙古文化通讯》2002年第3—4期第57页中。
② 调查报告现藏于兴蒙乡政府，部分内容已刊登在《初访金凤凰栖息地方的蒙古族》，《内蒙古社会科学》1980年第3期上。
③ 杜玉亭、陈吕范：《云南蒙古族简史》，昆明：云南人民出版社，1979年。

大节日的时候都要有跑旱船活动。在旱船上写着“南疆蒙民倍思亲”“北雁南飞寄深情”“喜悦归来”，这些字体现出云南蒙古族同胞对远在大草原的同胞们的思念之情，他们心里期盼着能回家去看一看自己的亲人，也希望大草原的亲人们来到云南慰问这些从草原走失的“骏马”。走进“三圣宫”正殿内，正面供奉着成吉思汗、蒙哥、忽必烈的塑像，旁边供奉着阿扎拉的塑像。

有关教育及文化方面的交流，1997 年 4 月 26 日，云南蒙古族研究会成立。同年 7 月 16 日，以研究会主任杨玮团长，副主任赵云峰副团长，秘书长王进勇为首的一行 14 人，赴内蒙古参加自治区成立五十周年庆祝活动，首开云南蒙古族与省外蒙古族同胞学术往来之先河。每年的“那达慕”大会，内蒙古、北京和云南蒙古族同胞互派代表异地参加“那达慕”活动和文化研讨会。

1999 年 8 月 23 日至 31 日，以内蒙古自治区云布龙主席为首的政府代表团及随团参加 99 昆明世界园艺博览会的艺术团、经贸展览团百余人，参加内蒙古活动周的活动，并到通海兴蒙乡访问和演出。之后，云布龙主席看了云南蒙古族研究会有关活动周报的专题报道后有四点批示：一是兴蒙乡科教兴乡。二是政府牵线开展经贸合作。三是进一步开展对云南蒙古文化的研究。四是对兴蒙乡人畜饮水问题的关注。

2000 年 10 月，云南蒙古族“那达慕”大会和云南蒙古族文化研讨会隆重举办，邀请了北京、内蒙古方面派出有关的代表团或代表参加了活动，中国台湾蒙古文化协会的包克、起慕德思仁先生参加了大会，内蒙古电视台采访组赴云南进行了报道采访，将几经沧桑而顽强地生存、繁衍生息，正在实现新的历史跨越的云南蒙古族展现在世人面前，他们是沟通草原和高原的鸿雁，并且内蒙古大学、四川凉山州全体蒙古族同胞、贵州“铁改余”蒙古族代表均发来了贺信，与四川、贵州、辽宁、新疆等蒙古族同胞开展了交流与联系。

为纪念蒙古人历滇750周年，由国家民委等单位主办、云南蒙古族研究会等单位承办的“中国蒙古族历史与文化国际学术研讨会”于2003年10月2日在昆明隆重召开。这次大会共有来自国内各科研单位及日本、韩国、美国等国家的120余名专家学者参加，国家民委、中国蒙古史学会、内蒙古大学等均派代表参会。回族、彝族、白族等学者代表也出席了会议，西南各地蒙古族代表也组团来参会。这次会议不但让世界各地了解云南蒙古族，而且加强了云南蒙古族与各地蒙古族的联系与交往。次年8月11日，来自昆明、石林、通海、开远、文山等地的云南蒙古族又组成了70多人的拜祖访亲团前往内蒙古寻根拜祖。他们胸怀祖国，心系大草原，与内蒙古开展各种合作交流活动，他们拜谒了成吉思汗陵园，看到了梦魂萦绕的大草原。对此文山蒙古族代表伙辅滇代表激动地说："不管我们的祖先是在什么时候和什么样的历史背景下不远万里从大漠之北来到了彩云之南定居和传宗接代，我们总是铭记住自己的祖籍是在遥远的蒙古大草原，自己的祖宗是一代天骄成吉思汗……对蒙古大草原的民族情结，却是永远挥之不去的。"①

近些年来云南整体遭遇干旱天气，内蒙古经常对其捐钱捐物。此外若有各种困难，内蒙古也都会伸出援手，云南蒙古族过"那达慕"节，内蒙古方面也都会派代表来参加。从 2000 到 2012 年，内蒙古与兴蒙乡的往来十分频繁，内蒙古民委每年都给予兴蒙乡资金方面的援助，而且内蒙古每年都会分批次地让兴蒙乡的同胞去内蒙古学习，还有部分学生可以去内蒙古的高校免费就读，这都是党和国家民族优惠政策的体现。2011 年兴蒙乡"那达慕"期间，与内蒙古方面达成一致，部分兴蒙乡的优秀高中毕业生没有达到高考分数线的也可以去内蒙古的大学就读。同时，十余年来，内蒙古锡林郭勒盟职业技术学院不间断地派出体育、艺术指导老师，到兴蒙乡教授课程，帮助同胞学习和传承蒙古文化。

文化方面，兴蒙乡为对外宣传成立了由民间艺人组成的阿扎拉艺术团，团中的大部分成员均有去内蒙古学习的经历。该艺术团每逢重大节日均参与演出，为向外宣传兴蒙乡文化起到了重要的桥梁作用。

阿扎拉艺术团是个业余的团体，农闲时间集中排练，没有享受任何官方补贴，都是自愿筹资。原来阿扎拉艺术团练舞之地在乡政府酒楼里的贵宾室，后来酒楼承包给别人，经过很多的波折，现在乡政府将乡文化站里的展室作为艺术团排练的地方。艺术团中的小姑娘小伙子们都很热爱本民族的舞蹈，喜欢唱歌，喜欢跳舞，年龄最小的才 14 岁。他们平时都是在外面工作干活，有在外搞建筑的，有在餐馆打工的，但是只要接到通知说要排练舞蹈，他们再忙都会放下手中任务集中起来排练。有时候连口饭都吃不上，但是他们没有一句怨言。现在他们很想通过阿扎拉艺术团的歌舞来向外界宣传兴蒙乡的文化。

① 伙辅滇：《内蒙古漫笔》，《云南蒙古文化通讯》2005年第5—7期。

针对上述种种困难，时任兴蒙乡乡长官学清同志也向我们讲述："阿扎拉艺术团自从一些成员结婚以后人员就不齐整了，有的生了小孩，就没有那么多精力去搞艺术了，新一批的成员也正在努力，可能再过三至五年，到时候再来看我们兴蒙乡，肯定会有一个非常大的变化。我现在考虑的一个问题就是把这些送去内蒙古学习的人集中起来组成一个文艺团，让他们自己出去搞创收，自己把自己养起来。如果光靠政府拨资金也是不太现实的，要能自食其力。要给他们创造平台，提升层次。"官乡长的建议一方面希望艺术团成员能够自食其力解决目前的困境，另一方面也希望内蒙古方面给予其更多的援助。2012 年就是一个好时机，将有一批艺术团成员赴内蒙古学习，这也是当年第一次选派学员去内蒙古学习。现今阿扎拉艺术团已经相当专业，经常参加县内外的文艺交流活动。值得关注的是近年来的民间文化交流日益频繁。随着农民生活水平的提高，到内蒙古草原访友旅游的人成规模增加。曾任中村主任的王立生组建了旅游文化综合服务中心，每年组织旅行团赴内蒙古草原参观，享受一场"锡游"盛宴。同样由王立生、赵清丽夫妇牵头组建起来的云南喀卓蒙古部落服饰艺术团已经连续 4 年参加"内蒙古服装服饰艺术节"，均获得银奖和铜奖。这些自信的村民自觉地担当起南北方蒙古人文化交流的重任。

二、四川蒙古族与北方蒙古族的交流互动

四川蒙古族与内蒙古的交流互动主要以成都满蒙学会为桥梁。成都满蒙学会是1957年经中央慰问团领导同意，由成都市委统战部和民族主管部门批准成立的少数民族社团组织。学会担负着联系全市数万满蒙族胞、发挥桥梁纽带作用、积极化解各类矛盾、促进民族团结、维护社会和谐稳定的重要使命。自成立以来，成都满蒙学会为促进全省满蒙族胞的和谐稳定做了大量工作，其中包括组建马头琴培训基地、满蒙语学习班，并定期举办博克比赛。各民族同胞都积极参与，促进了各民族的交流与团结，增强了各民族之间的友谊。以下依据笔者查到的资料，列举近十年来成都市蒙古族在成都满蒙学会的组织下所参与的与外地蒙古族的互动交流。

2005 年 5 月至 6 月，内蒙古电视台、广播电台、鸿嘎鲁编辑部等单位人员到泸县、

乐山、雅安、都江堰等地以及成都满蒙学会驻地，对部分蒙古族同胞进行采访。8月，内蒙古电视台和内蒙古广播电台分别进行了专题报道，专门介绍四川和成都蒙古族的情况，宣传介绍学委会及其族胞。10月，成都满蒙学会组织并成功召开了成都地区高校蒙古族同胞联谊会。参会的近百名学生代表分别来自内蒙古、新疆、东北三省等八个不同省区，其中还有不少满族、汉族、鄂温克族等民族的学生，成都满蒙学会部分满蒙族胞和云、贵、川、渝的蒙古族代表参加了会议。11月，内蒙古电视台恩和巴雅尔副台长等来成都参加四川国际电视节，成都满蒙学会组织部分族胞和部分在成都高校满蒙族同学与他们联欢，使他们对四川蒙古族、满族都有了更为深刻的印象。

2008年11月22日，学委会举办了“那达慕”“颁金节”庆典活动。次年11月29日，学委会再次举办了“那达慕”“颁金节”庆典活动。

2010年5月24日至28日，何濬氚等人到西藏参加中国蒙古文期刊学会第24届年会。2010年6月23日，经过选拔，最终确定由成都满蒙学会艺术团中老年舞蹈队代表四川省和成都市，到内蒙古参加全国第十八届华夏骑游健身文化展示大会暨中华俏夕阳情系大草原《内蒙古草原之夜》演唱会。成都满蒙学会艺术团在此次表演中表现突出，还获得多个奖项。2010年，成都满蒙学会多次向四川彝族、藏族、蒙古族、苗族、布依族等少数民族杂居的几个蒙古族乡捐资近万元办学，为这些边远地区的各族儿童都能就近入学创造了条件。

2011年9月1日至12日，成都满蒙学会组织族胞28人到内蒙古呼和浩特等地考察、学习先进的民族工作经验以及了解内蒙古改革开放以后取得的重大成果，并与国务院八省区蒙文教材协作办公室、内蒙古自治区民委敖日其楞副主任、内蒙古文联副主席官布扎布、内蒙古电视台恩和巴雅尔副台长、内蒙古日报哈总编、内蒙古大学蒙古学院白音门德院长、呼和浩特民委双宝副主任等部门领导和内蒙古的各界朋友们座谈、交流。10月16日，成都满蒙学会组织举行了盛大的民族节日庆典活动——“那达慕”大会、“莫勒真”大会、“祖鲁节”和“颁金节”。中科院院士，第七届和第八届全国人大代表赵尔宓先生（满族）对成都满蒙学会的民族工作以及文化工作进行了考察，并深入凉山州的部分蒙古族乡考察、访问。11月7日—10日，成都满蒙学会艺术团应邀参加了在北川由四川省文联、省舞协和北川羌族自治县县委、县政府主办的“全省文化惠民艺术活动暨第三届

‘金秋乐’全省舞蹈大赛”，满蒙艺术团参演的“牧马欢歌”获得银奖及“文化惠民展示奖”两项大奖，增进了各民族之间的相互了解，艺术团参赛节目受到北川各族群众的好评。11 月 25 日，内蒙古电视台“蔚蓝的故乡”节目组来成都满蒙学会拍摄民族文化及举办的民族文化活动。

四川蒙古族举办“那达慕”庆典与云南蒙古族不同，且影响力也远不及云南，基本都是小规模地举办。从笔者搜集到的材料可以看出，云南蒙古族举办“那达慕”庆典，均有内蒙古官方及精英代表参加，而四川“那达慕”参会人员多为本省民委、宗教、学会等团体代表，而内蒙古代表很少到会参加庆典。但是值得一提的是，四川蒙古族举办节日庆典具有多样性的特点，不但具有“那达慕”这样的盛典，还加入了“祖鲁节”这一蒙古族的传统节日，表演传统的民族歌舞节目，举办族胞书画展，进行了有关民族知识问答及其他联谊活动，使族胞受到了深刻的教育和极大的鼓舞，参加的族胞逐年增多，由原来的一二百人到会，发展到上千人踊跃参加。

1949 年之后，除了成都市蒙古族以外，四川省各地蒙古族也积极组织参与对外交流活动。1957 年 5 月，内蒙古自治区成立十周年，乌兰夫同志邀请分布在全国各地的蒙古族代表组团前往内蒙古参加庆祝活动。时任盐源县左所区末代土司喇宝臣代表西昌地区的蒙古族，前往内蒙古参加活动。1982 年，中央民族歌舞团到西昌参加凉山州建州三十周年庆祝活动，其中 8 位蒙古族演员在西昌、盐源、木里演出时，受到当地蒙古族的热情接待。1984 年凉山州盐源、木里的 4 个蒙古族乡建立，内蒙古伊克昭盟（今鄂尔多斯市）、包头、巴彦淖尔盟（今巴彦淖尔市）等发来贺电，加强了与内蒙古的联系。1985 年，内蒙古白布和、杨·巴雅尔、张双富、乌力吉 4 位专家组成员赴木里、盐源蒙古族聚居区考察。1987 年，木里藏族自治县委发展民族教育，派遣王正强、扎西偏初、田秀珍 3 位蒙古族青年教师赴呼和浩特学习蒙语。1989 年，内蒙古自治区民委副主任荣盛同志前往西昌、盐源进行考察并看望了该地区的蒙古族同胞。同年 8 月，应内蒙古自治区的邀请，凉山州民委组织了 4 个蒙古族乡的蒙古族代表，前往内蒙古参加第二届少数民族运动会及祭祖考察学习，受到了自治区政府、民委及所到之地各级各民族领导及蒙古族同胞的盛情款待。1991 年成立了四川西昌蒙古族历史文化研究会，内蒙古自治区和吉林省等地的 28 个相关部门发来了贺电及贺信。

研究会积极组织参与对外交流活动，先后多次接待内蒙古自治区的领导及考察团，以及出席团中央在西昌召开会议的内蒙古、新疆、青海、甘肃、辽宁等地区的蒙古族代表和参加医疗学术研讨会的蒙古族代表。

现今随着旅游业的发展，到川滇边界的泸沽湖旅游的人与日俱增，市场经济的大潮也逐渐涌进了蒙古族聚居区，这更增进了族内外、省内外、国内外人民的友好往来和彼此认同。值得注意的是，由于四川蒙古族（纳日人）民族认同与国家认同的不一致性导致了其在高原蒙古族交往中的边缘化日益加深。这种认同的不一致性在盐源和木里两县表现得最为突出。如前所述，环泸沽湖而居的沿海蒙古族乡已经改为泸沽湖镇，机关和学校的标识牌全为彝汉两种文字，商店招牌则各随主人心意，既有摩梭人家也有纳日酒吧、土司驿站，有汉文、东巴文、藏文，却没有蒙古文；蒙古族（纳日人）的民族认同在蒙古人和纳日人之间摇摆，政治精英中的土司后裔坚持着蒙古民族认同，非土司后裔的官员们出于发展地方旅游业的考虑更倾向于摩梭人的认同，因为对面宁蒗县摩梭人已经在旅游业中抢占了先机，相对于20世纪50—70年代的民众阶层的漠不关心或随机认同，20世纪八九十年代出生的普通民众更加关心自己的民族归属问题。这部分人凭借便利的信息交流工具，阐述自己对民族认同的观点，更加深入地调查研究本地区的自然与人文资源，进而形成自己的和群体的民族自我意识，主动传承和建构家乡的地域文化特征，并将之内化为民族认同。这个阶层的“知识青年”普遍认同自己是“纳日人”或“摩梭人”，对蒙古族、纳西族、藏族都不认同，他们通过撰写博客、建立QQ群和微信群、录制唱片、拍摄电影等方式表达自己的民族认同与诉求，可以视之为民族认同的文化自觉行为。

小　结

在与周边各族密切的互动关系中，西南地区蒙古族的民族关系呈现出明显的地域特征。云南兴蒙乡的蒙古族与周边民族关系融洽，与彝族、回族和汉族互为倚重，相互学习，形成了独具特色的民族文化传统；在与主流文化的接触中以及与北方蒙古族的多种形式交流中，逐步塑造了新的民族形象，并在以汉文化为主的官方话语体系中树立起民族自信心。环泸沽湖而居的四川蒙古族（纳日人）与周边民族关系历史上局部紧张、总体和谐，尤其是与藏族的交流中，其语言文字、宗教信仰、日常生活都深受影响，与北方蒙古族和满族的交流仅在精英阶层得到局部认同；与凉山州主体民族彝族的局部紧张关系既需要在竞争和发展中逐步解决，也需要国家政策的调试和整合。

此外云南文山的伙姓、“铁改余”以及贵州的“铁改余”蒙古人的诉求得到了国家的认同，而曲靖及其周边县市仍有大量的“铁改余”族群自我认同为蒙古族，但未得到国家政府层面的认同。故该群体走访各地的“铁改余”族人，纂修家谱，参与各地蒙古族节庆活动及会议，并寻求政府、学界、商界的支持。曲靖“铁改余”族群与川、渝、滇、黔四省市内部及北方蒙古族的交流，大多都是围绕其族属的确立而展开，在蒙古同胞理念下的民间商贸活动更是加强了这一族群的民族意识。西南地区同为“铁改余”群体，却拥有着不同的民族身份，因此他们仍在奔走努力。这反映了在西南蒙古族中既有内部族群认同中的群体性差异，也有外部国家认同中的地域性差异。这些共性和差异的存在决定了西南蒙古族在全国蒙古族格局中的地位和作用，也对中华民族多元一体格局的形成和发展作出了实证性的阐释和完善。在密切的族际交往中，西南地区蒙古族保持着明确的族群边界，并未被同化或汉化。

总之，西南地区各地蒙古族民众的民族认同是在与周边各主要民族和北方草原地区蒙古族民众的交往交流交融中逐步凝聚起来的，由于自然和人文环境差异较大，云、贵、川、渝四省市的蒙古族在民族乡的建立、民族身份的认定、民族文化的保护传承方面都经历了不同的发展历程，收获了不同的经济效益和社会效益。具体而言，云南省兴蒙乡和贵州省凤山乡的蒙古族人口坚持以国家确认的民族身份展开民族文化建设，积极开展官方和民间的经济文化交流活动，极大地提高了自己作为蒙古族在国内外的知名度，由此更加强化了社会各界的认知和民族内部的认同感。川渝地区四个蒙古族乡的蒙古族人口由于认同差异较大、官方和民间与北方和其他地区蒙古族的经济文化交流相对不足，效果也不够明显，由此引起民族认同的弱化。但是，无论是认同于蒙古族还是认同于其他民族，都不影响西南地区总体和谐的民族关系。在民族区域自治政策不断落实、民族团结进步不断发展的大背景下，西南地区蒙古族干部群众和各族人民紧密团结，坚持发展经济、保护和传承本地区的优秀文化，自觉融入中华民族大家庭，铸牢中华民族共同体意识。

第四章　西南地区蒙古族民族认同的形成与建构

自 1206 年成吉思汗建立大蒙古国，“蒙古”便由部落名称成为民族名称，加入大蒙古国的各部都共同享有这一族称。这表明民族的形成和发展是一个历史的动态过程，其中政权力量的影响是关键的核心因素。正如林超民先生在《“民族”概念管见》中所提出的：“民族在国家体制内得以形成和发展。在民族概念中不能忽视国家权力和政治因素。民族是由国家权力构建的人们共同体。”[①]

第一节　北方草原蒙古族的形成与人文生态

一、典型草原蒙古族的形成与分布

关于蒙古族的族源有着诸多的分歧，目前学术界多持“东胡说”，即源于“室韦”。《旧唐书·室韦传》载有“蒙兀室韦”，出现了最早的汉文“蒙兀”二字。“蒙兀”二字和《新唐书·室韦传》的“蒙瓦”，以及之后其他文献里的“萌古”“朦骨”“萌古子”等与最早见于《三朝北盟会编》所引《炀王江上录》的“蒙古”二字都是同音译名，有“淳朴”“孱弱”的意思。当今蒙古人都深信望建河（今额尔古纳河）东岸区域为其祖先起源地，祖先们在葱郁的森林之中过着狩猎的生活，并于公元 8 世纪之后逐渐西迁至斡难河（今蒙古国与俄罗斯境内的鄂嫩河）、怯绿连河（今我国与蒙古国境内的克鲁伦河）、土剌河（今中俄界河图拉河）三

① 林超民：《“民族”概念管见》，《民族学评论》第四辑，昆明：云南人民出版社，2015年，第6—12页。

河的源头不儿罕山（今蒙古国境内的肯特山）区域，生活方式由狩猎转为以游牧生活为主。按照血亲关系，可将当时的氏族集团分为尼鲁温蒙古和迭儿列勤蒙古，他们统称为“合木黑蒙古”，也就是全体蒙古人的意思。但是，直到成吉思汗时期蒙古族各部才实现了真正的统一。

（一）统一大草原与建立蒙古国

成吉思汗，名为铁木真（1162—1227 年），其名字来自其父也速该把秃儿在其降生之时，俘获了塔塔尔部的首领铁木真兀格，为表纪念，起名为铁木真。其后，也速该被塔塔尔人所杀，蒙古部迅速走向分裂，而铁木真也命运多舛，无奈之下，投靠父亲也速该的安达克烈部的首领王罕。之后铁木真逐渐壮大自己的实力。经过与以扎木合为首的十三部在斡难河附近答阑版朱思[①]的激战，即著名的“十三翼之战”，铁木真虽战败，但其声名大噪。如术赤台、畏答儿、蒙力克等猛将相继归顺于铁木真，使其实力大增。宋嘉泰元年（1201 年），铁木真统一了蒙古本部。宋嘉泰二年（1202 年），力克塔塔尔部统一了蒙古高原东部地区，和克烈部、乃蛮部呈现出三足鼎立之势。宋嘉泰三年（1203 年），灭克烈部，使得乃蛮部孤立无援[②]。宋嘉泰四年（1204 年），横扫乃蛮部于纳忽崖（今鄂尔浑河与土拉河之间）。最终，铁木真统一了整个漠北草原。

北方草原的大一统，使得蒙古各部都统辖于铁木真的管理之下。于是，建立统一国家政权的要求呼之欲出。宋开禧二年（1206 年），草原各部召开忽里大会，铁木真被举为整个北方草原蒙古的大汗，尊号“成吉思汗”，建立了大蒙古国。大蒙古国的建立，结束了整个蒙古高原相互对峙、相互征战、相互残杀的局面，迎来了蒙古各部落之间的相互交融、合为一体的统一的格局。大蒙古国的建立，对蒙古民族的形成与发展起了关键性的作用，为整个北方草原蒙古民族的形成创建了共同的政治基础。可以说，政权在民族的形成过程之中具有举足轻重的作用，而国家则是政治的集中体现。民族的形成与政治权力、国家体制的关系密不可分。政治权力、国家体制是民族形成的先决条件，不是民族建立了国家，而是国家凝

① 有说在克鲁伦河上游的臣赫尔河附近。

② 乃蛮部约好与汪古部共同对付铁木真，但汪古部并没有出兵援助，而是提前把作战计划告诉了铁木真。

聚建构了民族，民族是由国家权力构建的人们共同体[1]，民族必须在国家体制、政治权力之内才得以形成与发展。因此，大蒙古国的建立，为蒙古民族的形成创造了条件。北方草原逐渐形成以蒙古各部落为主体，其他聚居在漠北草原的狩猎、采集、渔猎、草原游牧各部落与之相互融合、认同的局面，并发展成为一个新的民族共同体，且有了一个新的民族共同体名称，即蒙古族。这使得"蒙古"一词从之前的某个部落名称演变成为民族名称，使其内涵与外延不断扩大。同时，也为蒙古民族建立共同的经济联系、共同的语言文化、共同的心理素质、共同的历史记忆等提供了可能性。随着大蒙古国首领成吉思汗逐渐推行一系列的统治措施，如推行千户制、拓建怯薛军、置札鲁忽赤、制定札撒、创制文字等，使得大蒙古国国家政权得以巩固与延续，并逐渐形成了以回鹘蒙古文为文字、蒙古语为语言、游牧畜牧业为主要经济方式的蒙古民族。蒙古民族的形成，也更加凝聚了具有共同地域、共同语言、共同文字、共同经济、共同文化、共同思想、共同历史记忆及共同心理素质这一核心族群的向心力。随着蒙古逐渐加快统一中国、建立四大汗国的步伐，蒙古民族也不断地吸收着世界各部落、族群的璀璨文化，不断吸收新的成员加入蒙古政权的统治之下，为蒙古民族在中国乃至亚洲、欧洲直至整个世界的流动、迁徙、镇戍奠定了基础，也促进了整个蒙古民族认同的不断发展与壮大。

（二）西征南下与忽必烈称汗

宋开禧二年（1206 年），蒙古就开始了横扫整个欧亚大陆的征战。这一年，蒙古统一了西北部落吉利吉斯、八剌忽等。宋开禧三年（1207 年）、宋嘉定二年（1209 年）两次征伐西夏。宋嘉定四年（1211 年），畏兀儿及哈剌鲁纷纷降服于蒙古。蒙古在这一年大举进攻金朝，并于宋嘉定八年（1215 年）攻下金中都。宋嘉定十年（1217 年），灭蔑儿乞残部。宋嘉定十一年（1218 年），灭西辽。宋嘉定十二年（1219 年），蒙古派 20 万军队第一次进行西征。宋嘉定十四年（1221 年），灭不花剌、撒马尔罕等部。宋嘉定十六年（1223 年），灭花剌子模。宋宝庆二年（1226 年），大蒙古国加快了对西夏的征讨步伐，并于宋宝庆三年（1227 年）灭西夏。

① 林超民：《"民族"概念管见》，《民族学评论》第四辑，昆明：云南人民出版社，2015年，第6—12页。

宋宝庆三年（1227年），世界史上杰出的政治家、军事家，使北方草原蒙古族迅速崛起的大蒙古国的伟大首领成吉思汗在征讨西夏途中因病离世。成吉思汗为欧亚乃至世界各地的一体化做出了巨大的贡献，也成为今蒙古国与中国各地蒙古族最为缅怀与尊敬的祖先。而成吉思汗及其之后的诸多子孙，都成为世界各地落籍蒙古族所最为崇拜和争相攀附的主要对象。由此可知，成吉思汗不仅仅是“拥有海洋四方”的首领，更是连接世界各地蒙古族的重要精神纽带，也为落籍各地的蒙古族同胞提供了灵魂追忆的对象和族群认同的集体历史记忆。比如，西南地区的蒙古族就利用谱牒、碑刻、文物、古籍等文献资料来共同集体追忆、缅怀伟大的成吉思汗。时至今日，每逢成吉思汗的诞辰和忌日，世界各地蒙古人都会举行盛大的活动来缅怀祖先。

宋绍定二年（1229年），窝阔台继承汗位。自宋绍定三年（1230年）始，到宋端平元年（1234年），联宋破金，灭金。宋嘉熙元年（1237年），挥师北上，征讨也列赞、莫斯科、兀剌的迷儿等地区。宋嘉熙三年（1239年），攻下大阿美尼亚。宋嘉熙四年（1240年），使斡罗斯（今俄罗斯）归顺。宋淳祐元年（1241年），攻下鲁迷（今土耳其）、叙利亚、波列儿（今波兰）、马扎儿（今匈牙利）。宋淳祐七年（1247年），迫使吐蕃归顺。元宪宗元年（1251年），拖雷长子蒙哥继承汗位。元宪宗二年（1252年）至元宪宗八年（1258年），旭烈兀攻下木剌夷国（今伊朗地区），报答（今巴格达）的黑衣大食。元宪宗四年（1254年），灭大理。中统元年（1260年），忽必烈称汗，至元八年（1271年）忽必烈建国号为“大元”，史称元朝，标志着中国历史上幅员最辽阔的统一的多民族政权的建立。而大蒙古国号也一直保留，忽必烈名誉上也是整个大蒙古国的大汗[①]。元至元十六年（1279年），灭南宋，统一了全国，结束了“安史之乱”之后近500年的分裂割据，并大力推行汉法、刚柔并济与分而治之的民族政策、因俗而治的施政方针和兼收并蓄的宗教信仰，使得统一多民族国家得以形成、巩固和发展。元朝在漠北草原建立了岭北行省，大部分蒙古人居于此。除了四大汗国和岭北行省之外，有部分蒙古人迁徙到漠南地区，也有部分官员、军队等分布于全国各地，为蒙古族与其他民族之间的相互融合并塑造出新的文化面貌提供了条件。元朝管

① 陈连开主编：《中国民族史纲要》，北京：中国财政经济出版社，1999年，第327页。

理统一多民族国家各项制度也为明清时期的大统一奠定了基础。

元朝灭亡之后，退回草原的蒙古族分裂为兀良哈、鞑靼、瓦剌三部，外部文化特征的差异也日益扩大。清代以黄教笼络蒙古各部，并以盟旗制度统辖诸部，漠北、漠南、漠西蒙古族文化之间差异不断增大，奠定了近现代以来蒙古地区的经济文化基础。

纵观草原蒙古族的发展历程，可以看出蒙古民族的形成是以原蒙古部落为核心通过兼并周邻部落逐步发展而来的，是一个历史的动态发展过程。蒙古民族的客观文化特征也随着历史的发展而不断变化。没有一成不变的蒙古人群，也没有固化不变的民族文化特征。我们能够理解和接受内陆亚洲地区蒙古族以多种文化样貌呈现与发展，也就应该能够理解和接受西南地区蒙古族各群体以多种文化样貌存在并且保持自己的历史记忆与民族认同。

二、典型草原蒙古族的人文生态

（一）游牧经济

北方草原蒙古部落形成之初，就不断适应自然环境，形成了森林狩猎、游牧畜牧两种类型的社会经济形式。成吉思汗统一漠北草原之后，整个蒙古草原依然以游牧经济为主。游牧经济的特点之一就是逐水草而居，随四时而不断迁徙，“大率遇夏则就高寒之地，至冬则趋阳暖薪水易得之处以避之”[①]。遇到灾年，只能南下掠夺农耕经济的财富，才能得以生存。因此，掠夺性也是游牧经济的重要组成部分。放牧的形式有“古烈延”“阿寅勒”两种，“古烈延”为集体游牧，“阿寅勒”为以个体为单位游牧。成吉思汗及其继承者都逐步加强了对牧民和牧草严格的管理，不许牧民超过游牧的界限，不准私自迁徙至其他草场等，进一步规范了游牧的准则。北方草原蒙古族在以游牧文明为主的社会经济条件下，逐渐形成了相对固定的北方草原蒙古族的客观文化。

① 〔元〕王恽：《秋涧集》卷100《玉堂嘉话》，文渊阁《四库全书》第1201册，台北：台湾商务印书馆，1986年，第395页。

（二）语言文字

大蒙古国建立之前，蒙古各部落之间因地域环境及经济文化发展的不平衡，没有统一的语言与文字。成吉思汗统一漠北草原之初，在回鹘文基础上创制出了畏兀儿字蒙古文，但是很多部落依然运用着诸多的文字。到忽必烈时期，创蒙古新字“八思巴字”，并令“凡有玺书颁降者，并用蒙古新字，仍各以其国字副之”[①]。只是八思巴字基本为官方文字，用于官方文书、碑刻、牌符等，而民众还是多用畏兀儿字。元灭亡之后，八思巴字也随之被弃用。14世纪初年，却吉・斡斯尔对回鹘蒙古文改革，一直通用至今日。清顺治五年（1648年），扎雅・班第达结合卫拉特蒙古的语言，创制了流行于卫拉特蒙古的“托忒”蒙古文。新疆蒙古族亦用此蒙古文。蒙古文字的创制、改制及推行都是基于蒙古族而逐渐得以改进和推广，对蒙古族之间共同语言的形成有着巨大的粘合力。尽管漠南、漠北、漠西蒙古的地域不同，内部蒙古语言文字亦有差异，但并不影响各部蒙古族之间的自我认同。蒙古语属阿尔泰语系蒙古语族，现如今我国的蒙古语有内蒙古、卫拉特、巴尔虎布利亚特三种方言。1979年，正式确立了蒙古语基础方言和标准音。1991年内蒙古自治区民语委下发了《关于试行蒙古语文缩写和略写法的通知》。1996年又对“蒙古文字母顺序”进行了规范。1997年成立内蒙古自治区蒙古文正字法委员会，将不规范的基本词条规范为1500余条，并统一了其派生词的书写形式。

（三）宗教信仰

北方典型草原蒙古族从形成之初一直到13世纪，主要信奉的宗教为萨满教，它是蒙古族古老的原始宗教信仰。但凡遇到重大事情之前，“每事必称天”，进行占卜、预言等。每当祭长生天、祭祖、祭敖包等各项活动时，也会举行萨满仪式。蒙古族坚信人虽死，但灵魂不灭，对萨满教的信仰接近沉迷的状态。如蒙哥汗热衷到“凡行事必谨叩之，殆无虚日”[②]的程度。可知，蒙古族对萨满教的信仰是多么的虔诚，萨满教是统治者和民众生活之中不可或缺的一部分。从13世纪起，蒙古族贵族开始逐渐信奉宁玛派藏传佛教，大大地冲击了萨满教。尤其是忽必烈

① 〔明〕宋濂等撰：《元史》卷二〇二《释老》，北京：中华书局，1976，第4518页。
② 〔明〕宋濂等撰：《元史》卷三《宪宗本纪》，北京：中华书局，1976年，第54页。

时期，尊奉萨迦派八思巴为帝师，萨迦派藏传佛教随之大行其道于统治阶层，但普通民众依然多信奉萨满教。如慎懋赏《四夷广记·鞑靼风俗》有言：

俗畏鬼神，信占卜事。祆神无祠庙，刻毡为形，盛于皮袋，行动之际，以脂苏涂之，或系于竿上，四时祭之。占卜休咎，必请巫或男或女至其家，或降神，或灼羊骨。

所以，元末明初之际，蒙古民众所请参与各种宗教活动的男巫或女巫依然为萨满教的巫师。明代以来，即使藏传佛教在蒙古地区广为流传，但藏传佛教却汲取了萨满教的部分形式与内容，可见萨满教已经深入人心。

16 世纪中期，藏传佛教格鲁派（亦称之为黄教）传入蒙古地区。漠南蒙古土默特部俺答汗带头倡导信奉格鲁派，与西藏格鲁派三世达赖索南嘉措互赠封号[①]。其他蒙古各部如察哈尔的阿穆岱洪台吉、喀尔喀阿巴岱汗都争相索南嘉措学习格鲁派的教法，特别是索南嘉措在蒙古地区转世，使得俺答汗曾孙转世为第四世达赖喇嘛云丹嘉措，加速了格鲁派在各蒙古部的迅速传播。到 17 世纪初，卫拉特蒙古和硕特部首领拜巴噶斯、图鲁拜琥，准噶尔部长哈喇忽喇、巴图尔珲台吉，杜尔伯特部长达赖台什，土尔扈特部和鄂尔勒克等都皈依于藏传佛教格鲁派。明崇祯十三年（1640 年），卫拉特蒙古和喀尔喀蒙古正式把格鲁派确立为蒙古信奉的统治教派。清乾隆帝，鼓励蒙古各盟旗信奉格鲁派，凡是婚丧嫁娶、生老病死、迁徙新地等都得有喇嘛来主持。明清两代，僧侣竟占蒙古族人数的三分之一还多，可知格鲁派已经在蒙古族地区深入到各个阶层，成为蒙古地区的统治教派。如萧大亨《夷俗记》：

夷俗……颇尚佛教，其幕中居恒祀一佛像，饮食必祭，出入必拜，富者每特庙祀之。请僧诵经，捧香瞻拜，无日不然也。所得市银，皆以铸佛铸浮屠。

明清两朝还在蒙古地区大修格鲁派寺庙，如达尔罕茂明安联合旗的百灵庙、新巴尔虎左旗的甘珠尔庙、固阳县的五当召、锡林浩特的贝子庙、土默特右旗的美岱召等，这些寺庙都促进了格鲁派的进一步传播。除了萨满教、藏传佛教之外，蒙古族地区的克烈、乃蛮、蔑儿乞、汪古等信奉景教。当然蒙古族地区亦有信奉

① 俺答汗赠索南嘉措为“圣识一切瓦齐尔达喇达赖喇嘛”，即超凡入圣、学识渊博的大师；索南嘉措赠俺答汗为“转千金法轮咱克喇瓦尔第彻辰汗”称号，即俺答汗是聪明睿智的汗王。

基督教、伊斯兰教、道教、摩尼教等，只是人数较少。

（四）衣食住行

因北方蒙古草原特殊的自然地理环境，古代北方草原蒙古人的衣食住行与其他民族有着很大的差异。蒙古人不论男女老少都以穿长袍为主，即蒙古袍。男式长袍比较肥大，袖子也较长，领子较高，并用红绿色的绸缎作为腰带，前面的腰带上可以装小件物品及挂蒙古刀、火镰、鼻烟盒等物件。女式长袍则讲究比较多，未婚前需要扎腰带，结婚后就用绚丽多彩的紧身短坎肩代替腰带。蒙古族统治上层，所穿的袍子多为丝织品，较为昂贵，而普通牧民的袍子多为羊皮、狗皮等做成，较为廉价，但两者都有很好的保暖性。袍子的特点，使得牧民夏季可以防蚊虫叮咬，冬季可以抵御风寒。男子头戴一般为扁帽，女子戴顾姑冠。蒙古人喜欢穿靴子，一般为牛皮所做，鞋底较薄，鞋帮一直可以到膝盖处，仍然是充分考虑了北方蒙古草原寒冷的恶劣天气以及游牧民族时常迁徙、奔波于草原之上的特点，以起到遮风挡雨的作用。随着古代蒙古族与其他周围民族不断地增进交流，到15世纪之后，蒙古族逐渐也穿裤子、布衫衣等，“凡衣无论贵贱，皆窄其袖，袖束于手，不能容一指”[①]，这正是民族融合的表现。蒙古族同周边民族在长期交往过程之中，不断汲取周围民族的服饰文化，最终生成了一种新的特征，并得到蒙古族内部的认同。

北方草原蒙古族以游牧经济为主，决定了北方蒙古族的饮食结构以牛羊肉和乳制品为主，也有马乳、骆驼乳等。蒙古族非常爱惜马匹，因此较少吃马肉，马受到蒙古族的优待。古代蒙古族的牛羊肉不是哪个阶层都能吃到，统治阶层基本一年四季都可以吃上牛羊肉；普通牧民很少能吃到，而是以奶制品、奶茶度日，冬春季节或是节日期间才有肉可吃。古代蒙古族杀牛羊之后，除去现吃的，大部分都要风干，以备不时之需。蒙古族最重要的饮食就是各种乳制品了，如奶酪、奶疙瘩、奶豆腐、乳饼、奶干等“查干伊德”（即白食）。蒙古族习惯将白食风干，便于迁徙、征战时携带享用。蒙古族也特别喜欢喝奶茶、酸奶，尤其喜欢酸马奶中的黑马乳，其“色清而味甜”。忽必烈身边有专人“掌尚方马畜，岁时挏马乳以进”。蒙古人钟爱喝酒，很多酒水都是由牛羊马奶酿制，称之为奶子酒，

① 〔明〕萧大亨：《北虏风俗·帽衣》，台北：广文书局，1972年，第15页。

尤其热衷于马奶酒。总之，古代蒙古人早上多喝奶茶、吃乳制品，中午和晚上以牛羊肉为主。支灶做饭的燃料主要是牛粪，而女人、孩子捡牛粪的多少，往往是评价其勤劳程度的重要衡量标准之一。牛粪的火候较温和，而且耐烧，更重要的是牛粪做燃料是适应大草原生活环境的重要表现。充分利用了各种资源，保持了生态的长期平衡，是蒙古族长久不衰的重要原因之一。现在，蒙古族的饮食结构得到大幅度的改善，一年四季都能保证吃到新鲜的肉、蔬菜等。

蒙古包是蒙古族传统的居住工具，又称之为“帐幕”“穹庐”“毡帐”等。蒙古包搭建的一般都是圆形，有七八尺高，直径大小不一，小的只可容纳三四人，大的则可同时容纳数百人。用柳木等围成一圈，周围及顶上都覆盖上厚厚的毛毡，再用绳子四面捆住。蒙古包顶端有天井，便于汲取阳光和飘走炊烟。一般室内布置也有所讲究，不同的蒙古部落也有着不同的设计，大多都会挂上偶像、保护神及牛马像等。10 世纪之后，逐渐增加了挂佛像、活佛像等偶像。蒙古包具有易于搭建、拆除，便于装卸、搬运的特点，特别是能够抵御大草原寒冷的冬天，是蒙古族适应自然环境的发明与创造。现如今，蒙古族基本上由游牧向固定、半固定、定点放牧转变，也基本都固定下来了，不再需要来回地迁徙了。因此，传统意义上的蒙古包只能在一些旅游景区才能见到，功能已经和古代的蒙古包不一样了，主要是用于旅游的目的，居住成了次要功能。

古代草原蒙古族的主要交通工具为马匹，还有勒勒车等，现在的蒙古族有各种交通工具，用摩托车、吉普车等来进行放牧，很是方便。

（五）音乐舞蹈

大蒙古国时期，蒙古礼乐以蒙古乐为基础，充分融合了金、西夏、南宋的器乐，如《元史·礼乐志》载：“若其为乐，则自太祖征用旧乐于西夏，太宗征金太常遗乐于燕京。及宪宗始用登歌乐。”[①]这使得蒙古礼乐大为发展。忽必烈至元年间，创宫县舞、登歌舞，成宗年间创郊庙曲舞，到元仁宗年间已经能够“大抵于祭祀，率用雅乐，朝令飨燕，则用燕乐，盖雅俗兼用者也”[②]。乐曲有大曲、小曲的区分。乐器有琵琶、古筝、胡琴等。到明中叶，用乐器加以伴奏进行说唱的形式大行其

① 〔明〕宋濂等撰：《元史》卷六七《礼乐一》，北京：中华书局，1976年，第1664页。
② 〔明〕宋濂等撰：《元史》卷六七《礼乐一》，北京：中华书局，1976年，第1664页。

道。如明英宗被俘，也先就“自弹虎拨思儿唱曲”。现如今，我国内蒙古地区也是重要的音乐、舞蹈之地。河套地区流传着“河套的民歌牛毛多，唱了三年，唱了一支牛耳朵”，可见内蒙古民歌之多。民歌多为表现对祖先的思念、对草原的热爱以及男女情歌等。而马头琴则是蒙古族最喜爱的民族乐器之一，因琴杆上雕有精致的马头，所以称为马头琴。马头琴源于东胡的“奚”，清末称为“潮尔”，可以独奏，也可以单独自拉弹唱，拉出的声音无垠而又低沉，婉转悠扬而又赏心悦目，回荡于蒙古大草原，使人悠然自得。传统的蒙古族舞蹈有安代、马刀舞、小青马等。生活在马背上的民族，把马匹和舞蹈完美地结合在了一起，是很多其他民族难以望其项背的。通过蒙古族马舞的跳跃，就能深深地感受到蒙古族的热情奔放、剽悍勇敢、耿直好客、心胸浩大的性情，蕴涵着丰厚的民族特色。古代蒙古族在盛大节日时也往往会唱歌、跳舞，以示其热情奔放的草原情，如“那达慕”大会。每年七八月秋高气爽之时，生活在大草原上的蒙古族就开始如火如荼地举办“那达慕”大会。据载，在成吉思汗建立大蒙古国之初，就在每年的七八月份举行赛马大会，庆祝丰收。而最早关于“那达慕”活动记载的是1225年用古蒙古文雕刻在石崖上的《成吉思汗文》。一直到元明时期，男子赛马、射箭、摔跤遂成为“那达慕”的主要娱乐形式。清代，则变为由官方定期举行的娱乐活动。现在除了有传统三项，还增添了文艺演出、电影放映、篝火晚会、研讨会及其他文体活动等。虽然现在蒙古族的生活方式发生了很大的变化，使得摔跤、赛马、射箭在生活或者生产之中的功用性没有那么大了，但是仍然作为蒙古传统文化的重要组成部分而被保留了下来。国家非常重视蒙古族传统文化的传承与发展，国务院于2006年5月20日，把“那达慕”大会列为第一批国家级非物质文化遗产。总之，蒙古族的音乐舞蹈等娱乐活动形式有多种多样，草原上的蒙古族依然坚守着自己的特色文化，薪火相传、继往开来。

（六）婚丧嫁娶

蒙古人形成之初，就是以个体家庭为基本的生产和消费单位。一般家庭由双亲、子女组成。已婚子女皆要独立生活，二幼子除外，因为蒙古人施行幼子继承制，称之为“幼子守灶”[1]。男女婚配，一般都有相亲、求婚、许婚、迎亲等几个过程。迎亲之前，一般都要先下牛、羊、马等聘礼，明中后期所下聘礼又增加了布匹等。一般女方也有一定的陪嫁嫁妆。也有男方不下聘礼的，那就需要先到女方家里劳役一段时间，方可婚配。1949年之前，西部蒙古称之为“夫尔根阿卜那”，东部蒙古叫“夫沁夫尔根”。虽然叫法不同，但是实质内容大致相同为入赘婚。蒙古地区也有少量的收继婚、抢婚、指物婚、指腹为婚、冥婚等。有些蒙古封建主还会要求属民婚配要相互援助，如《蒙古卫拉特法典》规定：“四十户中有四户，每年必须使其儿子完婚。十人必须为一人的婚事给予援助。”古代蒙古人婚配中，同一氏族内的人不能通婚，如遇丈夫去世，女子只能改嫁给丈夫的近亲为妻，坚决不许嫁给其他氏族。而家庭单位里，父权和夫权有很大的权力，占有支配的地位。同时，男子可以一夫多妻。可知传统蒙古族是典型的男权社会，对女性存在严重的不公。现当代，国家法律规定施行一夫一妻制，大多男女都可以自由恋爱，征得双方父母同意之后，便可结婚。

传统蒙古族丧葬形式主要有三种：土葬、火葬、天葬。大蒙古国时期的蒙古族丧葬习俗，受古老的原始宗教萨满教的影响。不论是牧民还是贵族统治者，大部分施行土葬。蒙古人深信万物有灵，人死之后灵魂不灭，有今生，亦有来世。蒙古族贵族的丧葬仪式比较正式，在草原上挖个墓穴，“殓用貂皮袄、皮帽，其靴袜、系腰、盒钵，俱有白粉皮为之”，并取一木材“凿空其中，类人形大小合为棺。置遗体其中，加髹漆毕，则以黄金为圈，三圈定”，再“宰杀驼、马殉葬”及甲胄、弓矢、鞍辔、服物等一同陪葬，最后再“以马践蹂，使如平地”[2]。清代，蒙古人土葬多以木板为棺椁，喇嘛念经之后，方可入葬。在半农半牧以及农业地区的蒙古族，大部分都进行土葬。后来藏传佛教格鲁派在草原蒙古地区大行其道，于是火葬悄然兴起。信奉格鲁派的蒙古人深信，人是有轮回的，需要喇嘛来作法，才能够进行转世。把尸体烧后，收一些骨灰，用泥土雕塑在一块，并会涂一层金粉或者银粉，供奉于寺庙之中，再请喇嘛超度。人们供奉的马匹、衣服等均归喇

① 这一制度被忽必烈所破坏，到14世纪之后的蒙古部落，幼子继承制受到更大的破坏，多由长子继承爵位和更多的家产。时至今日，草原蒙古族依然有很多地区存在幼子继承制。

② 〔宋〕彭大雅撰，徐霆笺，王国维笺证：《黑鞑事略》，《王国维遗书》（第八册），上海：上海书店出版社，1983年，第254页。

嘛所用。但并不是所有人均能火葬，一般只有蒙古贵族才实行火葬。当然，死于瘟疫等重大疾病者，一般也进行火葬。明朝时期，普通民众反对草原蒙古人进行火葬，但蒙古贵族、喇嘛依然兼行此俗。如史书记载，俺答汗死后就是火葬的。除了土葬、火葬之外，还有天葬（也称之为“野葬”）。古代蒙古人的天葬，多适用于一般牧民以及等级较低的喇嘛等。一般认为，蒙古的传统天葬形式，源于藏族地区的天葬。一般是将尸体用白毡包裹，放于板车上，用马驾辕一直走，其间任由飞禽走兽食用。在行进的过程中，尸体从车上掉下来，被认为那里就是死者想要安葬的地方。一般尸体被吃完，认为是长生天把他给带走了，是好的归宿。七天后，如果尸体还在，就会被认为是不吉祥的，就得赶紧请喇嘛念经，替死者祈祷消灾。此外还有古墓葬、合葬、木葬、水葬等形式。

不论是哪种丧葬习俗，都有守孝的习俗，如《北史·室韦传》载：“父母死，男女众哭三年。”[①] 近代以来演变为祭头七、百日、周年等。中华人民共和国成立之后，内蒙古各地区土葬、火葬、天葬等形式都存在过。内蒙古各地区虽然丧葬习俗存在一定的差异，但整体而言还是较为类似。后来国家提倡进行土葬、火葬，内蒙古牧区为了响应国家号召，就只存在这两种丧葬形式了。

基于典型草原的衣食住行、婚丧嫁娶、伦理道德、规范制度等生活方式是蒙古高原的自然环境养成的。人地关系的变化也带来了生活方式的变迁，以此来对比散杂居地区蒙古族的日常生活，进而判断谁是正统的蒙古人、谁是攀附的蒙古人，无异于刻舟求剑、缘木求鱼。

第二节　西南地区蒙古民族认同的建构
——自我认同和国家确认

西南地区是蒙古族入主中原过程中较早经营的区域，因而在各地留下了深远的历史影响，川、滇、黔、渝地区均有民众保有蒙古人的历史记忆，如引人瞩目

①〔明〕宋濂等撰：《元史》卷九四《室韦》，北京：中华书局，1974年，第3129页。

的西南“铁改余”氏关于自己祖源的传说几乎家喻户晓，泸沽湖边的摩梭人（纳日人）上层中蒙古族的记忆，云南通海蒙古族的坚持。然而与北方蒙古族一样享有作为蒙古族的政治身份却是在中华人民共和国成立之后，随着民族识别的开展和民族区域自治制度的贯彻执行，这种记忆变成了现实，一部分民众得以如愿以偿地加入蒙古族的大家庭，一部分民众尤其是“铁改余”氏还在积极争取，而另一部分民众则选择脱离蒙古族群，回归到历史更古老的族称。造成这种复杂的认同局面，与各地的自然、历史、人文环境密不可分，但更重要的是国家政治环境的影响。这从各地蒙古族的建构过程可以证实。

一、川滇黔地区蒙古族身份的确定

什么是身份？“身份”是一个人或者一个群体进入社会的基本前提，即个人或者群体生存于社会的基本符号。社会身份的定位，会导致他们在社会生活中产生一些最基本的心理情感上的倾向。要想理解清楚中国各个群体的民族身份，则需要理解什么叫作民族识别。费孝通先生 1978 年 9 月在政协全国委员会民族组会议上的发言，针对 1953 年汇总的 400 多个民族名称提出，民族识别就是要回答我国到底有哪些民族、多少民族的问题，就需要对这 400 多个民族名称进行一番甄别，这是一项科学的研究工作，被称为民族识别[①]。中华人民共和国成立之初，民族问题就得到了党和国家领导人的重视，1950 年主持西南工作的邓小平指出：“西南的少数民族究竟有多少，现在还不清楚。据云南近来的报告，全省上报的民族名称有七十多种……当然经过三两年工作之后，对各个民族有可能摸清楚。历史上弄不清楚的问题，我们可能弄清楚。”[②]民族识别工作直接缘起于 1952 年中央政府宣布将于 1954 年下半年召开第一届全国人民代表大会，而 1953 年颁布《中华人民共和国选举法》规定承诺任何一个少数民族，不论人口的多寡，至少都享有一个代表席位，保证了少数民族享受优惠待遇的政策。面对呈报上来的 400 多个民族名称都予以确认肯定不行，于是民族识别工作势在必行。这是民

① 费孝通：《关于我国民族的识别问题》，《中国社会科学》1980年第1期。
② 邓小平：《关于西南少数民族问题》，国家民委政策研究室编：《中国共产党主要领导人论民族问题》，北京：民族出版社，1994年，第51页。

族工作的需要。当然民族识别更是各民族自觉的要求，1953年登记的400多个“名从主人”、不干涉的民族名称就是各民族自觉要求的最有力的证据。正如王希恩所言：民族普遍自觉在前，民族识别在后，民族识别不是强加于民众的，而是对民族自觉的政策回应而已，就像民族自觉、民族认同不会因民族识别的进行与否，而停止发生一样[①]。

1953年统计的400多个民族名称之中，有200多个都是来自云南地区[②]。可知，云南地区是我国民族识别最为复杂、最为重要的地区。于是云南省民族识别小组于1954年初正式成立。这个小组由时任云南省副省长张冲、云南省民族事务委员会副主任李群杰分别为队长、副队长，而最重要的调查负责人则为人类学家林耀华先生，语言学家傅懋勣先生，历史学家、语言学家方国瑜先生[③]。民族识别工作，对林耀华、傅懋勣、方国瑜来说，是他们系列研究的一个延续[④]。早在20世纪的30年代，他们就根植于云南，来研究“文化的最佳实验室”——云南。可以说从这时起，中国的民族学家、语言学家、历史学家都已经开始自发地将西南地区的族群组织纳入一个系统化的分类之中。到1954年初，罗常培、傅懋勣就提出了：云南那么多的民族名称之中，很多只是称谓上的差异，如果把拥有独立的语言作为标准，那么云南地区的民族名称可以合并为大约25个群体[⑤]。这一思想后来被贯彻并运用于西南地区民族名称的分类。此外，限于1954年下半年第一届全国人民代表大会召开时间的临近，因此1954年的西南民族识别并没有大规模地对被识别群体进行日常生活、风俗习惯等方面的民族志调查，而是对呈报的每个群体选出1—10名代表，进行几小时或是几天的访谈。可以说，1954

① 王希恩：《中国民族识别的依据》，《民族研究》2010年第5期。

② 有学者认为260多个，这是不严谨的，多出的50多个，是被列在“其他民族”“不明民族”“混杂”一栏，而没被记录在案，就没机会得到识别小组乃至国家的认定。详见费孝通：《迈向人民的人类学》，北京：新世界出版社，1981年版；云南省民族事务委员会：《云南省少数民族人口统计表》，1954年。

③ 云南省副省长张冲（1900—1980），彝族；云南省民族事务委员会副主任李群杰（1912—2008），纳西族；傅懋勣（1911—1988），云南白族的女婿；方国瑜（1903-1983），纳西族，云南丽江人。参见云南省民族事务委员会研究室：《云南民族识别参考资料》，内部资料，1955年。

④ Thomas S. Mullaney（墨磊宁）著，曹何稚译：《国家的眼睛：社会科学家在中国民族识别中工作的角色》，林超民主编《民族学评论》第四辑，昆明：云南人民出版社，2015年，第252—266页。

⑤ 罗常培、傅懋勣：《国内少数民族语言文字的情况》，《中国语文》1954年。

年中国在西南地区的民族识别是中国民族学家、语言学家、历史学家与云南地方干部（如云南省民族事务委员会和省级以下各级政府的有关干部）联合下，结合被识别群体的意愿进行识别，一步一步来推动的。

（一）云南蒙古族身份的确定

从 20 世纪 50 年代起到 80 年代云南蒙古族才逐渐被国家识别出来，得以确立自己的民族身份。云南蒙古族尤其是兴蒙乡蒙古族经历了艰难的民族发展过程，从牧民到渔民再到农民，但是他们却一直保持着自己的民族自觉，没有放弃过自己的蒙古族身份。中华人民共和国成立以来，兴蒙乡的农民要求被识别为蒙古族的呼声越来越高。1950 年，国家民族政策的实施，建立民族自治区、自治州、自治县工作的开展，以及国家实行的民族调查，使得兴蒙乡蒙古族想恢复蒙古族身份的诉求不断加强。于是，1951 年，“兴蒙蒙古族自治乡”成立，隶属于河西县管辖，1954 年又更名为“下渔蒙古族自治乡”。云南蒙古族最早被外人所知是在 1956 年。当时蒙古国的历史学教授那楚格·道尔吉得到信息到兴蒙调查以后确定了云南确实存在蒙古族。1976 年，以内蒙古师范学院的哈·丹必扎拉桑为代表的几个同志访问了云南通海县西城公社蒙古族较为聚居的新蒙大队，对这里进行了为期 20 多天的调查[①]，再次确认了云南是有蒙古族的。随后，兴蒙乡邀请云南省社科院的杜玉亭先生为他们编写一部关于云南蒙古族的介绍性著作，以便让全国人民了解云南蒙古族的存在及其特征。于是杜玉亭与陈吕范合著的《云南蒙古族简史》便在 1979 年出版[②]。到了 20 世纪 80 年代，国家又启动了民族识别的相关后续的工作，于是云南兴蒙乡蒙古族的呼声再次高涨。有些学者认为，是为了享有高考加分等相关优惠政策而产生的诉求，抑或一种利益的驱动。笔者认为不应该片面地认为这些民众的民族诉求单单只是利益的驱动，当然获得少数民族身份，确实可以得到一些政治、经济、教育等方面的优惠政策，但我们应该从民族自觉、心理认同等方面来理解他们的民族诉求，尊重他们的自我民族意识，这样才能达到“美美与共”的效果。

① 调查报告现藏于兴蒙乡政府，部分内容被收入《初访金凤凰栖息地方的蒙古族》，《内蒙古社会科学》1980年第3期。

② 杜玉亭、陈吕范：《云南蒙古族简史》，昆明：云南人民出版社，1979年。

兴蒙乡蒙古族对自我身份的坚持，确实会给他们带来相应的社会资源和现实利益，但更多的是民族内部的共同认同，是民族自觉的结果，于是纷纷提出恢复蒙古族身份的要求。1980 年，下渔大队又改为兴蒙大队，1983 年改为河西区兴蒙乡。从 1987 年 9 月 16 日起，兴蒙乡就开始写申请报告《通海县兴蒙乡关于要求成立民族乡的请示报告》，报告首先由通海县兴蒙蒙古族乡人民政府来发起，之后又有北阁村离退休人员提交了《关于要求建立蒙古族乡的请示报告》；10 月 3 日又有兴蒙乡一社主任王学芬、副主任王汝德、副主任赵汝成、会计王立志、妇女主任王学仙写了《恳请玉溪地委办公室给予我兴蒙民族建立民族乡的报告》；10 月 4 日通海县兴蒙乡北阁村群众代表赵发显、赵顺昌、王珍珍、杨转元、招文富、招文来、李美珍写了《通海县兴蒙乡北阁村关于要求成立民族乡的报告》；10 月 8 日通海县兴蒙乡下村三社群众代表奎如仙、赵茂林、期为仁、王立英、赵凤生、董发诗、奎泽德、官仕代写了《通海县兴蒙乡下村三社要求成立民族乡的报告》；10 月 17 日又有通海县兴蒙乡党支部、人民政府写了《关于建立民族乡的请示》[①]。到 1988 年初，经云南省人民政府批准，兴蒙蒙古族乡成立，隶属于通海县管辖。自此之后，国家民族识别工作逐渐告一段落，因此使得一些不能及时拿出家谱、谱牒等来证明自己是蒙古族身份的人就没有获得国家给予的蒙古族身份。

就如调研期间兴蒙乡奎来团书记所言：“1984 年国家民委、公安部联合恢复少数民族成分，绝大部分是通过此次申报而得以恢复的，例如曲靖、文山、石林、安宁等地，以前没有这个政策的时候不敢承认自己是蒙古族，但是现在国家的政策好了，有了这个规定以后就纷纷申报要求恢复蒙古族的身份。但是唯独兴蒙乡一直都是蒙古族身份。后来由于申报的人数太多，国家就停止了恢复民族身份的规定，从 1987 年以后就不再批复关于恢复民族成分的规定，否则现在云南就会至少有 10 万的蒙古人。”[②] 这虽然仅代表了民间的认识，但也反映了云南存在着大量的民众出于各种原因认同蒙古族身份。云南地区仍旧有诸多的人群对蒙

① 《通海县兴蒙乡政府一九八七年关于成立民族乡的请示报告、会议纪要》，全宗号44，目录号2，案卷号60。

② 聂迅：《云南蒙古族的民族认同——以通海县兴蒙蒙古族乡为例》，《濮阳职业技术学院学报》2014年第6期；聂迅：《云南蒙古族的民族认同与利益诉求探析》，《昆明学院学报》2015年第1期。

古族存在着很强的民族认同感，如以曲靖、昭通的“铁改余”为代表的人群就在为申请成为蒙古族做着不懈的努力。

（二）四川蒙古族身份的确认

凉山彝族自治州的蒙古族人数占整个四川地区蒙古族总人数的一半以上。他们蒙古族身份的确立经历了一个漫长曲折的过程。

历史时期，四川凉山彝族自治州的蒙古族、摩梭人和云南省宁蒗的纳西族、摩梭人都被称为“摩梭”。20世纪50年代在填报民族名称时，四川的“摩梭”“喇惹”“纳日”“蒙族”等不同称呼的人群均有填报。20世纪80年代该地区的这些人群被确定是蒙古族。根据木里县项脚蒙古族乡民众所言，“纳日”和“蒙族”开始通婚也就是中华人民共和国成立前后的事情，可见两者本身就是一个群体，而且在周边民族眼里，“纳日”和“蒙族”其实都是“摩梭”。

1954年，云南宁蒗县的“摩梭”人在进行民族识别之时被认定是纳西族的一个支系，并得到国家的正式认可。四川省的“摩梭”人在中华人民共和国成立之初，有部分人仍旧填报“蒙族”。1952年，左所土司喇氏在各种登记表中将民族成分登记为“鞑子”。1957年，左所末代土司喇宝臣奔赴内蒙古参加“内蒙古自治区成立十周年纪念会”，从内蒙古回到云南之后，他大力宣传自己的蒙古族身份，而不是其他民族，因其是左所土司的继承人，在当地有很大的威望，很多普通群众就深受喇宝臣的影响，也填写为蒙古族。正如李星星所言“在1958年普查中四川的‘纳日’人大多登记为‘蒙古族’（应为‘蒙族’），后来少数又加上了‘古’字，登记为‘蒙古族’”[①]。

川滇同为摩梭人，在云南被确立为纳西族，而在四川地区被登记为蒙古族。由于川滇“摩梭”人的族称并未得到统一，有些专家和学者在自己的著作或文章中，将四川凉山地区的蒙古族与宁蒗县的摩梭人一起并列入纳西族进行叙述。如严汝娴、宋兆麟、刘尧汉的《四川省盐源木里两县纳日人社会调查》、郭大烈的《木里藏族自治县项脚公社“纳日”和“拉热”人的文化习俗》、何耀华的《冕宁县联合公社藏族社会历史调查》、邓少琴的《纳西族史札记》、杨学政的《四

① 李星星：《川滇边“纳日”人族称问题的由来与现状》，《李星星论藏彝走廊》，北京：民族出版社，2008年，第215页。

川省盐源县左所区罗洼村“纳日”人的婚姻形态和家庭结构调查》、傅于尧的《盐源、木里二县民族历史文化考察记略》、李绍明的《川滇边境纳日人的族别问题》等[①]。四川凉山地区的“摩梭”人有关申诉成为蒙古族的身份受到学界的严峻挑战。还有在1960年，四川省民族志调查组到盐源县、木里县对“摩梭”进行调查，写有《关于盐源、木里“蒙古族”识别调查小结报告》结论是：摩梭人不是蒙古族，而是纳西族的一个支系。但此报告在当时并没有被采纳，于是四川地区摩梭人的族别问题就暂时被搁置起来。

20世纪80年代初，党中央认真贯彻落实民族政策。川滇两地的“摩梭”人族属问题迫切需要得到解决。1979年，四川省民委派出工作组到盐源、木里、盐边县调查，结论是：认为1960年原有的调查结论是完全正确的。因为云南、四川两省“摩梭”人对自己民族身份看法不一，需要重新协商，所以当地自报“纳西”或“蒙古族”的仍维持现状。1981年，四川省派民委代表到云南就川滇两地“摩梭”人的族称问题进行协商。但是川滇两地却难以达成一致，主要是民族称谓问题得不到统一，利益诉求也各不相同，因此最终协商未果。

1982年，国家进行第三次人口普查，需要填报国家正式认可的民族名称。因此盐源县的摩梭人发出强烈的呼声，对那些把摩梭认为是纳西族一支的专家、学者所研究的结果很是不满意，强烈要求成立个单一的“蒙族”，或者被识别到蒙古族之中。1982年，盐源县的摩梭代表们组织召开了四次会议，草拟了《盐源县蒙古族的要求》《盐源县蒙古人民的呼声》两份文件，并向各级政府部门提交了《坚决反对把我们散居在盐源的蒙古人定归为纳西族的情况报告》。同年，

① 严汝娴、宋兆麟、刘尧汉：《四川省盐源木里两县纳日人社会调查》，杨学政：《四川省盐源县左所区罗洼村纳日人的婚姻形态和家庭结构调查》，均收录于四川省编辑组《中国少数民族社会历史调查资料丛刊》修订编辑委员会编：《四川省纳西族社会历史调查》，北京：民族出版社，2009年，第130—302页，303—332页。何耀华：《冕宁县联合公社藏族社会历史调查》，郭大烈：《木里藏族自治县项脚公社“纳日”和“拉热”人的文化习俗》，傅于尧：《盐源、木里二县民族历史文化考察记略》，均收录于李绍明、童恩正主编：《六江流域民族综合科学考察报告之一：雅砻江下游考察报告》，成都：中国西南民族研究学会印，1983年，第1—37页，第106—126页，第106—155页。邓少琴：《纳西族史札记》，《西南民族研究》（Ⅰ）1983年6月第1期，收录于邓少琴：《邓少琴西南民族史地论集下》，成都：巴蜀书社，2001年，第705—728页。李绍明：《川滇边境纳日人的族别问题》，《社会科学研究》1983年第1期，收录于郭大烈编：《纳西族研究论文集》，北京：民族出版社，1992年，第49—59页。

盐边县委党校向四川省民委递送了一份《蒙古族人民的来信》，信中坚决反对把四川摩梭定为纳西族的一支，请求将他们的民族成分改成蒙古族。

盐源县摩梭人的诉求得到凉山州、县党委政府的认同，因此在第三次全国人口普查之际，就确定了他们为蒙古族的身份。于是 1984 年，在四川省政府的批准下，盐源县成立了大坡蒙古族乡、沿海蒙古族乡。之后又批准了木里县成立项脚蒙古族乡、屋脚蒙古族乡。至此，四川凉山地区蒙古族聚居区的 4 个民族乡正式成立，并确立了他们蒙古族的身份。于是作为四川的摩梭人没有像云南宁蒗县一样被确定为纳西族，而是被确定为蒙古族。至于凉山地区的摩梭人为什么最终选择了蒙古族身份而不是其他的呢？其中有着历史和现实的复杂交织。

1950 年至 1952 年间，国家组织专门人员来四川各地区做调研，到 1953 年，全国第一次人口普查时，全国报备的 400 多个民族称谓之中，就包括四川凉山地区的“摩梭”“纳”“纳日”“蒙族”“蒙古族”“鞑子”等称谓。左所末代土司喇宝臣于 1957 年去了内蒙古，回到四川地区之后他更加坚信自己是蒙古族。普通的群众，不论被确定为哪一个民族，都可以享受到国家的相关优惠政策，还不如选择一个历史时期很强大的民族作为坚强的后盾。于是政治精英如喇宝臣的选择就影响了一大批人，有些之前称自己为“摩梭”“纳”“纳日”“蒙族”“鞑子”的一部分人就认定为蒙古族，但仍有部分人依旧坚持自己所认同的族群。

党的十一届三中全会之后，中央又开始落实民族政策。随着 1979 年基诺族被国家正式确立为第 56 个民族，之后国家就不再确认新的民族，四川凉山地区摩梭人的问题就再次被搁置起来。然而随着 1982 年的第三次全国人口大普查，要求各地区填写国家正式确立的民族名称。于是凉山地区摩梭人的族别问题被再次提上日程。凉山地区的摩梭人不想像云南宁蒗县的摩梭人一样被划为纳西族，于是他们就绝口不提“纳”“纳日”，害怕也被划入纳西族。从我们的调研之中，发现地方知识精英在这一过程之中发挥了很大的作用。如有位当地老人讲道：

以前领导开座谈会的时候，在会上说的。你们以后人家来了以后，你们千万不要说是纳，纳就是纳西了。就是这样，打了招呼的。[①]

朱君如是 20 世纪 50 年代宁蒗县副县长，在他的影响下，部分云南宁蒗县的

① 详见陈霜硕士论文：《四川地区蒙古族历史记忆与民族认同研究》，2013年6月。

摩梭坚称自己的摩梭身份，也影响到了四川摩梭人。只是凉山摩梭人认为“摩梭”是对他们的一个蔑称，不接受“摩梭”称呼，同时他们又不想成为纳西族，想成为独立的“纳”或者“纳日”。“蒙族”“蒙古族”就成为了他们当时最好的抉择，他们就选择了蒙古族身份，后来国家也给予了正式确认。

人民群众是历史的创造者，但人民群众离不开精英的领导。在四川地区蒙古族身份确立的过程中，民族精英起了很关键性的作用。地方精英的能力大小，往往决定了他们的民族诉求能否得以实现。1982 年，凉山地区蒙古族的地方精英都发挥了领袖的作用，组织“摩梭”族胞到地方政府请愿，请求获得蒙古族的身份。同时，在凉山地区也有部分人组织他们填写其他的民族身份。

当地民族精英的能力很大程度上决定着他们的民族诉求能否实现。1982 年，凉山地区蒙古族的民族精英们坚持蒙古族身份，并组织请愿表达自己的诉求，最终使得凉山两万多“摩梭”人的蒙古族身份得到政府的认可，随后还在县里成立了两个蒙古族乡。笔者在调研的时候了解到，1982 年当地“摩梭”群众聚众到地方政府请愿，希望恢复蒙古族的身份，这一事件便是地方民族精英组织的，之前亦有人动员他们填报其他民族，只是因部分民族精英的坚持，那些人没取得成功。

凉山州“摩梭”人，坚持自己蒙古族身份的诉求得到国家的确认。在四川地区的彭水县也得到了确立。有文章提道，“彭水县一个村（当时约为大队）约 1500 人，他们有一位族人是解放军的团长转业，在粮食局当局长，在普查该村时，组织了自己的族人，据理力争，才得以正确表达了自己民族的称谓，至今二十年过去了，约两千多人口在户籍中得以正确反映。”[①] 这就是民族精英所坚持的民族身份，之后就往往被确立为该地区的部分的民族身份，民族精英发挥了巨大的作用，拥有着很强的话语权。重庆市石柱土家族自治县的谭姓族人，因为没有民族精英群体的发声及支持，所以结果未能如愿。1982 年人口普查时也有动员这部分谭姓人申报改土家族，但他们并没有同意，坚持自己是蒙古族。拖雷支系诸王的子孙，要求回归蒙古族，但当地人口谱查工作组允许他们改土家族和苗族，不许改蒙古族，后只好作罢。因这部分谭姓蒙古人当时几乎全部为无文化的农民，仅有一个小学教师，所以无力与当地领导说清楚，至今仍被统计在汉族中[②]。

① 阿拉塔·扎什哲勒姆：《四川蒙古族》，香港：香港大地出版社，2004年，第22页。
② 阿拉塔·扎什哲勒姆：《四川蒙古族》，香港：香港大地出版社，2004年，第22页。

（三）贵州蒙古族身份的确认

据2010年全国第六次人口普查，作为贵州省18个世居民族之一的蒙古族，共有5.6万人，大部分分布于贵州省毕节市大方县、黔西县，铜仁市石阡县、思南县等地区。贵州省的87个县（市）中，有68个县有蒙古族的分布。贵州省的蒙古族识别，绝大部分涉及“铁改余”的问题。根据《余氏家谱》记载，贵州的蒙古族基本都是明末清初之际从四川迁徙到大方县、黔西县、思南县、石阡县等地。1954年，国家进行民族识别，贵州的蒙古族识别问题没有得到解决。虽然贵州地区的蒙古族现如今除了不过中秋节之外，基本很少保留有蒙古特色的特征，但这并不影响他们愿意被识别为蒙古族的认同意识。后来贵州“铁改余”蒙古族被国家识别，最初还是源于1981年四川西昌姜坡有12名“余姓”老人联名向有关部门反映，声称他们是“铁改余”的后裔，要求恢复他们蒙古族的身份。从此就拉开了以西南地区为主的“铁改余”蒙古族认祖归宗的序幕。

1983年1月29日，大方县的余其鸳、余洪涛、余尚谦、余尚书、余尚友5人正式向大方县人民政府提出要恢复蒙古族族籍的申请。他们诉说道，因为历史上作为蒙古族一直受到歧视，所以明清以来就隐姓埋名，把铁姓改为余姓，以免杀身之祸。但是中华人民共和国成立以来，特别是1981年根据国务院人口普查领导小组、公安部、国家民族事务委员会《关于恢复或改正民族成份的处理原则的通知》的规定，“凡属少数民族，不论其在何时出于何种原因，未能正确表达本人的民族成份，而申报恢复其民族成份的，都应予以恢复”，“一个村或一个地区居民恢复或改正民族成份，须经县以上人民政府调查认定方可办理”。这一文件的出台，使得他们存在已久的恢复蒙古族身份的呼声愈来愈强。针对这种情况，大方县人民政府很是关心与重视他们提出的申请，于是委派以荣盛为核心的调查组开始了对贵州蒙古族的民族识别调查工作。调查组看到了申请者们提供的清同治八年（1869年）余洪珍修的《余氏家谱》[①]，里面确实有“我余氏祖奇渥温，胡人也。入华夏而起朔漠，初号蒙古，铁木真出焉……吾祖铁木建，是其后裔也”。根据这些记载，调查组进行了科学的考证：家谱记载的时间与历史时间能对得上；

① 另有学者指出大方余姓有保存下来的明代嘉靖三年（1524年）、清宣宗道光三十年（1851年）续修的《余氏家谱》，记载诗句大概一致。

很多不识字的余姓村民基本都能背出当年兄弟十人（一妹夫）分别的诗句“余本元朝宰相家，红巾构叛入西涯。泸阳岸上分携手，凤锦桥边插柳椏。否泰是无皆是命，悲伤恩我又恩他。余字原无三两姓，一家分作万千家。十人誓愿归何处，如梦云游浪卷沙。后来贫富须相认，千朵桃花共树芽”。这是一种共同的历史记忆，是几百年来一直传承下来的，一直影响着余氏的世世代代。还有大方的余姓不论是农民、小学教师、银行工作人员还是村里的领导班子都坚信他们就是蒙古族的后裔，都有着很强的民族愿望。而且当地余姓的其他民族也有很多人都听老人们说到过余姓是蒙古人不是汉人的说法。再有大方余姓的婚姻、服饰以及敬酒方式都或多或少有一些蒙古族风俗习惯的保留，虽然和内蒙古的蒙古族有着很大的差异，不过这种差异并不能说明他们就不再是蒙古族了，因为经过了明、清、民国的七百余年的洗礼，很多风俗习惯肯定会受到周边其他民族的影响，这是民族融合的一种表现。以上诸多的证据，使得“铁改余”蒙古族的识别逐渐有了转机。

1984 年 10 月 30，依据民政部和贵州省人民政府的相关文件，本着“一村或一个地区的居民恢复或更正民族成分，须经县以上人民政府调查认定方可办理”的精神，大方县人民政府在 1985 年 7 月 20 日批复：

大方县民族识别办公室：你办根据大方余姓返本归源蒙古族的申请，组织本民族干部经过一年多的调查，查明大方余姓确系蒙古族铁氏后裔，只因当时奸臣诬陷铁氏兄弟谋反朝廷，恐遭诛灭，铁氏弟兄统家窃负而逃，到西川，隐姓埋名，改铁为余，以求生存。经县长办公会议审议，认为大方余姓申请返本归源为蒙古族是有依据的。

大方县批复之后，大方的余姓蒙古族被识别出了 1 万多人，占整个贵州省蒙古族总人口的将近一半。1991 年蒙古族和彝族建立了大方县凤山彝族蒙古族乡，也是贵州省唯一的一个蒙古族聚居乡。而黔西县、思南县、石阡县等地的余姓纷纷拿出本家的《余氏家谱》，并有着强烈的民族认同，于是都改成了蒙古族。1982 年第三次人口大普查的时候，贵州省蒙古族只有 719 人，1990 年第四次人口大普查增长到了 24025 人，第六次人口大普查，已经有 5.6 万多人。主要是“铁改余”的蒙古族认同被国家确认的结果。

二、对本民族属性的认识和接纳差异

西南蒙古族人口对蒙古族的身份认识、接纳程度存在着很大的差异性，因此各族群在资源竞争和权力分配体系之中有着不同的地位。因云南、四川、贵州的蒙古族人口都生活于多民族杂居区，三个省份的世居少数民族在整个中国都是最多的，但是蒙古族人口中在此的总人数却是相对较少的。因此，无论从区位还是人口数量来说，西南蒙古族人口都是“弱势群体”，加之蒙古族人口主体分布于北方的蒙古草原，使得他们在本民族内部也属于边缘族群，即使在其同一区域族群内部也有被边缘化部分，因而存在着民族自我认同巨大差异。

（一）云南地区

1988年1月，经云南省人民政府的批准，成立了兴蒙蒙古族乡，隶属于通海县。兴蒙蒙古族乡是云南地区唯一的蒙古族聚居乡。下面将以兴蒙乡为主要切入点来详细论述云南蒙古族对国家给予的民族身份认同与否、自我认同分层现象及利益诉求，此外还将以“云南蒙古族研究会”为例来探讨社会精英对自我认同、国家认同的推动与阐释。但是无论如何，云南兴蒙乡蒙古族人口对其蒙古族民族身份的自我认同和国家认同程度比四川地区蒙古族人口高很多，具体表现在蒙语教育、建筑特色、“那达慕”大会以及与内蒙古的交流等方面。

20世纪50年代，国家进行民族识别，云南部分蒙古人在相关政策的引导下，被识别为“蒙古族”，并且经过相关手续登记，在法律上确定身份与其他民族之间划清了“边界”。今天的云南蒙古族由特殊的历史环境造就，拥有其自身的特点。由于和周边民族进行了长达七百多年的融合交往，云南蒙古族在许多文化特质上已经与其他民族融合，特别是往来最多的汉族。云南蒙古族受汉族文化的影响最深，对汉文化也有较高的认同度。这在云南蒙古族中形成一种特殊的认同状态，就是对蒙古族身份和汉人身份的双重认同，他们在这种双重身份之间游移。

云南蒙古族人口身份确立已有几十年，但是在生产生活中，这群人“汉族”身份意识仍会有意无意地表现出来。因为“共同心理素质这个特征不仅是区别不同民族的一个重要标志，而且是诸特征中最活跃、最有生命力的持久因素”，“是保持民族界限的最后一道屏障和藩篱”[①]。笔者曾在兴蒙乡进行长期调研，多数村民反映说：“我们平时基本上不穿蒙古族的衣服，只有一些老年妇女还会穿具有蒙古族服饰特色的‘三滴水’衣服。服装上我们和汉族基本没有什么区别，别人也看不出来我们是蒙古族。”但当有人问及他们对自己的蒙古族身份认同与否之时，他们则会很肯定地回答自己就是蒙古族。这说明他们在“汉族”和“蒙古族”双重身份认同之间游移，这使得他们在不同的场景中表现出对身份的不确定性，依然会有蒙古族身份的困惑。在特定节日期间，兴蒙乡蒙古族会举办带有明显蒙古族特色的文化表演活动。例如，笔者在兴蒙乡调研的时候，兴蒙乡学校在“六一”儿童节期间就举办了带有蒙古族特色的文化展演活动。表演的舞台是一个蒙古包的形状，还以“草原花”的图案进行装饰。在服饰上，女学生身穿“一叠水”三件套，男学生则穿上蒙古袍。文化展演的合唱比赛曲目有《蒙家儿女乐》《我们是草原的儿女，成吉思汗的子孙》以及兴蒙乡蒙古族校歌等，表达了对北方同一个民族亲人的思念之情。另外还表演了蒙古族特色舞蹈——“安代舞”。这些具有蒙族特色的文化展演，不断地提醒着兴蒙乡的蒙古族同胞：虽然是生活在远离北方典型蒙古草原的西南蒙古族，但是和北方蒙古族是血脉相连、同根同宗，没有根本上的区别。

观察可知，在历史上云南蒙古族人口与汉族的交往十分紧密，其自身文化特点在很大程度上已被汉族无限趋同。而且这种文化的变迁，让蒙古族对汉文化有较深的认同，以至于在日常生活中两种身份已不必界分，所以表现出文化认同和民族认同关系上的模糊性。但是在特殊情况下，他们又会以蒙古族身份和其他民族之间划定此疆彼界的族群边界，这时候他们对自己蒙古族身份的认同感也会比平时更加的强烈。例如与其他民族有矛盾纠纷的时候，需要凝聚整个民族团结一致对外的时候，他们就会强化自己的民族认同。所以，民族认同的根基源于各族群之间互动而产生的差异，也就是说，族群之间的差异需要相互的比较才有区分，失去了“他者”，那么“自我”也就变得毫无意义。在不同的情境中，民族认同会随着相应的利益取向进行舍取和调整，利益和社会资源在一定程度上影响着一个民族认同的取向。

① 熊锡元：《民族心理与民族意识》，昆明：云南大学出版社，1994年，第13页。

云南蒙古族人口的利益诉求可以分为两个方面：其一是代表官方的利益诉求，这部分包括地方士绅精英、知识分子、政府官员等群体；其二是代表民间利益诉求，这部分群体主要是普通民众。从官方阶层来看，主要是寻求本民族在国家民族政策中的政治经济地位，获得更多的国家民族优惠政策，以及民族自觉，使本民族文化能够传承下去。从其民间群体来看，他们对自身利益诉求是主要因素，他们不具备官方诉求的高度。但不论是官方还是民间，他们对自身的民族身份都有着极强的认同，不过这种认同不是时时处处都表现出来，而是潜移默化于日常生活之中，不易被外人感知。尤其是年龄较大的群体，对认祖归宗的要求很是强烈。

官方阶层诉求和民间阶层诉求到底有什么不同，这是笔者一直思考的一个问题。首先，官方阶层由于其自身所处特殊地位，在很多时候扮演的是国家的“代言人”，他们很好地发挥自身在“国家—地方政府—民众”这个关系链中的作用。其次，对各级政府部门而言，这个阶层代表了整个云南蒙古族人口的利益。但是，在现代社会背景下，有些官方阶层主要考虑的是如何让自己本民族在激烈的社会竞争中占据一席之地，在民族竞争中处于有利的地位，延长自己的“政治生命”。基于此，“兴蒙蒙古族乡”和“蒙古族”就作为了一个可以争取的社会资源（如升学加分）。少数民族的优惠政策和相应社会地位也会在很大程度上影响他们的民族认同感和民族自豪感。在他们看来蒙古族的一些文化特质是代表其蒙古族身份的重要标志，通过这些蒙古族的文化特质，维护自身的蒙古族身份，不断在后人中传承着蒙古族身份。

和官方阶层相比，民众阶层的诉求大多是基于个体的现实利益，比如他们成为蒙古族之后，能得到什么优惠政策和现实利益。他们多是从自身及家庭的角度来考虑的，但不排除在广大群众中存在着较为纯粹的蒙古族自豪感。笔者在兴蒙乡走访调研时了解到，当地蒙古族在被问到为什么会认同自己是蒙古族时，“子女升学可以加分”“孩子就业有照顾政策”是他们认同的主要因素，但他们同时也认为蒙古族的身份会让他们倍感自豪。国家、内蒙古等多方都给予兴蒙乡蒙古族很多的优待与帮扶。例如，国家帮助兴蒙乡修建通海县最大的通海兴蒙学校，兴蒙乡蒙古族学生中考、高考可以加分。在 2011 年“那达慕”大会期间，兴蒙乡与内蒙方面达成一致，内蒙古的大学会接收一部分高考没有达线，但是比较优秀的兴蒙乡高中毕业生，这些都是针对蒙古族身份的优惠待遇。民族优惠政策与其民族身份紧密相连，让蒙古族身份充满吸引力。20 世纪 50 年代以来，随着民族身份的制度化与民族优惠政策确立，兴蒙乡蒙古族在升学、就业、计划生育、少数民族干部培养等方面都有优惠。在这些利益的驱使下，他们对自身蒙古族身份的认同感也日益强烈，民族意识不断强化。

"铁改余氏"在西南地区是一个庞大的群体，他们自称蒙古人后裔，祖先姓"铁"，元王朝灭亡后，他们的祖先在此隐姓埋名，为了躲避明兵的追杀，便说自己姓"余"，从而逃过一劫，才得以繁衍子孙。曲靖市沾益区"铁改余氏"的余廷达老先生自筹经费编写了《西南蒙古族铁改余氏宗族志谱》，以提醒族人不忘自己是蒙古人后裔。但是，目前有许多自称蒙古人后裔的"铁改余氏"没有被官方承认为蒙古族（身份证上是汉族），这本族谱也成了他们要求恢复蒙古族身份的首要依据。余廷达老先生以年近八十岁的高龄，还在为恢复"铁改余氏"蒙古族身份而奔走着，这不能不说是一种顽强、锲而不舍的民族认同感！这部分人群以共同的"历史记忆"为基础，不断形塑、传承和弘扬民族归属意识。

民族心理认同是民族共同心理的一部分，它具有对内认同，对外分界的功能。[①] 在不同的情境下，他们为了个人的利益，会对族群身份做出相应的选择和调整，甚至会避免谈及对自己不利的民族身份。

根据以上分析，我们可以得出这样的结论：在族群互动的过程中，族群成员会基于自身利益的需求选择身份认同，这导致了认同的多变性。随着交通的便利，生活条件的改善，云南蒙古族人口与外界社会互动增加，他们意识到了自己具备可供选择的多重民族身份在族际交往中带来的好处颇多。

影响民族认同的多种因素中，社会精英起着十分重要的作用。有相当数量的云南蒙古族知识分子担任各种公职，这部分人一方面是国家的"代言人"，在地方上贯彻国家的民族政策，做到在信息上上传下达；另一方面，他们又是云南蒙古族的代言人，是本民族的利益代表，因为"他们往往是双语人或多语人，是各种文化之间的沟通者，尤其是官方和地方、异地和本土之间的中间人，他们所掌握的信息、知识、关系和社会地位，使他们很容易代表本族群从政府获得各种物

---

① 董文朝、董文梅、张蓓蓓：《云南通海蒙古族民族心理认同研究》，《云南民族大学学报》（哲学社会科学）2012年第3期。

质和符号的资源”[①]。

“云南蒙古族研究会”是在云南民族学会指导下建立的民间组织，成立于1997年4月26日，主要研究云南蒙古族人口的历史与文化，主办期刊《云南蒙古文化通讯》，刊载相关专家和民间的学者文章，还经常与内蒙古进行文化交流，力图发扬云南蒙古族文化。近些年来，在推进文化交流方面云南蒙古族研究会做了以下工作：1997年7月，与内蒙古就开展两地历史文化研究、经贸往来的可行性交流研讨；1998年9月，与中国台湾蒙古族同乡会草拟了双方文化交流合作意向书；1999年12月，两次在昆明、玉溪召开云南蒙古族历史文化及经济发展研讨会，拟团结一批本民族及其他兄弟民族的专家和学者，一起为云南蒙古族及其所居住地其他兄弟民族发展经济、共同繁荣出谋献策；此外有人还经常进行“寻根访乡”活动，自费去内蒙古调研和寻根[②]。

随着社会互动的愈加频繁，精英阶层逐渐意识到，“蒙古族”和“兴蒙蒙古族乡”是一项可以作为争取社会资源的有效途径，不仅可以寻求更多的地方经济发展合作机会，还可以为升学和就业创造机会，又可以因实践民族区域自治权利而带来安全感、荣誉感；另外，随着当地代表蒙古族特征的“元素和符号”日渐消失，云南蒙古族研究会还基于对本民族传统文化逐渐丧失的担忧，参与了一系列蒙古族文化再造活动。但是对普通民众而言，他们不具备双语能力，缺乏相应的知识和社会权利，所以在这场“轰轰烈烈”的民族文化再造活动中，普通民众处于“失语”状态，他们更关心维持自己的生计和孩子升学等现实性问题。所以，精英阶层的民族意识是自觉性的和工具性的，普通民众的民族意识则是在精英阶层动员下被激发出来的。

在某种特定语境下，云南蒙古族人口对民族认同的自我表达，呈现出一种民族认同与文化认同的模糊和重叠的现象。干部阶层和普通民众由于生活和工作环境的差异，其民族认同往往不同，干部阶层有机会去参与选举、干部选拔等，这些都有助于他们产生民族身份的认同，因为与切身利益紧紧联系在一起，他们更

① 纳日碧力戈：《现代背景下的族群建构》，昆明：云南教育出版社，2000年，第42页。

② 马世雯：《云南少数民族文化史丛书·蒙古族文化史》，昆明：云南民族出版社，2000年，第321—322页。

容易意识到自身民族身份的重要意义。而对于普通民众而言，由于文化水平较低，对本民族内涵缺乏了解，所以民族身份对他们而言就显得不那么重要。例如，现在的云南蒙古族年轻人认为，穿不穿自己的民族服饰是无所谓的事情，他们需要舒适、大方、靓丽而时髦的衣服，而现代服装完全可以满足这一点，所以在兴蒙乡年轻的姑娘和小伙子基本不穿本民族的服饰，只有在“那达慕”大会上会穿一下。也就是说，传统民族服饰对他们而言不是蒙古族身份的必要符号元素。

除此以外，在兴蒙乡年龄比较大的老人还保留着对本民族的历史记忆，这种以共同的历史记忆和残存的文化特质为纽带，衍生出最原生的民族情感，成为老年人维持蒙古族民族认同的主要因素。至于中年人和年轻人，他们的民族身份认同相对于老年人来说比较淡薄，由于传统文化逐渐消失，他们对民族的概念都不是很清楚。现在学校里有许多汉族老师，他们也不会有意地去向学生们传授蒙古族的民族观念，学生们只是在自己入学填写民族成分时，记得父母告诉过自己要填写蒙古族，仅此而已。这也是兴蒙乡蒙古族民族认同所面临的困境。

于是云南兴蒙乡蒙古族就从蒙语教育、建筑特色、民族节日、文艺活动、与北方蒙古族交流等方面来重新塑造、加深、固化自己的民族认同感，通过实施民族政策提升群众对国家的认同感。

由于历史原因，兴蒙乡蒙古族人口早已丧失了北方蒙古族的语言。现在为了体现民族的特色，在乡政府的带动下，全乡开展蒙语教育。但是在兴蒙乡已经没有人懂蒙语，当地政府只能从头开始。笔者从相关人士处了解到，兴蒙乡从1981年开始向内蒙古派学生学习蒙古语文[①]，1982年在乡小学恢复蒙语教育，开设蒙语课程，连续几年从内蒙古锡林郭勒盟师范学院请老师来教蒙语。乡政府还专门开办了蒙语“扫盲班”，利用晚上的时间让乡里的待业青年学习蒙语。

经过了几年试验性的教育，当地政府发现情况并不乐观，学生虽然在学校学了蒙古语，但平时根本用不上，日常生活中还是在用喀卓语交流，而喀卓语的发

① 1981年当时的新蒙乡派出了9名初中毕业生（3男6女）赴内蒙古锡林郭勒盟东乌旗学习蒙古语文，《通海县兴蒙蒙古族乡档案》组织人事监察类，第53卷。

音与蒙语的发音完全不同，这也增加了学生们学习的困难[①]。就像奎书记所言："其结果却让我们大失所望，当时是学会了一部分单词，但是由于发不了蒙语音，又由于喀卓语的影响，效果很不理想，过后就忘了，因为蒙语在我们日常生活中根本用不上。"曾担任兴蒙乡小学校长的赵汉章老人也告诉笔者："在七八十年代的时候学校是有蒙语课程的，还专门从内蒙古请来两位老师教授蒙语课程，后来在学校开设了一个蒙语班，把当时闲暇在家的一些社会青年召集起来集中学习蒙语，一个星期开设两节蒙语课，最后的效果很不好，学生们普遍反映学蒙语要比学英语还难，因为我们日常生活中使用的喀卓语大部分跟蒙语是不通的，相同的只有 10% 左右，学了之后也没有多大用处。"后来，当地政府就停止了蒙语教育，如今在兴蒙乡会说蒙语的人依然寥寥无几。

对于兴蒙乡的蒙古族来说，蒙语作为"民族象征"，有助于构建本民族的认同感，有助于促进本民族成员的民族感情和民族意识的觉醒，但客观事实是在日常生活中并没有多少实际用处，因此难以继续施行。

除了开展蒙语教育以外，为了实现民族文化复兴，强化民族认同感，乡政府还在乡里进行建筑特色改造，包括对民居进行"蒙古化"的改造，恢复蒙古族传统节日——"那达慕"大会，更换店铺的门牌，从内蒙古运来材料搭建蒙古包作为酒店的包间使用[②]，以彰显蒙古族文化特色；还有召开学术会议[③]，编写乡志。[④]此外，为了让本民族的特色语言喀卓语得以代代相传，乡政府出资编写了《云南蒙古族"喀卓"语汇编》，在兴蒙乡内部发行。一位乡政府工作人员告诉笔者说："我们要打造离开草原以后的高原蒙古族文化，跟草原文化相区别的云南高原蒙古族文化，叫作'云南蒙古人的前世今生'。目前我们还是要依靠内蒙古给予我

① 据乡政府已退休的奎来团书记说："当时学生们学习蒙语很困难，基本只记得几个单词，而且过后就忘，比学英语还要难。"但是，如今一个更为令人担忧的问题是，由于喀卓语只有语言没有文字，现在的中年人用喀卓语讲"左手"和"右手"都已分不清，而那些一二十岁的孩子们更是不会说喀卓语，再过几十年甚至是百年，这种独特的语言很可能会消失。

② 据此次笔者实地调查，乡里要建设具有蒙古族特色的民居和部落，还有蒙古包，甚至是星级酒店，但是能否实施还需要有关的专家进行考证以后才能定夺。2011年"那达慕"大会期间，乡里还专门从内蒙古运回了6个蒙古包，作为当地一家酒店的包间使用。

③ 2003年组织召开了"中国蒙古族历史与文化国际学术研讨会"。

④ 2003年乡政府组织编写了《兴蒙蒙古族乡志》。

们的援助，因为内蒙古是我们的故乡，我们兴蒙乡有首歌叫作《我们是草原的儿女，成吉思汗的子孙》，我们人人都会唱。”这些举措对云南蒙古族人口的民族认同的强化具有一定的积极作用，是云南蒙古族人口民族认同和民族归属的展现和回归。

在建筑文化上，在兴蒙乡最具代表性的就是“三圣宫”的修建。“三圣宫”原叫“关圣宫”，正殿内塑立关云长等人的泥像，而神像于1967年被毁。1986年，白阁村的老人们提议义务出资重修关圣宫，但是在塑立什么泥像的问题上发生了分歧，有人建议继续塑立关帝像。而云南省社科院的杜玉亭先生则认为再供奉关云长有些不妥，并在其《田野奇缘——从“关圣宫”到“三圣宫”》有记录：

当笔者（此处指杜玉亭先生）看到人们准备集资修复被“文化大革命”破坏的“关圣宫”时，马上向兴蒙乡退休的智者——老区长赵丕基同志提问：三国时的关云长对中国历史的贡献大呢？还是蒙古族祖先成吉思汗、忽必烈对中国历史的贡献大呢？我们本是1963年相识的老朋友，当即在这一话题下进行了具体讨论。丕基同志似有所悟，可笔者并未将“三圣宫”取代“关圣宫”的想法点破。谁知到了第二年，笔者竟收到参加“三圣宫”重建庆典的邀请，让笔者不得不为此田野奇缘而感叹。[①]

当他们意识到成吉思汗才是自己的祖先时，供奉汉族的英雄关圣公就有些说不过去了。于是就修建了供奉成吉思汗、蒙哥、忽必烈的“三圣宫”。

现在修葺一新的“三圣宫”也是云南蒙古族历史文化展览馆，上台阶一进大门的左右两边的长廊是兴蒙乡蒙古族的文化展板，用图文并茂的方式介绍兴蒙乡蒙古族的方方面面，有“甜瓜之乡”“兴蒙‘那达慕’”“建筑之乡”“鱼米之乡”“兴蒙蒙古族文化”“鲁班节”“祭祖节”“兴蒙乡特色饮食”“马刨井”“捕鱼工具”“生产工具”“党和国家对兴蒙乡的关怀”等。在长廊的尽头，立着几块石碑，分别是“以垂永久”“都元帅府建文庙碑”“敕授宣慰司总管始祖公讳阿喇铁木耳蒙古右旃”“元授元帅府镇边都元帅谥忠勇公二世祖旃公讳檀之墓”“永革三渔村官衙马草料碑”“河西县正堂晓谕中渔村后山管理事项碑记”，其中“敕授宣慰司总管始祖公讳阿喇铁木耳蒙古右旃”“元授元帅府镇边都元帅谥忠勇公

① 杜玉亭：《民族田野五十年——中国特色民族学的足迹》，昆明：云南教育出版社，2009年，第225页。

二世祖旃公讳檀之墓”“永革三渔村官衙马草料碑”这三块石碑的复制品现存“三圣宫”蒙古历史文化博物馆内。值得注意的是，当地政府和精英阶层更多是出于对现实的考虑，将那些有利于自己诉求实现的蒙古族文化特质向外界展示，即使有些文化特质已经失去了其社会功能，仅仅具有象征性的意义。这就造成了在民间文化认同与身份选择的矛盾现象，一方面人们手持蒙古族身份的证明，获取现实利益，另一方面却对复兴民族文化没有特别浓厚的兴趣。因此需要进一步构建属于本民族的文化特质，来满足本民族的内在需求。下面将以“那达慕”大会为切入点，进行详细分析。

云南兴蒙乡最为典型的民族节日是三年一度的“那达慕”大会，这是经由省民宗委确认的蒙古族传统节日。1981 年在兴蒙乡召开了首届“那达慕”大会。

当时的兴蒙大队首先向通海县委、县人民政府、县人大常委会提交申请举办“那达慕”的报告①，报告写道：

兴蒙大队决定于一九八一年十一月九日至十日举行那达慕大会。

“那达慕”大会是内蒙古自治区蒙古族传统的民族节日，“那达慕”即庆丰收的意思，在内蒙古凡是丰收年都举行。

兴蒙大队在上级党委的领导下，在民族政策的光辉照耀下，在干部群众的积极努力下，1981 年粮食增产，现金增收，商品增加，人口下降。对于举办“那达慕”大会具备了条件。

“那达慕”大会的主要内容是：

十一月九日召开大会，大会上由赴内蒙古探亲参观团的代表作传达；由参加全国少数民族国庆参观团的代表作传达；兴蒙大队党支部作 1981 年总结工作和 1982 年开展工作报告。

并请参加大会的内蒙古，云南省、地、县、社会各级领导代表讲话，来宾及兄弟民族代表讲话。

晚上，由兴蒙大队文艺队演出节目。

十一月十日，全面举行文艺游演活动；晚上电影晚会。

请通海县委、县政府、县人大常委领导亲临指导，并要求安排和通知在本县

① 《通海县兴蒙大队一九八一年关于第一届“那达慕”大会的会议材料》，全宗号44，目录号2，案卷号26，第1页。

工作的蒙古族的干部、职工和教员等回兴蒙大队欢度节日。

以上报告。

当否？请批示。

兴蒙大队党支部及管委会

1981 年 11 月 3 日

通海县直接批复了兴蒙大队的请求，于是兴蒙大队为欢度“那达慕”大会而做准备。分别邀请了内蒙古自治区人民政府原副主席奎壁，内蒙古政协第四届副主席李森，以及孔非、赵俞迁四人，云南省民委、省教育厅、省电视台、民族画报社、民族出版社、云南日报社的诸位领导以及云南省社会科学院历史所的杜玉亭、陈吕范、侯方荣、孙玉亭、马文东等专家学者，玉溪行政公署部门、地区群众艺术馆的领导以及玉溪一中的杨百辉，通海县委、县政府、县人大、县民委、县统战部、县文教局、县文化馆、县宣传部、县组织部、县计委、县农业局、县林业局、县水利局、县财政局等等，西城公社办事处、医院、供销社、邮局、配电室等以及东渠村、寸村、纳古回族群众 30 人，一共有 170 多人[①]。可知，兴蒙大队的第一届“那达慕”大会受到了多方的关注与重视，特别是内蒙古代表的到来，更是彰显了北方大草原的蒙古族和南疆的蒙古族都是一家人。在之后的每届“那达慕”大会内蒙古都会派代表来参加。如 1982 年 11 月 15—16 日兴蒙大队第二届“那达慕”大会上有包头市代表团、乌兰察布盟代表团等团体参加；1983 年 12 月 10 日兴蒙大队第三届“那达慕”大会有内蒙古锡林郭勒盟代表团、呼伦贝尔盟代表团、巴彦淖尔盟代表团、内蒙古画报社代表团等团体参加；1999 年 12 月 13—15 日兴蒙乡第八届“那达慕”大会邀请了内蒙古党委办公厅、内蒙古人民政府办公厅、呼特浩特市党委等团体参加；2005 年 12 月 13—15 日兴蒙乡第十届“那达慕”大会时，内蒙古乌兰察布市委办公厅、乌兰察布共青团、内蒙古民族事务委员会、内蒙古大学、内蒙古师范大学、辽宁阜新蒙古族自治县民族事务局、锡林郭勒盟委员会办公厅、内蒙古舞蹈家协会、中央人民广播电台民族广播中心蒙古语节目部、东乌旗委、东乌旗政府等纷纷发来了贺电。我们还应关注到首届“那达慕”节迎来了很多历史学家，对之后兴蒙乡的追根溯源提供了很

① 《通海县兴蒙大队一九八一年关于第一届“那达慕”大会的会议材料》，全宗号44，目录号2，案卷号26，第39—40页。

大的帮助。此外还有附近村的回族兄弟的参加，也显示出了兴蒙大队蒙古族和周围兄弟民族互帮互助、相互团结的和谐景象。首届“那达慕”大会于 1981 年 11 月 8 日上午开幕，整个兴蒙大队都动员起来，其作息时间表如表 4–1：[①]

表 4–1 兴蒙大队第一届“那达慕”大会作息时间表（1981 年 11 月）

	时间	内容	备注
8 日	8:00—12:00	做准备工作	
	14:00—17:00	迎接客人	
	17:00—	欢迎便餐	
9 日	8:30—9:30	早餐	
	11:00—16:00	大会	各级领导讲话
	16:30—19:00	晚餐	
	19:30—21:30	文艺演出	
10 日	8:30—9:30	早餐	
	11:00—16:30	迎游联欢节目	组织开展体育文艺活动
	16:30—19:00	晚餐	
	19:30—21:30	电影晚会	
11 日	7:30—8:00	早餐	
	8:30—11:30	座谈会	
	12:00—14:00	中餐	
	14:00	欢送客人	

兴蒙大队对首届“那达慕”大会的工作安排可谓是缜密，一共组成四个工作小组。政治宣传组由大队支部书记王玉龙、副书记华兆林，以及奎来团、期存新、杨建国组成，主要负责宣传教育、组织大会、传达汇报、做工作报告、广播宣传、标语口号以及布标等。治安保卫组由招文富、杨家武、官学全、奎汝忠负责，再安排各队抽调 20 名精干民兵，负责大会会场、演出节目场地等治安保卫工作。生活组由华兆林、禄长润、赵汝林、赵为先、赵凤生、赵成兰、奎如仙、赵鸿发

① 《通海县兴蒙大队一九八一年关于第一届“那达慕”大会的会议材料》，全宗号44，目录号2，案卷号26，第18—19页。

负责食宿以及招待工作。文艺组由招文富、华美仙、赵树标负责文艺演出，安排指挥乌兰牧骑队、学校文艺队等以及各大队的大会节目。并针对“那达慕”大会提出了几点需要注意的事项，以确保“那达慕”大会的胜利召开：①“那达慕”大会是庆祝丰收的大会，是体现民族团结的盛会，因此要服从大会的安排，听从大会的指挥；②兴蒙大队全体社员放假两天，节日期间，需要服装鲜艳、整洁，自带草墩，各大队及有关单位需按照指定的地点坐好；③迎游活动排列顺序为大队乌兰牧骑队、学校文艺队、一队、二队、三队、四队、五队、六队；线路为出大队大门出往东红旗河边下，进五队——四队——三队——二队——一队——绿溪村往红旗河边下——至六队结束；④各队放鞭炮要指定专人负责，严防意外事故的发生；⑤在本县工作的本民族的干部、职工，除了委托县上通知之外，要求各家属通知回家欢度节日等[①]。可知，兴蒙大队为举办“那达慕”大会，几乎是动员了兴蒙大队的全体群众，尤其是通知让本民族的干部、职工等也回家过节，更是增加了蒙古族内部不同阶层的民族认同。现在都能想象得到那种全民参与的其乐融融、热闹非凡的景象。

大会会场台柱子上写着“北雁南飞寄深情、南疆蒙民倍思亲”，旁边还有“我们是草原的儿女，成吉思汗的孩子！铁骨柔情啊！维系着凤凰山与大草原！”的条幅，会场上还摆有内蒙古大学赠送的“成吉思汗、蒙哥、忽必烈”画像[②]。这不仅仅在第一届“那达慕”大会上才有的场景。如兴蒙乡第三届“那达慕”大会会场上写有“热烈欢迎内蒙古同胞亲人”“南北同胞骨肉情、阶级情谊紧相连”等字样；第八届“那达慕”大会会场上写有“弘扬民族文化、振奋民族精神”“发扬民族优良传统，争取更大光荣”等字样。这些景象充斥着很浓重的蒙古色彩，内蒙古同胞对云南蒙古族的关切被摆放在最显眼的位置，这无形当中就给前来参加活动的人员（包括兴蒙大队的蒙古族、外地来的蒙古族、外地来的非蒙古族）一种原来这里和北方草原的蒙古族是同根同源的感觉。这种感觉随着活动的开展如内蒙古代表的发言，以及兴蒙大队对内蒙同胞的热烈欢迎与深切的思念，而愈

① 《通海县兴蒙大队一九八一年关于第一届“那达慕”大会的会议材料》，全宗号44，目录号2，案卷号26。

② 《通海县兴蒙大队一九八一年关于第一届“那达慕”大会的会议材料》，全宗号44，目录号2，案卷号26。

加强烈，这也正是兴蒙大队蒙古族强烈想要达到的目的。当然这种目的有兴蒙大队上层领导者以及精英们的“私心”在起作用，他们极力想构建出按照他们自身期望或者设想的方向发展的族群身份。他们想构建出怎么样的集体记忆？当然他们自身可能并不能很好地表达出来，但依然不影响这种集体记忆的建构。因为随着此类活动举办的次数越来越多，这种集体记忆在无形之中又注定朝着一定的方向发展。而这种发展，正是地方政府及社会精英们所期望的。只是参会成员知识结构、年龄、职业、工作环境及民族成分的不同，皆有着不同的理解。而受到影响最大的，无非就是没有受到较高文化教育或者说基本没有受到过教育的兴蒙大队蒙古族的普通民众，因为这部分群众在话语权中集体失声，他们表达不出或表达不清自己的利益诉求以及民族认同。因此，这就使得兴蒙大队普通民众只能随着地方政府及社会精英预先设好的方向发展。有时，这种民族认同构建又会偏离地方政府及精英们的预想，甚至朝着相反的方向发展。就如同自身越极力表达自己的身份是哪样，而就直接说明了其内部往往存在着很大的危机，而周边民族亦愈加强烈地认为这是一种典型的攀附。不论是地方政府、当地社会精英、当地群众大力对内、对外宣传自己是蒙古族的身份，当然有追求功利的目的，特别是当地政府、精英可能会得到更多的利益。但笔者认为，这种追求功利的目的只是外在的需求罢了，这种外在需求不能被过分解读。如内蒙古赠送的“成吉思汗、蒙哥、忽必烈”画像，这种追溯同根同源的内在需求才是大家应该深究的问题。我们要理解，兴蒙乡作为一个一直都坚守着自己的蒙古族身份的集体，实属不易。他们急需在现代化的进程之中，驱走那种漂泊在外的感觉，逐渐寻找到心灵的家园才是兴蒙蒙古人最内在的需求。

首届兴蒙大队“那达慕”大会会场周围还挂满了如“中国共产党万岁！中华人民共和国万岁！全国各族人民大团结万岁！”“加强民族团结，巩固发展安定团结”等标语。在之后的兴蒙乡举办的“那达慕”大会上都有类似的标语，如兴蒙大队第三届“那达慕”大会上台柱子上的“平大理建行省七百周年纪念，讲团结干四化致力振兴中华”，大门两侧的“迎嘉宾度佳节畅谈佳话，喜团聚庆团圆民族团结”，以及小标语如“民族团结蒙民欢度那达慕”，“奋发图强努力开创新局面”“加强民族团结，致力振兴中华”“伟大光荣正确的中国共产党万岁”“中华人民共和国万岁”“全国各族人民大团结万岁”；兴蒙乡第八届“那达慕”大会上的“加强民族团结，振兴民族经济”“万众欢腾，喜迎澳门回归祖国”“认真贯彻执行党和国家的各项方针政策”“为建设有中国特色的社会主义而努力奋斗”“高举邓小平理论的伟大旗帜，同心同德迈进新世纪”“伟大的中国共产党万岁”“伟大的中华人民共和国万岁”等等。这些标语都反映出了兴蒙乡蒙古族的国家认同感。的确，每位蒙古族同胞都对自身的民族有着浓厚的认同感，同时每位蒙古族同胞又是现代民族国家中的一员，属于这一国家。

民族认同一般早于国家认同，是国家认同的基础与前提。没有兴蒙乡蒙古族内部的民族认同，国家认同就如同没有了血肉，只剩下空壳的躯体。因此这些标语恰恰是其内部民族认同的升华，即上升到了国家认同。国家认同对于民族认同并不是一无所用的，国家认同为民族认同提供了保障。我们国家强调的是中华民族多元一体，国家认同之中是有血有肉的民族认同。正是国家认同，才减少了各民族之间的冲突，才缩小了各民族之间的心理距离，强化了各个民族之间的纽带关系，增加了各民族之间的亲和力，从而更好地巩固了中华民族多元一体格局，铸牢了中华民族共同体意识。

首届“那达慕”大会以及之后的“那达慕”大会都有北方蒙古族、云南各级政府所赠的祝词以及兴蒙乡自己所写的祝词，还有创作的各种歌曲等。如首届“那达慕”大会上兴蒙一队的普世彬所作：①

欢度丰收年

安定团结庆丰收，同心同德搞四化。
民族团结文明盛，四化建设有保证。
丰收盛会喜讯传，蒙民老幼尽欢腾。
蒙民共庆丰收年，家家户户喜欢春。
蒙家深感东风暖，丰年莫忘党恩情。
日暖花香庆胜地，春风正好领升平。
盛会齐开家户欢乐，蒙民集聚户户迎风。
六中全会真如北斗星，四化雄图体现人民情。

① 《通海县兴蒙大队1981年关于第一届“那达慕”大会的会议材料》，全宗号44，目录号2，案卷号26。因有些字难以辨认，笔者按照大意补上。

第二届“那达慕”大会上玉溪地区群艺馆赠兴蒙大队的诗作[①]：

建成天堂在人间

离开了茫茫草原，跋山涉水到云南。
离开了宝马金鞍，定居在杞麓湖畔。
马背上的民族英雄，变成了勤劳的渔民。
成吉思汗的子孙啊，日夜把草原深深怀念！
山断路断情难断，万里情思一线牵。
杞麓湖边思乡梦，草香入梦梦也甜！
思乡梦，梦难全，骨肉情，情无限……
天长路远魂飞苦，梦魂长夜系草原。
长梦难醒七百年，梦醒另是一重天。
万里长空挂彩虹，金桥玉路铺眼前——
两地探亲常来往，天涯咫尺常相见。
思梦乡，今日全，骨肉情，更无限……
今天欢庆那达慕，举杯洒泪庆团圆。
似梦非梦比梦美，似亲非亲胜亲人！
家家儿女手携手，家家儿女肩并肩。
四化路上建天堂，建成天堂在人间！

第三届“那达慕”大会上兴蒙乡所做的祝词：[②]

凤飞起舞，杞湖欢歌，蒙民欢庆那达慕！
鱼米飘香，六畜兴旺，蒙家喜祝丰收年！
平大理，建行省，隆重纪念忽必烈进军云南七百三十周年！
离开了茫茫草原，跋山涉水到云南。
离开了宝马金鞍，定居在杞麓湖畔。
马背上的英雄民族，变成了勤劳的农民。

① 《通海县兴蒙蒙古族乡兴蒙大队1982年关于第二届“那达慕”大会、省侨联、西畴县委参观团、乌兰牧骑代表团的讲话、大会材料》，全宗号44，目录号2，案卷号30。
② 《兴蒙大队1983年关于第三届“那达慕”大会的会议材料》，全宗号44，目录号2，案卷号33。

成吉思汗的子孙啊，日夜把草原故乡怀念。

十二大喜讯传到蒙家村寨，给蒙古族人民增添了艳丽的色彩。

马奶酒散发出沁人的清香，弹起马头琴弦跳起舞。

蒙族人民面向北京城，举起三杯酒。

唱起祝酒歌，尽情地把党来歌唱。

一杯酒献给伟大的党，感谢从黑暗中把蒙族解放；

二杯酒献给伟大的党，歌唱党给蒙族人民带来温暖；

三杯酒献给敬爱的党，赞颂党给蒙族人民指明方向。

蒙族人民高举十二大旗帜，努力开创社会主义建设新局面。

跟着党奔向共产主义远方！

还有那首著名的歌曲《我们是草原的儿女，成吉思汗的子孙》，歌词写道：①

我们是草原的儿女，成吉思汗的子孙，跨战马，执弯弓，征战南北，铁骑神驹过草地，革囊竹筏渡金沙，在旃儃的帅旗下，屯驻边卡曲陀关。

我们是草原的儿女，成吉思汗的子孙，植桃林，建学堂，开发滇南，威兵骑射保安宁，从尚斯文，倡教化，在旃儃的帅旗下，屯驻边卡曲陀关。

我们是草原的儿女，成吉思汗的子孙，牧草鲜，牛羊肥，思念乡亲，昂首北望云深处，辽阔草原马儿奔，低头沉思家乡美，亲人奶酒敬眼前，啊……哈……呵……低头沉思家乡美，亲人奶酒敬眼前。

第九届“那达慕”大会兴蒙中心学校献词：②

女：美丽的凤山歌唱，　　男：明净的杞湖起舞。

合：山欢水笑人如潮。

女：新装穿在身，　　男：笑颜挂脸上，

合：蒙乡佳节大吉祥。

女：唱不完的歌，　　男：跳不尽的舞，

① 《兴蒙大队一九八三年关于第三届“那达慕”大会的会议材料》，全宗号44，目录号2，案卷号33。

② 《通海县兴蒙蒙古乡政府一九九九年关于第八届“那达慕”大会的会议材料》，全宗号44，目录号2，案卷号146。

合：好戏连台来庆祝。

女：佳节逢盛世，　　男：盛世庆佳节，

合：大地欢腾齐欢庆。

男：听，东边锣鼓喧天，　　女：看，西边彩旗飘扬，

合：南疆蒙民齐声歌唱。

男：唱支动听的歌，　　女：一首优美的曲，

合：献给蒙古族人民的天骄——成吉思汗。

合：忆往昔，乌云翻滚，落伍的孤雁南展翅。

合：看今朝，阳光灿烂，勤劳的蒙民换新颜。

男：一幢幢高楼拔地起，　　女：一片片田野泛金光。

男：如今特产美扬名，　　女：传统建筑技精强。

合：党的政策暖人心，美好生活新气象！

女：火热的小伙子，　　男：多情的小姑娘。

女：我们尽情地唱啊！　　男：我们欢快地跳啊！

合：歌唱这欣欣向荣的盛世，欢呼这繁荣富强的年华。

女：锣鼓阵阵，鞭炮声声　　男：激情阵阵，佳音声声，

女：传遍江南，　　男：传遍神州。

合：喜看今日之凤山情，　　男：饱览目下这民族风。

女：千言万语，　　男：万语千言，

合：倾诉心中激情。

女：三杯甜纯酒，　　男：一首敬酒歌，

女：笑敬各位来宾，　　男：共庆丰收团圆，

合：欢庆这团圆下的丰收！

男：美丽的兴蒙，　　女：可爱的故乡，

男：草木青青，　　女：溪水潺潺。

男：桂花飘香，　　女：菊花欢放。

合：愿家乡儿女幸福安康！

合：愿祖国母亲繁荣富强！

第十届“那达慕”大会各个阶层带来的诸多歌曲：

美丽的故乡

高粱酿酒香又甜，手捧美酒敬亲人，一杯美酒庆丰收庆丰收，二杯美酒庆团圆，三杯美酒来祝福，民族情意紧相连紧相连。

富饶美丽的通海坝，绿水碧波的杞麓湖，五业兴旺的鱼米乡鱼米乡，南疆草原隔万里，凤山脚下的蒙古人，奶茶飘香在心中在心中。

草原迎宾歌

朋友来自天涯各一方，路途遥遥可平安。今日欢歌在一堂，哎呼，但愿情意地久天长。远方的朋友啊请你留下，草原就是你温馨的家。远方的朋友请你留下，哎呼，草原就是你温馨的家。

蒙家儿女乐

杞麓湖水清，凤凰山岭秀，蒙家儿女乐。问我为啥乐。北方亲人哟，万里来看望我。北方亲人哟，万里来看望我，万里来看望我。

祝酒歌

金杯里斟满了醇香的奶酒，赛勒尔外冬赛，朋友们欢聚一堂共同来干一杯，赛勒尔外冬赛。

银杯里斟满哟醇香的奶酒，赛勒尔外冬赛，朋友们欢聚一堂共同来干一杯，赛勒尔外冬赛。

丰盛的宴席上醇香的奶酒，赛勒尔外冬赛，亲人们欢聚一堂共同来干一杯，赛勒尔外冬赛。

草原情

我虽然不会讲蒙古语，但我深深地爱着草原。我虽然不穿着蒙古袍，可我爱喝飘香的奶酒。朋友们朋友们，欢迎你来家做客。朋友们朋友们，看看我那家乡的草原。

我虽然不穿着蒙古袍，但我眷念辽阔的牧场。我虽然不敢骑草原的骏马，可我爱听悠扬的马头琴。朋友们朋友们，欢迎你来家做客。朋友们朋友们，看看我那家乡的草原。

蒙古人

洁白的毡房炊烟升起，我出生在牧人家里。辽阔草原是我成长的摇篮。

养育我的这片土地，当我身躯一样爱惜。沐浴我的江河水，母亲的乳汁一样甘甜。

这就是蒙古人，热爱故乡的人。

以及访问兴蒙蒙古族地方找到的其他的诗抄，如：

凤凰山

展翅欲飞的金凤凰山啊，
看看你那倒映在杞麓湖上的姿容。
由于红太阳光辉的普照啊，
你才能林木青翠，硕果火样红。
还有那参天屹立的苍松翠柏，
宛如你闪射着光彩的丰满羽翎。

展翅欲飞的金凤凰山啊，
看看你那怀抱里的蒙古族群英。
他们跟友爱的兄弟民族亲密团结，
同心协力推进着革命事业的进程。
欢乐的歌声啊，此起彼伏，
幸福的生活啊，如海沸腾！

展翅欲飞的金凤凰山啊，
你为何瞻望远方跃跃欲飞？
你同英雄祖国的千山万岭，
你同汹涌澎湃的千江万水，
你同友爱的兄弟民族一起，
准是急于奔向美好的共产主义！

再如：

杞麓湖

杞麓湖的水啊，
粼粼碧波随风荡漾，
你像给来访的亲人，
煮开的一锅乳浆。
掬饮这甘美的湖水，
能使人身强体壮！

你对祖国的每一个民族，
概不嫌弃——一律哺育；
你对故土的每一个亲人，
一视同仁——同样抚养。
掬饮这甘美的湖水，
能使人身强体壮！

蒙古族的贫下中农，
当他们讲起悲惨的已往，
总是提到杞麓湖的水啊，
曾用它的乳汁将自己喂养。
掬饮这甘美的湖水，
能使人身强体壮！

你用肥美的鱼儿，
将饥饿的人民养活；
你救济贫穷的蒙古族人民，
心地善良而慈祥。
掬饮这甘美的湖水，

能使人身强体壮！

你是北方的流浪者，
得到拯救的地方；
在如今黄金般的时代，
你又成为“仙水”的故乡。
掬饮这甘美的湖水啊，
能使人身强体壮！

湖里的水鸭和野雁，
将故乡的信息传递；
碧绿的湖水啊，
灌溉着茁壮的秧田。
掬饮这甘美的湖水啊，
能使人身强体壮！

南方和北方，
虽相距万里，
杞麓湖和草原的额吉淖尔
却同属一母所生的姊妹。
掬饮这甘美的湖水啊，
能使人身强体壮！

兴蒙大队群众的创作，如：

蒙家儿女心向北京城

凤山起舞杞湖欢唱，美好赞歌向北京，
中河河水闪银光；歌唱领袖毛泽东；
“喀卓”进入新时代，朵朵金花向阳开，
全靠救星共产党。蒙家儿女紧跟您。

再如：

蒙古族女民兵

蒙古族女民兵，蒙古族女民兵，
心红志坚斗志昂，练兵场上杀声紧，
阶级斗争记得牢。杀得敌人无处躲。
站在凤山望北京，颗颗红心向着党，
紧握枪杆保边疆。继续革命永向前。

这些祝词、贺词、歌曲、诗抄无不表现着兴蒙乡蒙古族对北方蒙古同胞浓浓的思念之情，时时刻刻都想回到北方的“故乡”。他们只能借助祝词、贺词、歌曲、诗抄等来慰藉他们内心的思念。由于这些创作来自不同的阶层，因此不仅仅只是地方政府、地方精英们的意愿和思想表达，更有普通民众内心最深处的声音。他们这种内心深处最深沉的呐喊是无法模仿和模拟的，这是民族心声的表达，更是一种“情到深处自然浓”的感情宣泄、自然流露。特别是男女情歌的对唱，一般都是群众耳熟能详、即兴唱诵的，这种形式的传唱，使得民族认同长久地飘荡在凤山上空、杞麓湖畔。当然，民族认同、国家认同亦离不开民族精英阶层，精英阶层往往具有更多的知识、权威及社会影响力。特别是国家意识并不是在民众之中直接自发形成，需要一定的引导，而精英阶层恰恰扮演了这一引导人的角色。他们在“那达慕”大会上吟诗作赋，加强民族内部团结及认同的同时，又与其他各民族进行交流、沟通，加深兴蒙民族内部认同和其他民族之间的国家认同。在求同存异的交往过程之中，强调了本民族的认同，也理解和包容其他民族的文化，从而形成对国家共同体的认同。而由于大部分民众并不太了解国家的相关政策和宣传，因此精英阶层也就不免成为他们加深国家认同的引路人。

总之，兴蒙乡蒙古族在政府和民间层面都形成了主动接受国家赋予的蒙古族身份的局面，在历史和现实之间实现了资源的合理整合，作为云南蒙古族的名片已经蜚声海内外。

（二）四川地区

四川蒙古族人口构成远比云南蒙古族的情况复杂得多，对蒙古族身份的认同可谓是“仁者见仁，智者见智”，杂糅了各个阶层、各个群体、各个区域的不同意见，即使各阶层、群体、地区内部也持有不同的意见，就连出生于该地区的历史学家、民族学家、人类学家等也都各抒己见，为该地区蒙古族的问题争得面红耳赤，相持不下。笔者无意卷入到这场“鏖战”之中，只是从联系历史、联系背景，特别是从增加民族感情、民众自觉、主观认同、心理素质的立场出发，从本土人即“我者”的角度看此问题。当然这其中必须还要加入“美德与正义”的考量，充分考虑本地人的尊严[①]，聆听来自四川不同族群自己的心声，从而准确地理解当地人不同程度的蒙古族认同，为更好地巩固和强化国家认同打下坚实的基础。有了“各美其美”与“美人之美”，距离“美美与共”的和谐四川就更加接近。

蒙古人进入四川地区之后，他们为了生存改变自己以适应新的生存环境。但是，不管怎么改变，祖先辉煌的历史使得他们内心一直都保留着对蒙古族强烈的民族认同。凉山地区的“摩梭”人，在精英阶层的带领下经过长期的努力，其蒙古族的身份诉求终于得到政府的认可。但是，这些蒙古族同胞恢复其蒙古族身份的过程中也充斥着很多偶然性因素，这或许也是后来他们内部不团结的一个原因。由于四川地区蒙古族居住环境和草原地区有很大的不同，为了适应这里的生存环境，他们融入当地民族的生活，从而其生活习俗、宗教信仰、节庆活动都发生了很大的变化。四川地区相对于北方草原蒙古族来说处于一个比较边缘的地位，相对于西南地区民族众多的情况，也是处于一个比较边缘的地位。因此就呈现出不同的民族认同，从而影响到国家认同。1984 年，四川省政府批准在盐源县蒙古族人口聚居的两个地方分别成立了大坡蒙古族乡和沿海蒙古族乡，并分别在 1984 年的 11 月 1 日和 10 日召开了非常隆重的成立大会。木里县的项脚蒙古族乡和屋脚蒙古族乡是之后相继被政府批准成立的，加上这两个蒙古族乡，四川地区共有四个蒙古族乡。虽然四川地区成立了蒙古族乡，可是内部因为各种复杂

① 纳日碧力戈：《全球化视野下的中国民族关系研究：内视、自觉与正义》，《中央民族大学学报》（哲学社会科学版）2011年第6期。作者谈的是通过内视、自觉与正义来处理民族关系，笔者认为也可以借鉴过来处理不同群体文化认同之间的关系。

的情况，分歧较多，存在各种“声音”。

以马喇长官司长官阿氏、葛氏，古柏树土千户郎氏，瓜别安抚司安抚使己氏，中所土千户喇氏，右所土千户八氏，左所土千户喇氏，前所土副千户（清为土百户）阿氏，后所土副千户（清为土百户）白氏后裔为代表的政治精英们在 20 世纪 50 年代和 80 年代进行民族识别时，大都坚持自己是蒙古族的后裔。马喇长官司长官葛氏土司，在 1954 年被识别为汉族，此后他们就积极奔走。1984 年 5 月 3 日，葛善政的儿子葛世泽、入赘阿喇氏葛善忠的儿子葛世兴写了申诉材料，强调自己是蒙古族的后裔，而且又是少数民族上层人士的子女，应给予优待[①]。

古柏树土千户郎氏土司，清末以来一直都自称为蒙古族的后裔。右所土千户八氏土司，八成基曾担任盐源县文教科科长，因于 1954 年杀人而入狱，病死狱中。其正妻葛家菊曾担任“办妇理”，后进入盐源县政协，改嫁喇总管的儿子喇品文，葛氏也称自己是蒙古人的后裔。左所土千户喇氏土司喇宝成在 1957 年期间去内蒙古参加自治区成立十周年庆，回来之后，就大力宣传蒙古族文化，并认为自己就是蒙古族的后裔，着实影响了一大批人的民族认同。喇宝成的弟弟喇甲次的儿子喇明清现在西南民族大学任教。前所土副千户（清为土百户）阿氏土司阿启文，中华人民共和国成立后调入木里县教育局工作，现已退休。此外还有瓜别安抚司安抚使己氏、中所土千户喇氏、后所土副千户（清为土百户）白氏他们的后裔也大都认为自己是蒙古人的后裔，因清末、民国期间“香火”已断，到中华人民共和国 1954 年进行民族识别时，已经没有末代土司。但是五所土司以及马喇长官司长官葛氏、古柏树土千户郎氏、瓜别安抚司安抚使己氏他们之间一直都保持着婚配、联姻的关系，因此他们是一个整体，都认为自己是蒙古人的后裔。

他们作为当地的政治精英，在民族识别时期发挥着巨大的作用。当时的普通民众大部分都没有知识，民族自觉意识很是单薄，于是这些坚称自己是蒙古族后裔的土司即政治精英掌握了绝对的话语权。民族政治精英的态度，直接引导着公众的民族意识及国家意识，甚至关系着民族共同体和国家共同体的稳定，而普通群众因自觉意识很是单薄，他们只能通过精英们的宣传来了解自己到底是什么身份。

以成都满蒙学会为中心的知识精英阶层也发出属于自己的声音。这里先交

① 阿拉塔·扎什哲勒姆：《四川蒙古族》，香港：香港大地出版社，2004年，第107页。

代一下此学委会的成立过程。1956 年 11 月 2 日，中央慰问团在成都对满蒙回人民进行慰问大会，并赠送毛主席的亲笔“中华人民共和国各民族团结起来”锦旗[①]。下午又召开成都市少数民族座谈会，蒙古族代表刘瀛臣、雷履平参会，刘瀛臣提议成都满族、蒙古族建立属于这两个民族自己的组织。11 月 13 日，刘瀛臣等人正式向市委统战部、四川省民族事务委员会提出申请，12 月 5 日，成都市委统战部召开关于成立成都满蒙学会的座谈会。经之后的多次协商，最终于 1957 年 1 月 13 日在成都西城区第五中心小学[②]召开成都满蒙学会的成立大会。名称定为“成都市满蒙人民学习委员会”，又简称“学委会”。市统战部代表、《成都日报》记者等都有列席会议，使得学委会正式获得官方承认。学委会由 11 名委员组成，大会推选蒙古族刘瀛臣为第一届主任委员，蒙古族雷履平、刘显之、关培德、赵尔澄为委员。1972 年，蒙古族刘显之任代理主任委员。到 1982 年第二届主任委员为满族杜琼书。1992 年第三届改制，任蒙古族何天祥、雷泽勋为副主任委员，蒙古族刘溥、丰国林、张天民、陶行恭为委员。1998 年第四届换举，蒙古族张天民、雷莹（女）、张加岱（女）为副主任委员，蒙古族何浚治、刘溥、丰国林、陶行恭、赵泽永、詹淑贤（女）为委员。从成立之初，学委会就一直对贫困学生发放助学金，尤其是从 1982 年以来，更是加大了资助力度，还对特困生给予补助。对年满 75 周岁的成都市蒙古族、满族老人发放慰问金。如 2001 年全年老年金发放两次，重阳节、春节各一次，共 113 人受益，总金额达 24250 元。2002 年全年发放奖助学金情况如下：研究生 15 人共 3000 元，大学生 179 人共 26160 元，高中生 38 人 3800 元，初中生 34 人共 2740 元，小学生 157 人共 8350 元，成人自考 4 人共 800 元，特困生 2 人 900 元，总计为 45750 元。

这个以成都市为中心的满蒙学委会，不断加强服务满蒙民族的意识，加强了本民族内部的团结和认同。此委员会以成都为中心，辐射整个川渝地区的广大满蒙同胞，不断地开展弘扬蒙古族、满族的传统民族活动，发挥了其桥梁纽带作用，也起到了增强民族凝聚力、增强蒙古族同胞民族意识的作用。尤其在2008年到2010年年间，成都满蒙学会进行了许多有益的活动：第一，进一步增加对蒙古族、满族大学生助学金、老年慰问金的发放；第二，坚持每月定期

① 目前这一锦旗依然保存于成都市满蒙人民学习委员会。
② 今少城中学，也是现在成都市满蒙人民学习委员会的会址。

组织民族活动，加强民族内部的交流与沟通；第三，坚持每年重阳节给89岁以上的世居在成都的族胞发放粮油等生活物品；第四，2008年精心组织了“那达慕”大会，邀请了同胞们以民歌、舞蹈、书法、绘画等各种艺术形式来增强蒙古族的民族认同；第五，学委会参加全国、省市文化活动，舞蹈队荣获四川省第六届少数民族艺术节舞蹈比赛二等奖，赵尔倩的工艺作品获得艺术作品银奖；第六，从2010年5月起，每个月的第二个星期五是民族文化活动日，开展满蒙日常用语培训班以及马头琴培训班，并定期举办博克比赛等活动[①]。这些活动具有很大成效，具体表现在每月来会上参加活动的族胞人数明显增加，特别是正月初二会上的团拜更是盛况空前。2009年来会上参加团拜的人数1114人，2010年1224人，2011年的人数已突破1300人[②]。而且2011年，学委会举行了相对之前规模更大的“那达慕”大会。

四川以成都为中心区域的蒙古族知识精英阶层基本上都聚集在成都满蒙学会之中。这个知识精英阶层的团体，对自身蒙古族身份深信不疑。他们通过以上各种形式来增加民族内部认同，比如加大对学生助学金的发放力度和对老年的慰问金、粮油物品等，这使得学生、老人从中受惠。这种恩惠使得他们主动或者被动接受，而这一接受过程，就逐渐培养出一种民族归属感。再如，每月定期举办民族特色的活动，每个月第二个星期是民族文化活动日，开马头琴、蒙语培训等，使得参与的个人有种“身份感”，感受到自身是独有某种特质、某种符号，而这种社会特质、符号是无法独立存在的，它只能求助于某一群体活动来表现出来，而学委会定期聚会恰好提供了这个平台和场所。民族之间的自我认同，就是个人或者社会根据互动对象确定我、他关系的过程。它是个人或者社会根据自性标准识别自身与外界特点的态度或行为[③]。马头琴、蒙语是蒙古族所独有的族群记忆，这些活动的开展，加深了他们对我者和他人的区分，增加了民族间的认同，这是一个“求同”的过程。再如以各种形式来参加全国、省市的文化活动，在这一过

① 何濬氚：《成都市满蒙人民学习委员会工作班子2008年至2010年工作汇报》，2011年3月11日。

② 何濬氚：《成都市满蒙人民学习委员会工作班子2008年至2010年工作汇报》，2011年3月11日。

③ 张海洋：《中国的多元文化与中国人的认同》，北京：民族出版社，2006年，第251页。

程之中，因为有他者在场，所以蒙古族会更加地增强自身的蒙古特色，而“故意”排斥他者。这样至少在他者眼中，看到的是整个蒙古民族内部的团结、认同如同铁板一块，是那样的坚不可摧，而这就是认同之中“辨异”的过程。总之，围绕成都满蒙学会的知识精英们总是以各种活动方式，来影响身边的每一个蒙古族同胞，从而真正地发挥了“知识就是力量”的作用。

宣传四川地区蒙古族文化，除了成都满蒙学会之外，还有知识精英荟聚的西昌蒙古族历史文化研讨会。这个研讨会组织和成都市满蒙人民学习委员会一样，都是知识精英们发挥其重要作用的平台之一，只是西昌蒙古族历史文化研讨会更接近四个蒙古族乡，他们对下层民众的影响力更为直接。在盐源县，西昌蒙古族历史文化研讨会的秘书长王文芝告诉我们，2011年，中国蒙古文期刊学会第二十五届年会在西昌召开。2012年7月，全国蒙古文期刊学会在黑龙江召开，西昌蒙古族历史文化研讨会也有代表参会。2004年，西昌蒙古族历史文化研讨会的会长王文芝出版《四川蒙古族》一书，对于对外宣传四川蒙古族做了很好的典范。此后的数年里，有很多全国各地的蒙古族赶到四川，蒙古族族胞热泪相拥，其中还包括北京总参的一个蒙古族领导。内蒙古电视台《蔚蓝的故乡》栏目组也来到四川，对凉山州蒙古族进行了数天的采访，录制了长达十集的《蔚蓝的故乡——天府之国寻根》节目，对四川蒙古族进行了广泛宣传。成都满蒙学会、西昌蒙古族历史文化研讨会积极与北方草原蒙古族的联系，使得远在南疆的大西南蒙古族就像找到了自己的故乡一样，向他们流露和传递着浓浓的民族情。知识精英首先得到北方同胞们的支持与同情，他们努力尝试着去投入北方同胞们的怀抱。北方蒙古族对他们的“回家”也以泪相应，深表欢迎，再次促进了南疆蒙古族和北方蒙古族同胞们的深情厚谊，增强了知识精英之间的民族认同。

无论部分上层知识精英如何来增强蒙古族的认同，但是普通民众大部分依然持无所谓的态度。1979年，基诺族已经申请为第56个民族了，因此他们不可能再成为一个单一的民族，加之当时政治精英和知识精英们的宣扬以及他们极力排斥自己被划分为纳西族，再者当时对历史上产生过重大影响的蒙古族攀附的心理作怪，于是就选择了蒙古族。[①]但是即使他们选择了蒙古族，那种“纳日”文化的

① 当然这里不包括中华人民共和国成立之后，逐渐迁徙到四川地区的蒙古族同胞。

根基却是永远撼动不了的。普通民众当时被识别为蒙古族可谓是具有很大的偶然性，识别组走之后，他们并没有认为被识别为蒙古族会给他们带来什么改变。那些坚持认为自己是纳日的普通民众虽然被识别为蒙古族，但他们自身还是认为自己是纳日，根本不会去“纳日化”，只是国家给予他们的身份他们不会过多地去关注，只有当要填写民族成分时，他们才会想起“身份证上的他们”是蒙古族，而他们内心还是认可纳日的。那些坚持认为自己是蒙古族的普通民众，他们对自己的身份倒是得到了认同和解决，他们会对外宣称自己是蒙古人的后裔，有种民族自豪感。而环泸沽湖凉山州自称为摩梭，但被国家识别为蒙古族的群众则又有着不同的认识和诉求。因此，在四川凉山地区蒙古民族部分上层知识精英和普通民众之间有种很微妙的关系，即使蒙古族上层知识精英们做再多的努力，普通民众也对自身持有的民族认同是相对固定的，因此这也是蒙古族上层知识精英所面临的困境。

关于摩梭的问题，从 1954 年民族识别开始，一直到今天，都是大家议论的焦点。四川盐源县、木里县与云南宁蒗县的摩梭人本是一个具有其独立性的群体，但是因为当年的民族识别，在云南被认为是纳西的一支被划归为纳西族，在四川的摩梭人担心被划为纳西族，而就申请为“蒙族”，后来被划归为蒙古族。四川的摩梭更主张他们是“纳日”，认为摩梭是对他们的蔑称，而宁蒗地区被划为纳西族的摩梭人对于自己的身份很是不满意，于是云南省人大常委会在 1990 年 4 月 27 日召开了第七届十一次会议，通过了批准《宁蒗彝族自治县自治条例》，将其确认为摩梭人①。因此，现在宁蒗的摩梭人身份证民族一项，写的是摩梭人而非国家给予的纳西族身份。四川被国家识别为蒙古族的屋脚、沿海、项脚、达坡四个蒙古族乡的不同阶层、不同群体对自己所持有的身份有着不同的看法和利益诉求。

如屋脚蒙古族乡、沿海蒙古族乡摩梭倾向就很明显，特别是地方政府大力宣传摩梭文化，而不去过多地提及蒙古族文化，这就使得蒙古族乡处于很尴尬的地位。而环泸沽湖的四川、云南地方政府，利用各大媒体大力弘扬摩梭文化，于是才有了 1990 年云南宁蒗获得了摩梭人的身份，而四川摩梭人怕“摩梭商标”全被云南

① 云南省宁蒗彝族自治县志编纂委员会编纂：《宁蒗彝族自治县志》，昆明：云南民族出版社，1993年，第176页。

宁蒗所独占，暗自竞争，于是又有了1992年盐源县将沿海蒙古族乡改为泸沽湖镇，但省州依然称之为沿海蒙古族乡。这就使得当地政府和省州政府出现了脱节现象。原因在于，随着近些年旅游文化的开发和宣传，他们发现宣传和消费摩梭文化，可以为他们带来很大的经济上的利益，于是以地方政府为首的达坡蒙古族乡便大肆宣传摩梭文化。因为摩梭文化有其独特的母系家屋制及走婚等文化，这些在世界上都是独一无二的，宣传摩梭文化，可以带动当地百姓的经济社会发展。于是为了经济利益的诉求，而去过度消费摩梭文化。而今泸沽湖镇的居民往往称自己是摩梭人，他们是真正的摩梭文化传承者。因为他们对外宣称的摩梭身份，是当地政府开大会和村民达成的共识，“对外一定要宣传自己为摩梭”。而且标准化生产一些“穿衣戴帽工程”，全力打造出了形象上的摩梭文化。而相对泸沽湖镇的村民来说，蒙古族文化没有摩梭文化那么吸引大众的眼球，而且不论自己是蒙古族还是摩梭人都会享受国家优惠政策。但摩梭文化更能让他们获得经济利益，宣扬为摩梭人使得他们有种标新立异的感觉。因此他们就更热衷于配合当地政府的摩梭宣传，来达到宣扬自我的目的。而国家给予他们的蒙古族身份相对摩梭身份，在本地区没有太大的发展优势和更大的经济收益，于是他们就抛弃了国家给予他们的蒙古族身份，只是每当必须填写“民族”一栏之时或是拿出身份证来进行办理相关手续之时，村民又会显得很尴尬，因为他们必须要填成“蒙古族”。

比较有意思的是云南宁蒗被国家识别为纳西族的摩梭获得了“身份证”上摩梭人的称谓，但是却被国家给予蒙古族身份的四川摩梭人把摩梭文化招牌打了出去。很明显，不管是云南的摩梭还是四川的摩梭，他们在历史时期一直以来都是摩梭人，都是摩梭文化的践行者，不能因被划分为云南、四川两省的行政区划而自说自话，割裂摩梭的历史文化传承。因此有必要强调受过教育的中青年这一群体，他们利用自媒体的方式来发出属于他们自己的、不同的声音。许多艺人、教师、医生既接受蒙古族身份，亦宣扬摩梭文化。我们要用动态的思维方式来理解平时学术界所说的民族认同，它是一个随时空条件而变化的过程，而不是固定的实体。因此，在与其他族群或者说“被国家识别”族群内部不断互动之中，民族认同会随着时间、空间、地域、对象、感受等条件的变化而发生潜在的民族自觉变化，民族认同并不是一成不变的。尤其是当这部分人被知识所武装，逐渐在与其他族群交往之中产生了他们的民族自觉。这一群体与前面讲到的地方政府虽说都是宣扬摩梭文化，但是二者绝不可同日而语。当地政府重在经济利益的驱使，而这一群体是发自肺腑的一种民族自觉，这种民族自觉可能是在互动之中被人自省出来，也可能被人强加或者在互动中通过对方的言行所表现出来，而可能正是这种“场景”，才使得他们的摩梭民族意识不断加强。因此，他们才需要向地区、国家甚至世界发出属于自己的摩梭的声音。但由于这一群体大部分依靠自媒体来宣传自己的民族意识，因此影响力还是相对有限，但仍旧发出了属于他们这个群体的不同的声音。

四川地区蒙古族的认同情况，在西南地区是最为复杂的。精英阶层的意识固然重要，但当地群众的自身认同也是最不应该被忽视的。如贾敬颜先生所言：“农业社会以食为天的寻常百姓，在族群认同问题上表现出的灵活性，远较各族精英们的信念为多。与精英们对族群界限的强调相比，中国历史上各族人民之间心无芥蒂的互动和互化，实在是远为丰富多彩。”[①]

但秉承着从民族感情、民众自觉、主观认同、心理素质以及“美德与正义”的考量标准，有必要从当地群众个人日常的行为和实践来了解当地群众的认同多重性。

在四川地区蒙古族乡生活的同胞，他们对自己民族身份的看法各不相同：有自称是蒙古族或者蒙族的，有自称是摩梭的，也有称为“纳”“纳日”的，甚至有的觉得自己应该是纳西族，这些连当地人自身也弄不明白的身份，在研究者眼中就更为棘手[②]。

---

① 贾敬颜：《“汉人”考》，费孝通主编《中华民族多元一体格局》，北京：中央民族大学出版社，1989年。

② 笔者在泸沽湖镇的一个村子里的见闻正好证实了这一复杂的情况：笔者在泸沽湖镇上一家杂货店买东西的时候，老板娘跟笔者讲，这里居住的主要是摩梭人。除此之外还有壮族、彝族等，她则是壮族。泸沽湖镇面积并不大，镇子旁边有一条小溪流过。笔者与同伴经过小溪能够看到这样一幅幅画面：溪边嬉戏玩耍或者洗衣的小孩儿，岸边抽旱烟晒太阳的老人家，再往前走几步是抱小孩子与他人闲聊的大姐们……溪边洗衣的小朋友告诉我们他们是普米族，在这里还有蒙古族、壮族、藏族、彝族；晒太阳的爷爷和奶奶们告诉我们他们是彝族，在这里居住的还有纳西族、摩梭、汉族、壮族，当我们向他们询问当地蒙古族情况的时候，他们讲“……摩梭就是蒙古族，摩梭改为蒙古族有八九年时间了，包括之前的蒙族也改成了蒙古族……”抱小孩子的大姐告诉我们：“……我们这里啥子民族都有，蒙古族、汉族、藏族、普米族……太多……”还有当我用四川话问一位老奶奶这里情况的时候，这位老奶奶直摆手，估计是上了年纪听不懂汉话，没法听懂我们的询问吧。

泸沽湖镇上有位岁数不大的杂货店老板娘，她告诉我们，这里主要是摩梭人。她认为统一当地百姓的说法是有好处的，旅游发展起来了，她家店里的生意肯定也会跟着红火。

“摩梭”是以前周围民族对凉山蒙古族的称呼，村里的两位彝族老人说，在他们小时候，就是用“摩梭”来称呼现在被界定为蒙古族的伙伴的，之前他们讲“蒙族”后来改成蒙古族。说明在当地老一辈人看来，这里的蒙族和蒙古族是不同的两个民族。

年轻的摩梭小伙儿，因在学校学习了国家规范的民族知识，使得其在观念里面趋向于认为这里的主体民族是蒙古族。

在我们从泸沽湖镇小学带回来的问卷当中，有一份特别引人注意。调查问卷的一个问题是“请您按顺序列出最亲近最重要的十个朋友及民族成分”。这一份问卷里面，最要好的十个朋友中竟然包含了：“纳”“蒙族”“蒙古族”“摩梭族”等。由此可见，泸沽湖镇的蒙古族同胞对自己身份的认同是多重性的。

离开泸沽湖镇，我们来到了盐源县城，在那里我们和盐源县各界的精英人士开了一个热烈的座谈会。一位蒙古族官员告诉我们，盐源县现在的蒙古族对自己身份的看法，大体分为三种：一种坚持称自己就是蒙古族，来自北方蒙古草原，认为摩梭是对他们侮辱的称呼；另外一种坚持自己就是摩梭，既不是纳西族的分支，也不是蒙古族；此外还有一部人认为他们其实就是纳西族，是纳西族的一个分支。

据此，我们基本上可以将其身份认同分为四种不同的观点：

第一种是认同为蒙古族。1949 年以前，盐源县五所土司及瓜别安抚司、古柏土司、马喇土司就有蒙古祖源记忆。如左所土司后裔就一直坚称自己是蒙古族。在此，我们碰到了第一个愿意自称蒙古族的人，即泸沽湖镇喇嘛寺的喇嘛。他还给我们展示了他的身份证，跟我们讲：

我们就是蒙古族。现在旅游嘛，就是搞摩梭。民族还是蒙古族。但是我们这个民族太小了。我们这儿成立了蒙古乡嘛。

泸沽湖镇小学的老师也跟我们讲：

但是我们本民族里面好多娃儿，确实有这种。就是鼓捣（坚持）说自己是蒙古人。

在盐源县调研的时候，我们与当地蒙古族同胞共进晚餐并热烈讨论，席间有两位即兴献唱北方蒙古族歌曲的汉子。他们很自豪地相互称赞是真正的“蒙古儿子”，“不会因一袋化肥、一袋米，便出卖自己老祖宗”。我们可以看出，他们极其看重自己的蒙古族身份，并时时刻刻表现着对北方蒙古草原的无限向往和眷恋。

而今，凉山地区蒙古族人口的身份认同问题始终存在着分歧。那些在学术上或者心理上并不承认“摩梭”人是蒙古族的，也认为凉山地区“摩梭”人中确实有蒙古族后裔的存在，他们也对自己的蒙古族身份坚信不疑，并为自己是蒙古族而自豪。

如今伴随着泸沽湖畔“摩梭文化”旅游品牌的宣传，深深地影响着这里已被界定为蒙古族的人们对自我认同的看法与认同，分歧、复杂、多元的身份认同，使得该地区的群体对自己的民族身份也存在巨大的困惑。很多人不承认四川地区的“摩梭”人就是蒙古族，但又承认凉山地区摩梭人中确实有蒙古族后裔的存在。他们也对自己的蒙古族身份坚信不疑，并为自己是蒙占族而感到无比的自豪。

第二种是认同摩梭人的。云南宁蒗县认为“摩梭”就是他们的群体符号，不认为是蔑称。而四川凉山地区的摩梭人却认为是带有蔑称的，具有侮辱的意思。他们比较反感其他民族对他们类似的称呼。据说中学读书期间会经常因此事发生一些不愉快。而如今泸沽湖镇的部分蒙古族为了迎合当地政府旅游的需求而宣传，称自己是摩梭。20 世纪 80 年代国家确立了他们的蒙古族身份，但是他们与北方蒙古族的交流并不多，也没有得到北方蒙古族过多的关注与援助，所以他们认为现在的蒙古族身份并不能给他们带来经济利益上的改善。但他们对外宣称是摩梭人，却能从中受益。据了解，当地人只要坚持说自己是摩梭人，每个月便可免费领到一袋化肥。

第三种是认同“纳日”的。“纳日”是以前四川地区一支摩梭人的自称，是凉山地区“摩梭”人之中人数最多的一支。笔者在调研的时候，还在泸沽湖镇发现以“纳日”命名的宾馆，而且宾馆老板自称为“纳日”。随着当今泸沽湖旅游业的发展，泸沽湖镇自称为“纳日”的群体在逐年减少，因为坚持是“纳日”的身份，并不会像“摩梭”身份一样为外人所知，更不会给他们带来过多的经济利益，同时这一称谓也没有得到任何政府部门的认可。尽管如此但是发出“纳日”这种微弱的声音，也正是他们群体心理自觉的一个过程，我们应给予相应的理解与关注。

20世纪50年代，国家进行民族识别之时，该地区的群众因文化水平较低，对自己民族身份的认识不够，不能很好地“为自己代言”。近些年来，随着我国社会的不断进步，教育事业的不断发展，他们逐渐用知识武装了自我，于是他们也开始了“自己到底是什么人”的重新思考。有些青年知识分子对国家给予的蒙古族身份认同度很低，需要有着属于自己的思考，只是现在的他们依然较为困惑。如泸沽湖镇蒙古族年轻人他也不说自己是蒙古人，也不承认自己是蒙古族。他也不认为跟北方的这个蒙古族有什么直接的关系。比如说语言、服饰都不一样，就是信仰理念都有很大的差别，身份证上是蒙古族。他跟我们讲：“我们是清醒地想搞清楚，我们究竟是啥子族，就是这样子。不带任何的目的性。”

对于坚称自己具有蒙古族血统的这部分人，他们就是有一种目的性。或者说他们觉得蒙古是一个大民族，血统好。好，我就是大蒙古，成吉思汗的后代。就是那种情结。他们的看法是：真正的是不是那回事，就不清楚了。

老人们说一直都称自己为“纳日”。调查问卷中，也有一份自称是“纳”的问卷，就出现在泸沽湖镇小学。有这样的认同的人虽少，但这种心理认同却代表着新兴的一种趋势，随着这里人们教育水平的提高，相信坚持这样身份的人会越来越多。

第四种是认同纳西或藏族的。20世纪50年代，大多学者认为摩梭人是纳西族或者是纳西族的一个分支。盐源县也有部分蒙古族同胞认为自己是纳西族，如盐源县的一位蒙古族官员跟我们讲，他认为自己应该是藏族或者纳西族。他的依据受云南省组织的摩梭人DNA鉴定结果的影响。这个鉴定的结果是：母系有纳西族的基因，父系有藏族的基因。这也属于部分蒙古族知识、政治精英的一种认识。

环泸沽湖的摩梭人生活在川滇边交界处，周边都是藏族或者纳西族，通常会互相通婚、相互过民族节日活动等，有些甚至还可以用藏话或者纳西话进行交流。尤其是近代以来，马帮文化以及之后的商业不断繁荣发展，他们之间的交往异常频繁。所以有人认为是纳西族或者藏族，也是有其依据的。

除了上面提到的几种观点之外，还有一种比较中庸的说法，认为摩梭之中有蒙古族，蒙古族之中有摩梭。自我民族心理认同，会受到教育水平、认知水平的影响。我们在盐源县的调研之中，遇到一个比较有趣的家庭，父亲坚持认为自己是蒙古族，儿子却坚持认为是摩梭，一家人为此还不断拌嘴。不管怎么说，心理认同是一种民族自觉，每个人都有发出自己声音的权利，其他人也不能将自己的观点强加于人。

四川地区的蒙古族同胞远离北方蒙古草原，处于蒙古族的边缘地带。四川凉山地区的蒙古族同胞内部心理认同就表现得千差万别，互相争论也束缚了当地蒙古族的发展。而云南通海县兴蒙乡蒙古族同胞则与北方蒙古族交往甚多，在北方蒙古族的支援之下，经济得以迅速发展。如 2011 年兴蒙乡举办“那达慕”大会，内蒙古就捐赠了 100 多万元作为活动经费。四川的四个蒙古族乡近些年的发展远远不及兴蒙乡的发展快速。凉山州的蒙古族乡和内蒙古联系较少，也基本得不到实质的援助。云南兴蒙乡从 1981 年开始，到 2011 年，已经举办了十二届“那达慕”大会，而四川凉山的四个蒙古族乡却没举办过一次“那达慕”大会。盐源县沿海蒙古族乡甚至早在 20 世纪 90 年代便自行更改为泸沽湖镇，不再突出蒙古族乡。如今，四川凉山地区的四个蒙古族乡保留的蒙古族文化符号愈来愈少。如果不是他们身份证上写有蒙古族身份，怕是外人很少知道这里竟然还居住着蒙古族。所以，凉山州的蒙古族同胞面临着十分尴尬的局面。

“那达慕”大会是北方蒙古族的重要的民族节日，是蒙古族重要的文化符号。但是除了成都以外的四川地区蒙古族都没有举办过“那达慕”大会。从调查问卷中，泸沽湖镇小学绝大多数蒙古族孩子没有听说过“那达慕”这一名词。凉山州的其他三个蒙古族乡相互之间的联系也不多。这一方面是因为这里交通条件的限制，另一方面是由于这里的蒙古族人口并不都认同自己的蒙古族身份，内部不团结所致。泸沽湖镇的同胞们因为旅游业的发展，甚至开始回避蒙古族身份，对外宣称自己是“摩梭”。

语言和文字是一个民族很重要的文化符号。四川地区蒙古族绝大多数人已经不会讲北方蒙语和书写蒙文，不过成都地区仍有部分民族精英会一些蒙文，说一些北方蒙语。在成都四川音乐学院有一个姓杨的蒙古族老师是当地有名的书法家，每年过年的时候还在宽窄巷子用蒙文为成都市民义务写对联，在他的书法作品里就有很多是用蒙文书写的。

四川地区蒙古族同胞在平时基本穿着汉装。但凡在举行民族传统节日或者要参加重大活动的时候，成都市的蒙古族还是会穿着自己传统的民族服装。

悬挂民族英雄的画像，也是蒙古族同胞宣扬自己民族身份的一种方式。四川地区很多蒙古族家庭都会在堂屋里悬挂成吉思汗等蒙古族英雄人物的画像。我们在木里调研的时候，有一家名叫明珠饭店的餐馆，餐馆老板穿着典型的汉装，却在餐厅墙壁上悬挂着成吉思汗的画像。经过询问，我们得知他是当地的蒙古族。我们在西昌拜访王文芝老师的时候，她家客厅也悬挂着同样的画像。

文化特征是人群用来显示自己族群身份主观认同的工具。在一个大的族群中，“不是所有的人都需要来利用这些工具。需要强调族群文化特征的人，常是有族群认同危机的人”[①]。四川地区蒙古族不仅处在蒙古族族群的边缘，而且其内部存在着认同的多重性和复杂性，各聚居的民族乡蒙古族人口，分别对自己的这个身份持有不同看法，对蒙古族身份没有认同感的人群极力在回避这种身份，而有蒙古族认同的人群又表现得太过激烈，双方僵持不下，产生了严重的认同危机。这种状况已经严重地阻碍了凉山地区蒙古族地区社会文化发展方向的把握和主流文化表征的形塑。因而，通过举行或参加自己民族的传统节日，强调族群特有文化，也便成了凉山地区蒙古族人群增强族群内部认同心理的必要方式，增强民族凝聚力是可取的，也是必要的做法。也正因为如此，使得凉山地区的那些有着蒙古族认同的同胞对涉及自己民族身份的问题极为敏感，过分强调，甚至达到了过激的程度。

历史上，迁徙的人群为获得繁衍和发展，其社会文化、风俗习惯等会跟随着生存环境的变化而逐渐改变。四川凉山地区的蒙古族人口不论是在服饰文化、饮食文化方面，还是在语言、宗教信仰等方面与北方蒙古族相比有很多的不同。

首先，在语言和文字方面，凉山地区蒙古族与内蒙古等地蒙古族相比有很大的差异。虽然有人考证，当地的蒙古语仍保留了部分蒙古语的词汇或者说词根，但是总体来说他们现在的语言“已不属阿尔泰语系，而属于汉藏语系藏缅语族彝语支”[②]。喇宝成参加内蒙古自治区成立十周年纪念大会的时候，“他与当地蒙古族的语言已不能相通，只有一些个别词汇还相同”。据喇宝成讲：“盐源蒙

① 王明珂：《华夏边缘——历史记忆与族群认同》，北京：社会文献科学出版社，2006年，第17页。

② 凉山彝族自治州地方志编纂委员会：《凉山彝族自治州志》（上），北京：方志出版社，2002年，第380页。

古族数百年来大量吸收了汉语、彝语和西番语，尤其是吸收汉语最多，在生活日用品的命名上差不多直接采用了汉语（如茶壶、茶杯、桌子等）。在文字方面，盐源蒙古族没有流传下蒙文，过去在宗教上用藏文，在政治上用汉文（公商文件等）。”①

凉山地区大多数蒙古族能说汉话（四川话），也有少部分老年人（主要是妇女）听不懂汉话。此外，因为长期与藏族同胞生活在一起，少部分蒙古族人口还会说藏语。如今，随着跟外界的接触的增多，很多年轻人都能说一口流利的普通话。

凉山地区的蒙古族男女，在未举行成丁礼以前，都穿着镶边的长衫，男女无别，然后系上腰带，头戴“瓜皮帽”，有条件的家庭会在帽边上钉上几个银制的佛像。凡举行成丁礼之后的男女，就要穿着成年人的服饰。

成年男子上穿镶边右襟长袍，下穿短裤，腰系彩毛、麻布腰带，头包青布包头，左吊帕头，也有直接戴礼帽或者皮帽的，脚穿皮制或者毡制的短靴，不穿靴时则要打绑腿，身佩长刀、短刀及烟盒包。

传统妇女服饰相对男子比较讲究。成年妇女在未出嫁前，一般要扎一根独辫子在脑后，或“饰以饰物盘于头顶”。但是出嫁之后，“必须从中门前后将头发分为两边”，并将左边一半编两寸左右后，稍偏右与右边的合成一股再编成独辫，在尾端加上用青、蓝或紫色的丝线做成的“达达儿线”，盘于头上，再饰以用彩珠或叫作“瓦刮”的头饰。年岁大点儿的妇女，头上可以包一丈二尺到两丈的用青色布或丝料做成的叫“俄处”的头帕，并在头帕上饰以彩珠或银泡。年老的只包头帕，不饰饰物。上穿镶金边的右襟短衣，下着白色、绿色、蓝色、青色布料或绸缎的百褶长裙，有裙腰，下摆及地，中间绣有一道不连通的红绿丝线。无论贫富贵贱，都披一张白色的羊皮。有钱人家还会在身上装饰很多金银首饰。

老年人服装与成年人相似，只是工艺简单，颜色朴素，穿上衣，“打中语”（即短褂子、长袍、套裤）。

随着对外联系的加强，该地区日益受到外来文化，特别是汉文化的影响。尤其是 1978 年改革开放以后，随着经济的发展，对外联系日益密切，四川凉山地区绝大多数蒙古族服饰日益受到外界的影响。传统服饰逐渐被更加简便的现代时

① 中国科学院民族研究所、四川少数民族社会历史调查组编：《凉山西昌彝族地区土司历史及土司统治区社会概况》，1963年，第36页。

装所取代，现在大多数蒙古族同胞都开始穿着汉装。当然，在依然很偏远的山区里，尚有保持传统装束的情况。像在木里藏族自治县的屋脚蒙古族乡利家嘴等地区，蒙古族同胞穿着传统服饰的情况比较普遍。

凉山地区蒙古族的一日三餐为：早餐多食用酥油奶茶、炒面，中午和晚上则多食用酥油奶茶、粑粑、米饭。凉山地区的蒙古族的主要粮食作物有玉米、稻谷、青稞、小麦、燕麦、苦荞、马铃薯等。制作方式有煮、煎、蒸等，以煮食居多。蔬菜主要来源是种植和采集。夏秋季节以时蔬为主，春冬季节则多以方便贮藏的马铃薯、干菜、酸菜等为主。

凉山地区蒙古族比较喜欢饮酒喝茶。酒多以青稞、玉米等为原料，以自己泡制的黄酒为主，类似啤酒，味淡而略酸，当地称为“唢喇玛”。这里的茶分两种：一种是罐罐茶，用有把之陶罐在火塘上边烧边食用；另一种是酥油茶，先用陶罐烧好茶，然后把茶水过滤倾入装有酥油的筒内，加适量的盐、鸡蛋等，上下来回搅动酥油茶，当茶呈白色时倒入碗里食用。在这里，酥油不仅能在饮茶时使用，而且在加工很多食品的时候也是离不开的，是滋养身体重要的补品。

肉类以猪、牛、羊、鸡、鸭为主。每年杀年猪的时候，当地还制作名叫“色布乌呼”的香肠。香肠主要是用肉加花椒、辣椒灌制而成。此外，还有一种叫作“赛布乌达”的血肠，是用猪血加豆腐、葱、花椒等制成，将其晒干后可以长期保存食用。

凉山地区蒙古族有将猪肉制作成猪膘后保存的风俗习惯。这一传统是来到这里后受当地民族影响的结果。制作这种猪膘肉，要求在杀猪的时候出血要少。因而，在杀年猪的时候，杀猪匠要先在猪的胸部刺一个小口，然后再用竹矛顺着这一小口直刺猪的心脏。猪死后，用开水褪毛，开膛取出内脏，再剔出骨头、肥油，内置盐巴、花椒，再用麻绳缝合，最后用重物压扁、阴干后猪膘就制作完成了。在这里，猪膘是一个家庭财富的象征，也是主人家待客及馈赠亲友的佳品。

凉山地区蒙古族传统的房屋建筑根据环境的不同，房屋样式也各不相同。

居住在泸沽湖周围和木里项脚、屋脚、白碉等地的蒙古族以居住木楞子房为主。修建这种房屋需要大量的木材，四面的墙壁都是由碗口大小的横木垒成。在屋顶立架，上面再盖上黄板或瓦。房屋由正房、东西厢房和门楼组成，属于“井栏式”的纯木制住宅。正房称为“依梅”，各户面积大小不等，但结构大同小异，分为大小两间，小为仓库，大为堂屋。堂屋是全家活动和待客中心。进门向右靠墙便是火塘。火塘左右是木制的炕，供老人和小孩就寝。

居住在半山或半坡的蒙古族居住环境与泸沽湖周围的不同。这种房屋靠上坡多为一层，靠下坡多为两层，底层一般为猪圈。房顶多为平顶，四面墙壁可用圆木垒成，也可以用石头或土夯筑；门向东开，窗子比较窄小，所以屋内比较昏暗。这种房屋一般比较宽大，大门进去后，分堂屋、火塘房、灶房、卧室和仓库等。而火塘房是全家吃饭、议事、活动中心和待客场所。

在坝区居住的蒙古族人口和汉族一样，建造土木结构、瓦板屋面的房屋。有三间正房，左右为厨房和畜圈。四周的围墙多用石头或者用土夯筑而成。因为地势比较平坦，屋外便是菜园，比较方便舒适。

如今，随着经济的发展，收入的提高，当地很多已经开始修建钢筋混凝土式的楼房。环泸沽湖有很多农户修建传统与现代相结合的旅社。住在城里的蒙古族则搬进了小区。

凉山地区蒙古族在不同的区域有着不同的婚姻习俗。居住在泸沽湖周围的泸沽湖镇、前所和木里藏族自治县的屋脚蒙古族乡等地的蒙古族同胞主要是走婚。凉山地区蒙古族走婚的习俗和云南宁蒗的摩梭人是一样的。其他地方的蒙古族同胞，如木里藏族自治县的项脚蒙古族乡和盐源县的大坡蒙古族乡等地的蒙古族同胞在以前主要是以姑舅表婚为主。在以前的岁月里，这里因为比较封闭，很少有和外族通婚的情况。

如今，蒙古族同胞们的婚姻形态也是多种多样：有保持传统走婚习俗的家庭；有一夫一妻制的家庭；有的家庭既有一夫一妻制的组合又有走婚的情况。在外打工或者上班的青年们，在外面受到汉文化的影响，同其他民族通婚的情况越来越多，几乎都是组成现代家庭，泸沽湖地区蒙古族走婚的习俗的传承，受到现代文明的挑战。传统上坚持的族内姑舅表婚的项脚及大坡等地蒙古族的婚姻观念也发生了很大转变。项脚蒙古族乡小学胡校长告诉我们，他们现在是和各个民族通婚，在外务工青年的婚姻对象甚至来自北京、广东等地的。

凉山地区蒙古族每年要过很多节日，像转山转海节、春节、观音会、嘛呢鄂包节、俄里木节、火把节等。

对于中秋节有各种不同的看法。在木里项脚蒙古族乡的小学校胡校长跟我们讲，他们是不过的。但是在泸沽湖周围的蒙古族老师却说，他们没有不过这个节日的这个说法。

凉山彝族自治州是一个多民族聚居区。多年来，蒙古族与其他民族杂居在一起，所过的节日不可避免地受到周围民族的影响。比如他们每年过春节、端午节、观音会、中秋节等节日是受到当地汉族影响的结果。每年的春节，凉山地区蒙古族同胞会用松针铺地。而不同地方的蒙古族同胞对于铺松针的说法也不尽相同。有人说："是洪贼杀鞑子，把蒙古人杀得满地是血，为了过年，人们只好用松针铺地盖血了。"[1]泸沽湖镇小学老师跟我们讲，用松针铺地过年，一是图个喜庆，还有就是干净。凉山蒙古族每年农历二月十九日所过的观音会和汉族所过的几乎相同。首先，时间相同，其次这天大家的活动也都是上山到庙里进香求子、拜佛，祈求平安等。凉山蒙古族称端午节为"俄里木节""过小年""男子节"等等。相传他们在农历五月初五这天过这个节，是为了为那些因为征战未回家过年的亲人们补过一个年。所以又叫"过小年"。至于他们在农历七月十二日过祭祖节，也是受汉族影响的结果。农历七月十二日，是四川汉族的鬼节。汉族同胞也会在这一天祭祖，为祖先烧点纸钱。

此外，他们所过的火把节是受彝族同胞影响的结果。虽说蒙古族同胞们过这节日的时候没有彝族同胞们那么隆重，但是在农历六月二十四日这天，也会点上火把，驱逐害虫。

泸沽湖周围地区的蒙古族会和云南省宁蒗县永宁乡附近的摩梭人一道，会在农历的七月二十五日过转山节。

最具蒙古族风味的节日便是"嘛呢鄂包节"。但是如前所述，这个节日在凉山地区不是所有的蒙古族都过。

凉山地区蒙古族主要居住在偏远山区，因而经济方面总体来说主要还是以农业、畜牧业为主，根据居住环境的不同而有所差异。居住在低山或者坝区的蒙古族除以农业为主外，还兼营渔业和家庭手工业等，主要粮食作物有小麦、燕麦、青稞、荞子等。因为受自然条件的限制，加上耕作技术落后，粮食产量不高。居住在半山或者高山上的蒙古族则以畜牧业为主，以采集和狩猎为辅。饲养的牲畜

① 阿拉塔·扎什哲勒姆：《四川蒙古族》，香港：香港大地出版社，2004年，第134页。

主要有牦牛、黄牛、山羊、骡子等。改革开放以来，旅游业逐渐在当地兴盛起来。

随着泸沽湖旅游的发展，泸沽湖镇第三产业的经济发展较快。其余的各蒙古族聚居区，如木里藏族自治县的项脚蒙古族乡主要还是以农业为主，粮食产量比较可观，基本温饱问题已经解决。但是因为自然、交通条件等制约，经济收入仍然很难得到提高。

木里县的屋脚蒙古族乡相比于项脚蒙古乡因距离县城比较远，加上交通条件比较差，到县城大约需要六七个小时的车程。这里条件就更加闭塞，全乡的乡村公路到了雨季泥泞不堪，难以行走。因而，这里的人们的经济发展更为缓慢，以畜牧业为主，生活全靠自给自足，几乎没有成规模的商品交易市场。党的十八大以来，随着扶贫事业的稳步推进，凉山州各蒙古族乡的经济和社会发展也都快速呈现出新的面貌，与全国各族人民一道走上乡村振兴之路。

凉山地区蒙古族的宗教信仰，有达巴教（又称达钵教）和藏传佛教。达巴教是他们信奉的原始宗教。他们认为自然界万事万物都存在超自然的力量，指示和安排着他们的一切。因而，在他们的生活中充满着对这些神灵的崇拜。

达巴是凉山蒙古族的达巴教的主要祭司，在生活中主要替当地百姓主持开路、送魂、祭祖、归宗、祭神、祭祀驱鬼等活动。在凉山蒙古族的眼中，他们是介于人和诸多神灵之间，能沟通人和神灵的人。他们不仅能捉鬼驱邪，而且可以祈求平安，是神的化身和代理人。他们有一套完整的神具体系和咒语体系，但是没有专门的经典传世。其传承是通过口耳相传将所有的经文背诵而被记录下来。

藏传佛教又称为喇嘛教。凉山蒙古族信仰的藏传佛教包括了红教（宁玛）、白教（噶举）和黄教（格鲁）。木里藏族自治县的屋脚蒙古族乡、盐源前所乡、泸沽湖镇的一小部分信仰黄教；泸沽湖镇大部分、中所、后所、瓜别、古柏树等地和木里藏族自治县的项脚蒙古族乡主要信仰红教和白教，有的也兼信黄教。黄教喇嘛不能结婚，但是红教和白教的喇嘛可以结婚。红教、白教、黄教的传入时间各不相同，势力范围受历史上政治斗争的影响亦有所不同。达巴教和藏传佛教相互之间在当地和睦相处。在泸沽湖镇周围地区，当地百姓办丧事都是既请达巴又请喇嘛，两者共处灵堂为死者超度。

四川地区蒙古族居住环境和草原地区有很大的不同。不同的环境也造就了当地蒙古族与内蒙古地区的蒙古族在生活上的巨大差异。他们与当地民族的相互沟通，相互交流，从而其在生活习俗、宗教信仰、节庆活动等方面与内蒙古地区的蒙古族相比都发生了很大的变化。四川地区的蒙古族人口相对于草原蒙古族人口来说是一个处在边缘的群体，因而当地蒙古族需要重新建构自身的文化，将本土的民族文化加以发扬光大，突出自身的地域文化特点的同时融入蒙古族文化因素。

然而，纵观今天四川凉山地区蒙古族的现状，如何重新构建自身的文化，当地蒙古族还需要解决许多问题。首先，虽然这里有四个蒙古族乡，但这里的蒙古族同胞却不具有共同民族特色的活动。其次，这里持有蒙古族身份的同胞们很多还对自身的民族身份持有不同意见，有些地区还有去蒙古化的现象。最后，当地的蒙古族与作为发源地的内蒙古地区的蒙古族之间并没有认同感。1984 年成立的沿海蒙古族乡，在 20 世纪 90 年代自行改为了泸沽湖镇，街上的店铺打着摩梭的品牌做起买卖，政府的挂牌上写着汉字和彝文。在这个蒙古族聚居的乡内，我们反而很难看见蒙古文化的影子。

通过分析，我们可以知道这里的文化再造遇到了很多的阻力。首先，传统摩梭文化深深影响到了百姓的生活。在当地的蒙古族在努力建构四川地区蒙古族“历史”的时候，以“摩梭”文化为基础，缺乏蒙古族的“族群记忆”来动摇当地本土强势的“历史书写”，从而产生多重记忆的“历史书写”。其次，四川很多蒙古族人口因为种种原因并没有形成一个统一的民族认同。内部各派长时间围绕自己的族群身份展开漫长的争论，这种情况更是加剧了当地蒙古族在重新构建自身“历史”的时候力量弱化的现象。最后，现实利益的考虑，文化的再造有利于重新划分当地资源共享的群体和利益的分配范围，这一地区旅游业的强势进入，泸沽湖旅游的发展给当地经济带来巨大的收益，刺激着当地族群意欲对自身族群身份的重新塑造。摩梭文化品牌的逐步确立，使得摩梭人的身份背景拥有着较大的潜在利益，这吸引着当地确认了蒙古族身份的人群开始向有着强大商业利润支撑的摩梭人靠拢，因而在当地蒙古族人口之间出现了比较明显的去蒙古化现象。

（三）贵州地区

贵州蒙古族人口绝大部分涉及“铁改余”的问题，这一问题在 20 世纪 80 年代基本得到了解决，因此该地区的蒙古族人口大多致力于自身民族文化特征的构建，以促进当地的经济文化发展更加协调。贵州地区的蒙古族，主要是以“余”姓为主，基本上是明清时期相继由四川落籍到贵州地区的。由于明皇帝下令“不得服两截胡衣，其辫发椎髻、胡服、胡名、胡姓，一切禁止”①，逃亡中的蒙古族怕受到朝廷的追杀，就隐姓埋名掩饰自己的蒙古族身份。再加上长期与贵州其他周边民族不断交融，受到其他民族语言文字、宗教、文化、衣食住行、婚丧嫁娶等方面潜移默化的影响，贵州蒙古族很大程度上丧失了北方蒙古族的特征。

但是贵州蒙古族以自己独特的方式来维系族群认同，最为重要的就是“铁改余”的祖先集体记忆。如潘蛟所言：中国的民族认同总是要倾向于强调祖先、历史和族源，因此想要区分本民族和其他民族的区别，往往会先强调祖先和起源上的差别，比强调其他诸如风俗习惯方面更容易让人领会和接受②。贵州蒙古族家里珍藏着各种版本的《余氏家谱》，凭借它来印证“余”姓一直以来就是蒙古人，他们“余”姓是有着共同的祖先，以此来区分和其他民族的差别并确定自己的蒙古族身份。贵州蒙古族除了通过家谱来保持着民族身份认同之外，当然还有其他的较为明显的特征，如贵州蒙古族周边的其他民族是过中秋节的，而蒙古族是不过中秋节的，因为中秋节是他们祖先受难的日子。再如贵州的蒙古族还一直保持着宰杀大牲畜，如猪、牛、羊时，不割颈而刺胸的习惯，这和北方蒙古族可谓是一脉相承。再如贵州蒙古族也是进行三月祭祖，而且比较隆重。此外还有毕节市黔西县协和彝族苗族乡的大湾村有一棵距今有几百年的檬子树，当地人说“檬子”和“蒙子”谐音，种植檬子树就是让子孙后代不要忘记自己是蒙古人，这棵树已经是当地重点保护的树木③。

贵州毕节市大方县、黔西县，铜仁市石阡县、思南县等地为蒙古族分布较为集中的几个县。而大方县凤山彝族蒙古族乡，又是贵州地区唯一的蒙古族乡。凤山素有“水西秘境、蒙古之乡、杜鹃王国”之称，境内有马干山大草原、公鸡山等旅游资源。马干山大草原，拥有万亩草场，长期以养羊为主，是贵州三

①《明太祖实录》卷三〇，台北：台湾“中央研究院”历史语言研究所校勘印本，1962年，第525页。

②潘蛟：《民族定义新探》，马启成等主编《民族学与民族文化发展研究》，1995年，第149—165页。

③ http://blog.sina.com.cn/s/blog_71311c4a01018gau.html。

大牧场之一。当地政府在"十二五"规划项目中有[①]：高山原生态肉类产品加工、支嘎阿鲁民族高端品牌白酒、原生态特色食品生产加工、高山草原高尔夫度假中心、马干山大草原蒙古风情园、沓帕珐戈神山水西古彝小镇、食用名贵中药种植加工基地、黔西北特色产品交易市场、黔西北彝族工艺品厂等项目。这其中就包括了高山原生态肉类产品加工、原生态特色食品生产加工、马干山大草原蒙古风情园、高山草原高尔夫度假中心等项目，与居住于此的蒙古族有着密切的关系。尤其是马干山大草原蒙古风情园项目，更是发展与弘扬蒙古族文化的绝佳项目。

随着贵州蒙古族不断地被识别出来，他们也为蒙古族文化特征的构建而进行着各种尝试。如中华蒙古族文化研究会副会长、修文县退休干部余安黔讲道："之前曾尝试在大方县百里杜鹃举行了一次'那达慕'大会，但因当地蒙古族很少有人会北方蒙古族的体育项目而取消。"[②]近年来随着扶贫工作的推进，以蒙古特色文化为基调的各项旅游事业得到蓬勃发展。

这正反映了贵州蒙古族身份和北方蒙古族存在着很大的差异性，但更能说明贵州蒙古族人口需要构建民族特色地域文化的紧迫性。

近些年，贵州蒙古族加强了与云南、四川以及内蒙古的蒙古族的交流与合作，为构建和发展蒙古族文化积极奔走，组织了一系列的活动。如 2006 年 7 月由四川省西昌蒙研会、成都满蒙学会与西南地区余氏蒙古族续修谱委员会牵头，与贵州、云南蒙研会代表率领西南地区蒙古族代表共 81 人，共赴内蒙古。于 22 日进行了成吉思汗陵祭祖，23 日又与内蒙古自治区政府、民委、八协办、文化厅、教育厅、语委、古籍办、内蒙古大学蒙古语学院、中国蒙古族学会等有关单位举行座谈会，24 日去辉腾席勒大草原。本次活动，代表西南蒙古族成吉思汗家八大支系后裔的祖宗神位的达德，代表圣祖九支军队的苏鲁锭长矛首次正式进入圣祖的庙堂[③]。2006 年 10 月 3 日，云南宣威齐渥温—铁改余氏蒙古族历史文化馆落成，坐落于宣威市城北 15 公里的来宾镇盘龙村委会。馆内设有"四圣殿"，供奉着成吉思汗、拖雷、世祖忽必烈、铁木健的塑像。宣威齐渥温—铁改余氏蒙

① http://www.gzjcdj.gov.cn/wcqx/detailnew.jsp?id=2664144。
② 敖力召、李易霖：《探寻毕节余姓蒙古族》，《贵州民族报》2010年12月3日。
③ http://blog.sina.com.cn/s/blog_483fa5dc010005d1.html。

古族历史文化馆的建立为西南地区“铁改余”蒙古族寻根问祖提供了场地和依据。贵州余姓蒙古族还积极联系云南、四川、内蒙古等地余姓家族成立余姓族谱编撰委员会，经过各方的积极努力，于 2008 年出版了《蒙古族铁改余总谱》。总谱的编撰成功，促进了西南蒙古族与北方蒙古族余姓的联系，增进了余姓之间的蒙古族认同。2011 年 10 月贵州“铁改余姓”蒙古族组织去内蒙古拜谒成吉思汗陵。2012 年 12 月 8 日，从首届贵州民族文化高层论坛暨贵州民族文化学会十九次会议上得知，大方县凤山彝族蒙古族乡被贵州省民族文化学会授予“民族文化传承保护示范基地”称号。从该乡党委领导处得知，他们有意在马干山草原上建设一批具有蒙古族特色的建筑，组建本乡的蒙古族歌舞团，努力构建出贵州最大的草原风情园[①]。从新华网呼和浩特 5 月 27 日电获知，首届贵州蒙古族“那达慕”大会于 2013 年 9 月 10 日在大方县马干山草原举行。根据活动组委会秘书长敖力召召开的推介会上介绍，大会邀请了云南、四川、重庆以及内蒙古等 9 个省市自治区体育代表团参加活动。同时还有博克、射箭、蒙古象棋、赛马、马术等表演[②]。铜仁市石阡县中坝镇河西村也是有很多余姓蒙古族，共有蒙古族 280 余户 1000 多人，是顺治年间定居于此的，大部分村民也都被确认为蒙古族。2003 年，贵阳医学院曾在河西村进行民族基因库的搜集工作，把他们作为贵州蒙古族的代表提取了部分村民的血液、头发、指甲等基因进行保存，充实贵州“民族基因库”。河西村蒙古族这些年不断地构建属于蒙古族特色的文化。如 2007 年，镇政府推动了河西蒙古族生态文化村建设，从内蒙古购入蒙古包、蒙古服装、弓箭等。此外如村里的屋顶都是白色镶边，屋檐之下有北方蒙古族特色的花纹。河西村蒙古族文化馆前面是个蒙古包，侧边亦有成吉思汗的军徽苏鲁定。每当客人到河西来造访或是游玩，余姓蒙古族都会举行唱草原歌、跳舞、摔跤、射箭等具有蒙古族特色的娱乐活动。中坝镇镇长对未来河西村蒙古族文化发展的思路进行了定位：“中坝镇结合河西村历史挖掘蒙古族文化，推进新农村建设。我们将着力深入挖掘河西蒙古族文化，建设展现蒙古族文化的基础设施，打造好河西蒙古族文化特

① 敖力召：《凤山彝族蒙古族乡成为民族文化传承示范基地——被授予“贵州省民族文化保护传承示范基地”》，民族新闻网，2012年12月9日。

② 李云平：《首届贵州省蒙古族那达慕节将于9月举行》，新华网呼特浩特2013年5月27日电。

色村寨。”[①]

总之，贵州蒙古族的身份已经毋庸置疑了，以后发展的方向就是在尊重历史的前提下，面向未来，通过各种形式加强和西南其他地区、内蒙古地区以及蒙古国之间的交流与沟通，大力传承和弘扬蒙古人的民族传统文化。贵州蒙古族的民族文化特征较其他蒙古族地区比较模糊，需要从服饰、风俗、重大节日、体育竞技活动等方面来不断完善和发展具有地域特色的民族文化建设，构建具有贵州蒙古族人口特点的民族认同。

小　结

西南蒙古族文化发展至今已经和北方典型草原蒙古族文化存在着巨大的差异，包括语言文字、衣食住行、宗教信仰、婚丧嫁娶等方面。在获得国家确认的蒙古民族身份之后，各地区官方和民间的回应不尽相同：云南蒙古族积极主动地将民族认同与国家认同相结合，以弘扬蒙古民族文化精神为纽带，积极建构具有兴蒙乡特色的地域文化，并成为西南地区蒙古民族文化代表性地区，促进了地方各项事业的加速发展；四川地区的蒙古民族认同与国家认同差异较大，族际差异、场景差异、代际差异同时并存，导致了族群内部的文化建构方向不明确，徘徊在纳西族、摩梭人、蒙古族、藏族文化之间；西南四省市都存在“铁改余”的遗留问题，除了云南曲靖市的余姓未被国家承认为蒙古族外，其余地区都得到了解决，区域差异的存在使得对比更加明显。“一个人群的血缘、文化、语言与认同有内部差异，而且在历史时间中，有血缘、文化、语言的移出，也有新的血缘、文化、语言与认同的移入。”[②]在各族群民族认同的发展变化过程中，国家政策的制定和落实应察民情、顺民意、体民心，从而使国家认同成为民心所向，避免社会矛盾的产生和激化。

在与周边各族密切的互动关系中，西南地区蒙古族的民族关系呈现出明显的

① 敖力召：《石阡中坝镇河西蒙古族文化恢复成果显著——河西蒙古族特色文化村见闻》，民族新闻网，2012年8月1日。

② 王明珂：《羌在汉藏之间》，北京：中华书局，2008年，第322页。

地域特征。云南兴蒙乡的蒙古族与周边民族关系融洽，与彝族、回族和汉族互为倚重，相互学习，形成了独具特色的民族文化传统；在与主流文化的接触中以及与北方蒙古族的多种形式交流中，逐步塑造了新的民族形象，并在以汉文化为主的官方话语体系中树立起民族自信心。环泸沽湖而居的四川蒙古族（纳日人）与周边民族关系历史上局部紧张、总体和谐，尤其是与藏族的交流中，其语言文字、宗教信仰、日常生活都深受影响，与北方蒙古族和满族的交流仅在精英阶层得到局部认同；与凉山州主体民族彝族的局部紧张关系既需要在竞争和发展中逐步解决，也需要国家政策的调适和整合。

此外，云南文山的伙姓、“铁改余”以及贵州的“铁改余”蒙古人的诉求得到了国家的认同，而曲靖及其周边县市仍有大量的“铁改余”族群自我认同为蒙古族，但未得到国家政府层面的确认。故而该群体走访各地的“铁改余”族人，纂修家谱，参与各地蒙古族节庆活动及会议，并寻求政府、学界、商界的支持。曲靖“铁改余”族群与川、渝、滇、黔四省市内部及北方蒙古族的交流，大多围绕其族属的确立而展开，在蒙古同胞理念下的民间商贸活动更是加强了这一族群的民族意识。西南地区同为“铁改余”群体，却拥有着不同的民族身份，因此他们仍在奔走努力。这反映了在西南蒙古族中既有内部族群认同中的群体性差异，也有外部国家认同中的地域性差异。这些共性和差异的存在决定了西南蒙古族在全国蒙古族格局中的地位和作用，也对中华民族多元一体格局的形成和发展做出了实证性的阐释和完善。在密切的族际交往中，西南地区蒙古族保持着明确的族群边界，并未被同化或汉化。

总之，西南地区各地蒙古族民众的民族认同是在与周边各主要民族和北方草原地区蒙古族民众的交往交流交融中逐步凝聚起来的，由于自然和人文环境差异较大，云、贵、川、渝四省市的蒙古族在民族乡的建立、民族身份的认定、民族文化的保护传承方面都经历了不同的发展历程，收获了不同的经济效益和社会效益。具体而言，云南省兴蒙乡和贵州省凤山乡的蒙古族坚持以国家确认的民族身份展开民族文化建设，积极开展官方和民间的经济文化交流活动，极大地提高了自己作为蒙古人在国内外的知名度，由此更加强化了社会各界的认知和民族内部的认同感。四川地区四个蒙古族乡的蒙古族人口由于认同差异较大、官方和民间与北方和其他地区蒙古族的经济文化交流相对不足，效果也不够明显，由此引起民众阶层民族认同的弱化。但是，无论是认同于蒙古族还是认同于其他民族，都不影响西南地区总体和谐的民族关系。在民族区域自治政策不断落实、民族团结进步不断发展的大背景下，西南地区蒙古族干部群众和各族人民紧密团结，坚持发展经济，保护和传承本地区的优秀文化，自觉融入中华民族大家庭，铸牢中华民族共同体意识。

第五章　个案研究：兴蒙乡蒙古族的环境适应与文化塑造

兴蒙蒙古族乡是云南蒙古族主要的传统聚居地，也是云南省迄今为止唯一的蒙古族乡。从蒙古族进入云南至今，已经经历了770年的光阴，其居所的生态环境也发生了沧海桑田的改变，对兴蒙的蒙古族人民生活产生了较大的影响，蒙古族人民也和周边各族人民一道在适应自然环境的同时，不断改变和塑造出新的人文生态。该部分以云南兴蒙蒙古族乡为个案进行系统研究。

第一节　作为"母亲湖"的杞麓湖的生态环境变迁

杞麓湖是通海县的主要水域，位于通海盆地东北偏中、县城北2公里处，呈新月形，是云南高原上的一个大型陷落湖。杞麓湖俗名海子，唐代称海河，元代称杞麓湖，明代称杞麓湖又称通海湖，清代称杞麓湖，也有双湖、通湖之称。杞麓湖因杞麓山而得名。据《河西县志》载："杞麓山三面环水，曾名渔山、碌溪山。""杞麓"一词为蒙古语，意为"水中的石头"。杞麓湖海拔1790米，整个湖盆地自西向东北倾斜，西部较浅，东部较深，为淡水封闭湖，无明显出水口。湖盆区比东部华宁县城高175米，西北比玉溪市高167米，北比江川区星云湖高73米，南比曲江河谷的沙田高430米。水源全靠降雨补给，径流面积370.5平方公里，泄水由东岸的落水洞石灰岩地带伏流到华宁县王马村大龙潭等地出露，经华溪河入曲江，再流入南盘江归入南海。湖沿农田棋布，村舍林立，素有"云南高原上的绿色明珠"之称。

站在凤山看兴蒙乡

杞麓湖对通海有着极为重要的意义，其很多功能都是无可取代的。一是调节气候。通海坝子夏无酷暑，冬无严寒，气候温和，四季如春，这与杞麓湖对气候的调节是分不开的。二是灌溉农田。坝区有耕地 15.6 万亩，占全县总耕地面积的 79%，其中水田 11 万亩，杞麓湖水灌溉 8.3 万亩，占 75.5%。三是提供企业用水。湖岸厂、社企业每年提湖水 600 万立方米左右。四是提供渔产。杞麓湖渔产丰富，早在 4000 年前通海先民就以杞麓湖的鱼类、贝类为食物，以后逐步开发利用。1935 年，通海、河西两县年产鱼 33 万公斤。1949 年后，一般年产鱼 10 万—15 万公斤，1984 年达 35 万公斤。五是提供天然肥料和牲畜牧草。湖中水生植物繁多，种类有菹菜、篦齿眼子菜、荇菜、苦菜、芦、稗、凤眼莲、喜旱莲子草、旱苗蓼、茭菜、蒲草等。1949 年前，沿湖 30 多个村的农民都捞海草、海泥作肥料，每年从湖中捞取海草 60 多万挑，海泥 10000 多船，从湖中割茭草、蒲草喂牛马。1949 年后捞海草、海泥的数量大为减少。六是天然水库。雨水丰年能蓄水，雨水枯年能排水，后来由于湖面缩小，调节功能已减弱。七是提供航运。1949 年前，杞麓湖水上交通极为方便，《新纂云南通志》载："水周 40 公里，帆船能通通海、河西二县城及附近乡镇。”货运、客运俱有，为通海、河西的重要交通航线。1949 年后，随着陆上交通工具的发展，湖面缩小，湖水变浅，航运功能基本消失。

一、杞麓湖的生态环境变迁

杞麓湖位于云南省中部，隶属玉溪市通海县，是云南省九大高原湖泊之一。流域为新月形断坳盆地，杞麓湖位于流域中部稍偏东北，为流域内地表径流汇集的中心地。依据《云南省杞麓湖保护条例》，杞麓湖最高蓄水位为 1797.65 米（黄海高程），最低运行水位为 1794.25 米。湖泊东西长约 10.4 千米，南北平均宽约 3.5 千米，湖岸线全长约 32 千米，最大水深 6.8 米，平均水深 4 米，全湖自西向东逐渐加深。受人工干预，杞麓湖湖盆呈现一定程度的悬湖状态，人工湖堤以上汇水区降雨不能自然流入，红旗河从兴蒙乡以下的河段为悬河，附近区域的降雨

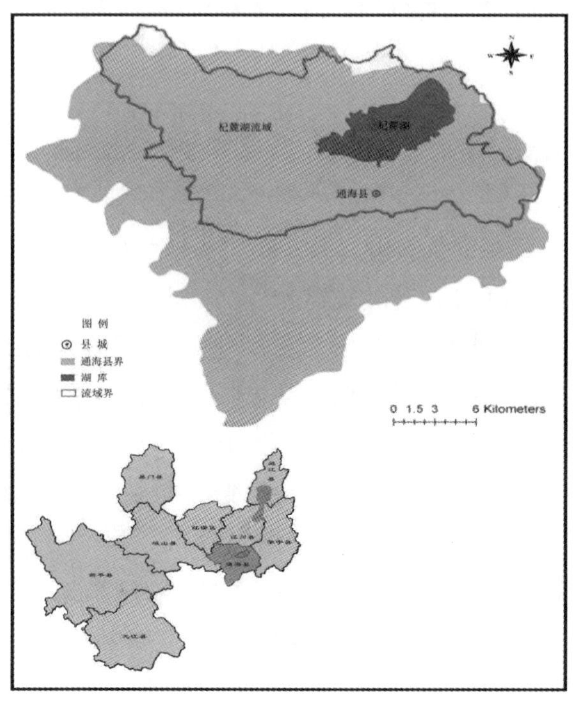

图片来源于《通海县志》1992 年版

杞麓湖区位示意图

不能自然流入红旗河。

自形成以来杞麓湖已经发生了巨大的变化。总的来说就是湖面由大变小，湖水由深变浅，容量由大变小，湖底由低变高。湖面向盆地的东北方向迁移收缩，现在只偏据盆地的东北部，西南部已变成大面积的湖积平原。这些变化，元代以前没有相关记载。据有关资料测算，至元二十一年（1284 年）在今东渠村设河泊所时，水位 14.55 米，面积 109.36 平方公里，折合 16.4 万亩，湖水量 16.36 亿立方米。明洪武十九年（1386 年）湖泊所迁址至沙落村时，水位 8.55 米，面积 83.67 万平方公里，折合 12.55 万亩，湖水量 4.74 亿立方米。清光绪十九年（1893 年）湖水大淹海田时，水位 6.75 米，面积 74.04 平方公里，折合 11.11 万亩，湖水容量 3.36 亿立方米。1938 年时，水位 5.66 米，面积 68 平方公里，折合 10.2 万亩，湖水容量 2.586 亿立方米。1957 年 10 月 1 日实测，水位 4.17 米，面积 48.24 平方公里，折合 7.24 万亩，湖水容量 1.24 亿立方米。1981 年 7 月 13 日县人民代表大会决定控制水位最高时为 4.3 米时实测，湖底高程 1789.45 米，东西长 10.4 公里，南北平均宽 3.5 公里，湖岸线全长 32 公里，面积 36.86 平方公里，折合 5.53 万亩，湖水容量 1.486 亿立方米。最大水深 6.8 米，平均水深 4 米，水位比元代下降 10.25 米，下降 70.4%；面积缩小 10.88 万亩，缩小 66.3%；湖水容量减少 14.874 亿立方米，减少 91%。[①]

二、周边林地的变化

自蒙古族落籍河西以来，便重视绿化美化环境。元代，兴蒙蒙古族始祖阿喇帖木耳带领军民，培植桃树，美化家园。至正年间，在曲陀关都元帅府周围，“种桃千株，植松数围”，把驻地培植成“桃花方春灿烂，河清海晏，万松林立，径香以深，松涛振响，戛玉敲金，鸡犬童稚声出于林，不亚桃源天台”的“帅府桃林”[②]。驻守杞麓山（凤凰山）的蒙古军民，在山上种植松树，在河堤湖埂栽柏插柳，并封山育林，严禁乱砍滥伐以保护原始植被。在封山育林方面，元末驻军派出专人看管，明清时期由各村的管理员负责管理，晚清至民国时期，

① 云南省通海县史志工作委员会编纂：《通海县志》，昆明：云南人民出版社，1992年。
② 云南省通海县史志工作委员会编纂：《通海县志》，昆明：云南人民出版社，1992年。

由各村管事、寺庙住持负责管理，每年秋季开山5天，开山其间，村民每人向住持交付稻谷半升（约合4市斤），便可进山割绿肥修松枝。其余时间，任何人不得上山随意割草砍树，违者一经发现，罚油3斤交寺庙作香灯油。通过严格的看管，至民国年间，凤凰山上已经培育出以云南松、麻栎树为主体的乔木400多亩及金竹100余亩，保护了以黑果树、葛藤为主的原始灌木200余亩。中河两岸古柏成荫，湖塘沟边柳树翠绿，整个兴蒙乡山清水秀，环境优美。村后的凤凰山岭林木茂密，村前的母亲沟柳树成荫，中河埂上的苍天古柏宛如玉带镶嵌在其中，看山山青、看路成荫，各村各寨听得鸡犬人欢声而不见村内人身影，故有文赞曰："凤山百花香十里，岭下帆船如穿梭；杞麓浪花漪涟涟，鱼跃稻香渔夫村。"1958年时，全乡办起12个大食堂（每队1个），各食堂派出5—10名青壮年上山挑柴作为燃料，凤凰山的林木也成为砍伐对象。几年后凤凰山主峰的白阁山松树园全部被砍光，中村山顶的松树、山腰的麻栎园以及交椅湾的原始黑果园惨遭破坏。1976年修建红旗河时，中河两岸的苍天古柏又全部被砍光。1978年，新开挖红旗河埂重新种植了桉树。1988年以后，施行封山育林，以村为单位制定了村规民约，派出专业护林员管理护卫。护林员常年值班看管，发现乱砍滥伐的人按村规民约进行处罚，有效地改变了乱砍滥伐现象。同时发动群众开展义务植树，每年6月份，每个成年人义务植树5株，进行四旁绿化。至1995年，已经在玉通高速路旁沿红旗河边植柏树20000余株，在凤凰山上培育出松树、杂木树750余亩，恢复和保护了交椅湾的原始黑果林50余亩。现在，高速路边的柏树又全部更新为绿化树种，凤凰山上的松树也已经成林，原始黑果林成荫，基本恢复了原貌。兴蒙乡的生态环境整体上又向良性发展，再次呈现出山清水秀的新气象。

三、入湖河流的变化

兴蒙乡位于杞麓湖西岸湖盆区，自古称之"秀山青水南江蒙，三面伏水住杞麓，三村蒙民拓杞湖，世称牧民又渔村"[①]。乡内水域极为丰富，河流、库塘、沟道星罗棋布。清乾隆《河西县志》载："旧湖自通海西上，直接戴文营和沙罗

① 兴蒙乡编《兴蒙乡志》，2003年内部发行。

村，回湾入解家营。其称三面皆水不诬也。碌溪旧不桥，以舟为渡。今谭家营水淤别解家营为一湖，长河水三渔村淤别戴文营为一湖。碌溪之间乃可桥渡。旧湖直上沙罗村，故设河泊所于此。今湖改移无复，昔时水势，后人何以知哉？”杞麓湖水降落以后，兴蒙乡境内便留下了许多沟塘、河道。主要沟河有：①长沙河，又名长河，是通海坝子西部的主要河流。发源于夹雄山西北山麓，由曲陀关河头村后，经小村、大村村前至沙罗村后、大定营以北，从上渔村、中村汇入母亲沟。在钱家嘴村前入湖。1977 年开挖了红旗河后已经被填。②中河，在长沙河以南。起源于水磨村龙潭，经东渠、沙罗村、茨坝村前，往下从白阁村的龙王阁后面过，至十三户后转钱家嘴村前入湖。1977 年开挖了红旗河后，已经被填平做农田。中河、长沙河是杞麓湖径流面积最大，水土流失最严重的、河床高于农田的害河。雨季时，河堤经常决口，冲毁农田。沿河两岸居民千百年来与之斗争。明嘉靖年间，自水磨村开始修筑甸心存埂，将中河水分为两路，洪水从左经碌溪三度入杞麓湖，清水从右流供良田。清康熙五十一年（1712 年）县令周天任组织民众疏浚中河下游，使洪水不漫流。中华人民共和国成立后，1958 年当地在两条河的源头修建了甸苴水库、小村水库，将水磨村以上的河水导入水库，减少水害。1966 年当地又组织沿河两岸社队的群众捞除河中淤泥、沙土垫田改土，降低河床，使洪水不漫堤。1976 年西城公社（现河西镇）再次组织生产队进行治理，将两河推平，重新开挖了一条长 10 余千米、宽 15 米的笔直大沟，取代了两条旧河，命名为红旗河。新开挖的红旗河途经兴蒙乡段长 4 千米，占去中村、白阁、下村良田 157 亩，但有效解决了河西北乡坝泄洪排涝的难题。③浑水河，属中河的支流，发源于文笔山东麓的白塔沟，长 2.6 千米，从文家营村转东经代文小海、沙坝至锁水阁汇入中河。1977 年，从文家营村改直至茨坝村前入红旗河。④琉璃河，明代称普应溪，清康熙五十年（1711 年），县令周天任凿琉璃山麓，引水北行后改名为琉璃河，又称大水沟。系中河支流，发源于普应山，经琉璃山，从河西城西北流经沙坝锁水阁，转东至白阁村岔河口汇入中河。原为常流河，现为季节河，长 6 千米，集水面积 7 平方公里。清代以来，琉璃河经常泛滥成灾，冲刷河西县城，毁坏农田。1966 年“四清”运动期间，按“四清”工作队的布置，从锁水阁转角处将琉璃河改直并入中河。岔口河以上至锁水阁 800 多米河道，分别由中村及下回村改为农田。1972 年，琉璃河上游又兴修了寺水库，截蓄洪水，使下游的洪涝灾害得到有效控制。⑤碌溪河，发源于谭家营红龙潭箐，经谭家营小海、解家营、上渔村（今碌溪村）、中渔村（今中村），至白阁汇入母亲沟。⑥母亲沟，乡里人称其为母沟，乡外人称其为官沟。元代，是杞麓湖连接长沙河的交通大动脉。通海、海东等地木船，沿杞麓湖往西，顺母亲沟直上，可达沙罗村，随着杞麓湖水位下降，至清初年间，大沟缩小至碌溪村，民国期间到白阁村。此外，兴蒙乡境内还有许多从母亲沟通往各村、各片农田的子沟。通往各村的子沟分别是：中村的喀氏沟等三条，白阁的妯娌沟、龙潭沟等四条，下村的喀旨沟、白井沟等七条，交椅湾的东浦沟，桃家嘴的清水沟等。通往各片农田的子沟有玉带沟、李家沟、胡家沟、王家沟、大湾沟、小湾沟、狮子沟、杨家沟、团沟、城隍沟、十三户沟、十七户沟等。这些沟塘、沟港，是兴蒙乡人入湖捕捞、下田农耕的重要航道。1977 年以后，多变为枯塘、死港。⑦夏家嘴河，发源于螺峰山，经叶家湾、童家湾、夏家嘴，从桃家嘴小海塘以南汇入清水沟，从大河嘴中沟入杞麓湖。兴蒙乡水域面积现共有 639.7 亩，其中河流面积 132.7 亩，坑塘水面 334.8 亩，沟渠 124.1 亩，水利工程用地 48.1 亩，分布在坝区各片农田。这些坑塘、沟渠，在明清时期是杞麓湖的分支，民国时期仍与杞麓湖水相连，发挥着灌溉、排涝、运输、捕鱼捞虾等多种功能。随着杞麓湖水的下落，湖面逐渐缩小，曾经广阔的水域面积也随之收缩。到 1976 年开挖红旗河后，兴蒙境内的水域完全被改变了，原本众多通往杞麓湖的河流已改道或被填埋，仅剩红旗河与杞麓湖水相连。

四、杞麓湖变化的原因及影响

杞麓湖的这些变化表明，杞麓湖现已经进入老化阶段。究其原因，这既有自然因素，也有人为因素。

自然因素：杞麓湖地处小江断裂带斜接复合的部位，地应力集中，地壳活动强烈，地震频繁，湖盆上升。据古螺壳的碳 –14 测定，湖盆区上升率为 0.63 厘米 / 年，小于喜马拉雅山，大于台湾恒春半岛。在地壳上升过程中，不但发生了差异上升运动，还发生了向北倾斜运动，以致湖盆南岸高，北岸低，古湖面向北倾斜，促使湖泊衰退。另外，每年大量湖沙流入湖内，而身为封闭湖泊的杞麓湖无法将这些泥沙排出，只能任其在湖底不断淤积，促使湖泊不断老化。

人为因素：第一，由于乱砍滥伐森林，使水土流失严重，入湖泥沙淤积，湖水变浅。第二，盲目利用湖区，围湖造田，使湖面由大变小，蓄水功能减弱。全县从1598年到1981年，一方面打开落水洞，先后19次放走湖水4.9044亿立方米；另一方面又把大量泥土推入湖中围湖造田，先后扩大海田1.23万亩（不包括老海田4200亩，沟埂750亩），使湖面由1957年10月的7.236万亩缩小为5.529万亩，库容量由1.72亿立方米减少到1.486亿立方米。第三，由于1978年以来农作物复种指数增大，冬旱蔬菜面积增加，农作物灌溉用水量相应增大，再加上工业用水量增大，致使湖水入不敷出。1983年大旱，湖水面积仅存1632万平方米，杞麓湖出现干涸的危险。而且因为湖水的下降也导致气候反常，致使盆地区农田效益大减。近年来通过采取综合平衡治理措施，情况有所好转。[①]

五、环境适应

在700多年的历史沧桑中，兴蒙蒙古族人口的生存环境已经发生了很大的改变，但他们在这些变化中以坚强的毅力战胜了各种艰难险阻，克服了这些变化造成的种种困难，努力适应新环境，从最初的依水而居，打鱼为生，到后来的渔樵耕读，围湖造田，蒙古人凭借辛勤的劳动换来安居乐业的资源。

（一）农业生产

元代，蒙古军队从北方来到西南，环境大大改变，开始以军务为主，除征战外，也按元中央政府的指令开展屯耕。驻守杞麓山（今凤凰山）的蒙古族军民，以捕鱼捞虾为主，辅助以围湖垦田。元末，杞麓湖水不断下降，杞麓湖东南部露出一片片长满水草的沼泽地，兴蒙的蒙古族人民又把主要精力放在开发杞麓湖边的沼泽滩地，进行围湖垦田，而拿鱼摸虾由主业变为副业。初垦时，按滩地地势走向，分片留出便于木船通行，方便灌溉及排涝的沟渠，然后顺沟渠边打下木桩，用柳条编栅栏作护埂，从陆地上运土垒埂，由湖内捞淤泥垫田。通过多年的辛勤经营，把杞麓湖西岸的一片片稀泥烂滩开垦成埂沟配套

① 云南省通海县史志工作委员会编纂：《通海县志》，昆明：云南人民出版社，1992年。

的良田，成为河西县有名的粮食产地。这时杞麓山的蒙古族原本以渔业为主，又改变为以农业为主，兼以渔业。进入明代，蒙古族乡人围垦的大量良田，或被宗祠、庙宇和外族地主兼并，或被地方官吏以没收元人田产以及荒芜民田为借口，收归军屯及沐氏庄园所有，而大量蒙古人则成为沐氏庄园的佃农，每年粮食收成的多数都要上缴给庄主，剩下的部分不足养家糊口，只有或外出打工做泥瓦匠或下湖捕鱼摸虾来维持生计。至清代，蒙古人仍要按明制的档案田图册交纳田赋以及被征收人丁银、渔课米银等。不堪重负的田赋和人丁税、鱼课米银，令不少蒙古族乡人只有以低价出卖田地而另谋生路。于是河西城的宗祠、庙宇以及河西、通海两城的杨、李、胡等姓地主纷纷趁机到蒙乡廉价兼并良田，而失去土地的蒙古人则沦为佃户，只有租种外族地主和宗祠、庙宇的土地，然而将收成的一半交地租后仍不足以养家糊口，仍需要靠外出打工和捕鱼摸虾度日。至中华人民共和国成立之前，蒙古人世世代代经历千辛万苦在杞麓湖畔围垦出来的良田，多数都被乡内外的宗祠、庙宇和地主占有。据统计，到1949年底，蒙古族乡人自元代以来经过数十代近七百年共开垦出农田3820亩。其中，被外族地主巧取豪夺兼并2300多亩，乡内外的宗祠、庙宇义田共占去670亩，本族地主占有250亩，广大贫苦农民仅剩600亩，人均0.2亩，80%以上的农户沦为地主和宗祠、庙宇的佃户。经过土地改革，乡人虽然分得了田地，但依旧是田少人多。于是从1953年开始鼓励开垦荒地，为此政府制定了新开荒地、荒田三年不上公粮等政策。1958年通海县委提出“两头发展，中间改良”（一头上山开荒地，一头开湖造田，中间的原田改良土壤）的农田基本建设要求，首先组织力量扩大杞麓湖东岸的落水洞，开湖放水，计放出海荒4万多亩。兴蒙乡积极响应，也开始围湖造田，将围起来的海田打起海埂。所围面积由于是湖积母质，土壤有机质含量高，有效养分丰富，再经过掺沙改土，只需要少量氮肥就能获得较好的产量，自1970年以来已经成为千斤以上的高产良田。1961年通海县委继续上山开荒造地，1971年掀起“农业学大寨”运动，上山建造“大寨地”（新开台地，坡地改梯地，增厚土层）。在学习运动的过程中，兴蒙乡人也在凤凰山上开出台地200多亩。但在陡坡毁林开荒，又造成水土流失，影响了生态平衡。于是1984年后大部分旱地都开始退耕还林，少部分则留种果树。

（二）渔业生产

元代，驻守杞麓山（今凤凰山）的蒙古族军民先以杞麓湖为依托，在较短时间内学会了划船掌舵和使用各种捕鱼工具，漂泊在杞麓湖上拿鱼摸虾，逐步形成了男打鱼、女撮虾的自然分工。来自北方草原的游牧民变成了定居在杞麓湖畔的渔民。因三村蒙古族以捕鱼为主，从此兴蒙人民聚居的三个村庄得名“三渔村”。今凤凰山也曾名“渔山”。元代后期，兴蒙乡捕鱼撮虾的技术便已十分精湛，能够熟练地使用罾、网、罩、叉等各种捕捞渔具，在实践中还创造了独具特色的尖尖网、四脚网、推虾网、丝笼、花笼等渔具。从事农耕以后，尤其是在兴蒙区域垦出的土地被外族地主兼并使得蒙古族群众沦为佃户以后，仍然一边为佃主盘田种地，一边下湖捕鱼捞虾维持生活，过着“有鱼不吃鱼，无鱼不吃饭”“鱼不去，米不来”的苦难生活。1956年以后，政府集体组织劳动力的捕捞取代了各家各户独自捕捞。当时，高级社常年安排几十名捕捞能手驻在湖中捕捞，农闲季节又派出大量人员进行捕捞。捕鱼捞虾成为兴蒙乡增加集体收入，提高社员工分分值的重要途径。拿鱼摸虾一度成为兴蒙乡人民的一项重要家庭副业，有“杞麓湖是银行，渔具是存折，要花湖中取”的说法。1958年，由于片面强调向杞麓湖要田，而人为开凿落水洞排水造田，杞麓湖水面大幅度缩小，捕捞人员也逐渐减少。1978年后由于农田复种指数的提高，冬早蔬菜的增加，用水量增大，至1983年湖面从兴蒙乡的清水沟缩至大渔坝以下。大渔坝以上的万亩湖面变为农田。1976年开挖红旗河时，又填埋了兴蒙乡通往湖泊的所有沟渠。虽然乡内还有一些低洼的库塘和港口，但处于封闭状态，船只进不了湖。从而渔船、渔具无用武之地，变得“船困旱港，渔网入库”，渔业走向萧条。1989年全乡渔业收入3.87万元，仅占全乡经济总收入的0.7%。1988年以后，乡党委、乡政府发动群众开发废弃沟、港、库、塘及低凹田块发展水产养殖。通过多年开发，现在全乡水产养殖专业户发展到30户，开发鱼塘30余个，养殖面积130余万亩，饲养着草鱼、鲤鱼、鲫鱼、白鲢鱼、乌鱼、鳝鱼等水产。兴蒙乡渔业从天然捕捞向人工养殖发展，渔业收入缓慢回升。

（三）交通运输

旧时兴蒙乡的水运是用木船进行运输的。据《河西县志》（民国十三年重印版）载：“县境内位于杞麓之滨，沿湖居民借舟楫为交通工具，与通海、华宁两县互相来往。元时，杞麓湖水位较高，民船可直达东渠。故当时东渠设有河泊所。继后，下游落水洞随时疏通，水日下泄，逐一碌溪村为舟楫总汇，往来客货俱于此初装卸，浸久水愈下落，船只又改在白阁下方停泊。计由白阁港口至通海牛家港口水程可25里，至华宁界及海东村可30里，至马家沟5里。”由此可见，今兴蒙乡驻地元代是曲陀关元帅府至临安路治地（现通海城）以及杞麓山到海外（海东村）的必经水路。元代，蒙古族统治者立关曲陀，在东渠边设河泊所管理航运及渔课。当时驻于杞麓山的元军后勤人员，主要差事是饲养军马、划木船运送人员往返于帅府至临安路治。随着蒙古族人民逐步从事渔业、农业，木船运输也主要用于渔业和农业。到明代，木船仍是兴蒙乡人入湖捕鱼、下田送肥、搬运粮食的重要运输工具。清代，由于杞麓湖水的降落，碌溪古渡功能消失，白阁港口成为河西的主要商港，是昆明、玉溪、峨山至建水、个旧、河口等地商人的货物中转站，从而在兴蒙乡逐步出现了客运船只。白阁港口在白阁村旁，距河西县城三华里，是联结七街马家沟港口、九街储家港口、通海六一街港口、通海城北李家营牛家港口、杨广鼠街港口的主要水路码头。每逢四街、河西两地三、八、四、七街赶集日，来往船只多达上百船次。1941年，官仲品先生从白阁村的一六街子收取的税金提取部分资金作修港费用，开始修建石港岸以取代之前的土堤港岸。到1943年，原来的土港岸已全部建为用青石板镶砌的雄伟壮观的航运码头，成为当时河西县境内工程量最大、能容船泊最多、来往客商最热闹的码头（港口）之一，也是杞麓湖周边最为繁华的一个码头。但当时兴蒙乡木船全是为农业、渔业服务的“豆角”小船，所以白阁港的客运商船全是外乡人的，兴蒙乡仅有20余名青壮年为外乡船主当艄公（船夫）。至1946年才由下村奎光新、白阁赵昌平、中村普先德等20余户船员自筹资金，购置了客货大木船10艘（多为两户合买一艘）载客运货。1956年两类木船发展到120多艘，全部折价入社归集体营业。1957年高级社到窑冲河、龙棚等地购买船帮、船底，由奎家德、官学彩、官联新、招荣顺、期绍珍等钉船师傅制作了几十只新船，全乡木船增至200余艘。1958年盲目开湖造田，在围截湖内大龙潭（实为沼气眼）时，兴蒙乡几十艘木船被填在潭边，加之造田导致湖水下降，水路港口功能弱化，1962年后兴蒙乡木船数量下降至90余艘。1976年开挖红旗河时，兴蒙境内的沟渠全部被填埋，通往杞麓湖的水路阻断。因此白阁港被废止，水上航运及农业运输中断。

总之，一个民族的传统文化是其区别于其他民族的独特标志。蒙古族进入云南，作为北方草原游牧文化区的民族，为了生存下去蒙古族必须适应当地的自然环境和人文环境，逐渐形成具有西南蒙古族特色的文化。独具特色的西南蒙古族文化既与传统的蒙古族文化一脉相承，又有差别。随着民族自觉意识的觉醒、身份认同的诉求和政治经济利益的需求，文化作为一个群体表明身份、获取认同的象征，西南蒙古族对其文化进行了再造。接下来，我们以兴蒙蒙古族乡的社会生活为例，阐述西南蒙古族的传统文化及其文化再造。

第二节　适应环境的文化选择与文化再造

一、多源融合的语言文字

蒙古族拥有自己的语言文字，蒙古语属于阿尔泰语系蒙古语族蒙古语支，分为三种方言，分别是内蒙古方言、卫拉特方言、巴尔虎—布里亚特方言。13世纪早期，在回鹘人塔塔统阿的帮助下，蒙古民族在回鹘文字母的基础上创制出了自己的文字。最初的蒙古文字是一种拼音文字，以畏兀儿字母拼写蒙古语言，书写时自左向右竖写，故被称为畏体蒙文。蒙古汗国建立后，畏体蒙文在蒙古人铁蹄所到之处得到广泛的推广和应用，大约有十种蒙古时期的畏体蒙文实物保存至今，“云南王藏经碑”就是其中之一，不过立碑时间最早的当数“也松格碑”（1225年），它也被称为“成吉思汗石”，现存于俄罗斯圣彼得堡市的爱尔米塔什博物馆。

元朝建立后，元世祖忽必烈又命帝师八思巴创制了新的蒙古文字，俗称“八思巴”字，这是一种方形新文字，以梵藏字母拼写蒙古语言，共有42个字母，其中母音10个，子音32个，子母音相拼以谐声为宗。到了1269年，忽必烈以八思巴字颁行天下，因为八思巴字不仅可以书写蒙古语，而且也用于书写汉语、藏语、畏兀儿（维吾尔）语和梵语等语言。然而与忽必烈的设想不同，新字的推行并不顺利，终元一世，仅在上层贵族中流行，以及官府用它颁布公文，而各地民间依然使用各自的通行文字。元朝灭亡后，八思巴字就不再使用，畏体蒙文仍在蒙古族中使用。畏体蒙文之所以能够传之后世，其中很大一个原因是元成宗时著名的蒙古语言学家朔思吉斡节尔著书《蒙文启蒙》，这本书规范了蒙古书面语语法，使畏体蒙文成为至今通用于内蒙古的蒙古文字。此外，活跃在新疆天山南北的西部蒙古族讲卫拉特方言，与东部蒙古族语言略有区别。17 世纪中叶，卫拉特僧人咱雅班第达在通用蒙古文的基础上加以改造，使得卫拉特方言的语音得以更清晰准确地表达出来，这种新的蒙古文被称为“特忒・必扯克”，意为精确的文字，这种文字就被称为“托忒”蒙古文。1950 年，外蒙古独立，新建立的蒙古人民共和国受苏联的影响日深，各方面出现了俄化的趋势，放弃老蒙文而使用斯拉夫字母拼写记录蒙古语。所以现在世界各地的蒙古族一共使用三种文字记录蒙古语，即畏体蒙文、托忒蒙文和斯拉夫文。

1976年，内蒙古师范学院的师生来到云南，针对云南蒙古族的语言进行了一次调研。通过调研，他们认为：“云南蒙古族语言在语音系统方面，大多数短元音和辅音与北方蒙古语基本相同，语法结构也与北方蒙古语相同，语汇中仍保留着一部分蒙古语词，如‘马’‘鼓’‘路’‘没关系’‘香烟’等，但其大多数语言已不再是蒙古语，一些基本词汇大多与彝语同源，语法结构也近于彝语，而语音上又与白族语音接近，并借入了大量的汉语词汇。”[①]这说明，云南蒙古族的语言源自蒙古语，但其又借用了汉族、彝族、白族等周边当地民族的语言，于是云南蒙古族的语言既与阿尔泰语系蒙古语族蒙古语支的蒙古语有着密切的联系和明显的区别，又有别于汉藏语系藏缅语族彝语支的彝语（因为现在已不能与彝族通话）。

自元代以来，通海县兴蒙乡的蒙古族落籍云南已有七百多年，随着社会历史的演变和各民族之间的互相交融，其语言也发生了很大的变化。通海县兴蒙乡的蒙古族普遍使用一种名为“喀卓语”的独特语言，喀卓语很独特的现象就是仅有语言而没有文字，这种语言与通用蒙古语有很大差别，也不同于汉语，不同于云南省的其他少数民族的语言，它只通行于 5000 多名兴蒙乡蒙古族群众之内。

通过研究，我们发现喀卓语语音上虽然同白族语有相似之处，但还是以彝语支语言为基础，和彝语更为接近。具体表现在和彝语基础语法相同、语音的对应、

① 内蒙古师范学院中文系蒙语专业赴云南语言文学调查组：《云南蒙古族（专辑）》（内部资料），1976年。

有很多的同源词等方面[①]。这是因为，元代云南屯田戍守的军队不但有蒙古军、探马赤军，也有当地的彝白民族组成的“爨僰军”（又简化为“寸白军”）。蒙军入滇后，长期屯驻在云南，只有诸王和贵族可以带家属前来，其余普通士兵只能以轮戍的形式回到本部。元末梁王兵败后，落籍云南的蒙古族便无法再回到北方故土，这部分蒙古族只能在当地扎根。落籍到云南高原地区的蒙古族，在躲避明朝军队追杀之余，也需要适应从牧民到渔民的角色转变，需要一种语言来让他们与邻近民族交流，同时因为长时间与附近的白族、彝族杂居通婚，使得蒙古族在语言上时常受到周边民族的影响。正因如此，兴蒙乡蒙古人与彝族人之间的通婚关系一直延续到现在，这也就使得兴蒙乡的蒙古族在语言上与彝族有许多相似之处。

总之，云南蒙古语的发展历程是漫长的，演变过程中受到了历史条件以及社会环境的制约[②]，又受到了当地汉族、彝族、白族等民族语言的影响，最终形成新的语言形式。也正是因为受到种种条件和环境的制约，才凝聚了云南蒙古族的民族认同感。所谓“民族语言文字被视为是一个民族文化的基本特征之一，也是民族认同的重要标记，甚至是维系民族生存和发展的一个基本要素”[③]。由于喀卓语只通行于兴蒙乡蒙古族内部，成为他们独特的标志，也使得其他民族无法跨越这个语言障碍的“藩篱”成为兴蒙蒙古族的一员，这让兴蒙蒙古族可以保持一定的民族特性，把本民族的优良文化传统延续下去。兴蒙蒙古族同胞在语言文字上发挥了自己的聪明才智，虽然汉字是他们对外交流的主要文字工具，但是他们却以独特方言来作为自己文化、思维的特殊载体。

二、取之自然的日常生活

云南蒙古族离开北方大草原的故土，定居到云南各地，随着生存环境的巨大改变，在过去七百余年里，他们早已改变了乘高车、逐水草而居，“穹庐为室兮

① 戴庆厦、刘菊黄、傅爱兰：《云南蒙古族嘎卓语研究》，《语言研究》1987年第1期。
② 和即仁：《云南蒙古族语言及其系属问题》，《民族语文》1989年第5期。
③ 萨仁娜：《社会互动中的民族认同建构——关于青海省河南蒙古族认同问题的调查报告》，北京：中央民族大学出版社，2011年，第92页。

毡为墙，以肉为食兮酪为浆”的游牧生活。在服饰、饮食、起居、交通等方面都积极适应云南地区的自然环境，创造了独具魅力的服饰文化和饮食文化。其特点以通海兴蒙乡蒙古族最为突出。

（一）服饰

正所谓“有章服之美谓之华”，民族服饰是一个民族生存环境和迁徙变化的反映，但它不是一成不变的，因此，不能将它单独作为民族识别的标志，尤其是在现代社会，图像信息高度发达，各民族间的交流越来越便捷，现代服饰也被各民族的年轻人所喜爱，不同民族日常服饰的趋同性越来越明显。以兴蒙乡为例，现在日常起居时穿民族服装的只有中老年妇女和学龄前儿童，而成年男性和年轻女子除了在节日时穿民族服装外，其余时间一般都穿戴现代服饰。

兴蒙乡妇女的传统服饰既保留了部分蒙古服装的特色，又受当地的彝族、白族、哈尼族等的影响。一套衣着是由一种叫作“三滴水”的上衣、绣花鞋①、长裤②组成的，而且不同年龄段穿着的“三滴水”上衣样式也有很大不同。比如孩童们穿的上衣又叫作“一滴水”，即里面一件短袖衬衣，加上外面的小坎肩，从外观上看只露出下面一层下摆，所以就叫“一滴水”；到了少女时期，虽然同样也是穿“一滴水”，但样式稍有变化，里面多了一层长袖衬衣，中间为一层短袖衬衫，最外面是小坎肩，小坎肩变为中间对开，并饰有一排银扣，只是因为最里面的衬衫的下摆要短于中间的，所以从外观看来还是只有一个下摆，所以还是叫作“一滴水”；等到年纪稍大，做新娘的时候就要改穿“两滴水”了：最里面的一层衬衣的下摆外露，加上中间的一层深衣和外面黑色的小坎肩，共有三件，从外观上看有两层下摆外露，所以称之为“两滴水”；等到老年时期，尤其是做了奶奶以后，就要穿“三滴水”了，中间和最里面的一层是衬衣长及膝盖，外部不穿坎肩而改穿短袍，正好能看到三条下摆，所以叫“三滴水”。总之，兴蒙乡蒙古族老年时期的服饰与北方蒙古袍最为相似，最外面的短袍明显就是改短了的蒙古袍，而且据当地老人回忆，民国时期，当地妇女还是穿长袍的，后来为了适应下河打鱼和下田农耕就把长袍剪短了，最后形成了现在的这种模样。

① 喀卓语发音“慈尼哉”。
② 喀卓语发音“拉扎”。

服饰（王立生　摄）

与上衣类似，从小到老，兴蒙乡蒙古族妇女的头饰也会有三次变化，在青少年之时她们戴用黑布缝制的“凤冠帽”①，帽如其名，首先把头发梳成两根长辫盘在帽外，辫子在额头正上方用红头绳扎好。而在帽尾翘起的“冠”下扎两个大红丝线做的红缨，叫作“希比”。结婚后她们不再戴冠帽，改用一块长约 160 厘米的黑布折成 5 厘米宽的包头围在头上，当地人称之为“葱唔司”，发辫仍然绕在布外，辫尾缀长约 20 厘米的红缨。等她们婚后生子满月，头发就要盘绕在头顶上，并用黑色包头帕裹严，从外表看就像是顶着一个“尖顶”，按当地人的说法，这种发式是代表着蒙古族顶天立地。这时候的妇女就不再戴“希比”了，改而用红线在黑包头外缠绕一圈作为装饰，如果遇到家中有丧事就把红线换成白头绳。

兴蒙乡蒙古族的妇女还喜欢系一块围腰，围腰的外形类似妇女烹饪时穿的围裙，天冷或者干活的时候就把围腰扎在短袍外面，如果弄脏了就只需要洗围裙而不用更换衣裳。在下田干活的时候，她们就把围腰折起来围在头上，这样可以遮阳蔽日。中老年妇女也把围腰顶在头上，有时候还可以折起来当提兜用。简单的围腰就有了如此多的用途，这已成为妇女们约定俗成的劳动装束。

① 喀卓语发音“热姆拉卡口”。

除了衣裳和帽子外，兴蒙乡的蒙古族姑娘媳妇还喜欢佩戴金银首饰，其中又以银饰品居多。在儿童们佩带的小帽子上，左右两边垂挂几根银链子，链子尾部还吊着小银锁、铃铛等物品，正面则镶嵌着一排排银牌。

（二）饮食

由于长期滨湖而居，兴蒙乡蒙古人养成了饭稻羹鱼的饮食习惯。在同周边民族交往中形成了独具特色的饮食传统。兴蒙乡蒙古族有几道名菜享誉云南，其中较为有名的有“太极鳝鱼”“腌酸鱼”“腌猪肉”“旃氏烤鸭”。太极鳝鱼别有风味，其做法是：将活鳝鱼洗净却不剔骨，直接放入油锅里，加入盐、辣椒面、胡椒面、蒜、葱、姜等调料，大火盖锅焖熟。出锅的鳝鱼呈圆圈状，形似太极，所以叫作“太极鳝鱼”，再剔去肠子和骨头即可入口。腌酸鱼是用盐、辣椒、生糯米粉腌制的，时间从数日到半月不等，吃的时候用油将鱼煎熟，味道酸爽可口。腌猪肉是将肥瘦相间的猪肉切成薄片，与炒过的米面、盐、辣椒面、八角粉和起来装进罐子腌制，腌制好以后蒸熟既可食用。旃氏烤鸭是一家旃姓蒙古人家开办的烤鸭店，选用本地特有的小刀鸭作为食材，烤好后鲜嫩酥脆且不油腻，引得食客络绎不绝。

特色小镇

（三）住房

兴蒙蒙古族来到云南后，在生活方式上一度经历了由捕鱼向农耕的变迁，其居住方式也随之产生变化。明朝初年，兴蒙蒙古族居住的凤凰山脚下是一片湖泊，划着木船就能直达到河西县城边，沿河设有河泊所。当时的蒙古族人民以打鱼捞虾和邻近民族换取钱粮为生，白天他们在木船上劳动，夜晚就在湖边的小草棚里过夜。

传统民居

现代新居

后来，随着湖泊水位下降，当地的蒙古族后裔无法再以渔猎为生，于是他们便在湖边开垦田地，择高地建房。为了在乱世中自保而聚族而居，同一姓氏的人们往往住在一个村里。如今，在兴蒙乡5个自然村里，居住着旃、期、普、奎、赵等姓人家，其中白阁村以赵姓为主，交椅湾村以杨姓为主，下村以奎姓、期姓为主，中村以普姓为主，桃家嘴村则为杂姓。

20 世纪 50 年代以前，兴蒙乡人民的住房简陋，大多数为茅草房，土墼墙，村子里房屋坐落无序，街巷狭窄，只有少数官宦之家和富户才盖得起青砖瓦房。比如住在通海、河西城里的旃姓蒙古人家，因为是地方乡绅家中富庶，房屋也建得相当气派，是一楼一底三间四耳倒八尺的土木结构瓦房，在当时极为了不得。一些经商或仕宦富起来的人家也开始修建华宅，式样与汉族的宅院相同，一般是大四合院，前后三进，有天井、照壁、客厅、书房、两厢耳房、走廊等。正堂的屋门上还有浮雕，屏风上雕刻着精美的花纹，大门头上的斗拱叠架几层，悬挂匾额，有金鱼抬匾，极富气势。

20 世纪 50 年代以后，尤其是 1978 年改革开放以来，兴蒙乡蒙古族的住房又产生了巨大变化，随着生活的改善，普通民众都盖起了土木结构砖瓦房，样式也是三间二层的四合院，大门楼普遍建成斗拱形，上面悬挂题字匾额，或以浮雕为装饰。随着农村经济结构调整的深入，兴蒙人开始栽种烤烟，几乎家家户户都有自己的烤烟地，村子里建起了不少烤烟房，烤烟房呈正方形，有三层楼高，也成了兴蒙乡一道亮丽的风景线。此外，为了做到人畜分离，每家都在住房外修建了畜圈，这使得居民们的居住环境既卫生又美观。随着人民生活条件改善，钢混或砖混结构的新式楼房在兴蒙乡拔地而起，道路交通条件得到了很好的改善，街道卫生也得到了很大的提升，村子里的大街小巷井然有序。

特别值得注意的是，在兴蒙乡蒙古族盖新房时，还要按照传统，祭祀木工祖师鲁班和本民族的建筑业始祖旃班，他们会在正堂屋里放上一升米，上面插一把戥子、一把弯尺，祈求盖起来的房子牢固坚实。房屋建好后，就把这一升米和一套新衣服送给木匠师傅以示感谢。

从兴蒙乡蒙古族衣食住行的巨大变化中可以看出，因为元王朝在云南统治的终结，使得大批蒙古族民众被迫落籍在云南地区。由于云南的气候和生存环境与草原有着巨大不同，他们不得不改变自身的生计手段、服装及饮食文化习俗，以便适应云南地区的环境和气候条件，改变以往与北方游牧有关的生活方式和习俗，转而采取云南地区常见的与渔猎和农耕有关的生活方式。七百年来，云南蒙古族勇敢地接受了新生活的挑战，逐渐适应了这里的环境，在许多方面与相邻民族别无二致。但是，从他们的传统服饰中，我们依然可以看出，在他们心中始终无法忘记自己是蒙古族的这一事实。首先，兴蒙乡蒙古族童帽上常常绣着一块“鱼抬寺”的图案。“鱼抬寺”是一个古老的传说，讲述了蒙古族落籍云南的艰苦过程[①]，此外兴蒙乡一些寺庙内的柱子上也刻着这个“鱼抬寺”图案。其次，现在兴蒙乡的民居外墙上，随处可以见到具有北方蒙古族特色

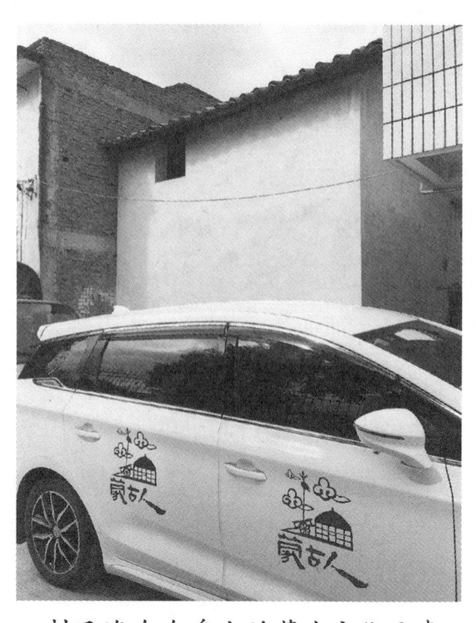

村民汽车车身上的蒙古文化元素

① 这则传说是说一对蒙古族男女来到了杞麓湖畔，为了生计而发愁，这个时候看到水面上漂来了一张牛皮，牛皮上坐着一个白胡子老人。老人就把他们接到牛皮上，向湖中心漂去。突然就看见一群鱼抬着一座寺庙在水中游荡，老人告诉他们这就是“鱼台寺”，这对男女惊出一身冷汗，之后他们就学会了捕鱼，并在杞麓湖畔生存了下来。这反映了蒙古族从牧民向渔民的转变，现在云南蒙古族小孩子的帽子上面也绣有“鱼台寺”的图案。

的蓝天白云花纹图案，以示他们并没有忘记天苍苍野茫茫的故乡。在乡中寺庙大门上，也雕刻着“苏鲁锭”花纹的图案，对这些外在元素的强调，增强了他们作为蒙古族的民族认同感，种种图案都在提醒着他们，自己是成吉思汗的后代。

三、敬天法祖的信仰观念

（一）多神崇拜

云南蒙古族的宗教信仰十分复杂，在进入云南定居的过程中，先后受到当地佛教、道教的影响，又因为与周围的汉族、彝族、哈尼族等民族交流密切，他们的宗教信仰与北方蒙古族信仰的萨满教和藏传佛教相比已有很大不同。总的来说，云南蒙古族有对天地的多神崇拜、自然崇拜，以及对本民族英雄人物的祖先崇拜。

在兴蒙乡的5个自然村中共有活佛寺、北海寺、龙王庙、财神庙、观音寺、三圣宫、三教寺等10多座寺庙。因为受到汉文化和佛教、道教的影响，当地民间信仰有儒、释、道三教杂糅的特点，以下村的三教寺最为突出，体现出多神信仰的特点，里面不但供奉有祈求风调雨顺的龙王，还供奉着祈求五谷丰登的五谷太子，以及用来祈求六畜兴旺的猪神、牛神、马神，体现了一种万物有灵的信仰。在这些寺庙里，大部分还供奉有成吉思汗、蒙哥、忽必烈、鲁班和阿扎拉、旃老太的塑像，体现出了对本民族英雄人物的崇拜。

洪福寺内的成吉思汗塑像（前排中）

民间宗教信仰是指源自民间社会，以自然崇拜、图腾崇拜、祖先崇拜以及其他地方神灵崇拜为核心，缺乏统一信仰体系和宗教经典，具有分散性、自发性、民间性的非制度化的自然宗教及其相关信仰习俗。它有着深刻的历史、民族、文化和政治渊源，并影响着我国社会特别是乡村下层社会民众的各个方面。在历史上，蒙古族信仰萨满教，也信仰过景教、伊斯兰教，后又信仰黄教[①]。而云南蒙古族的宗教信仰较为复杂，总的来看，以天地为主，自然崇拜及祖先崇拜、多神崇拜、英雄崇拜并存。生活于不同地区的蒙古族，由于受佛教、道教影响，也由于受汉族、壮族、彝族等民族影响的深浅不同，故宗教信仰有异有同[②]。这种多元文化宗教信仰在处于政治、经济、文化变迁的情况下，有助于蒙古族人民增强民族凝聚力，加强本民族内部团结和互帮互助，在灾害发生时能众志成城并与其他民族密切联系。它对丰富蒙古族人民的物质文化和精神文化起到了关键性的作用。

兴蒙乡蒙古族的宗教信仰具有包容性与共生性的特点。随意拜访5个自然村中的观音寺、三圣宫、三教寺、北海寺、山神庙等十余座庙宇，都可以看到这些寺庙里面一片祥和、香火兴旺的景象，甚至还可以看到一些庙宇中可能同时供奉着多位神灵：观音、天王、关圣、财神、送子娘娘、魁星、鲁班、太白金星、龙王、山神、土地，本民族英雄人物成吉思汗、蒙哥、忽必烈；阿扎拉、旃老太、华中祥等当地人的崇拜对象。因受佛教、道教及汉文化影响，兴蒙乡蒙古族的民间宗教信仰也可以说具有儒、道、释三教综合的特点。

三圣宫

20世纪50年代以前，多数庙宇都有庙田，每个寺庙都有自己定期的庙会（当地人称“做节”）。现在各寺无庙田，无和尚、尼姑、道士住持住寺，寺内卫生

① 马世雯：《云南少数民族文化史丛书·蒙古族文化史》，昆明：云南民族出版社，2000年，第94页。

② 马世雯：《云南少数民族文化史丛书·蒙古族文化史》，昆明：云南民族出版社，2000年，第99页。

一般由村中中老年人及退休回乡的老人们打扫，管理、上香等祭祀活动也是以老人为主。各个庙宇互不统属。[①] 逢庙会时，由各村各寺自己做会，主办者大多数为村中中老年妇女（也叫斋奶奶、斋老奶），同时发请帖到本乡蒙古族村子或周围汉族、彝族、哈尼族人的村寨中，规模大一点的庙会还会请通海、玉溪的客人前往参会。受邀请者在参加做节时，按自己的意愿出一点“功德”，交一点伙食费即可。伙食由村民自办，有荤有素。荤素菜根据过庙会所供奉的“神”的情况来确定。做节时，有的上午食素，下午食荤；或做会两天，前一天素，后一天荤。做节时，村中十分热闹，过去要请当地戏班子搭台唱戏，要抬着当日过节的“神”巡游各村。现在为集体欢宴聚餐及对歌、跳乐等活动[②]。

（二）祖先崇拜

通海兴蒙乡蒙古族人的生活中充满着神灵，他们非常重视祖先崇拜。一般各家都将祖先香位牌供奉于楼上中间正堂屋内，祖先香位前有一张长条形桌子，桌上平时供有两罐五谷及香炉等物[③]。每年清明，农历七月十五日及老人祭日，各家均要到凤凰山上去上坟，回家要到祖先牌位前上香点炉、献饭菜等以祭之。兴蒙乡供奉祖先香位时，也同时供奉其他神的排位，这是祖先崇拜与诸神崇拜二者结合的形式[④]。根据访谈，笔者了解到当发生地震、水涝等灾害时，他们也会到祖先牌位之前点上香炉、

祭品

① 马世雯：《云南少数民族文化史丛书·蒙古族文化史》，昆明：云南民族出版社，2000年，第99页。

② 马世雯：《云南少数民族文化史丛书·蒙古族文化史》，昆明：云南民族出版社，2000年，第100页。

③ 马世雯：《云南少数民族文化史丛书·蒙古族文化史》，昆明：云南民族出版社，2000年，第106页。

④ 马世雯：《云南少数民族文化史丛书·蒙古族文化史》，昆明：云南民族出版社，2000年，第108页。

三圣宫里的蒙哥、成吉思汗、忽必烈塑像

献上饭菜祈求祖先们及诸神们保佑自家无灾无害、无病无痛。

此外，兴蒙乡蒙古族人还会举办“忆祖节”。该节日先前称为“关圣会”，为每年农历七月十五日在白阁村关圣宫外举办，会期 5 天。届时除会餐外，还要抬关圣、五谷神像游村以驱灾避邪、祈求平安及五谷丰收。自 1986 年关圣宫改三圣宫后，每年农历七月十五日以白阁村为主办“忆祖节”。届时，蒙古族人民身穿节日盛装，聚集到塑着蒙古族著名历史人物成吉思汗、蒙哥、忽必烈像的三圣宫举行活动。活动还会邀请内蒙古及其他地区的蒙古族同胞参加，活动规模非常盛大。仪式由村中年长者主持，并讲述兴蒙乡蒙古族由大草原来到云南，落籍通海几百年来的历程，并讲述自明清以来兴蒙蒙古人勤劳勇敢的自强之路。同时村民会在成吉思汗、蒙哥、忽必烈三个汗王的塑像面前祈愿家人幸福平安、农作物不受水涝灾害等的影响，并且祈求赐予他们战胜自然灾害的力量。

（三）自然崇拜

在兴蒙乡蒙古族的自然崇拜体系中，天地、山水、动植物乃至自然现象等，都被赋予了人格化和超自然的能力。他们相信，神灵会给予他们的不仅是保佑他们的平安或者财运，也会给予他们厄运，所以他们对神灵充满了无尽的敬意，他们会虔诚地崇拜，通过各种仪式和献祭等让神灵满意。在兴蒙乡蒙古族聚集区的自然崇拜中，比较普遍的是水神、山神及植物神崇拜等。

历史上兴蒙乡蒙古族人大多认为“万物有灵”，认为一切自然物都是超自然的存在，认为水有神性，它既给人类提供生活资料，成为人生命不可或缺的养料，同时水也带给人类难以预想的灾害。因此，出于生存生活的考虑，不得不屈服于水的威力，视水体为龙界，进而去崇拜、祭祀管理水的龙神。凡江河、湖海以及雨水等皆由“龙神”宰管。他们对水体、水系满怀着敬畏之情。尤其是兴蒙乡遭受洪涝灾害多年，基本上每年雨季兴蒙乡都要遭受破坏程度不一的洪涝灾害。灾情最为惨重的是桃家嘴村，因该村地势低洼，每年雨季农田都要大面积受损，部分处于低洼地势的宅基地也会塌陷。因此，过去，他们会举办“龙王庙会”，时间在农历十月初八、初九，会期两天。访谈时村民讲道：“有两个先生参加，先生为世袭。做会时，由斋奶奶为龙王‘开路’。村中每口水井旁均供有石雕龙王爷塑像，建有小庙和石神龛，供人们拜祭。”人们向龙王爷祈求人畜兴旺、风调雨顺、五谷丰登。随着社会历史的演进，人们的生活水平得到了很大的提高，生产技术也得到了极大的改善，产业也在逐步转型，所以此庙会在当代已经很少见了。

凤山山顶的敖包

此外，兴蒙乡蒙古族过去每年五月初五都要举行“祭海会”，“此会一般由老年妇女信士（俗称斋奶奶）或请玉皇阁女道士主办。做会时，要预先买下黄鳝、鱼等放生，还要划船至湖中，在渔船上摆香案上香、上供品、念经等”[①]。当然，这与过去蒙古族人民的主要产业是捕渔业相关。但自明朝初年产业转型后，他们就不操持渔业而是进行农业生

① 马世雯：《云南少数民族文化史丛书·蒙古族文化史》，昆明：云南民族出版社，2000年，第100页。

产了。因此，他们会举行“祭海会”，以祈求水神保佑自家农田不会受损、风调雨顺。但近几年此庙会也很少见了。

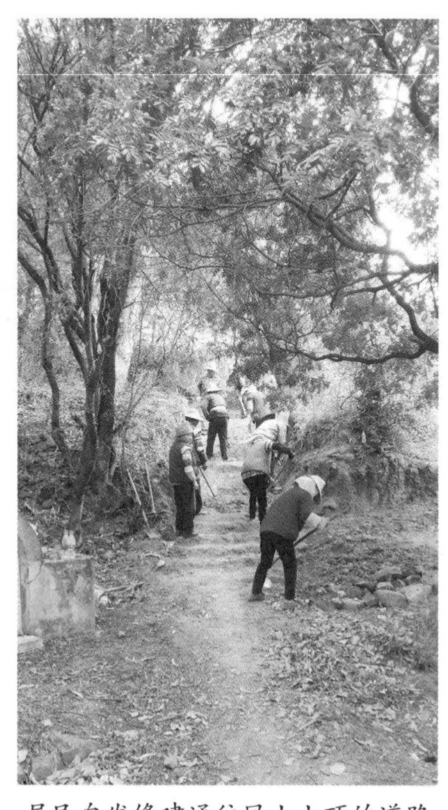
居民自发修建通往凤山山顶的道路

兴蒙乡蒙古族非常崇敬凤山，山坡上是各宗族的墓地所在，山顶上伫立着神圣而又庄严的敖包。从山脚到达敖包的路是辛勤的蒙古族人民自发组织修凿的，一路上洒下了无数的热血汗水，正表达了他们对五凤山的尊敬，同时也开辟了一条防水火之灾的救援之路。近年来，凤山的环保做得特别出色，山上垃圾很少见，植被覆盖率也特别高。他们不会随意砍伐森林，即使在开凿山路的时候被树挡住了最省力的线路他们也会绕开去开凿另一条需花费几倍工夫的路，整条路修凿下来不会毁坏一棵树苗。在和白阁中心小学校长的访谈中，校长对笔者说他们有“接柴”的习俗，他们不会砍活着的树，更不会砍嫩树苗，当地有约定俗成的话：“砍柴不砍嫩。”因此，可想而知兴蒙乡蒙古族对自然的尊敬、对生命的敬重。

在距离敖包一百米不到的地方伫立着一座天子庙。每年农历六月十三日举办庙会，内供有天子老爷、山神、山神奶奶、送子娘娘等神像。届时，村民们要杀羊祭祀，以保佑人畜平安，兴旺发达。

每年农历二月二十九日为“观音老母”的生日，要做“观音会”，这是兴蒙乡下村三教寺中一年一度最为隆重的节日。会期过去为5天，现在2—3天，由下村群众自己办会，每年轮流由10人主持活动，要集体聚餐。过去还要抬“神轿”巡游，请道士来念经做道场。现在人们举行耍龙、跳蚌壳、跳金凤凰、唱花灯等文艺活动。[①]举行这些文艺活动的目的就是取悦“观音老母”、祈福平安、驱灾避邪。

① 马世雯：《云南少数民族文化史丛书·蒙古族文化史》，昆明：云南民族出版社，2000年，第100页。

据村民介绍，当地震或者洪涝灾害发生时，一些老年人就会到观音寺来祭拜祈求、祷告平安。

农历六月二十四日的火把节，过去，少年要拴五色彩线，人们要点燃火把到各家田边绕周，祭“田公地母”，以祛病除灾[①]。兴蒙乡的这些民间信仰，是供奉诸神、人们精神寄托的庙堂。人们在这里祈求平安、人畜兴旺。

（四）主要庙会

祭海会，这个庙会与过去蒙古族人民是渔夫的经历有关。过去，兴蒙乡每年五月初五都会举行祭海会，一般是由被称为“斋奶奶”的老年妇女主持。做庙会时，当地居民先买一些鱼、黄鳝，然后划船到湖心，在渔船上摆上香案和贡品，然后念经，放生。

观音会，它是由佛教信仰演变来的庙会。相传每逢观音老母的生日，就要举行隆重的节日。观音会在中村和下村都有，中村是每年的阴历二月初八举行，下村是每年的阴历二月二十九日在村里的三教寺举行。届时两个村都会选出十位主办人，由善男信女抬着观音的“神轿”在村里巡游，其间还有表演、唱花灯、跳五子串门、姜太公钓鱼、金凤凰等节目。

财神会，是祭祀财神爷的活动，在白阁村的财神庙里举行，时间是每年的阴历三月十五，一般只有本村的男子参加。

龙王庙会。在兴蒙乡交椅湾村有一个水潭，被当地人称之为“龙王潭”，龙王庙就坐落在水潭边上。龙王庙会在每年的阴历十月初八、初九两天举行，由两位老先生主持，带领村里人在龙王庙祭拜龙王，祈求风调雨顺、五谷丰登。其间每家每户都要摆香案，张灯结彩[②]。

如今，在兴蒙乡，庙会活动不仅是单一的祭祀活动，更是一种公共娱乐活动。平时没有祭拜活动的时候，村里的寺庙一般作为老年活动室或日常的娱乐场所，人们可以在这里喝茶、聊天、聚会，时不时也会请其他兄弟民族来欢聚一堂。

① 马世雯：《云南少数民族文化史丛书·蒙古族文化史》，昆明：云南民族出版社，2000年，第101页。

② 依据兴蒙蒙古族乡志编纂组编纂的《兴蒙蒙古族乡志》（内部印刷，2003年）和笔者实地调查资料整理。

兴蒙乡蒙古族群众内蒙古草原探亲行（王立生供图）

严格来讲，云南蒙古族的宗教信仰并不属于某一特定宗教，属于多种宗教并存、多元崇拜共治的局面。落籍云南后，他们生活在多民族文化并存的环境下，对其他民族的宗教没有强烈的排他性。他们保留原有、取法他者、分享彼此、和而不同、和谐并存，这就是蒙古人一贯的生存发展模式，也应和了费孝通先生所倡导的人文关怀——“各美其美，美人之美，美美与共，天下大同”。

数百年的多元文化融合造就了云南蒙古族的宗教信仰，然而，在兴蒙乡蒙古族的宗教信仰中也有枝干之分。其中，祖先崇拜发挥的作用是举足轻重的，它作为兴蒙乡蒙古族族群的整合力量，对蒙古族祖先的敬仰和崇拜不仅仅是缅怀和追忆祖先的一种形式，也是他们构建共同历史记忆的一种方法。对祖先的缅怀和追忆，使得兴蒙乡蒙古族与他族之间的族群边界得到了很好维系，使得他们在这片多民族杂居的地区形成了自己的“认同圈”。这种“认同圈”的存在不仅强化了民族凝聚力，还是保留民族意识的重要依据。这种认同感代代相传，不仅保持了兴蒙乡蒙古族的生存能力，还为其族群注入新鲜血液。

四、兼融彝汉的婚丧习俗

（一）婚礼习俗

兴蒙乡蒙古族的婚礼吸收了诸多周边民族的风俗，但又有其本身的特点。如婚姻就要经过订婚、迎亲两种仪式。

订婚，首先需要“合婚”（即“推命”），命不相冲才能商量订婚相关事宜。1949 年之前，兴蒙乡蒙古族是一夫一妻制的族外婚，同一家族内成员不准通婚。按照订婚男女的年龄来分，有订小婚和订大婚之分。订小婚即双方父母在子女不超过 10 岁之时，就已经为他们订下姻亲关系，也就是内地的娃娃亲。大婚即到了结婚的年龄，就要走正常的程序来进行联姻。男方需要带喜糖、烟酒等物品由媒人转送到女方家中，并商量联姻相关事宜。其间男方可以毁约，而女方则不得。

1949 年以后，兴蒙乡蒙古族开始实行婚姻自由政策，而婚俗习惯也因为吸收了周围民族的一些婚配习俗，有了一些变化。如结婚前算好结婚的良辰吉日，彩礼、礼金则要求在结婚前一个月之前送到女方家里。诸如喜糖、喜酒、喜烟、喜肉等物品则需要在结婚前一天送去。结婚当天，新郎、伴郎一起去迎亲，需要带上些青菜盐巴（表示清白）。新郎从出了自家门一直到把新娘迎接到家里，一路上都不能说话。新郎到了女方家里之后，对新郎的考验才刚刚开始。新郎不能直接动酒席之上的美味佳肴，需要通过伴郎夹到新郎碗里，新郎才能吃，而且吃过的饭菜还不能留下任何吃过的痕迹。如“吃鱼只吃一面，吃完一面后翻个身，要像没吃过一样，有些菜中间吃空了，外面还得是完好的”[①]，这无不是对新郎吃酒席技术的一大考验。

准备婚嫁的新娘也有很多讲究。结婚当天新娘需提前在房间里梳妆打扮，让亲戚之中拥有美满婚姻家庭且多子女的妇女为其梳妆，把之前的少女头饰改成妇女的头饰。此时的新娘只需要穿一件衣服，以备走过堂后由其舅舅为其添加新的衣服，并在其胸前佩戴一面镜子，备以辟邪之用。之后就进行拜堂成亲的仪式，新郎需要从新娘舅舅手里接回包有两元钱的手绢，表示新娘家人已经把新娘托付给新郎了。

新郎新娘双方走出家门的时候，要焚烧神纸，以防鬼怪作祟。与此同时，两个喜娘分别手持焚香、洒水壶，围着新郎新娘正转三圈、反转三圈，意思就是一

① 刘小海、刘建林：《通海蒙古族民史民俗略述》，《滇中文化》2003年第1期。

对新人经历了水火的考验才走在了一起。从新娘家里走出后，喜娘要一路上撒着大米一直到男方家里，意思是撒粮食给路上不干净的鬼魂来吃粮，而不要来打扰一对新人。路上碰见坑坑洼洼之处，需要喜娘用铁锹象征性的填埋一下，意思是填埋掉那些被人诅咒过的不祥物品，避免把一些歪风邪气带到家中。

新娘走到新郎家门前时，新娘要跨过家门口的一堆火，并且嫁妆也要从火上熏过，意为驱邪。到了新郎家，在正屋前摆放一张大桌子，上面放有含着猪尾巴的公猪头，寓意为有头有尾，也就是一对新人之事是合乎情理的，一步步置办下来的。桌子上还摆放着一个装有五谷[①]的升，寓意为五谷丰登；在升里插有弯刀、剪刀各一把，分别寓意为新郎新娘和和气气的，剪断一切不愉快。桌子上还摆放着一杆秤，寓意为希望一对新人生活能够过得称心如意，没有磕磕绊绊。之后还要经过一系列的诵读经文、抛撒硬币、喝交杯酒的仪式。当前面的所有仪式结束之后，新娘的嫂子与婶子先要在洞房门口撒松针，让新娘第一个从上面踩过去，寓意一对新人至此踏上了新的人生征程，然后再把新娘送入洞房。

第二天一大早，一般是新娘的姨妈或者姑妈来接新娘回门。在回娘家的路上不论是遇到大人还是孩子，都要撒喜糖或者瓜子、干果等，表示大家同喜同乐。新娘在娘家吃完早饭之后，需要在新郎及其长辈的带领下去祭拜自己的祖先。通常情况下要带猪头一个、蒸年糕一笼、鱼两条，还有酒肉、香、纸钱、爆竹等。在祖坟前供上所带贡品，并烧香、烧纸、点燃爆竹。之后还需要跪拜山神、土地公公、送子娘娘、太白金星等诸路神仙。都祭拜完毕之后，距离午饭尚早之时，新郎新娘以及同伴可以尽情地在山间打跳欢唱。到午饭之时，新娘需要再次回到娘家来，新郎则呼朋引伴七八个人一块到新娘家里吃午饭，这期间新娘家人也需要找本家人进行陪酒吃饭。天黑之前，新郎再派人来接新娘，新郎新娘走之前还需要给新娘家祠堂行跪拜之礼，走在路上遇到其他人的话需要向人家鞠躬，以示尊重。

第三天的程序是认亲。由新娘母亲带一些亲戚到新郎家，与新郎父母、兄弟姐妹认亲。双方互相介绍、认识，从此以后互相往来。

其实程序如此复杂的婚礼过程，在过去只是富裕人家的子女结婚才遵守，而普通家庭只是很简单地举行一个仪式，走个过场，因为多数贫困家庭的子女互相

① 一般指稻谷、小麦、苦荞、黄豆、高粱。

能够谅解，所以婚礼仪式大多从简。现在结婚礼俗逐渐复杂化，也是生活水平提高后，人们对婚礼的传统习俗更加重视的表现。

（二）丧葬习俗

明代以后，兴蒙乡蒙古族才普遍实行棺木土葬，他们的丧葬习俗明显受到邻近汉族、彝族等民族的影响，但仍然保留着自己的特点。

在兴蒙乡，村中若有病人处于弥留之际，村民们便会自发地组织起来，主动到其家里探望，他们会为病人吟诵天堂之词，称为“引拜路”[①]。通过这些颂词，一来求得神灵宽限病人的期限，二来也能安慰病人，如果实在难以挽留，就顺其自然，让其踏上极乐世界的路。

在病人将要断气的时候，他的子女要用包了米的红布，在床前接下最后一口气，称为“接气”。然后，要把接气米用红布包裹严实，放入米柜里去。断气以后，要在死者口中放入一块银子，称作“含银”。同时还要将少量“接气米”放入一个碗中，送到村外去，称为“送断气饭”。接下来亲戚们要为死者沐浴更衣，准备入棺。入棺的时候，死者若是女性，就在其胸前挂一只“冥包”，里面是死者生前请人写好的经文；若是男性，就在枕头下垫上若干的锡箔。

入棺时，还要请村里德高望重的老人吟诵“入棺经”[②]，入棺经的主要内容是，死者你放心地去，莫带走仍然在世的人。在停丧期间，在家中设灵堂，一般要在家停放 3—7 天。每天孝男孝女、孝子孝孙都要轮流守灵，保持灯火。

---

① 大王菩萨观世音，送人大王门前过。大王问你哪一个，我是吃斋念佛人。大王听见心欢喜，奉请二位监察神。钥匙开了琉璃锁，又不早来又不迟。正是黄昏念经时，黄昏拜到五更鸣。一更一点一炷香，高点明灯照四方。照见西方龙华会，龙华会上手捧香。我留善人留不住，有了青香送一炷。大门头上两盏灯，一盏明来一盏暗。明灯照见阴司路，昏灯照见地狱门。地狱门前怕杀人，善恶鬼卒两边分。善恶红黑两分明，指经童子指经路。指引童子来领路，领在西方撒手行。昨日夜晚得一梦，梦见西方真金色。接引菩萨来接引，接引门氏上金桥。得上金桥好逍遥，红漆栏杆柏木桥。桥头有个金狮子，桥尾有棵好仙桃。吃了仙桃好逍遥。南无阿弥陀佛。

② 人生甲子草上山，五行八字命生成。何日得死在高床，仙家救你到西天。不要忙来不要忙，等我烧了一炉香。桥头土地来挡路，烧以银钱买路行。转到阴间去定罪，罪轻罪重自承担。叫你阳间早行善，等我儿女一长成人。哪个儿女催娘死，哪个儿女催娘休。过了清明望谷雨，接接连连苦到头。哪知阴间这样报，何不阳间早修行。生做地狱苦难生，我弟阳间求哥回。公发工鼓要分明，人生不做亡事情。快穿衣来快穿鞋，忙忙生死入棺材。偏穿小富不要去，大富人家去站站。女转男身做状元，阿弥陀佛念一声。

发丧也有许多讲究，要择吉日、选坟地。发丧前一天上午，死者家属要拿一大串草鞋挂在村内的万年青树上。村民看见后，会主动取下一双草鞋，去死者家帮忙料理丧事。入夜后，村民们会为死者举行一种仪式，叫作“转花”。每个人手里拿两炷香，绕着棺木口念“转花经”，经文并不复杂难懂，主要意思还是让死者放心地“上路”，不要留恋人世。出丧的日子里，孝子要点主，亲友乡邻要来“送行”。一行人抬到村口，停下棺木，子女儿孙们都跪在棺木前哭泣磕头，村民则围着棺材吟诵“散花词”①，然后才把棺材抬到山上埋葬。安葬死者的当天晚上，村民们要到死者家喝丧酒，并且猜拳嬉闹，直到死者家属转悲为安为止。

一般而言，早夭的未成年子女不能葬在祖坟，而且丧葬仪式十分简单，头天死去，第二天棺木就由四个人抬到后山埋葬。

五、人神共娱的节庆生活

居住在通海县兴蒙乡的蒙古人在过着其他民族节日的同时，也保留着自己的特色节日。他们不仅过汉族的春节、彝家山寨的火把节，还过祭祀民族先祖和怀念故乡的“那达慕”大会，以及自己的行业节日——“鲁班节”。其他一年四季里岁时节令如冬至节、中秋节等也在兴蒙蒙古人中流行。可见其节日文化也是兼容彝族、汉族，由多种民族文化构建而成的。

① 一进龙门桂花香，四盏明灯照四方。孝男栽棵摇钱树，孝女栽棵细丁香。二进龙门桂花香，高大桌子烧青香。大哭三声呼天地，小哭三声眼汪汪。大富人家不要去，小富人家去站站。女转男身做状元，阿弥陀佛念一声。正月散花献菩萨，家家户户点红灯。红灯高挂三五盏，不见亡人路上行。二月散花百花开，黄雀过路采花来。连路飞来连路叫，不见小雀哭哀哀。三月散花是清明，生人气到死人坟。哀哀父母今何在，好像死而不伤心。四月散花栽早秧，哪家老儿种田庄。亡人有田种不得，怎叫儿女不悲伤。五月散花是端午，高粱造酒对雄黄。亡人有酒吃不得，怎叫儿女不悲伤。六月散花热炎炎，苏州好去采莲花。采起莲花莲叶在，不见亡人在哪边。七月散花秋风凉，天上织女对牛郎。牛织二仙常常在，不见亡人在哪方。八月散花月牙团，照见天下国之人。一从亡人归天府，无阴无阳在哪边。九月散花菊花黄，菊花黄而满地香。花开花谢年年在，人死一去不回来。十月散花是寒天，人人身上穿寒衣。亡人有衣穿不得，怎叫儿女不悲伤。冬月散花冷清清，家家户户火盆烘。亡人有火不得烘，除非南柯一梦中。腊月散花一年完，锣鼓火炮闹喧天。年三十晚吃年饭，不见亡人把碗端。一年散花散不完，世人快快做主张。莫等老来再打算，无常一到世事完。花花绿绿留世上，黄金白银在哪方。儿女悲哀空喊叫，哪见亡人回田乡。

（一）春节

春节是中华民族的共同节日，兴蒙乡蒙古族也过春节，并将其视为一年中最重要的节日之一。届时，村里村外燃放鞭炮热闹非凡。人们穿上新衣，杀猪宰鸡、敬天祭祖；他们吃年饭、挑新水，祈求来年的清洁平安、五谷丰登。乡中家家户户挂桃符、贴春联，以示驱除邪恶、岁运吉祥，在表现形式上，与附近的汉族并无不同。

除夕之夜是团聚的日子，成婚已分家另过的儿子要带着妻儿子女回到父母的老屋，远方的亲人也要尽量赶回家中，一家人欢聚一堂吃年夜饭。一般来说，出嫁的女儿不能回娘家过大年初一，据说是为免带走了娘家一年的运气，于是只能跟丈夫在公婆家度过除夕。晚饭前各家老人会在堂屋祭拜，敬天地鬼神祖先，请亡灵们回来吃年饭，之后要洒酒送走。晚辈会给长辈磕头拜年，长辈则给晚辈压岁钱以示祝福，大家边喝酒边谈天说地，守岁直到凌晨。入睡前，按照当地传统，每家每户都会用两根甘蔗顶住大门，以确保来年吉祥平安，生活甜美。大年初一大早，男子们便要早早起床，到村里的井边排队挑新水，争着挑第一担，因为他们认为吃了新水后可保一家平安，无灾无病，挑的越早，就越是吉利。之后，青壮年男性们会带着香蜡纸烛，竞相到凤凰山的“天子庙”上香，传说烧头炷香一年中会交好运，来年找到个好媳妇。中午，村子里的男女青年们相约到凤凰山对歌、跳乐，这种欢庆增加了节日的喜庆气氛。大年初二的时候，出嫁的女儿们才领着丈夫、孩子回娘家拜望父母。一过大年初五，人称“破五”，节庆就告一段落，人们开始着手准备春耕。

（二）“那达慕”大会

“那达慕”一词在蒙古语中是“游戏”“娱乐”之意。它来源于蒙古族的传统项目，也叫“蒙古三项”，即摔跤、赛马、射箭，草原的蒙古人在每年的七八月间会举行盛大的“那达慕”大会。落籍云南的蒙古族尽管远离故乡，生活方式上也耕田务农，不再游牧射箭，但仍以各自的方式组织“那达慕”大会，表达对故乡的思念之情，同时庆祝一年的好收成。

第一次兴蒙乡“那达慕”大会在 1981 年召开，至今已经举行了 14 届。第二届在 1982 年，第三届在 1984 年，第四届在 1987 年，第五届在 1989 年，第六届在 1992 年，第七届在 1996 年，第八届在 1999 年，第九届在 2002 年，第十届在 2005 年，第十一届在 2008 年，2011 年 12 月 13—15 日举办第十二届，这个日期成为云南蒙古族的法定节日，省、地、县各级政府和邻乡的代表赶来祝贺；居住在云南全省各地的蒙古族都会派来代表参加；周邻的汉族、彝族、回族等民族也会派出表演队来参与慰问。大会上虽然没有草原“那达慕”传统的三项赛，但也有蒙古族的嘹亮歌声、马头琴的悠长低鸣。届时，学生们会表演蒙古舞、团体操，乡亲们则划旱船、舞巨龙、跳着金凤凰舞、蚌壳舞、耕牛与农夫舞等舞蹈，男女老幼都沉浸在欢乐的海洋里。第十五届应在 2020 年举办，受新冠肺炎疫情影响而暂停。

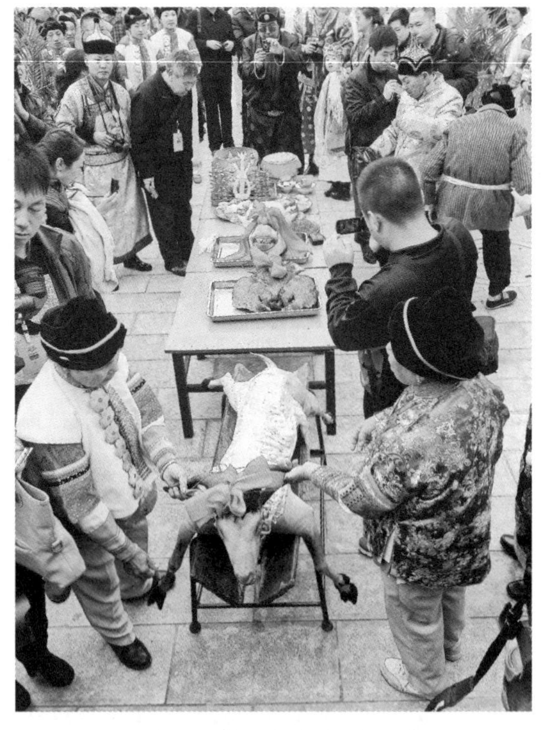

“那达慕”大会上的祭奠

兴蒙乡的“那达慕”一般为期 3 天，除了欢庆活动外，当地居民还会杀猪宰羊，举行集体会餐，届时客人们可以尽情食宿，感受蒙古人的热情款待。每逢此时，远在外地工作的亲人要回乡团聚，与家人共叙家常，憧憬明天。席间，热情的蒙古族姑娘会穿着盛装向宾客们敬酒三杯，献上祝酒的歌曲。

（三）鲁班节

兴蒙乡的蒙古族男子善于建筑盖房，许多人以此为业。根据汉族的传说，他们一致认为鲁班是这个行业的祖师爷。在兴蒙乡里还流传着这样一种说法，说兴蒙乡的建筑祖师是从建筑大师鲁班那里学到了盖房子的手艺。传说在明朝天启年间某年的四月初二，就是鲁班匠神向旃班赠送《艺经》的日子，旃班也把每年的四月初二定为招收徒弟的日子，就这样建房的手艺一代代相传。后来，兴蒙乡的建筑师傅们为了纪念先师鲁班的恩德，就把每年的四月初二定为鲁班节。

兴蒙乡中村的观音寺里设有鲁班祠，鲁班的塑像被供奉在寺庙中央。过去，兴蒙乡的男子长期在外地从事建筑工作，每年回家的次数不多，但是每年的四月初二过鲁班节，他们不管路途多遥远、工作多繁忙，都要争取赶回来过节。鲁班节为期三天，由抽签选出来的“十二头家”主持。这些人要披红挂彩地带领全村人带着祭品去鲁班祠祭奠鲁班，然后还要在祠外搭戏台、耍龙灯，进行文艺表演，最后建筑师傅们在一起聚餐并交流手艺经验。

与之前相比，现在的鲁班节举办得如何呢？村中曾参与组织鲁班节的几位老人接受了访问，解答了这个问题。中村的杨明和老人是云南蒙古族研究会成员，他退休前是一位建筑工程师，一直参与组织中村鲁班节，他告诉笔者说：“以前是抓‘头家’，就是组织鲁班节的十二个人，抓‘头家’的必须是已婚的男性才有资格参加。说到为什么要定在四月初二举行鲁班节呢，因为我们这个地方农忙、栽秧就是在四月初二。平时在地里干活的都是妇女，男人们都在外地搞建筑，平时也不回家，但是农忙时节这些男人们就必须要回家帮忙干农活。还有就是在外地干活的男人们一年一般只回三次家，一次是过年，一次是八月十五，再有一次就是四月初二，总之就是回来栽栽秧，再帮忙看看孩子等，基本就是正好四个月回一次家。还有一个说法就是这些男人们回来争着抓到‘大头’，抓到了‘大头’，下一年就可以生个儿子，那个时候重男轻女的思想是很严重的。举办鲁班节的当天就要确定下一次鲁班节的‘十二头’，第二天就要进行交接，操办下一届鲁班节，抓到‘十二头’的人是受到全村人的尊敬的，要披红戴花。鲁班节一直举办到中华人民共和国成立以后，土地改革以后就搁置了。到了20世纪70年代，一些老工人退休回乡，又开始慢慢地恢复了鲁班节，就开始延续下来了，但是之前的五六年已经都没有举办过鲁班节了，现在的鲁班节都是由一些年轻人组织，不如过去那么隆重了，甚至是被简化了，有时候也就不再抓‘头家’了，就是随意地举办一下，走走形式就算完了。”除了这位老人外，笔者还在村中走访了另外一些老人，并查阅了相关的材料，发现近些年来中村鲁班节的确有衰落之势，一些老人甚至说“已经无法举办下去了”，其中缘由，就如中村的村支书王克应所说：“因为现在的经济条件很不乐观，资金不足，像我们村干部的工资都发不下来，很是困难。现在我们在搞这个新农村建设，都在盖新房，每家每户是补助10000元，但是还得要自己出一部分钱，所以经济上的压力还是很大的……乡里面对于举办节日也没有给我们一点援助，都是靠自己自愿的捐款，也就是千把块钱，仅仅靠这点钱是远远不够的。没有了经费来源，那些文艺表演队，像我们‘阿扎拉’艺术团，一共才20个人，也就搞不下去了，因为过鲁班节还要表演节目。”无独有偶，笔者在村中走访时，许多老人也说出了类似的缘由。“政府不资助民间活动”“经费来源困难”，这都不是民间节日日渐衰落的根本原因，根本原因是生产生活方式的转变，建筑业准入资质越来越高，乡村里的从业人员逐年减少，不再是支柱产业。

（四）忆祖节

忆祖节是由兴蒙乡白阁村主办，为纪念几百年前蒙古族落籍杞麓湖畔的节日，中华人民共和国成立后这个节日一度曾被禁止，但一直有村民私下举行祭祖活动。1978年后，在退休回乡老干部的倡导下，把每年的阴历六月二十定为举办忆祖节的日子，并修建了新的三圣宫。节日当天，全村人都要穿着民族服饰，在三圣宫内举行纪念活动。仪式由村内年长有威望的老人主持，所有人要向三位祖先跪拜、敬献哈达和三杯酒，随后还要请村内精通本村历史的老人讲述云南蒙古族从

忆祖节

北方落籍到此的艰苦历程，以示不忘祖先的精神，并告诫今人不能忘记祖先的艰苦创业，继续发扬蒙古族的传统。节日期间也有文艺表演和聚餐，歌颂蒙古族不畏强暴，自强不息，勤劳勇敢，团结一致。但与鲁班节的遭遇一样，如今的忆祖节也是日趋衰落。

同样是云南蒙古族的传统节日，而“鲁班节”“忆祖节”却与“那达慕”大会有着不一样的境况。根据走访得到的口述材料和当地县志，笔者以为，这是政府介入产生的结果之一，官方文化与民间文化产生了冲突。因为“那达慕”大会是政府主办的节日，被认为是云南蒙古族对外展示本民族特有文化的窗口，被国家所承认，各级领导也会给予足够的重视，于是在人员配备、经费来源上都会加以倾斜；而“鲁班节”“忆祖节”则不同，它们是当地村民自发组织的节庆，虽然也是为了追忆本民族的英雄祖先、保存本民族的历史记忆的一种渠道，但所有的经费都来源于村民自筹，政府没有相应的资助，于是常有资金缺口，没有了经费来源，村民只能无可奈何地看着民间节日日渐衰落。实际上，只有保护好具有本民族历史记忆的民间节日，才能更好地把云南蒙古族人口的传统文化传承下去。有了共同的历史记忆，民族认同感才会得以维持，“鲁班节”“忆祖节”应该像“那达慕”大会一样，受到重视和支持。

六、老少皆宜的文体活动

云南蒙古族的传统音乐舞蹈有跳乐、姑娘龙、霸王鞭、板凳龙、小唱灯、毛驴灯、蚌壳灯、狮子舞、虾灯、高跷、旱船、彩船灯、凤凰捎信、跳蒙家。[①]下面择主要舞蹈简述之。

（一）跳乐

跳乐本来是源自彝族的一种舞蹈，相传云南蒙古族从北方落籍到云南以后，由于普通士兵没有带家眷，只能与周围其他民族的女子通婚，为了与外族女子联谊，他们逐渐学会了一些外族的联谊方式，跳乐就是其中之一。兴蒙乡蒙古族的

① 俞从福主编：《云南蒙古族民间舞蹈》，北京：国际文化出版公司，1989年，第10页。

划旱船

暑期特色班孩子们学习拉马头琴

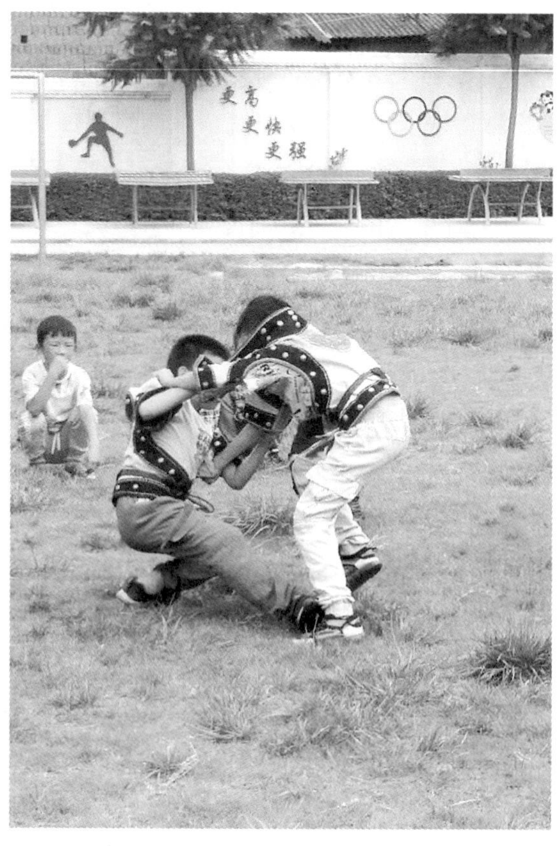

兴蒙乡中心小学的男孩们在学校的操场上练习摔跤

跳乐是比较特别的，规定在跳乐过程中绝不准谈情说爱，不能表达出对异性的爱慕之情，如果违反了就要从舞蹈中被孤立出去。

由于历史原因，在早些时候，跳乐被认为“有伤风化”，不能公开活动，一旦被发现就会受到重罚，所以生活于历史时期的蒙古族民众只能在大山里面举行跳乐活动。1949年以后，兴蒙乡蒙古族人民可以在公共场合下尽情欢跳，但是其中也有波折，“文化大革命”期间跳乐被认为是“四旧”而被禁止，直到1978年以后才又恢复。

从前，跳乐多是男女青年在一起尽情欢跳，如今这种风气慢慢衰落，只有中老年人们在闲暇之余进行这项活动，作为兴蒙乡蒙古族向外界展示本民族文化的一种方式。跳乐通常从晚上七八点开始，一直到第二天早上才结束。

跳乐舞姿优美，唱腔动听，层次分明，动作规范，整个过程分为三部分。第一部分是跳团乐，一男子抱着龙头四弦琴弹奏引导，大家伴着音乐围成圆圈，按照四弦琴的音律节奏，翩翩起舞，踏足拍掌，时而互相穿插，时而男女对跳，舞姿刚健优美，气氛热烈。第二部分即男女对唱，男女双方各由一位善歌者领唱，余下的人员伴唱，唱歌的内容有情歌、赞歌、颂歌、诗歌等等，唱累了就停下来饮酒喝茶吃糖果。第三部分叫作“对白”，在男女对唱临近尾声的时候，要进行“对白”，就是男女双方要对几段“白”，比如说男唱“金盆栽金花，银盆栽银花，姐是花园人，山中山茶花”，女方则唱“哥莫这样说，哥莫这样夸，脚大手又笨，只会挖泥巴”；男又唱“不会挖泥巴，咋栽山茶花，姐是七仙女，下凡到蒙家”，女再唱“哥的嘴会说，吃着香八角，哥的情意重，说话能做药”[①]，以表达临别前的不舍。

（二）姑娘龙

在兴蒙乡有一种民间的文艺娱乐活动叫作“姑娘龙”，也就是耍龙表演。耍龙需要 13 个姑娘一起参加，其中 12 个一起舞龙，余下 1 人抬龙宝（即绣球）。

20世纪40年代，兴蒙乡的蒙古族曾经表演过这种舞蹈，但是最早是何时兴起的，无人知晓，据传说是与兴蒙乡蒙古族的降龙女英雄阿扎拉有关。传说阿扎拉本领很大，除了能降服恶龙外，她还能呼风唤雨，为蒙古族和周围的兄弟民族排忧解难。附近的百姓为求得风调雨顺，便供奉阿扎拉为神，凡是遇到天气干旱收成不好，村民们便纷纷虔诚地去求雨[②]。由于阿扎拉本身是女性，所以蒙古族姑娘耍龙就逐渐地得到了社会的认可。其实“阿扎拉”的来源比较复杂，兴蒙乡蒙古族供奉的“阿扎拉”神应该来源于号称“滇密”的云南佛教密宗阿吒力教派[③]。阿吒力教是由天竺僧人传布的印度密宗与洱海区域以巫师为主的原始宗教

① 通海县民族事务委员会编：《通海县少数民族志》，昆明：云南人民出版社，1994年，第118—119页。

② 在曲陀关有一座清代时期的阿扎拉寺庙。

③ 有关佛教密宗阿吒力教派的研究，请参阅李东红：《白族佛教密宗阿叱力教派研究》，昆明：云南民族出版社，2000年；张锡禄：《大理白族佛教密宗》，云南民族出版社，1999年。

相结合，吸收了佛教其他教派、道教以及儒家思想观念而逐渐形成的一个教派，其僧人自称“阿吒力”。公元7世纪中叶以后，洱海区域的佛教逐渐兴盛起来。到8世纪初始，阿吒力僧人开始取得了王室的信任。至9世纪初叶，尤其是劝丰祐时代之后，阿吒力教已经成为由王室至民间普遍信仰的“国教”。盛行于洱海区域的阿吒力教，自南诏中后期始，逐渐向外传播。郭松年在《大理行记》对阿吒力教在大理地区的盛行也有过描述：“家无贫富，皆有佛堂；人不以老壮，手不释佛珠，一岁之间，斋戒几半，决不茹荤饮酒，至斋毕乃已。沿山寺宇极多，不可殚记。”[①]到了明太祖洪武十五年（1382年），明兵进逼大理，明太祖下令禁止阿吒力教在此传播，但是随之遭到民间和阿吒力僧人的抵抗，于是又于洪武二十九年（1396年）再次颁布诏令，承认并允许民间信奉阿吒力教。至清康熙三十年（1691年），清廷平定吴三桂叛乱以后，称阿吒力教是“非释非道，其术足以动众，其说足以惑人，此固盛世之乱民，王法所必尽者也，删之何疑”，严禁阿吒力教的传播，但是民间对阿吒力教的信仰之风依然不减。在今天我们仍可以看到大理民间的节庆活动中，阿吒力在列队讽诵《金刚经》，阿吒力教的影响并没有完全消除。云南蒙古族生活的通海地区也受到阿吒力的影响，秀山普光寺的碑记中就有关于寺庙住持大阿吒力购买庙产田亩“四至”的记载。“阿扎拉”与“阿吒力”的神性相同、读音相同，应为佛教“阿吒力”派在通海地区蒙古人中流传幻化的神祇。兴蒙乡蒙古族民间信奉“阿扎拉”神是用以寄托自己对北方蒙古族亲人的思念。笔者走访了兴蒙乡几座供奉有“阿扎拉”神塑像的寺庙，这些寺庙中的“观音幻化”“阿扎拉”神塑像，与白族阿吒力教派寺庙中供奉的神灵几近一致。这也从侧面印证了蒙古族自落籍云南以来，与当地的少数民族在生产、生活中有了充分的交融，才形成了本民族的特有文化。因此，笔者认为云南蒙古族的“阿扎拉”是来源于白族佛教密宗阿吒力教派，而并非地方史志上所写的“‘阿扎拉’是云南蒙古族的特有神灵”。

1980年代，在每一届的“那达慕”大会上都有“姑娘龙”的表演，几个村的姑娘龙表演队在节日期间一起起舞，在锣鼓的伴奏和鞭炮声中，场景犹如蛟龙腾云驾雾，更增添了节日的气氛。而现在，舞龙的风气也渐趋衰落，多是些中年妇女来舞。

① 〔元〕郭松年《大理行记》，引自方国瑜主编：《云南史料丛刊》（第三卷），云南大学出版社，1998年，第134页。

（三）霸王鞭

霸王鞭也是兴蒙乡蒙古族最喜爱的民间集体舞蹈之一。每逢农闲、节假日和盛会的时候，人们都会跳霸王鞭舞来活跃气氛。

霸王鞭舞据说已有770多年的历史了，与云南蒙古族的历史相伴随。相传770多年前，在忽必烈带领下，蒙古族军队由甘肃经过四川入云南灭大理国。胜利后，将士们围在篝火旁庆祝，他们喝酒、唱歌、跳舞。最后连主帅忽必烈也加入了欢庆中，当时因手中没有其他道具，他就乘兴手执钢鞭与将士们跳起蒙古舞蹈来。将士们争相效仿，纷纷折了竹棍加入舞蹈中。从此，每逢欢庆的日子，蒙古族将士都会手执竹棍随歌起舞。这之后经过几百年的发展，霸王鞭已经成为兴蒙蒙古族所喜爱的民间娱乐活动之一[①]。

跳霸王鞭舞时，需要用一根一米多长的竹棍，竹棍两头拴上能发出声音的小铜铃和彩色绒线球。跳舞时，边唱边跳边舞鞭，这种舞可以几个人跳，也可以几十个人一起跳。在兴蒙乡，不但成年人会跳，小孩子们也会跳霸王鞭舞，这项舞蹈就成了兴蒙乡老少皆宜的大众娱乐活动。

改革开放以后，随着云南蒙古族与内蒙古蒙古族双方在政治、经济、文化等方面交流的加强，北方蒙古族的舞蹈也重新传到兴蒙乡。比如兴起于鄂尔多斯草原、流行于颚尔多斯市的鄂托克旗、乌审旗一带的筷子舞，流行于内蒙古通辽市的安代舞，还有同样流行于鄂尔多斯市盅碗舞。这些舞蹈在最近几届“那达慕”大会上都由兴蒙乡蒙古族群众作为传统的保留项目亲自表演，受到了参会者的赞誉。

① 马世雯：《云南少数民族文化史丛书·蒙古族文化史》，昆明：云南民族出版社，2000年，第241—242页。原书写作“大王鞭”，其与“霸王鞭”只是叫法不同，实为同一种舞蹈。

七、行而有止的生活禁忌

兴蒙乡蒙古族的生活禁忌主要表现在生育和民族观上。

比如，新婚洞房不准孕妇进入。当地人认为若孕妇进入了新房，新媳妇将来就很难生出贵子。当地又有句话“产妇未满月，忌生人入门”，他们认为生人闯入家门，婴儿会受“惊”导致生病，生人还会带来晦气，“踩断”产妇的奶水，导致无奶喂养婴儿。同样，坐月子期间，产妇也不能到别人家中串门做客，也不能触碰本家的家堂和灶头。一般是认为产妇坐月子期间身上不干净，会冒犯清静的神灵。妇女生小孩的时候要挂一个草帽在门上，生男孩挂左边，生女孩挂右边，挂上草帽以后如果不是很亲的关系是不准进入的。坐月子时候也跟汉族的不一样，要半个月以后才能接到娘家去坐月子，还要去山上采中草药拿来泡水洗澡，说是这样不会得一种怪病[①]。

在兴蒙乡，马肉是被禁止食用的，也不准骑着马在乡内的街道上走动。当地人认为马匹是蒙古人走南闯北的好伙伴。老人们在每月初一和十五要吃素，对太极鳝鱼、牛肉、猪肉等忌口。

在称呼上，兴蒙乡人忌自己被称为“老渔夫”，因为古代统治阶级曾称他们为“臭渔夫”。此外兴蒙乡人也忌被称为“嘎衣瓦”，因为这是对他们的贬称。

还有一些带有迷信色彩的所谓预兆。母鸡啼、狗夜哭，认为家中将有大难[②]。喜鹊叫，认为是喜事临门。乌鸦叫，认为必有灾难。蟋蟀入宅夜叫，认为家中将有灾难。见蛇交尾，视为不祥之兆。从男子用的扁担上跨过是妇女大忌，从妇女晾晒的裤子下走过是男子大忌。

① 由笔者对兴蒙乡蒙古族同胞赵清丽女士进行访问得知。

② 兴蒙蒙古族乡乡志编纂组：《兴蒙蒙古族乡志》（内部印刷），2003年，第414—415页。

小　结

民族文化的传承与再造是一个民族不断发展壮大的必由途径。云南通海兴蒙乡的蒙古族在其极富地域特色的传统文化基础上，与北方草原蒙古族文化进行了对接，在具有明显可塑性的服装饰品、建筑风格、传统节日、体育运动、音乐舞蹈等方面都选择性地接受，并在政府和社会各界的推动下内化为地方文化的一部分。而那些内在的明显与地方文化不适应的因素是无法复制的，诸如语言文字、衣食住行、风俗习惯等等，尽管兴蒙乡的官方和民间都投入极大的人力物力，依然收效甚微。随着民族认同和国家认同的增强，兴蒙乡蒙古族也日益强化了地方文化特色。尤其是在现代社会多元文化共存的背景下，各地蒙古族的不同族群的文化发展应该各美其美、美美与共，不应再过分强调核心与边缘以及正宗与模仿。

民族文化传承教育

结 论

蒙古族的原生性居住地在蒙古高原，随着军事行动的展开而陆续分布到欧亚大陆的各个地区。从全球史的视角来看，中国的西南地区是当时蒙古经略南亚、东南亚的前沿，平大理国的斡腹之举奠定了统一全国的基础，征缅甸八百媳妇国实现了开疆拓土，建立云南行省开启了多元一体治理西南边疆的先河。随着元、明、清、民国时期对西南边疆治理管控的深入，历代中央政权民族政策也多有变化，但是，在分布于西南地区的蒙古人聚居区的政治核心依然是蒙古人创立实施的土司制度。虽然蒙古统治在1381年退出了西南地区，然而驻军的后裔、土司的后代却留在了这片红土地上。随后明清时期流寓仕宦、避难逃散陆续而来的蒙古人亦不在少数。这些人口来源殊类、境遇各异、生计多样、诉求不一，但大多都保有“蒙古人”这一精神家园，属于原生性的民族情感。但是，我们无意于将西南地区蒙古族人口看作具有相同基因性质的生物共同体。这一群体的形成、演变、发展、壮大是在历史上长期与周边各族的交往交流交融中经由国家意志和社会精英的推动实现的。中华人民共和国成立后，自上而下的国家意志作为民族政策在西南地区蒙古族人口识别确认过程中存在着共同性和差异性，因而相关人群的自我认同呈现出多重性、变动性和分层性。

通过以云南、四川为主的蒙古族人口分布区域实证性研究，本书认为西南地区蒙古族人口的历史记忆与民族认同发生了重要演变，具有鲜明的区域化特征，已成为区域内各民族交流融合的产物；中华人民共和国成立后的民族识别是西南地区蒙古族人口各族群族属得到外部确认的国家行为，对于具体的历史民族而言，国家认同显然高于本民族认同，或者说认同的分层性在统一的多民族中国是清晰可见的；分布于西南各省的蒙古族人口民族认同的维系或显在表现其各族群的精英人物在特定的实践活动起到了上传下达的关键作用。基于以上认识，本课题得出以下结论：

西南地区蒙古族各地民众中都有关于“英雄的祖先”的鲜活历史记忆。这部分蒙古族人口的历史记忆，既有关于祖先英雄事迹的记忆，也有民族离散迁徙的苦难记忆。这些历史记忆虽然叙述上有一定的差异，但都在一定程度上表明其对自身生存发展历史的感知。西南地区蒙古族人口的民族认同是在其共同历史记忆基础上形成的。正是这些独特的历史记忆，通过口述、碑刻、家谱等方式传承下来，维持着散落于西南地区的蒙古族人口的“我族”的边界意识。这表明西南蒙古族人口的存在是客观的历史发展过程，并非“想象的共同体”或者“攀附英雄的祖先”。虽然这些关于英雄的祖先的记忆模式被称为“英雄祖先历史心性”，“有一种模式化的叙事倾向”[①]，但基于蒙古时期在西南地区的军事征伐和建置等活动而引起的人口流动和民族迁徙是不争的历史事实。

西南地区蒙古族人口发展至今已经和北方典型草原蒙古族存在着巨大的差异，在语言文字、衣食住行、宗教信仰、婚丧嫁娶等方面建构了与自然环境相符合的新的形式和内容。在获得国家确认的蒙古民族身份之后，各地区官方和民间的回应不尽相同：云南蒙古族人口积极主动地将民族认同与国家确认相结合，以弘扬蒙古民族文化精神为纽带，积极建构具有兴蒙乡特色的地域文化，并成为西南地区蒙古民族文化代表性地区，促进了地方各项事业的加速发展；四川地区的蒙古族人口的民族认同与国家确认差异较大，族际差异、场景差异、代际差异同时并存，导致了族群内部的文化建构方向不明确，徘徊在纳西族摩梭人、蒙古族、藏族文化之间。这种局面产生的原因是历史上蒙古人在环泸沽湖地区的军事活动：1253年忽必烈率领大军南征大理国、明朝初年月鲁帖木儿在盐源地区的统治与起事、和硕特蒙古部武力控制川西高原。历史上蒙古人在这一地区的活动深刻地影响了当地的历史发展进程，作为土官留下来在当地生活的蒙古人及其后裔代表着社会权力的支配者和文化话语权的拥有者，为这片区域的原住民“摩梭人”提供了“情景认同”的基础，而土司治下的民众则名从主人，在国家确认的身份和民族历史记忆与族群认同之间摇摆不定。于是环泸沽湖地区蒙古人和“摩梭人”在历史上经历了两次身份的选择。第一次发生在和硕特部蒙古南下占领康

① 王明珂：《羌在汉藏之间》，北京：中华书局，2008年，第28—29页。

区之后，这里的土司们选择或者接受了蒙古人的身份，并在历史的基础上建构族群的“历史”。他们之间由“亲缘身份”的亲疏结成不同层次的血缘群体，形成不同层次的合作与对抗的关系，争夺当地有限的自然资源。第二次发生在中华人民共和国成立后的20世纪50年代，政府开展民族识别工作时，四川地区大多数“摩梭人”接受了蒙古族的身份。从环泸沽湖地区蒙古族人口的民族认同情况来看，“工具性”与“根基性”的认同并存，两者并不一定排斥。如果说泸沽湖地区土司们选择或者接受这一身份是为了在资源竞争与权利分配体系中的功利性工具的话，那么民族认同的根基性便表现在人们选择或者接受了自己的蒙古人身份之后数百年来对自己民族身份的坚持。

西南四省市都存在“铁改余”问题的遗存，除了云南曲靖市的余姓未被国家确认为蒙古族，其余地区都得到了确认，区域政策执行差异明显。

在西南地区蒙古族民族认同的发展变化过程中，民族认同与国家确认既存在正相关，也存在负相关，当负相关存在时，社会矛盾就会产生。国家确认是民族认同得以合法的保障，国家确认也促成国民认同形成，亦即公民身份认同。例如，经云南省公安厅批准，宁蒗县的摩梭人在身份证上可以注明为“摩梭人”，以体现他们的对自己群体认同意识，但这是地方性政策的确认，难以在全国通行。我们在宁蒗县萨雅寺和住寺僧人们座谈时听到一个有趣的事例：有一次他们从昆明去外省学习时，从昆明机场可以顺利通过安检乘机；但回来时就遇到了麻烦，外省机场的安检系统里没有“摩梭人”这一族别，安检就不能放行，颇费周章后他们只得改签机票才回到云南。只有在可行性的根基认同与可见性的工具利益汇合时，民族认同才会产生，民族认同合法性获得则源于国家层面的确认。

总体和谐的民族关系和密切的族际交往交流交融促进了民族认同的形成或变迁。历史上的蒙古人由于行军打仗和屯驻的需要，使其人口分布在西南地区，大多在川滇、川黔、滇黔之间的传统交通线周围。这些区域交通便利，商旅繁盛，与周边各族联系紧密，他们大多都能和睦相处。因此各族之间的文化互鉴，经济繁荣，但族际边界明确。当代中国，在发展旅游业的过程中，部分环泸沽湖而居的“蒙古族（纳日人）”更加珍视自己的古老“摩梭人”的文化资源，因而族群内部民族认同的场景差异较大。坚持蒙古民族身份的精英阶层则利用所掌握的话语权积极同核心区的内蒙古政、商、学、民各界展开多角度的交流活动，以强化居于边缘区的蒙古人口异化的文化特征的合理性与正统性，推动民族认同的增强以及升华的国家认同。但在这种交流互动中，西南蒙古族的各族群依然缺乏足够的民族自信心，以兴蒙乡为例，凡遇大小节庆活动，尤其是"那达慕"大会期间，必定请内蒙古及北方各地蒙古人到场方为正宗；男子必定身着蒙古袍、足蹬蒙古靴、腰挎蒙古刀、头戴高毡帽、腰系宽布带以彰显庄重；祭奠三圣宫时，也要请为成陵守卫的达尔扈特祭师先颂赞词、呈贡品，而后才是由当地"斋老奶"为成陵的祭祀团体呈献贡品，唱诵赞词。与不自信的男性群体相比，女性群体是地域文化的遵循和维护者，她们的服饰和歌舞都具有浓厚的当地乡土特色。

以上现象表明，族际交流是促进民族认同的有效途径，作为"他族"和"我族"都在互动中强化了民族认同意识，"民族的形成不是单一群体的自身进化所能完成的过程，而是互动的群体相互认同或辩异的产物"[①]。

民族文化的传承与再造是一个民族不断发展壮大的必由途径。云南通海兴蒙乡的蒙古族人口在其极富地域特色的传统文化基础上，与北方草原蒙古族文化进行了对接，在具有明显可塑性的服装饰品、建筑风格、传统节日、体育运动、音乐舞蹈等方面都有选择性地接受，并在政府和社会各界的推动下内化为地方文化的一部分。而那些内在的明显与地方文化不适应的因素是无法复制的，诸如语言文字、衣食住行、风俗习惯等等，尽管兴蒙乡的官方和民间都投入极大的人力物力，依然收效甚微。正如王明珂指出的："一个人群的血缘、文化、语言与认同有内部差异，而且在历史时间中，有血缘、文化、语言的移出，也有新的血缘、文化、语言与认同的移入。"[②] 随着民族认同和国家认同的增强，兴蒙乡蒙古族也日益强化了地方文化特色。尤其是在现代社会多元文化共存的背景下，西南各地蒙古族的不同族群的文化发展应该各美其美、美美与共，不应再过分强调核心与正统。

在中华民族多元一体格局的理论架构中，蒙古族的西南支系的存在有着充分的理论基础。费孝通先生指出："这个（中华民族）实体的格局是包含着多元的统一体，所以中华民族还包含着 50 多个民族。虽则中华民族和它所包含的 50 多

① 张海洋：《中国人的多元文化与中国人的认同》，北京：民族出版社，2006年，第5页。

② 王明珂：《羌在汉藏之间》，北京：中华书局，2008年，第322页。

个民族都称为‘民族’，但在层次上是不同的，而且在现在所承认的50多个民族中，很多本身还各自包含更低一层次的‘民族集团’”[①]。在蒙古族西南支系这一群体的历史发展中，各族群在区域内部的民族认同是有差异的，差异的形成既有族群自然与人文生态的因素，也有国家民族政治制度的因素。对于蒙古族这个整体而言，西南支系来源不一、人口较少、文化差异大、空间距离远，但它依然是蒙古民族发展史的一部分，既见证了蒙古族为中华民族的发展壮大所做出的历史贡献，也充实了中国历史发展的整体性研究，为铸牢中华民族共同体意识提供了鲜活的实践经验。

然而，蒙古族的西南支系这一群体并未受到全社会的了解和重视。虽然在川、滇、黔三省的民族志中蒙古族都作为世居民族而存在，表明了其身份得到国家确认，但社会上依然有各种偏见，诸如西南地区蒙古族是为了利益分配而攀附的、是为了炫耀家世而假冒的等等。许多学术文献的统计资料中甚至没有把西南蒙古支系包括进去，如在一篇由《内蒙古统计》刊发的题为《我国蒙古族人口迁移特点的成因分析》文章中，详细列举了全国各地的蒙古族人口数，却只字没有提到西南地区蒙古族人口[②]。这些偏见、忽视等的存在虽然有民众认识的客观因素，主观上还是因为分布西南的蒙古族人口民族认同还处于动态的发展变化之中，族群内部存在着诸多层次的认同差异。正如费孝通先生谈到一体中的多元现象时所言：“在中华民族的统一体之中存在着多层次的多元格局。各个层次的多元关系又存在着分分合合的动态和分而未裂、融而未合的多种情状。”[③]

归根结底，西南地区蒙古族人口民族认同的形成、变化、发展是该地区独特的自然生态、人文生态相互作用的结果，是这一历史民族地区各民族长期交往、交流交融的社会历史发展的具体呈现，也与国家的民族政治相关。中华人民共和国成立后，一系列民族政策的实践，生动地诠释了统一多民族国家内中华民族共同体意识形成、巩固、铸牢的途径，揭示了在中国特色社会主义建设中必须不断

① 费孝通主编：《中华民族多元一体格局》（修订本），北京：中央民族大学出版社，1999年，第35页。

② 段立新、杨国庆：《我国蒙古族人口迁移特点的成因分析》，《内蒙古统计》2015年第1期。

③ 费孝通主编：《中华民族多元一体格局》（修订本），北京：中央民族大学出版社，1999年，第36页。

坚持和完善民族区域自治制度，全面推进民族团结进步创建，确保平等团结互助和谐的社会主义民族关系不断巩固和发展。正如蒙古族著名学者纳日碧力戈所言："统一和自治相结合、民族因素和区域因素相结合，是铸牢中华民族共同体意识、构筑中华民族共有精神家园的政治保障。"[①]

① 纳日碧力戈、陶染春：《"五通"铸牢中华民族共同体意识》，《西北民族研究》2020年第1期。

附录：云南蒙古族史料编年

第一篇　元代云南蒙古族史料

宪宗二年（1252 年）

夏六月，入觐宪宗于曲先恼儿之地，奉命率师征云南。秋七月丙午，禡牙西行。

《元史·世祖一》卷四

六月己卯，蒙古皇弟忽必烈入觐，蒙古主命帅师征云南。八月癸亥，蒙古方图征云南，皇弟忽必烈问于徐世隆，对曰："孟子有言：'不嗜杀人者能一之。'君人不嗜杀人，天下可定，况蕞尔之西南夷乎！"皇弟曰："诚如卿言，吾事济矣。"

《续资治通鉴·宋纪》卷一七三

宪宗三年（1253 年）

秋八月，师次临洮。遣玉律术、王君侯、王鉴谕大理，不果行。九月壬寅，师次忒剌，分三道以进。大将兀良合带率西道兵，由晏当路；诸王抄合、也只烈帅东道兵，由白蛮；帝由中道。乙巳至满陀城，留辎重。冬十月丙午，过大渡河，又经行山谷二千余里，至金沙江，乘革囊及筏以渡。摩娑蛮主迎降，其地在大理北四百余里。十一月辛卯，复遣玉律术等使大理。丁酉，师至白蛮打郭寨，其主将出降，其侄坚壁拒守，攻拔杀之，不及其民。庚子，次三甸。辛丑，白蛮送款。十二月丙辰，军薄大理城。初，大理主段氏微弱，国事皆决于高祥、高和兄弟。是夜，祥率众遁去，命大将也古及拔突儿追之。帝既入大理，曰："城破而我使不出，计必死矣。”己未，西道兵亦至，命姚枢等搜访图籍，乃得三使尸，既瘗，命枢为文祭之。辛酉，南出龙首城，次赵睑。癸亥，获高祥，斩于姚州。留大将兀良合带戍守，以刘时中为宣抚使，与段氏同安辑大理，遂班师。

《元史·世祖一》卷四

壬子夏，从世祖征大理，至曲先脑儿之地。夜宴，枢陈宋太祖遣曹彬取南唐不杀一人、市不易肆事。明日，世祖据鞍呼曰：“汝昨夕言曹彬不杀者，吾能为之，吾能为之！”枢马上贺曰：“圣人之心，仁明如此，生民之幸，有国之福也。”明年，师及大理城，饬枢裂帛为旗，书止杀之令，分号街陌，由是民得相完保。

《元史·姚枢传》卷一五八

癸丑秋，大军自旦当岭入云南境。摩些二部酋长唆火脱因、塔里马来迎降，遂至金沙江。兀良合台分兵入察罕章，盖白蛮也。所在寨栅，以次攻下之。独阿塔剌所居半空和寨，依山枕江，牢不可拔。使人觇之，言当先绝其汲道。兀良合台率精锐立炮攻之。阿塔剌遣人来拒，兀良合台遣其子阿术迎击之，寨兵退走。遂并其弟阿叔城俱拔之。进师取龙首关，翊世祖入大理国城。

《元史·兀良合台传》卷一二一

元世祖自大渡河破吐蕃，出石门，所过降之。高泰祥拒不胜，元兵至大理，帝奔鄯阐，泰祥奔姚州，追及，斩泰祥五华楼下，时白日雷三震。

《南诏野史会证》

宪宗四年（1254 年）

冬，忽必烈还自大理，留兀良合台攻诸夷之未附者，入觐于猎所。

《元史·宪宗本纪》卷三

秋七月丁未，帝谕辅臣曰：“闻云南力备蒙古，果能自立乎？”谢方叔曰：“广右所传，虽未得实，不容不严其备。”蒙古乌兰哈达攻乌蛮，次罗部府，蛮酋高昇拒战，大破之，进至其所都押赤城。城际滇池，三面皆水，既险且坚，选骁勇以炮摧其北门，纵火焚之，皆不克。乃大震鼓钲，进而作，作而止，使不知所为，如是者七日，伺其困乏，夜五鼓，遣其子阿珠潜师跃入乱斫之，遂大溃，至昆泽，擒其国王段智兴。余众依阻山谷，分命裨将掩袭，约三日，卷而内向。及围合，阿珠引善射者二百骑四面进击，乌兰哈达陷阵鏖战，又攻纤寨，拔之。

至乾德格城，乌兰哈达病，委军事于阿珠。环城立炮，以草填堑。众军始集，阿珠先率所部搏战城下，遂破其城。

《续资治通鉴·宋纪》卷一七四

宪宗五年（1255年）

平大理五城八府四郡，洎乌、白等蛮三十七部。兵威所加，无不款附。

《元史·兀良合台传》卷一二一

乙卯，兴智与其季父信苴福入觐，诏赐金符，使归国。

《元史·信苴日传》卷一六六

宪宗六年（1256年）

云南酋长摩合罗嵯及素丹诸国来觐。兀良合台讨白蛮等，克之；遂自昔八儿地还至重庆府，败宋将张都统。赐金缕织文衣一袭、银五十两、彩帛万二百匹，以赉军士。

《元史·宪宗本纪》卷三

丙辰，征白蛮国、波丽国，阿术生擒其骁将，献俘阙下，诏以便宜取道，与铁哥带儿兵合，遂出乌蒙，趋泸江，铲秃剌蛮三城，却宋将张都统兵三万，夺其船二百艘于马湖江，斩获不可胜计。遂通道于嘉定、重庆，抵合州，济蜀江，与铁哥带儿会。

《元史·兀良合台传》卷一二一

宪宗七年（1257年）

冬十一月，兀良合台伐交趾，败之，入其国。安南主陈日煚窜海岛，遂班师。

《元史·宪宗本纪》卷三

六月癸卯，蒙古乌兰哈达以云南平，请依汉故事，以西南夷悉为郡县；从之。加乌兰哈达大元帅，还镇大理。九月，蒙古乌兰哈达遣使招安南降，安南人囚其使，遂议征之。播州边境告警。

《续资治通鉴·宋纪》卷一七五

宪宗九年（1259 年）

十一月丙辰，移驻牛头山。兀良合带略地诸蛮，由交趾历邕、桂，抵潭州，闻帝在鄂，遣使来告。

《元史·世祖一》卷四

十一月，蒙古乌兰哈达，率骑三千，蛮、僰万人，破横山，徇内地，守将陈兵六万以俟。乌兰哈达使阿珠潜自间道冲其中坚，大败之，乘胜蹴宾、象二州，入静江府。

《续资治通鉴·宋纪》卷一七五

中统二年（1261 年）

四月辛亥，遣弓工往教鄯阐人为弓。辛酉，以礼部郎中刘芳使大理等国。六月庚申，赐大理国主段实虎符，优诏抚谕之。八月戊戌，以燕京等路宣抚使赛典赤为平章政事。敕以贺天爵为金齿等国安抚使，忽林伯副之，仍招谕使安其民。

《元史·世祖一》卷四

信苴日入觐，世祖复赐虎符，诏领大理、善阐、威楚、统矢、会川、建昌、腾越等城，自各万户以下皆受其节制。

《元史·信苴日传》卷一六六

元世祖平滇，削段氏帝号。敕曰："向率我师，往临尔境，众据国人之请，因从城下之盟，款附而来，忠勤益著。庸示至优之渥，以彰同视之仁。可革帝号，赐以虎符，中庆总管大理、会川、建昌、腾永等处，安抚已附之民，招集未降之国。卿其勉之！"

《南诏野史会证》

中统四年（1263 年）

八月辛亥，置元帅府于大理。命昔撒昔总制鬼国、大理两路。兵部郎中刘芳前使大理，至吐蕃遇害，命恤其家。

《元史·世祖二》卷五

至元元年（1264 年）

舍利畏结威楚、统矢、善阐及三十七部诸爨各杀守将以叛，善阐屯守官不能御，遣使告急，信苴日率众进讨，大败之于威楚宝满裔。复遣孛罗攻贼于统矢城，又大破之，遂定统矢。其秋，舍利畏又以众十万谋攻大理，诏都元帅也先与信苴日讨之，师至安宁，遇舍利畏，击破走之，遂复善阐，降威楚，定新兴，进攻石城、肥腻皆下之，爨部平。

《元史·信苴日传》卷一六六

至元四年（1267 年）

八月丁丑，封皇子忽哥赤为云南王，赐驼钮金镀银印。壬午，命怯绵征建都。九月戊申，安南国王陈光昞遣使来贡，优诏答之。立大理等处行六部，以阔阔带为尚书兼云南王傅，柴祯尚书兼府尉，甯源侍郎兼司马。庚戌，遣云南王忽哥赤镇大理、鄯阐、茶罕章、赤秃哥儿、金齿等处，诏抚谕吏民。

《元史·世祖三》卷六

皇子忽哥赤封云南王，往镇其地，诏以立道为王府文学。立道劝王务农以厚民，即署立道大理等处劝农官，兼领屯田事，佩银符。

《元史·张立道传》卷一六七

至元五年（1268 年）

三月甲子，敕怯绵率兵二千招谕建都。八月庚子，命忙古带率兵六千征西番、建都。

《元史·世祖三》卷六

从云南王征金齿诸部。蛮兵万人绝缥甸道，击之，斩首千余级，诸部震服。

《元史·爱鲁传》卷一二二

至元六年（1269 年）

六月辛巳，以招讨怯绵征建都败绩，又擅追唆火儿玺书、金符，处死。

《元史·世祖三》卷六

安南入贡不时，以庭珍为朝列大夫、安南国达鲁花赤，佩金符，由吐蕃、大理诸蛮至于安南。世子光昞立受诏，庭珍责之曰："皇帝不欲以汝土地为郡县，而听汝称藩，遣使喻旨，德至厚也。王犹与宋为唇齿，妄自尊大。今百万之师围襄阳，拔在旦夕，席卷渡江，则宋亡矣。王将何恃？且云南之兵不两月可至汝境，覆汝宗祀有不难者，其审谋之。"光昞惶恐，下拜受诏，既而语庭珍曰："圣天子怜我，而使者来多无礼，汝官朝列，我王也，相与抗礼，古有之乎？"庭珍曰："有之。王人虽微，序于诸侯之上。"光昞曰："汝过益州，见云南王拜否？"庭珍曰："云南王，天子之子，汝蛮夷小邦，特假以王号，岂得比云南王？况天子命我为安南之长，位居汝上耶。"光昞曰："既称大国，何索吾犀象？"庭珍曰："贡献方物，藩臣职也。"光昞无以对，益渐愤，使卫兵露刃环立以恐庭珍。庭珍解所佩弓刀，坦卧室中曰："听汝何为！"光昞及群下皆服。明年，遣使随庭珍入贡。

《元史·张庭珍传》卷一六七

再入，定其租赋，平火不麻等二十四寨，得七驯象以还。

《元史·爱鲁传》卷一二二

至元七年（1270年）

改鄯阐万户府为路；又并大理上下二万户府为路。诏授爱鲁为中庆路达鲁花赤兼管爨僰军。

《滇云历年传》卷五

至元八年（1271年）

二月乙巳，大理等处宣慰都元帅宝合丁、王傅阔阔带等，协谋毒杀云南王，火你赤、曹桢发其事，宝合丁、阔阔带及阿老瓦丁、亦速夫并伏诛。赏桢、火你赤及证左人金银有差。五月辛未，分大理国三十七部为三路，以大理八部蛮酋新附，降诏抚谕。十一月辛酉朔，敕遣阿鲁忒儿等抚治大理。

《元史·世祖四》卷七

分大理国三十七部为南、北、中三路；改威楚万户府为路。敕遣阿鲁忒儿等抚治大理诸蛮。

《滇云历年传》卷五

至元九年（1272 年）

春正月丁丑，敕皇子西平王奥鲁赤、阿鲁帖木儿、秃哥及南平王秃鲁所部与四川行省也速带儿部下，并忙古带等十八族、欲速公弄等土番军，同征建都。

《元史·世祖四》卷七

至元十年（1273 年）

二月丙申，云南罗羽酋长阿旭叛，诏有司安集其民，募能捕斩阿旭者赏之。诏勘马剌失里、乞带脱因、刘源使缅国，谕遣子弟近臣来朝。三月壬申，分金齿国为两路。闰六月丙子，以平章政事赛典赤行省云南，统合剌章、鸭赤、赤科、金齿、茶罕章诸蛮，赐银贰万五千两、钞五百锭。冬十月庚申，西蜀都元帅也速答儿与皇子奥鲁赤合兵攻建都蛮，擒酋长下济等四人，获其民六百，建都乃降，诏赏将士有差。

《元史·世祖五》卷八

平章赛典赤行省云南，令爱鲁疆理永昌，增田为多。

《元史·爱鲁传》卷一二二

三月，领大司农事，中书以立道熟于云南，奏授大理等处巡行劝农使，佩金符。其地有昆明池，介碧鸡、金马之间，环五百余里，夏潦暴至，必冒城郭。立道求泉源所自出，役丁夫二千人治之，泄其水，得壤地万余顷，皆为良田。爨、僰之人虽知蚕桑，而未得其法，立道始教之饲养，收利十倍于旧，云南之人由是益富庶。罗罗诸山蛮慕之，相率来降，收其地悉为郡县。

《元史·张立道传》卷一六七

至元十一年（1274 年）

春正月乙酉，以金州招讨使钦察率襄阳生熟券军千人戍鸭池。庚寅，免诸路军杂赋。以忙古带等新旧军一万一千五百人戍建都，立建都宁远都护府，兼领互市监。二月戊申朔，赐阿术所部将士及茶罕章阿吉老耆等银钞有差。六月庚戌，赐建都合马里战士银钞有差。

《元史·世祖五》卷八

十一年，帝谓赛典赤曰："云南朕尝亲临，比因委任失宜，使远人不安，欲选谨厚者抚治之，无如卿者。"赛典赤拜受命，退朝，即访求知云南地理者，画其山川城郭、驿舍军屯、夷险远近为图以进，帝大悦，遂拜平章政事，行省云南，赐钞五十万缗、金宝无算。时宗王脱忽鲁方镇云南，惑于左右之言，以赛典赤至，必夺其权，具甲兵以为备。赛典赤闻之，乃遣其子纳速剌丁先至王所，请曰："天子以云南守者非人，致诸国背叛，故命臣来安集之，且戒以至境即加抚循，今未敢专，愿王遣一人来共议。"王闻，遽骂其下曰："吾几为汝辈所误。"明日，遣亲臣撒满、位哈乃等至，赛典赤问以何礼见，对曰："吾等与纳速剌丁偕来，视犹兄弟也，请用子礼见。"皆以名马为贽，拜跪甚恭，观者大骇。乃设宴陈所赐金宝饮器，酒罢，尽以与之，二人大喜过望。明日来谢，语之曰："二君虽为宗王亲臣，未有名爵，不可以议国事，欲各授君行省断事官，以未见王，未敢擅授。"令一人还，先禀王，王大悦。由是政令一听赛典赤所为。

《元史·赛典赤·赡思丁传》卷一二五

拜赛典赤·赡思丁云南行中书省平章政事；并以信苴日为大理军民总管。爱鲁于中庆版籍阅实得隐户万余，以四千户即其地屯田。改北路为武定路军民府。

《滇云历年传》卷五

至元十二年（1275 年）

春正月己亥，云南总管信苴日、石买等刺杀合剌章舍里威之为乱者，以金赏之。命土鲁至云南，趣阿鲁帖木儿入觐。以蛮夷未附者尚多，命宣慰司兼行元帅府事，并听行省节度，置郡县，尹长选廉能者任之。置云南诸路规措所，以赡思丁为使。

《元史·世祖五》卷八

二月，宋福州团练使、知特摩道事农士贵，率知那寡州农天或、知阿吉州农昌成、知上林州农道贤，州县三十有七，户十万，诣云南行中书省请降。三月乙亥，谕枢密院："比遣建都都元帅火你赤征长河西，以副都元帅覃澄镇守建都，付以玺书，安集其民。"

《元史·世祖五》卷八

六月辛亥，赏诸王秃鲁所部获功建都者三十五人银钞有差。定秃鲁卫士人各马二匹，从者一匹。

《元史·世祖五》卷八

秋七月壬申，签云南落落、蒲纳烘等处军万人，隶行中书省。癸酉，诏取茶罕章未附种落。

《元史·世祖五》卷八

八月癸卯，授故奉使大理王君侯子如珪正八品官。

《元史·世祖五》卷八

九月乙亥，赐西平王所部鸭城戍兵，人马三匹。

《元史·世祖五》卷八

（赛典赤）奏："云南诸夷未附者尚多，今拟宣慰司兼行元帅府事，并听行省节制。"又奏："哈剌章、云南壤地均也，而州县皆以万户、千户主之，宜改置令长。"并从之。

《元史·赛典赤·赡思丁传》卷一二五

至元十三年（1276年）

春正月辛巳，命云南行省给建都屯军弓矢。丁亥，云南行省赛典赤，以改定云南诸路名号来上。又言云南贸易与中州不同，钞法实所未谙，莫若以交会、𧴩子公私通行，庶为民便。并从之。甲午，不吉带所部军六百移戍建都，其兀儿秃、唐忽军前在建都者，并遣还翼。

《元史·世祖六》卷九

以所改云南郡县上闻。云南俗无礼仪，男女往往自相配偶，亲死则火之，不为丧祭。无粳稻桑麻，子弟不知读书。赛典赤教之拜跪之节，婚姻行媒，死者为之棺椁奠祭，教民播种，为陂池以备水旱，创建孔子庙，明伦堂，购经史，授学田，由是文风稍兴。云南民以贝代钱，是时初行钞法，民不便之，赛典赤为闻于朝，许仍其俗。又患山路险远，盗贼出没，为行者病，相地置镇，每镇设土酋吏一人、百夫长一人，往来者或值劫掠，则罪及之。

《元史·赛典赤·赡思丁传》卷一二五

至元十四年（1277 年）

春正月丙辰，立建都、罗罗斯四路，守戍乌木等处，并置官属。

《元史·世祖六》卷九

交趾遣使请为藩臣。罗槃甸夷叛，赛典赤往征。至，遣使谕降之。赛典赤行视要隘，置镇巡防。缅蒲甘蛮寇金齿。大理路蒙古万户忽都、大理总管信苴日等合击，大破之。

《滇云历年传》卷五

至元十五年（1278 年）

三月乙巳，广南西道宣慰司遣管军总管崔永、千户刘潭、王德用招降雷、化、高三州，即以永等镇守之。

《元史·世祖七》卷一〇

夏四月丙辰，诏以云南境土旷远，未降者多，签军万人进讨。甲子，立云南、湖南二转运司。丁丑，云南行省招降临安、白衣、和泥分地城寨一百九所，威楚、金齿、落落分地城寨军民三万二千二百，秃老蛮、高州、筠连州等城寨十九所。

《元史·世祖七》卷一〇

五月乙未，以乌蒙路隶云南行省，仍诏谕乌蒙路总管阿牟，置立站驿，修治道路，其一应事务并听行省平章赛典赤节制。

《元史·世祖七》卷一〇

秋七月甲申，赐亲王爱牙赤所部建都戍军贫乏者钞千二百七十七锭。

《元史·世祖七》卷一〇

闰十一月庚戌朔，罗氏鬼国主阿榨、西南蕃主韦昌盛并内附。诏阿榨、韦昌盛各为其地安抚使，佩虎符。

《元史·世祖七》卷一〇

十二月庚辰，鸭池等处招讨使钦察所领南征新军，不能自赡者千人，命屯田于京兆。

《元史·世祖七》卷一〇

至元十六年（1279 年）

赛典赤居云南六年，至元十六年卒，年六十九，百姓巷哭，葬鄯阐北门。交趾王遣使者十二人，齐经为文致祭，其辞有“生我育我，慈父慈母”之语，使者号泣震野。帝思赛典赤之功，诏云南省臣尽守赛典赤成规，不得辄改。

《元史・赛典赤・赡思丁传》卷一二五

至元十七年（1280 年）

三月己未，诏讨罗氏鬼国，命以蒙古军六千，哈剌章军一万，西川药剌海、万家奴军万人，阿里海牙军万人，三道并进。夏四月丙申，以罗佐山道梗，敕阿里海牙发军千人戍守。五月癸丑，诏云南行省发四川军万人，命药剌海领之，与前所遣将同征缅国。六月丁丑，遣吕告蛮部安抚使王阿济同万户昝坤招谕罗氏鬼国。秋七月甲子，敕亦来等率万人入罗氏鬼国，如其不附，则入讨之。九月丁卯，罗氏鬼国主阿察及阿里降，安西王相李德辉遣人偕入觐。冬十月丙子，赐云南王忽哥赤印。丁丑，以湖南兵万人伐亦奚不薛，亦奚不薛降。壬辰，亦奚不薛病，遣其从子入觐。帝曰：“亦奚不薛不禀命，辄以职授其从子，无人臣礼。宜令亦奚不薛出，乃还军。”十二月己卯，罗氏鬼国土寇为患，思、播道路不通，发兵千人与洞蛮开道。戊子，以征也可不薛军千五百复还塔海，戍八番、罗甸。

《元史・世祖八》卷一一

授资德大夫、云南行中书省左丞，寻升右丞。建言三事：其一谓云南省规措所造金簿贸易病民，宜罢；其一谓云南有省，有宣慰司，又有都元帅府，近宣慰司已奏罢，而元帅府尚存，臣谓行省既兼领军民，则元帅府亦在所当罢；其一谓云南官员子弟入质，臣谓达官子弟当遣，余宜罢。奏可。

《元史・赛典赤・赡思丁传》（附《纳速剌丁传》）卷一二五

（张立道）入朝，力请于帝以云南王子也先帖木儿袭王爵，帝从之。遂命立道为临安广西道宣抚使，兼管军招讨使，仍佩虎符。陛辞，赐以弓矢、衣服、鞍马。始赴任，会和泥路大首领必思反，扇动诸蛮夷。亟发兵讨之，拔其城邑，鼓行而前，徇金齿甸七十城，越麻甸，抵可蒲，皆下之。有遗以驯象、金凤异物者，悉献诸朝。

《元史·张立道传》卷一六七

至元二十年（1283 年）

五月戊午，丞相伯颜、诸王相吾答儿等言，征缅国军宜参用蒙古、新附军，从之。秋七月庚申，调军益戍云南。丙寅，立亦奚不薛宣慰司，益兵戍守。开云南驿路。分亦奚不薛地为三，设官抚治之。壬申，亦奚不薛军民千户宋添富及顺元路军民总管兼宣抚（司）使阿里等来降。

《元史·世祖九》卷一二

至元二十三年（1286 年）

夏四月庚子，赦免云南从征交趾蒙古军屯田租。六月乙巳，皇孙铁木儿不花驻营亦奚不薛，其粮饷仰于西川，远且不便，徙驻重庆府。命云南、陕西二行省籍定建都税赋。辛酉，遣镇西平缅等路招讨使怯烈招谕缅国。秋七月壬申，右丞拜答儿将兵讨阿蒙并其妻子，禽之，皆伏诛。壬午，给金齿国使臣圆符。冬十月甲寅，以征缅功，调招讨使张万为征缅副都元帅，也先铁木儿征缅招讨司达鲁花赤，千户张成征缅招讨使，并虎符，敕造战船，将兵六千人以征缅，俾秃满带为都元帅总之。

《元史·世祖十一》卷一四

至元二十四年（1287 年）

春正月丁亥，发新附军千人从阿八赤讨安南。辛卯，诏发江淮、江西、湖广三省蒙古、汉券军，及云南兵，及海外四州黎兵，命海道运粮万户张文虎等运粮十七万石，分道以讨交趾。置征交趾行尚书省，奥鲁赤平章政事，乌马儿、樊楫参知政事，总之，并受镇南王节制。

《元史·世祖十一》卷一四

镇南王征交趾，诏爱鲁将兵六千人从之。自罗罗至交趾境，交趾将昭文王以兵四万守木兀门，爱鲁与战破之，擒其将黎石、何英。比三月，大小一十八战，乃至其王城，与诸军会战又二十余合，功为多。

《元史·爱鲁传》卷一二二

至元二十五年（1288 年）

二月丙寅，赐云南王涂金驼钮印。壬午，命皇孙云南王也先铁木儿帅兵镇大理等处。三月戊子，改曲靖路总管府为宣抚司。辛卯，镇南王以诸军还。张文虎粮船遇贼兵船三十艘，文虎击之，所杀略相当。费拱辰、徐庆以风不得进，皆至琼州。凡亡士卒二百二十人、船十一艘、粮万四千三百石有奇。甲午，镇南王次内傍关，贼兵大集以遏归师，镇南王遂由单巳县趋盝州，间道以出。壬寅，镇南王次思明州，命爱鲁引兵还云南，奥鲁赤以诸军北还。日烜遣使来谢，进金人代己罪。夏四月甲戌，敕缅中行省，比到缅中，一禀云南王节制。癸未，云南省右丞爱鲁上言："自发中庆，经罗罗、白衣入交趾，往返三十八战，斩首不可胜计，将士自都元帅以下获功者四百七十四人。"五月丁酉，改云南乌撒宣抚司为宣慰司，兼管军万户府。己亥，云南行省言："金沙江西通安等五城，宜依旧隶察罕章宣抚司，金沙江东永宁等处五城宜废，以北胜施州为北胜府。"从之。六月甲戌，改西南番总管府为永宁路。

《元史·世祖十二》卷一五

至元二十六年（1289 年）

世祖以其居边日久，特命猎于柳林之地。率众至漷州，恐廪膳不均，令左右司之，分给从士，仍饬其众曰："汝等饮食既足，若复侵渔百姓，是汝自取罪谪，无悔。"众皆如约，民赖以安。北还，觐世祖于上京，世祖劳之曰："汝在柳林，民不知扰，朕实嘉焉。"明年冬，封梁王，授以金印，出镇云南。过中山，又明年春过怀、孟，从卒马驼之属不下千百计，所至未尝横取于民。

《元史·显宗（甘麻剌）传》卷一一五

至元二十七年（1290 年）

春正月己巳，改西南番总管府为永宁路。冬十月壬申，封皇孙甘麻剌为梁王，赐金印，出镇云南。癸酉，享于太庙。

《元史·世祖十三》卷一六

至元二十八年（1291 年）

二十八年，遣立道奉使按行两浙，寻以为四川南道宣慰使，迁陕西汉中道肃政廉访使。

《元史·张立道传》卷一六七

六月丁卯朔，湖广饥，敕以剌里海牙米七万石赈之。辛巳，洞蛮镇远立黄平府。乙酉，以云南诸路行省参知政事兀难为梁王傅。

《元史·世祖十三》卷一六

至元二十九年（1292 年）

二十九年，改封晋王，移镇北边，统领太祖四大斡耳朵及军马、达达国土，更铸晋王金印授之。中书省臣言于世祖曰："诸王皆置傅，今晋王守太祖肇基之地，视诸王宜有加，请置内史。"世祖从之，遂以北安王傅秃归、梁王傅木八剌沙、云南行省平章赛阳并为内史。

《元史·显宗（甘麻剌）传》卷一一五

十二月庚寅，中书省臣言："皇孙晋王甘麻剌昔镇云南，给梁王印，今进封晋王，请给晋王印。"

《元史·世祖十四》卷一七

至元三十年（1293 年）

三十年，皇曾孙松山封梁王，出镇云南。

《元史·张立道传》卷一六七

梁千户翼军屯：世祖至元三十年，梁王遣使诣云南行省言，以汉军一千人置立屯田。

《元史·屯田》卷一〇〇

置内史府。

《元史·显宗（甘麻剌）传》卷一一五

秋七月丁巳，敕中书省官一员监修国史。己未，诏皇曾孙松山出镇云南，以皇孙梁王印赐之。

《元史·世祖十四》卷一七

至元三十一年（1294 年）

三十一年，发三百人备镇戍巡逻，止存七百人，于乌蒙屯田，后迁于新兴州，为田三千七百八十九双。

《元史·屯田》卷一〇〇

世祖崩，晋王闻讣奔赴上都。诸王大臣咸在，晋王曰："昔皇祖命我镇抚北方，以卫社稷，久历边事，愿服阙职。母弟铁木耳仁孝，宜嗣大统。"于是成宗即帝位，而晋王复归藩邸。

《元史·显宗（甘麻剌）传》卷一一五

元贞元年（1295 年）

元贞元年，赐金虎符，进阶嘉议大夫。成宗即位，复进通义大夫。初，拱卫直隶教坊，卫卒多市井无赖，窜名宿卫，及伯胜为指挥使，乃尽募良家子易之。

《元史·王伯胜传》卷一六九

六月庚辰朔，日有食之。辛巳，御史台臣言："名分之重，无踰宰相，惟事业显著者可以当之，不可轻授。廉访司官岁以五月分按所属，次年正月还司。职官犯赃，敕授者听总司议，宣授者上闻。其本司声迹不佳者代之，受贿者依旧例比诸人加重。"帝曰："其与中书同议。"乙酉，云南金齿路进驯象三。丙戌，以云南岁贡马二千五百匹给梁王，数太多，命量减之。

《元史·成宗一》卷一八

授（忙古带）乌撒乌蒙等处宣慰使，兼管军万户，迁大理、金齿等处宣慰使都元帅。

《元史·忙古带传》卷一四九

命有司割地给诸蒙古学生充廪馔。

《滇云历年传》卷五

元贞二年（1296 年）

九月丁丑，太阴犯垒壁阵。戊寅，元江贼捨资杀掠边境，梁王命怯薛丹等讨降之。甲申，云南省臣也先不花征乞蓝，拔瓦农、开阳两寨，其党答剌率诸蛮来降。乞蓝悉平，以其地为云远路军民总管府。

《元史·成宗二》卷一九

大德二年（1298 年）

大德二年，廷议求旧臣可为梁王辅行者，立道遂以陕西行台侍御史拜云南行省参政。视事期月，卒于官。立道凡三使安南，官云南最久，颇得土人之心，为之立祠于鄯阐城西。

《元史·张立道传》卷一六七

大德四年（1300 年）

段庆入朝，妻以公主，授为宣武将军。云南诸路行中书省右丞怯烈卒。

《滇云历年传》卷五

大德五年（1301 年）

六月乙亥，平江等十有四路大水，以粮二十万石随各处时直赈粜。开中庆路昆阳州海口。甲申，岁星犯司怪。丙戌，宋隆济率猫、狫、紫江诸蛮四千人攻杨黄寨，杀掠甚众。己丑，缅王遣使献驯象九。壬辰，宋隆济攻贵州，知州张怀德战死。梁王遣云南行省平章幢兀儿、参政不兰奚将兵御之，杀贼酋撒月，斩首五百级。

秋七月癸丑，命云南省分蒙古射士征八百媳妇。

八月甲戌，遣薛超兀而等将兵征金齿诸国。时征缅师还，为金齿所遮，士多战死。又接连八百媳妇诸蛮，相效不输税赋，贼杀官吏，故皆征之。

《元史·成宗三》卷二〇

诏云南行省减内外诸司官千五百一十四员。以枢密李京出使云南，宣慰乌蛮。

《滇云历年传》卷五

大德六年（1302 年）

春正月，宋隆济屡攻贵州不解，刘深等粮尽，道梗不通，遂引兵还。隆济复率众邀之，辎重委弃，士卒杀伤殆尽。南台御史中丞陈天祥上书谏曰："八百媳妇乃荒裔小夷，取之不足以为利，不取不足以为害。而刘深欺上罔下，远勤大众，经过八番，纵横自恣，中途变生，所在皆叛。既不制乱，反为乱众所制，食尽计穷，仓皇退走，丧师十八九，弃地千余里。朝廷再发四省之兵，使刘二拔都总督，以图收复。湖南、湖北大发运粮丁夫，众至二十余万，况当农时，驱此愁苦之人，往回数千里中，何事不有？比闻从征败卒言，西南诸夷，皆重山复岭，陡涧深林，其窄隘处仅容一人一骑，上如登天，下如入井。贼若乘险邀击，我军虽众，无施。或诸蛮远，阻险隘以老我师，进不得前，旁无所掠，将不战自困矣。且自征伐倭国、占城、交、缅诸夷以来，近三十年，未尝有尺土一民之益，计其所费，可胜言哉！去岁西征，及今此举，何以异之？乞早正深罪，乃下明诏诏谕，彼必自相归顺，不须远劳王师，与小丑争一朝之胜负也。为今之计，宜驻兵近境，多市军粮，内安外固，渐次服之。此王者之师，万全之利也。苟谓业已如此，欲罢不能，亦当详审成败，算定而行。彼诸蛮皆乌合之众，必无久能同心捍我之理，但急之则相救，缓之则相疑。以计使之互相仇怨，待彼有隙可乘，徐命诸军数道俱进，服从者怀之以仁，抗敌者威之以武，恩威兼济，功乃可成。若复舍恩任威，深蹈覆辙，恐他日之患有甚于今日者也。”不报。

二月，罢刘深等官。时乌撒、乌蒙、东川、芒部及武定、威楚、普安诸蛮，因蛇节之乱，皆以供输烦劳为辞，乘衅起兵，攻掠州县，焚烧堡寨。遣也速歹儿等将兵会国杰讨之。时国杰方讨顺元蛮，不及来会。也速歹儿等率师分道并进，次第平之。

《元史纪事本末·西南夷用兵》卷六

大德六年，乌撒、罗罗斯叛，云南行省命率师讨平之。事闻，赐钞三千贯、银五十两、金鞍辔及弓矢，以旌其功。

《元史·忙古带传》卷一四九

大德七年（1303年）

闰五月庚辰，云南行省平章也速带而入朝，以所获军中金五百两为献。帝曰：“是金卿效死所获者。”赐钞千锭。八月癸巳，月里不花将瓮吉里军赴云南，道卒，以其子普而耶代之。

《元史·成宗四》卷二一

大德八年（1304年）

夏四月丙戌，永宁路叛寇雄挫来降。九月癸酉，四川、云南镇戍军家居太原、平阳被灾者，给钞有差。

《元史·成宗四》卷二一

十二月，云南行省平章政事伊苏岱尔上言："所领云南，地居徼外，历世所不能臣。世祖皇帝天戈一麾，无思不服，令其民衣被皇庥，同于方夏。点苍山旧尝驻跸，请纪圣功，刻石其上，使臣民瞻仰。"帝命程文海撰文，勒碑云南。

《续资治通鉴·元纪十三》卷一九五

大德九年（1305年）

九年，讨普安罗雄州叛贼阿填，擒杀之。进骠骑卫上将军，遥授云南诸路行中书省左丞，行大理金齿等处宣慰使都元帅，卒于军。至大四年，赠龙虎卫上将军、平章政事，仍追封濮国公，谥威愍。子火你赤，袭万户。

《元史·忙古带传》卷一四九

三月庚戌，诏梁王勿与云南行省事，赐钞千锭。夏四月庚辰，云南行省请益戍兵，不许，遣使诣诸路阅其当戍者遣之。

《元史·成宗四》卷二一

九年，以侍成宗疾，忤安西王，出为大宁路总管，伯胜亦出为梁王傅。

《元史·王伯胜传》卷一六九

大德十年（1306年）

夏四月壬戌，云南罗雄州军火主阿邦龙少结豆温匡虏、普定路诸蛮为寇，右丞汪惟能进讨，贼退据越州。谕之不服，遣平章也速带而率兵万人往捕之。兵至曲靖，与惟能合，从诸王昔宝赤、亦吉里带等进压贼境，获阿邦龙少斩之，余众皆溃。命也速带而留军二千戍之，其从军有功者皆加赏赉。癸亥，置昆山、嘉定等处水军上万户府。甲子，倭商有庆等抵庆元贸易，以金铠甲为献，命江浙行省平章阿老瓦丁等备之。赐梁王松山钞千锭。

《元史·成宗四》卷二一

至大元年（1308 年）

十二月庚申，云南畏吾儿一千人居荆襄，云南省臣言：“世祖有旨使归云南，以佐征讨。”中书省臣议发还为是，从之。

《元史·武宗一》卷二二

至大二年（1309 年）

三月己丑，梁王在云南有风疾，以诸王老的代梁王镇云南，赐金二百五十两、银七百五十两，从者币帛有差。丙寅，赐云南王老的金印。

十一月庚辰朔，云南行省言：“八百媳妇、大彻里、小彻里作乱，威远州谷保夺据木罗甸，诏遣本省右丞算只儿威往招谕之，仍令威楚道军千五百人护送入境。而算只儿威受谷保赂金银各三锭，复进兵攻劫，谷保弓弩乱发，遂以败还。匪惟败事，反伤我人，惟陛下裁度。”帝曰：“大事也，其速择使复赍玺书往招谕，算只儿威虽遇赦，可严鞫之。”

《元史·武宗二》卷二三

至大三年（1310 年）

十一月戊子，尚书省臣言：“云南省临安、大理等处宣慰司，丽江宣抚司及普定路所隶部曲，连结蛮寇，杀掠良民，谕之不服，且方调兵讨八百媳妇，军力消耗。今拟蒙古军人给马一，汉军十人给马二，计直与之，乞赐钞三万锭。”

《元史·武宗二》卷二三

至大四年（1311 年）

春正月丁酉，以云南行中书省左丞相铁木迭儿为中书右丞相，太子詹事完泽、集贤大学士李孟并平章政事。

《元史·仁宗一》卷二四

皇庆元年（1312 年）

八月辛卯，敕云南省右丞阿忽台等，领蒙古军从云南王讨八百媳妇蛮。

《元史·仁宗一》卷二四

皇庆二年（1313 年）

翰林李孟奏准开科，三年一试。时九成殿生芝，天下共取三百人，每榜云南取五人，蒙古二人，色目二人，汉人一人。

《南诏野史会证》

延祐元年（1314 年）

六月戊子，置云南行省儒学提举司。

《元史·仁宗二》卷二五

延祐二年（1315 年）

二月壬寅，云南王老的来朝。

《元史·仁宗二》卷二五

延祐三年（1316 年）

御史台臣言："比年廉访司多不悉心奉职，宜令监察御史检核名实而黜陟之。广海及云南、甘肃地远，迁调者惮弗肯往，乞今后加一等官之。"制曰："可。"

《元史·仁宗一》卷二四

延祐四年（1317 年）

春正月乙卯，诸王脱脱驻云南，扰害军民，以按灰代之。丙辰，以知枢密院事完者为云南行省平章政事。

《元史·仁宗三》卷二六

延祐五年（1318 年）

二月丁未，敕云南、四川归还所侵顺元宣抚司民地。五月辛酉朔，顺元等处军民宣抚使阿昼以洞蛮酋黑冲子子昌奉方物来觐。

《元史·仁宗三》卷二六

延祐六年（1319年）

二月丁酉，云南阇里爱俄、永昌蒲蛮阿八剌等并为寇，命云南省从宜剿捕。夏四月壬辰，中书省臣言："云南土官病故，子侄兄弟袭之，无则妻承夫职。远方蛮夷，顽犷难制，必任土人，可以集事。今或阙员，宜从本俗，权职以行。"制曰："可。"

《元史·仁宗三》卷二六

延祐七年（1320年）

五月丁未，封王禅为云南王，往镇其地。

《元史·英宗一》卷二七

至治元年（1321年）

三月甲午，置云南王府。

《元史·英宗一》卷二七

至治三年（1323年）

春正月甲辰，遣诸王忽剌出往镇云南，赐钞万五千贯。秋七月甲辰，诸王帖木儿还自云南，入宿卫，赐钞二万五千贯。

《元史·英宗二》卷二八

冬十月丙戌，云南王、西平王二部卫士饥，皆赈之。十一月丁巳，云南开南州大阿哀、阿三木、台龙买六千余人寇哀卜白盐井。十二月癸未，流诸王月鲁帖木儿于云南。乙酉，云南车里于孟为寇，诏招谕之。谕百司借名器，各遵世祖定制。

《元史·泰定帝一》卷二九

梁王抵洱海，立保和奴二子，号品甸王，梁王回，高祥斌杀之，以妃妻知府杨益。

《南诏野史会证》

泰定三年（1326年）

六月乙未，命梁王王禅及诸王彻彻秃镇抚北军；赐王禅钞五千锭，币、帛各二百四。八月丁亥，遣梁王王禅整饬斡耳朵思边事。辛卯，云南行省丞相亦儿吉歹、廉访副使散只兀台，以使酒相诋，状闻，诏两释之。

《元史·泰定帝二》卷三〇

泰定四年（1327 年）

春正月丁卯，初置云南行省检校官。二月戊子，以马思忽为云南行省平章政事，提调乌蒙屯田。十一月庚午，召云南王帖木儿不花赴上都。

《元史·泰定帝二》卷三〇

致和元年（1328 年）

冬十月庚子，以梁王王禅第赐诸王帖木儿不花。

《元史·文宗一》卷三二

天历二年（1329 年）

春二月辛丑，云南行省蒙通蒙算甸土官阿三木，开南土官哀放，八百媳妇、金齿、九十九洞、银沙罗甸，咸来贡方物。癸丑，诸王月鲁帖木儿等至播州，招谕土官之从囊加台者，杨延里不花及其弟等皆来降。

《元史·文宗二》卷三三

天历三年、至顺元年（1330 年）

春正月戊午，颁玺书谕云南。丁卯，云南诸王秃坚及万户伯忽、阿禾、怯朝等叛，攻中庆路，陷之，杀廉访司官，执左丞忻都等，迫令署诸文牍。二月甲午，秃坚、伯忽等攻晋宁州。秃坚自立为云南王，伯忽为丞相，阿禾、忽剌忽等为平章等官，立城栅，焚仓库以拒命。丙申，云南蒲蛮来朝。庚子，以兵兴所收诸王也先帖木儿、搠思监等印还给之。甲辰，流王禅之子于吉阳军。夏四月壬寅，乌撒土官禄余杀乌撒宣慰司官吏，降于伯忽。罗罗诸蛮俱叛，与伯忽相应，平章帖木儿不花为其所害。晋宁、建昌二路民饥，赈粮五万五千石、钞二万三千锭。戊申……命诸王云都思帖木儿及枢密判官洪浃将之，与湖广行省平章脱欢会兵讨云南。五月癸酉，遣使劳军于云南。时诸王秃剌率万户忽都鲁沙、怯列、孛罗等，皆领兵进讨秃坚、伯忽。九月辛卯，赐陕西蒙古军之征云南者三十人，人钞六锭。

三月甲寅，赐八番顺元、曲靖、乌撒、乌蒙、蒙庆、罗罗斯、嵩明州土官币帛各一。禁泛滥给驿。戊午，以河南行省平章乞住为云南行省平章，八番顺元宣慰使帖木儿不花为云南行省左丞，从豫王由八番道讨云南。辛未录讨云南秃坚、伯忽之功，云南宣慰使土官举宗、禄余并遥授云南行省参知政事，余赐赉有差。

六月丙申，发朵甘思、朵思麻及巩昌诸处军万三千人，人乘马三匹。彻里铁木儿同镇西武靖王搠思班等由四川，教化从豫王阿剌忒纳失里等由八番，分道进军。庚子，以盐课钞二十万锭供云南军需。癸卯，四川孛罗以蒙古渐丁军五千往云南。乙巳，罗罗斯土官撒加伯合乌蒙蛮兵万人攻建昌县，云南行省右丞跃里帖木儿拒之，斩首四百余级，四川军亦败撒加伯于芦古驿。

闰七月癸未，云南茫部路九村夷人阿斡、阿里诣四川行省自陈："本路旧隶四川，今土官撒加伯与云南连叛，愿备粮四百石、民丁千人，助大军进征。"事闻，诏嘉其去逆效顺，厚慰谕之。

四川行省平章汪寿昌言："云南伯忽叛逆，兴兵进讨，调遣馈饷，皆寿昌领之。顷以市马、造器械、军官俸给、军士行粮，已给钞十五万锭。今伯忽未及殄灭，而乌撒、乌蒙相继为乱，大兵深入，去朝廷益远，元请军需，早乞颁降，从本省酌其缓急，便宜以行，庶不稽误。"从之。癸巳，以月鲁帖木儿为大司徒。赐哈剌赤军士钞一万锭、粮十万石。行枢密院言："征戍云南军士二人逃归，捕获，法当死。"诏曰："如临战阵而逃，死宜也。非接战而逃，辄当以死，何视人命之易耶？其杖而流之。" 乙巳，云南使来报捷，遣使赐云南、四川省臣、行枢密院臣以上尊。丙午，诸王卜颜帖木儿请给鞍马，愿从诸军击云南，帝嘉其意，从之。

冬十月乙亥，中书省臣言："近讨云南，已给钞二十万锭为军需，今费用已尽，镇西武靖王搠思班及行省、行院复求钞如前数。臣等议，方当进讨之际，宜依所请给之。"制曰："可。"遣使趣四川、云南行省兵进讨。于是四川行省平章塔出引兵由永宁，左丞孛罗引兵由青山、茫部并进，陈兵周泥驿，及禄余等战，杀蛮兵三百余人。禄余众溃，即夺其关隘，以导顺元诸军。时云南行省平章乞住等俱失期不至。

《元史·文宗三》卷三四

至顺二年（1331 年）

春正月己卯，行枢密臣言："（至顺元年）十一月，仁德府权达鲁花赤曲术，纠集兵众以讨云南，首败伯忽贼兵于马龙州，以是月十一日杀伯忽弟拜延，献馘于豫王。十三日，战于马金山，获伯忽及其弟伯颜察儿、其党拜不花、卜颜帖木儿等十余人，诛之，余兵皆溃，独禄余犹据金沙江。"有旨趣进兵讨之。

戊子，中书省臣言："四川省臣塔出、脱帖木儿等讨云南，以十一月九日领兵至乌撒周泥驿。明日，禄余、阿奴、阿答等贼兵万余，自山后间道潜出，塔出、脱帖木儿等进击，屡战败之。十五日，又战七星关，六日凡十七战，贼大败溃去。"诏遣使以银、币赏塔出、脱帖木儿等。枢密院臣言："四川行省地邻乌撒，而云南未平，今戍卒单少，宜增兵防遏。请调夔路怯怜口户丁七百、重庆河东五路两营兵三百，同往戍之。俟征进军还日，悉罢遣。"从之。乙巳，镇西武靖王搠思班豫王阿剌忒纳失里及行省，行院官同讨云南，兵十余万，以去年十一月十一日，搠思班师次罗罗斯，期跃里帖木儿俱至三泊郎（县），仍趣小云失会于曲靖马龙等州，同进兵。跃里帖木儿倍道兼进，夺金沙江。十二月十七日，大兵与阿禾蒙古军相值，战败之，阿禾伪降，明日，率其兵三千为三队来袭我营，搠思班、跃里帖木儿等分十三队又击败之，阿禾窜走。大兵直趋中庆，二十六日，遇贼党蒙古军于安宁州，与再战，又大败之。二十八日，阿禾来逆战，遂就禽，斩于军前。三十日，将抵中庆，贼兵七千犹拒战于伽桥、古壁口，兵交，跃里帖木儿左颊中流矢，洞耳后，拔矢复与战，大捷，遂复行省治。诸军皆会，驻于城中，分兵追捕残贼于嵩明州。枢密院臣以捷闻，诏总兵官量度缓急，从宜区处。

二月己酉，枢密院臣言："彻里帖木儿、孛罗以正月戊寅败乌撒蛮兵，射中禄余，降其民，乌蒙、东川、易良州蛮兵、夷僚等俱款附。镇西武靖王搠思班等驻中庆，复行省事；豫王阿剌忒纳失里等至当当驿，安辑其人民。"又言："澂江路蛮官郡容报贼古剌忽及秃坚之弟必剌都迷失等伪降于豫王而反围之，至易龙驿，古剌忽等兵掩袭官军。四川行省平章塔出顿兵不进。平章乞住妻子孳畜为贼所掠。谍知秃坚方修城堡，布兵拒守，无出降意。"诏速进兵讨之。乙卯，云南统兵官来报捷，诸蛮悉降，唯禄余追捕未获。命番休各卫汉军十之二，以三月一日放遣。丙寅，行枢密院都事阿里火者来报云南之捷。甲戌，云南景东甸蛮官阿只弄遣子罕旺来朝，献驯象，乞升甸为景东军民府，阿只弄知府事，罕旺为千户，常赋外岁增输金五千两、银七百两，许之。

三月癸巳，豫王阿剌忒纳失里、镇西武靖王搠思班等禽云南诸贼也木干、罗罗、脱脱木儿、板不、阿居、澂江路总管罗罗不花、伯忽之叔怯得该、伪署万户哈喇答儿及诸将校，悉斩之，磔尸以徇。八番军从征云南者俱屯贵州，枢密院臣请遣使发粟给之。壬寅，给云南行省钞十万锭，以备军资民食。癸卯，以儒学教授在选数多……由甘肃、四川、云南、福建者，注两广。

夏四月乙卯，镇西武靖王搠思班等已平云南，各遣使来报捷。诸王朵列捏镇云南品甸，自以赀力给军，协力讨贼，诏以袭衣赐之。壬戌，枢密院臣言："云南事已平，镇西武靖王搠思班言：蒙古军及哈剌章、罗罗斯诸种人叛者，或诛或降，虽已略定，其余党逃窜山谷，不能必其不反侧，今请留荆王也速也不干及诸王锁南等各领所部屯驻一二岁，以示威重。"从之。仍命豫王阿剌忒纳失里分兵，给探马赤三百、乞赤伯三百，共守一岁，以镇辑之，余军皆遣还所部，统兵官召赴阙。时已命探马赤为云南行省平章政事，遂命总制境内军事。

五月己丑，置八百等处宣慰司都元帅府，以土官昭练为宣慰使都元帅。又置临安元江等处宣慰司兼管军万户府。孟定路、孟璟路并为军民总管府，秩从三品。者线、蒙庆甸、银沙罗等甸并为军民府，秩从四品。孟并、孟广、者样等甸并设军民长官司，秩从五品。庚寅，立云南省芦传路军民总管府，以土官为之，制授者各给金符。癸巳，云南威楚路之蒲蛮猛吾来朝贡，愿入银为岁赋，诏为置散府一及土官三十三所，皆赐金银符。

六月丙寅，云南出征军悉还，乌撒罗罗蛮复杀戍军黄海潮等，撒加伯又杀掠良民为乱。命云南行省及行枢密院："凡境上诸关戍兵，未可轻撤，宜视缓急以制其变。"

秋七月己卯，以云南既平，惟禄余等惧罪窜伏，降诏曲赦之。壬午，监察御史张益等言："钦察台在英宗朝，阴与中政使咬住造谋……以为四川平章。今云南未平，与蜀接境，其人反复，不可信任，宜削官远窜，仍没入其家产。"台臣以闻，诏夺其制命、金符，同妻孥禁锢于广东，毋藉其家。

九月乙亥，御史台臣劾奏："四川行省参政马镕，发粮六千石饷云南军，中道辄还，预借奉钞一十九锭以娶妾……"丙子，枢密院臣言："云南东川路总管普折兄那具，会禄余兵，杀乌撒宣慰使月鲁、东川路府判教化的二十余人；又会伯忽侄阿福，领蒙古兵将击罗罗斯。臣等与燕帖木儿议：遣西域指挥使锁住等，发陕西都万户府兵，直抵罗罗斯，发碉门安抚司兵，绝大渡河，直抵邛部州，巡守关隘。”诏宣政院亦遣使同往督之。庚辰，枢密院臣言：“六月中，行枢密院官以兵与乌撒贼兵五战，破之，惟禄余窜伏未获。”命四川行省给其军饷。庚寅，以钞五万锭及预贷四川明年盐课钞五万锭，给行枢密院军需。禄余寇顺元路。丁酉，云南行省遣都事那海、镇抚栾智等奉诏往谕禄余及授以参政制命，至撒家关，禄余拒不授。俄而贼大至，那海因与力战，贼乃退。及晚，乌撒兵入顺元境，左丞帖木儿不花御战，那海复就阵宣诏招之，遂遇害，帖木儿不花等敛兵还。

冬十月乙巳，召行枢密院彻里帖木儿、小云失还朝。以前东川路总管普折子安乐袭其父职。癸丑，蒙古都元帅怯烈，引兵击阿禾贼党于澂江路海中山，为云梯登山，破其栅，杀贼五百余人。秃坚之弟必剌都古迷失举家赴海死。又获秃坚弟二人、子三人，诛之。

十一月壬申朔，云南行省言：“亦乞不薛之地所牧国马，岁给盐，以每月上寅日啖之，则马健无病。比因伯忽叛乱，云南盐不可到，马多病死。”诏令四川行省以盐给之。十二月壬子，复命诸王忽剌出还镇云南。

监察御史韩元善言：“历代国学皆盛，独本朝国学生仅四百员，又复分辨蒙古、色目、汉人之额。请凡蒙古、色目、汉人，不限员额，皆得入学。”又监察御史陈守中言：“请凡仕者亲老，别无侍丁奉养，不限地方名次，宜从优附近迁调，庶广忠孝之道。”皆不报。

《元史·文宗四》卷三五

至顺三年（1332年）

春正月，御史台言：“选除云南廉访司官，多托故不行，继今有如是者，风宪勿复用。”制可。

二月戊申，云南行省言：“会通州土官阿赛及河西阿勒等与罗罗贼兵千五百人寇会州路之卜龙村；又，禄余将引兵与茫部合寇罗罗斯，截大渡河、金沙江以攻东川、会通等州。臣等敢奉先所降诏书招谕之，不奉命则从宜进军。”制可。己酉，赐怯薛官完者帖木儿及阿昔儿珠衣帽。禄余言于四川行省：“自父祖世为乌撒土官宣慰使，佩虎符，素无异心。曩为伯忽诱胁，比闻朝廷招谕，而今期限已过，乞再降诏赦，即率四路土官出降。仍乞改属四川省，隶永宁路，冀得休息。”

夏四月戊辰，免云南行省田租三年。

秋七月戊辰朔，云南行省言：“本省旧降给驿玺书六十九、金字圆符四，伯忽之乱，散失殆尽，乞更赐为宜。”敕更赐玺书三十二、圆符四，仍究诘所失者。

《元史·文宗五》卷三六

元统二年（1334年）

春正月乙卯，云南土酋姚安路总管高明来献方物，赐符印遣之。夏四月乙丑，命顺元等处军民宣抚使、八番等处沿边宣慰使伯颜溥花承袭父职。庚午，诏：“云南出征军士亡殁者，人赐钞二锭以葬。”五月戊申，诏云南王阿鲁镇云南，给银字团牌。六月丁巳朔，中书省臣言：“云南大理、中庆诸路，曩因脱肩、败狐反叛，民多失业，加以灾伤，民饥，请发钞十万锭，差官赈恤。”从之。秋九月甲午，徭贼陷贺州，发……及八番义从军，命广西宣慰使、都元帅章伯颜将以击之。

《元史·顺帝一》卷三八

至元元年（1335年）

吐蕃寇云南，大理总管段光御之，大胜。梁王始与段氏分域构隙。

《滇云历年传》卷五

至元二年（1336年）

段光遣张希峤、杨生、张连与梁王报仇，光兵大败，止存三人。

〔清〕胡蔚增订：《南诏野史会证》

至元三年（1337年）

梁王复侵大理，段兵大胜。

〔清〕胡蔚增订：《南诏野史会证》

至正元年（1341 年）

十二月壬戌，云南车里寒赛、刀等反，诏云南行省平章政事脱脱木儿讨平之。

《元史·顺帝三》卷四〇

至正十五年（1355 年）

三月辛丑，以监察御史言，安置脱脱于云南镇西路，也先帖木儿于四川碉门……仍籍其家产。八月戊寅，云南死可伐等降，令其子莽三以方物来贡，乃立平缅宣抚司。

《元史·顺帝七》卷四四

三月，托克托既命移伊集纳路，台臣犹以谪轻，疏列其兄弟之罪。辛丑，诏流托克托于云南大理宣慰司镇西路。八月，托克托行至大理，腾冲知府高惠见托克托，欲以其女事之，许筑室一程外以居，虽有加害者，可以无虞。托克托曰："吾罪人也，安敢念及此？"巽辞以绝之。是月，朝廷遣官移置阿轻乞之地，高惠以托克托前不受其女，首发铁甲军围之。十二月己未，哈马尔矫诏遣使赐托克托鸩，遂卒，年四十二。讣闻，中书遣尚舍卿七十六至阿轻乞之地，易棺衣以敛。

《续资治通鉴·元纪三十》卷二一二

至元二十二年（1362 年）

三月，蜀寇明玉珍陷云南。梁王奔威楚，大理总管段功败寇于关滩，追至回蹬关，大破之，复中庆路。梁王奏授段功为云南行省平章，以女阿礻盖妻之。

《滇云历年传》卷五

至正二十三年（1363 年）

春，段功还大理，未几，复至鄯阐。梁王帖木儿不花杀云南行中书省平章政事、大理路总管军民宣慰使、世袭都元帅段功及其妻阿礻盖，并其从官员外杨渊海。

《滇云历年传》卷五

至正二十六年（1366 年）

鹤庆府知事杨升请梁王与段氏议和息兵，梁王从之。

《滇云历年传》卷五

梁王信谗，灭段族几尽，梁、段二国因此失好，年年构兵。鹤庆知事杨升解改和，二国自滇海入金碧庙分界，南属梁王，北属段，二国息兵，人民感德。

《南诏野史会证》

至正二十七年（1367 年）

宗室把匝剌瓦尔密自立为梁王，改元宣光，称制，封拜官属。是年复科举，以收人心。

《滇云历年传》卷五

第二篇　明代云南蒙古族史料

洪武元年（1368 年）

故元梁王承制授左丞段宝爵武定公。

《滇云历年传》卷六

段宝通好梁王，至善阐时，有舍兴自元江入寇，段宝迎击，败之，又破石多罗于海口。梁王深德之，遂承制拜爵武定公。

《南诏野史会证》

洪武八年（1375 年）

九月，诏遣湖广行省参政吴云复谕梁王。王杀之于道。

《滇云历年传》卷六

洪武十四年（1381 年）

段明死，其叔段世权国事。九月，命颍川侯傅友德为征南将军，永昌侯蓝玉、西平侯沐英为副将军，帅诸路师征云南。冬十二月，傅友德等师至普安，攻下之。遂进平曲靖，获其平章达里麻。征南副将军蓝玉、沐英师次板桥，故元梁王把匝剌瓦尔密率其妃属及其亲信臣驴儿达德俱赴滇池死。右丞观音保以城降，云南平。沐氏趋乌撒，以兵会傅友德，破右丞实卜，遂城乌撒。得七星关，通毕节，至可渡河。东川、乌蒙、芒部诸蛮皆降。

《滇云历年传》卷六

洪武十四年（1381 年）

秋九月壬午，命颍川侯傅友德为征南将军，永昌侯蓝玉，西平侯沐英为副将军，帅师征云南。

《明史纪事本末·太祖平滇》卷一二

十二月辛酉，元梁王把匝剌瓦尔密闻明师下普定，遣司徒平章达里麻将精兵十余万，屯曲靖以拒我师。

《明史纪事本末·太祖平滇》卷一二

丙寅，未至曲靖数里，忽大雾四塞。冲雾而行，阻水，则已临白石江矣。倾之，雾霁，达里麻望见，大惊，仓皇失措。

《明史纪事本末·太祖平滇》卷一二

十二月戊辰，傅友德大败元兵于白石江，遂下曲靖。壬申，元梁王把匝剌瓦尔密走普（晋）宁自杀。

《明史·太祖二》卷二

十二月庚午，故元梁王把匝剌瓦尔密闻达里麻兵败被擒，度不能支，乃与其左丞达的及参政金驴遁入罗佐山……壬申，既入罗佐山，其右丞驴儿自曲靖驰归谓曰："事急矣，将奈何？"于是把匝剌瓦尔密挈妻孥与左丞达的及驴儿俱入普（晋）宁州忽纳砦，焚其龙衣，驱妻子赴滇池死。把匝剌瓦尔密遂与达的、驴儿夜入草舍中，俱自缢死。

《明实录·太祖实录》卷一四〇

梁王闻之，弃去南走，沉滇海死。

《罪惟录列传·沐英传》

王知事不可为，走晋宁州之忽纳砦，焚其龙衣，驱妻子赴滇池死。遂与左丞达的、右丞驴儿夜入草舍，俱自尽。

《明史·把匝剌瓦尔密》卷一二四

十二月癸酉，蓝玉、沐英等师至云南之板桥，元右丞观音保出降。

《明史纪事本末·太祖平滇》卷一二

癸酉，明日，驻兵金马山，故梁王阉监也先帖木尔以金宝来献，诸父老焚香出迎。

《明史纪事本末·太祖平滇》卷一二

十二月戊寅，宣德侯金朝兴兵至江川，故元右丞五补台降。

《明实录·太祖实录》卷一四〇

十二月庚辰，友德令诸军筑城，版锸方具，蛮寇复大集，友德屯兵山岗，持重以待之……我军既陈，有芒部土酋率众援之，实卜合势迎战，我军鼓噪趋之，战十余合，其酋长多槊坠马死，我军势益奋，蛮众力不能支，大溃，斩首三千级，获马六百匹。实卜率余众遁。

《明实录·太祖实录》卷一四〇

洪武十五年（1382 年）

正月，中庆、武定、澂江三路，嵩明、晋宁、昆阳、安宁、新兴、路南、建水七州，昆明、富民、宜良、南甸、河阳、阳宗六县达鲁花赤、札麻等官，皆诣蓝玉、沐英营降。傅友德留兵守御乌撒、乌蒙等处，会师中庆，分兵徇临安、澂江等处，皆下之，降其平章阔阔乃马。闰二月，诏置云南布政使司、都司及各州县。三月，更定云南所属州县。傅友德遣使，以故元梁王家属及威顺之子伯伯等二千一百一十八人送京师。傅友德率师驻威楚，谕段世降，不从。遂进攻大理，克之，擒段世及段宝二孙苴仁、苴义。傅友德分兵取鹤庆，略丽江，收三营寨，破石门关，又略金齿等处，又略建昌。故元平章月鲁帖木儿降，云南悉平。四月，乌蒙、乌撒、东川、芒部等处复叛，傅友德会沐英讨之。七月，沐英自大理还师，会剿乌蒙等处叛夷，平之。以乌撒、乌蒙、芒部三府隶四川。五色云见于永昌太保山，经宿不散。故元右丞普颜笃复叛，据大理佛光寨。金齿土酋高大惠并元也先虎都构麓川入寇。明年，俱讨平之。八月，广通产嘉禾。九月，土酋杨苴叛，围云南城。沐英自乌撒移兵讨平之。

《滇云历年传》卷六

春正月辛巳朔，元威楚路平章阎乃马歹、参政列车不花等诣曹震营降。

《明史纪事本末·太祖平滇》卷一二

正月壬午，元曲靖宣慰司、行省枢密院同知怯列该、副慰高仁、廉访司副使李罗海千及中庆、武定、澂江三路，嵩盟、晋宁、昆阳、安宁、新兴、路南、建水七州，昆明、富民、宜良、南甸、河阳、阳宗六县达鲁花赤、札麻等官，皆诣蓝玉、沐英营降。

《明史纪事本末·太祖平滇》卷一二

三月庚戌朔，征南左副将军永昌侯蓝玉等遣兵攻三营万户寨，拔之，获伪参政宝山帖木儿等六十七人。

《明实录·太祖实录》卷一四三

三月，傅友德遣使以故元威顺王之子伯伯及梁王家属三百一十八人送京师。

《明史纪事本末·太祖平滇》卷一二

四月甲申，迁元梁王把匝剌瓦尔密及威顺王子伯伯等家属于耽罗（今韩国济州岛）。

《明史·太祖本纪》卷三

洪武十六年（1383 年）

五月丁巳，云南普舍县伪右丞燕海雅谋作乱，土民章不花执之，送于官。命枭其首于县境。

《明实录·太祖实录》卷一五四

春二月，傅友德等遣人送故元云南右丞观音保、参政车里不花及渠长段世等一百六十人至京，各赐其家衣服，以观音保为金齿指挥使，赐姓名李观。

《明史纪事本末·太祖平滇》卷一二

洪武十七年（1384 年）

三月甲寅，故元云南枢密院判田桑哥失里等来降。

《明实录·太祖实录》卷一六〇

四月甲申，故元大王搠思监等自云南来降，命居于庐州。

《明实录·太祖实录》卷一六一

五月甲辰，命故元梁王司马脱脱不花等七家居通州。

《明实录·太祖实录》卷一六二

洪武二十年（1387 年）

九月戊寅朔，故元降将纳哈出及诸王哥列沙、国公观童及故官帖木儿不花等至京。其所部官属，悉赐衣服、冠带有差，第其高下，授以指挥、千、百户，俾，各食其禄而不任事，分隶云南、两广、福建各都司以处之。

《明实录·太祖实录》卷一八五

洪武二十一年（1388 年）

正月戊寅，兵部侍郎沈溍奏："曩因各卫军士逃亡，累给勘合凡一千四百三十二道，今十二布政使司及直隶府州追逮官吏玩法，俱无回报，是致军伍久阙，又或鬻放正名，以族属同姓者发补，以逭其责。今各官朝觐京师，乞下吏诘问。"上命姑宥之，惟榜于治所，以速其报。赐西宁卫指挥杨政、凉州卫指挥张文杰、庄德白金各二百两、文绮十二匹、钞百锭。召前诸城知县陈允恭于云南。上谕吏部臣曰："为国以任人为本，作奸者不以小才而贷之，果贤者不以小疵而弃之，奸者必惩，庶不废法宥过而用则无弃人。陈允恭前任诸城，以簿书之过，谪戍云南，比有言其治县时能爱民，夫长民者能爱民，虽有过可用也。"于是召允恭还，复其官。甲戌，故元四大王来降。初，四大王遁入岢岚山，往来劫掠为寇，官军屡捕之不获。上以其穷寇，急之则胁从者惧罪，连结之志坚，缓之则彼各有父母妻子，一旦思其乡土，有反本之心，当自溃散。于是诏罢兵，但令山西诸处严加备御，已而其党与逃散，四大王势孤穷蹙，至是诣晋王府降，遣人送京师。上以其元之子孙，闵而宥之，且厚赐与，命随西平侯沐英戍守云南。

《明实录·太祖实录》卷一八八

万历十一年（1583 年）

杨起南中癸卯科文举第一，与同乡张绳臬同榜中举，乡人在路南城南街建双凤坊以纪念。

《云南蒙古族文化史》

万历三十二年（1604 年）

朝廷赠予他经冠为“武略将军”。

《路良他氏家族源流》

崇祯九年（1636 年）

四月二十一日，沙贼临城，火调鼎奋勇争先，阵亡。

《西畴县部分伙姓蒙古族家谱》

明代云南蒙古族为官人员

杨波日（元右丞不花颜之裔），明代楚场巡检司土官。

《天启滇志·土司官氏》卷三〇

杨以成，云南路南人。万历中，由贡生授贵阳通判，理毕节卫事。秩满，进同知，仍治毕节。邦彦围贵阳，以成具蜡书乞援于云南巡抚沈儆炌。书发而贼已至，战却之。贼来益众，以成遣吏怀印间道趋省，身督吏民拒守。会援兵至，贼方夜逃，而卫吏阮世爵为内应，城遂陷。以成仓皇投缳，贼絷之去。乃为书述贼中情形，置竹筒中，遣弟以恭赴云南告变，至散纳溪，贼搜得其书，并以成杀之，家属死者十三人。赠按察佥事，赐葬。

《明史·忠义列传》卷二九〇

杨兴南，杨以成公第三子，明代天启元年（1621 年）举人，官浙江汤溪县令。

民国马标、杨忠润撰《路南县志·杨公忠节录》（1917 年铅印本）

火都帖木儿，洪武十四年（1381 年），摄守宁安卫。洪武十五年（1382

年）调任通海守御，洪武十九年（1386 年）内任本卫前所世袭百户职事，洪武二十三年 (1390 年) 七月……授校尉管军千户。

三世祖火昱……景泰五年（1454 年）九月征调贵州草塘有功……至七年（1456 年）正月升任世袭千户职事。

五世祖火恩世袭千户，又因调征广西有功，升本卫世袭指挥。

火恩之弟火盛奉调征安南长官司叛贼那代有，因功升任本卫世袭正千户职。

火调鼎，明崇祯九年四月二十一日，沙贼临城，火调鼎（不知其为何职）奋勇争先，阵亡。

《西畴县部分伙姓蒙古族人家谱》

旃兆龙，由思贡任昆阳州学正。

〔清〕董枢修撰《河西县志·选举》卷三

第三篇　清代云南蒙古族史料

康熙二十四年（1685 年）

允宪臣、徐元文请以沐氏勋庄还民。康熙三十七年（1698 年），巡抚石文晟上疏要求减赋。清朝才确定废除屯田，把屯田并入所在州县民田。今兴蒙乡所在区域被沐庄割去田亩才归还各户耕种。

《兴蒙蒙古族乡志·大事记》

乾隆三年（1738 年）

河西久雨，普应溪发大水，冲进河西县城。三渔村（今兴蒙乡）派民工 200 余人参加护城，堵住决口，确保了县城安全。

《兴蒙蒙古族乡志·大事记》

乾隆九年（1744 年）

蒙古族群众百余人在普万成、普万常的率领下到县衙说理斗争，迫使县令免除了不合理的徭役和苛派，并在河西县衙门口立“永革三渔村草料碑”。

《通海县少数民族志·大事记》

杨天恩，字甘雨，路南人。乾隆乙丑进士，授户部主事。改官河南长葛县。清廉谨慎。洗除衙中积弊。亲族至，则给资居省城，不令至任所。天恩为杨以成玄孙，虽忠节食报，源远流长，而世世子孙服官，治家立身行己，堪为乡里表率，其久而弗替也，宜矣！

《新纂云南通志·名贤传一》卷二〇三

嘉庆七年（1802 年）

杨石渠，嘉庆七年壬戌科进士，赐检讨衔翰林院翰林。

《路南杨氏家乘序》

嘉庆十八年（1813 年）

嘉庆十八年至光绪八年（1813—1882 年），云南府官员为解决钱姓越界侵占下渔村海田一案，捐银肆佰两，将田赎还下村。村民们为了感谢捐款官吏，于清光绪二十九年（1903 年）立了《以垂永久碑》。

《兴蒙蒙古族乡志·大事记》

光绪十八年（1892 年）

光绪十八年至二十年（1892—1894 年），连续三年大雨。兴蒙的下村、交椅湾部分民宅进水，桃家嘴水深一米左右，村民纷纷投靠亲友以避水患。

《兴蒙蒙古族乡志·大事记》

光绪二十二年（1896 年）

安宁县街乡雁塔、礼仪二村重建马氏宗祠。

《云南蒙古族文化史》

光绪三十一年（1905 年）

光绪三十一年至三十三年（1905—1907 年），连续三年干旱，杞麓湖水下降一丈多。兴蒙乡蒙古族同胞改种的玉米、苦荞仍然枯死。全乡外出逃难者无数。

《兴蒙蒙古族乡志·大事记》

第四篇　民国时期云南蒙古族大事记

1922 年

以张炽为首组织“路南旅省学生清算团”到堡子村清算斗争劣绅，并在板桥、县城公开演讲，散发传单，揭发土豪劣绅的罪行。

《路南彝族自治县志》

1927 年

土匪吴学显、皮宗和、蒋世英窜入三渔村，杀害了组织抵抗的杨发友、期汝升等 20 多名青壮年，将男子（含男童）700 余人抓走作人质，并将财物洗劫一空。全乡出卖近千亩良田，赎回五百多人，其余两百人无力救赎被折磨致死或在逃跑中被打死。

《通海县少数民族志·大事记》

1 月，中共云南特别支部委派张炽等到路南工作，6 月成立“云南省妇女解放协会路南分会”。

《通海县少数民族志·大事记》

1933 年

4 月 1 日，张炽在南京雨花台被国民党反动派害死。

《兴蒙蒙古族乡志》

1936 年

9 月，河西县仙岩乡下渔村（今兴蒙乡），发生霍乱，死亡 200 多人。

《兴蒙蒙古族乡志·大事记》

1939 年

在白阁村，创办了国民初级小学，设一至四年级 4 个班；1941 年发展为完全小学。后学校扩大起名为仙岩乡中心小学。

《通海县少数民族志》

1942 年

1942—1944 年，河西连续三年干旱，所有田垄赤土一片，兴蒙人外出打工逃荒者数百人。

《兴蒙蒙古族乡志·大事记》

1943 年

正月十六，伍德仁夫妇（蒙古族）在开远县城西门武庙举行的第一次集体婚礼，县长为其证婚，一时传为佳话。

《旧社会举办的两次集团婚礼》，《开远文史资料选辑》第五辑

1945 年

立秋后，河西县 20 余天内无时不雨，四面山洪及境内河流水量大增，兴蒙乡境内被淹稻田一千余亩。

《兴蒙蒙古族乡志·大事记》

1946 年

是年冬天的一个夜晚，仙岩乡乡长师泰权，带着乡保丁数人到中村（今兴蒙乡中村）抓兵，趁机勒索，逼得村民奋勇反抗。将乡保长、乡保丁打得狼狈而逃。

《兴蒙蒙古族乡志·大事记》

1949 年

二月，在中共河西地下党组织的帮助下，赵汝义、普家林、赵宗海等 10 多名蒙古族青年，志愿参加了中国人民解放军滇桂黔边区纵队九支队。为和平解放仙岩乡、河西城做出了贡献。

《兴蒙蒙古族乡志·大事记》

民国时期云南蒙古族杰出人物

华秀升

华秀升（1895—1954 年），名时杰，蒙古族，云南省通海县城兴家巷人。幼年读私塾，光绪三十四年（1908 年）到北京进入云南会馆内办的滇学堂学习，后以优异成绩考入清华学堂。在校 8 年，每天黎明就在校园背诵英语课文，与同学交谈也用英语。辛亥革命后，他受新思想新文化熏陶，积极进取。他喜好运动，

每天清晨练习跑步，是清华1917年百码赛跑中超潘文炳10.24秒成绩的短跑健将，也是民国初年全国的最好成绩，直到1926年无人打破。在1919年的“五四”运动中参加爱国示威游行，被捕入狱，经蔡元培等交涉得释。同年毕业于清华，被保送美国进入密苏里大学。1921年毕业，取得文学学士学位。在密苏里大学，他被选入学校足球队，踢右边锋。他也喜爱打网球。后又考入佛罗里达大学研究生院，主修政治和历史，1922年毕业，获硕士学位。硕士论文《政权分立及其在美国的应用》得到好评。同年，又考入哥伦比亚大学商学院攻读经济学博士学位。1924年，因祖父去世，回国奔丧，受聘东陆大学教授、文科主任，兼任高等师范学校校长和美术学校校长。1928年任东陆大学副校长，继代理校长。对学校体制作了若干改革：取消学校训育部，只设学监管理学生生活纪律；积极倡导不同学术思想的自由争鸣，活跃学校的民主气氛；由学生组织自治会，自由选举自治会主席；实行学分制，严格考核学生的学业成绩；建构体育设施，加强学生体育锻炼，提高学生身体素质。又亲到京、沪延请名师来校任教，深受各界赞誉。

1931年，日本帝国主义者侵占我国东北的消息传来，华秀升领导师生于当年10月宣布恢复成立曾在1928年因抗议日本出兵山东而组织的救国会，在东陆大学组织义勇军，实行军事训练，把即将出版的校刊《东大月刊》改为《东大特刊·抗日专号》，亲自动手写刊头语，阐明出专刊是动员大家“拿笔杆子来尽我们当国民的义务”。

1933年，华秀升被龙云任命为省审计处处长，后又任会计处处长，推行新的审计会计制度。抗日战争时期，他常到西南联大邀请一些知名学者到机关做国际时事报告和有关抗日及民主的演讲，激励大家的爱国救亡热忱。他与闻一多、李公朴等教授交往密切，“李闻惨案”后，他曾对两家家属慰问资助。1946年任省财政厅厅长，对学生运动十分同情，1948年国民党中统密电缉办在财政厅供职的中共地下党员李绍基、张亚民，他得知后，暗中派人通知二人迅速离开昆明，使其免遭毒手。昆明解放前夕，有人劝他出国。他毅然留在昆明、协助卢汉起义。中华人民共和国成立后，他热爱新中国，拥护共产党。1954年因病逝世。

云南省地方志编纂委员会办公室人物志编辑组编撰：《云南省志·人物志》卷八〇，昆明：云南人民出版社，2002年。

他从慈

他从慈，男，云南省陆良县马街镇庄上人，1913 年生，小时候因家境贫寒未能上学，在家放牧牛马，成年后务农。抗日战争期间为了逃避国民党抓兵，曾到个旧锡矿当矿工，因受不了残酷剥削而愤然归故里。他秉性刚直，不畏权势，路见不平即奋力相助，在地方上有一定的号召力。

1947 年参加“四抗”联防队，被推选任中队长，1948 年在庄上等地开展革命活动、扩大武装。3 月，泸西旧城暴动失败，国民党调集周边各县军队对路南圭山、弥勒西山等地的革命力量进行围剿，根据省工委的指示和陆良地下党的安排，为了牵制陆良的国民党五七七团，他从慈每天晚上组织武装在陆良县城南鸣枪骚扰，造成游击队要攻城的态势，使敌人不敢贸然抽调兵力去镇压圭山、西山的革命力量。同年 6 月，率队随杨体元转战西山等地，参加攻打邱北城的战斗后回师陆良。随着人员增多，陆良党组织决定成立“南区游击大队”，他从慈担任大队长，派他从书、梅含珍、何汉珍等党员到该大队工作。该部在陆良、宜良、路南、泸西等县边界坚持游击战争，在庄上沿公路破坏敌人交通。

在近三年的游击战争中，他从慈率部多次与敌五七七团和金亮臣的“防共义勇大队”作战，1949 年 6 月在马街参加反击国民党进攻的战斗，打死敌军多人，该队牺牲战士 6 人。7 月，金亮臣部在庄上抢收街捐，他从慈率部伏击，打死中队长陈学文等 18 人。8 月，率队配合三支队参加召夸战斗。10 月，在龙海山区磨黑整编后，编入二支队护二团一营三连直到陆良解放。他从慈作战勇敢，革命意志坚定。1950 年调陆良县城建设委员会工作，1951 年被错杀，时年 38 岁。党的十一届三中全会后得到平反昭雪。

云南民间家族志谱调查整理工作办公室，陆良庄上他氏家族志谱编委会合编：《陆良庄上他氏家族志谱》，2006 年。

他从林

他从林（1913—1976 年），男，云南省陆良县马街镇庄上村人。1945 年至 1947 年在昆明警察六分局任局长；1948 年经他从慈介绍参加边纵，担任他从慈秘书；1950 年和他从慈一起调陆良县城建仓委员会工作；次年他从慈被错杀，他从林被错误判刑20年。

云南民间家族志谱调查整理工作办公室，陆良庄上他氏家族志谱编委会合编：《陆良庄上他氏家族志谱》，2006年。

他从书

他从书（1926—2005年），陆良县马街镇庄上村人。中学文化，中共党员。青年投身革命，1947年受中共地下党组织派遣，参与组织陆良“南区游击大队”。后来该大队编入边纵二支队护二团一营三连。开展武装斗争，多次与敌作战，表现英勇，为云南陆良的解放做出贡献。

云南民间家族志谱调查整理工作办公室，陆良庄上他氏家族志谱编委会合编：《陆良庄上他氏家族志谱》，2006年。

张炽

张炽（1898—1933年），出生于云南省路南县（今石林县）路美邑乡堡子村。1912年，在昆明读省立一中时就积极参加了昆明学生声援北京反帝反封建的“五四运动”的爱国斗争。1924年，张炽考入北平民国大学。同年加入了中国共产党，并担任“中共民国大学支部”及“中共北京地委两部委员会”的领导。1925年5月，震惊中外的“五卅惨案”发生。在党的领导下，张炽等人组织群众、学生上街举行反帝及反对北洋军阀段祺瑞政府反动统治的示威游行斗争。张炽任指挥，走在队伍的前头，反动政府竟然开枪镇压请愿群众。张炽腹部受伤，仍鼓励战友们坚持斗争。

1927年8月1日，张炽参加了中国共产党组织和领导的“八一”南昌起义。10月，到上海党中央秘书处工作。往来于北京、南京、天津、沈阳、南昌、武汉等地做巡视工作。此项工作极危险、困难。为了完成党交给的任务，他曾担任过教师、码头工人、茶房等来作为掩护。

1930年，“五一”劳动节时，张炽在上海与工人集会时被捕。任凭特务严刑毒打，均未暴露身份，并想尽办法与组织联系。他被从上海转到南京军人监狱服苦役，在狱中团结难友，宣传革命真理。由于叛徒出卖，身份暴露。于1933

年4月1日清晨，在南京雨花台被杀害。

云南省地方志编纂委员会办公室人物志编辑组编撰：《云南省志·人物志》卷八〇，昆明：云南人民出版社，2002年。

旃桂馥

旃桂馥烈士（1925—1948年），女，文山县人，蒙古族。为反对封建包办婚姻，1945年9月，她逃到昆明。同年考入云南大学先修班（翌年转为正式生）。此时正值抗日战争胜利，全国人民反内战斗争风起云涌之时，充满正义感的旃桂馥受到革命潮流及进步学生的影响，参加了反对国民党撕毁协议大举进攻解放区、反内战的"一二·一"爱国学生运动。此次运动遭到国民党军警、特务破坏，酿成惨案，由此，全国掀起了更广泛的反内战运动。旃桂馥在这些运动中得到锻炼和启发，之后她加入了云南大学的进步社团，积极开展活动，揭露国民党政府压迫劳苦大众、屠杀青年学生的罪行。1947年，旃桂馥参加"云南民主青年同盟"（属地下党的外围组织）。1948年，当选云大学生自治会学术干事，常利用业余时间给云大工警人员上课，并自编教材，内容多为反内战、反饥饿、反迫害等，深得工警人员的热爱。1948年，旃桂馥与同学们一起参加"七一五"反美扶日运动，后被捕入狱，在狱中仍坚持斗争。由于监狱中人满为患、环境恶劣，她不幸染上肝炎，当局不准保外就医，病情日益恶化。狱中难友群情激愤，迫使当局准予旃桂馥保外就医。但为时已晚。出狱3天后她就与世长辞了，为追求真理献出了年轻的生命。

马世雯：《云南蒙古族文化史》，昆明：云南民族出版社，2000年。

李曰垓

李曰垓，字子畅，蒙古族，1881年3月4日生于云南省腾冲和顺乡水碓村。少时聪明、好学，颇有文采，喜作诗文。1903年李曰垓考入云南高等学堂，1905年，被推荐为云南公费生，进入京师大学堂习文科，1908年毕业，授举人。1909年，李曰垓奉委为总理永顺普镇沿边学务中书科中书。返乡期间，由李德贤介绍加入同盟会。他在滇西筹办学务的同时，联络各地爱国人士组织秘密活动，宣传反清爱国思想，为辛亥反清起义作了准备。辛亥革命爆发后，李曰垓与罗佩金等密议，策动滇南起义，并迅速取得了胜利。云南军政府成立以后，李曰垓任军政部次长。1913 年，先后任云南民政公署秘书长、云南民政司司长兼司法司司长。1914 年，任云南垦务总办。1915 年，护国运动爆发后，任护国军第一军秘书长。从辛亥到护国时期，是李曰垓一生事业最活跃的时期，也是贡献最大的时期。

由于与唐继尧政见不合，李曰垓流寓香港近七年之久。1923 年 3 月，孙中山任命李曰垓为驻港代表，筹备联络西南各省地方势力。1927 年，唐继尧垮台之后，李曰垓返回昆明养病。1930 年被任命为腾冲第一殖边督办。1942 年 5 月，腾冲沦陷，李曰垓以云贵监察的身份，不顾年迈上前线督战杀敌。时逢国土沦丧，李曰垓忧劳成疾，于 1944 年 3 月 7 日病逝，享年 63 岁。

云南省地方志编纂委员会办公室人物志编辑组编撰：《云南省志·人物志》卷八〇，昆明：云南人民出版社，2002 年。

艾思奇

1910 年 3 月 2 日，艾思奇出生于云南省腾冲县和顺乡水碓村，蒙古族。艾思奇原名李生萱，祖父叫李德润，字泽之，是一位成功的商人。艾思奇 2 岁时随父母迁居昆明，1923 年，由于父亲李曰垓受到排挤，全家人被迫迁到香港。1925 年，艾思奇回到昆明，考入云南省立第一中学直接插班读二年级。当时的云南省立一中是云南学生运动的策源地之一。就是在这时，他开始接触马克思主义思想。“三一八”惨案后，昆明学生声援抗议运动达到高潮，反动当局镇压学生运动，艾思奇被列入黑名单，军阀唐继尧下令逮捕。艾思奇的妹妹趁特务搜查的时候，偷偷溜到街口给艾思奇报信，就这样艾思奇转移到父亲的学生李沛阶家里的阁楼上避难。后来，乔装成一个英国牧师的家庭教师，于 1926 年底逃到苏州父亲身边。1927 年，艾思奇又从苏州前往南京。由于受到大哥李生庄的牵连，被军警抓进监狱。后被保释出狱，回到苏州父亲的身边。

“九一八”事变前，艾思奇只是把哲学作为一种爱好，他真正的理想是工业救国，“九一八”事变后不久，他的这一思想才彻底破灭。1933 年，“上海反帝大同盟”负责人杜国库发现艾思奇思想活跃，而且有较好的理论基础，就与当时“中国社会科学家联盟”的领导人许涤新商量，将艾思奇调到“社联”工作，使他有充分的时间作理论研究与宣传工作。之后不久，24 岁的艾思奇加入《申报》

担任编辑。艾思奇开始为《读书生活》每一期写一篇哲学讲话，结集出版后书名被定为《哲学讲话》，再版时更名为《大众哲学》。1935 年 10 月，艾思奇在周扬、周立波两位同志的介绍下，加入了中国共产党。1937 年 10 月奔赴延安。当毛泽东得知艾思奇来到延安时，高兴地对身边的人说："噢，搞《大众哲学》的艾思奇来了！"

延安时期的艾思奇担任过抗日军政大学、陕北公学教员和延安马列学院教员兼哲学研究室主任。艾思奇十分敬仰毛泽东，非常佩服毛泽东的伟大气概、胆略和渊博的学问。他把毛泽东语录的摘录及给他的信看得弥足珍贵，一直珍藏在身边。这份手稿除身边工作的少数同志外，从未轻易示人，其间又经历了"文化大革命"，在 40 多年后仍然幸存。1979 年，艾思奇的《哲学与生活》一书重印时，书中收录了两封毛泽东的信及摘录文章。

1938 年 9 月，毛泽东提议成立延安"新哲学会"，艾思奇、何思敬、周扬等人联名在《解放》周刊第 53 期上发表了《新哲学会缘起》。艾思奇在这以后又担任了中央宣传部文化工作委员会秘书长等多种职务 。艾思奇爱好文艺，特别喜欢海涅的诗，利用业余时间，翻译出版了海涅的《德国，一个冬天的童话》。

毛泽东的著作《新民主主义论》，就是由艾思奇任主编，于 1940 年在延安发表。此间，艾思奇还发表了《论中国的特殊性》《抗战以来几种重要哲学思想的评述》等重要文章。 延安整风开始时，毛泽东作了《整顿党的作风》和《反对党八股》等报告，召集艾思奇等十多人开会，提出编辑《马克思、恩格斯、列宁、斯大林思想方法论》，由艾思奇任主编。1945 年，艾思奇出席了中国共产党的第七次全国代表大会，次年任《解放日报》总编。

中华人民共和国成立后，艾思奇历任中共中央党校哲学教研室主任、副校长，中国哲学学会副会长，中国科学院哲学社会科学部委员，中国共产党第七、第八次全国代表大会代表，中华人民共和国第一、二、三届全国人民代表大会代表。1966 年 3 月在北京逝世。

云南省地方志编纂委员会办公室人物志编辑组编撰：《云南省志·人物志》卷八〇，昆明：云南人民出版社，2002 年。

杨一波

杨一波为元朝武德将军普鲁海牙之十八代孙。其早年参加革命，1924 年，在北京法政大学上学时加入了中国共产党，曾受党委派，到山西省工矿、学校开展工人运动和学生运动，1927 年，受组织委派到苏联学习。1930 年回国后，曾在云南、北京做党务工作，后在徐州等地教书。

1937 年，抗日战争爆发，杨一波回到昆明，任家乡路南（现石林县）县立中学校长兼县教育局局长。当时的路南县立中学聚集了一批地下党员和思想进步的青年教师，而云南党组织也拟将此地建为地下党的一个据点。学校民主、进步、向上的风气引起了当时反动县长许良安的关注，而时任校长的杨一波是其眼中钉。

许良安是贪官，在路南横征暴敛，乱抓壮丁，鱼肉人民，百姓苦不堪言。身为县教育局局长的杨一波，从不参加由许良安召集的会议，并说“汉贼不两立”，表明其对贪官的态度，1943 年 11 月 23 日，许良安派人到路南县立中学强行抓壮丁，以查“赤色分子”之名，借机搜查教师宿舍，抓走教师，殴打学生，引起师生与县政警队冲突，路南人民群情激奋。事件发生后，杨一波联合县政府各局长及全县 13 个乡镇镇长向云南省政府控告许良安，在《云南日报》上揭露许良安贪赃枉法、陷害无辜、乱抓教师、殴打学生的丑行，还在路南邀请各界人士公审许良安，在临时法庭上历数其种种劣迹。

由于有各界人士及全县人民支持，经过数月斗争，许良安逃跑，斗争取得胜利。至今，为贪官许良安所立的“遗臭碑”仍置于石林县文化馆内，成为历史的见证。

杨一波等人领导的“倒许运动”，打击了邪恶势力，为路南的民主运动和造就一代青年打下了坚实的基础，被闻一多先生誉为路南（今石林县）的“小五四运动”。

云南省地方志编纂委员会办公室人物志编辑组编撰：《云南省志·人物志》卷八〇，昆明：云南人民出版社，2002 年。

马云松

马云松，云南省安宁县人。民国元年（1912 年），饱读诗书的雁塔村儒学生员马云松先生因清末“废科举、兴学堂”，被聘请到安宁县“昆阳五村”执教。

该处一向被视为“不毛之地”，条件较差，而且教室位于石头山上，学生连活动的场地都没有。初时，暂用木刻本四书、五经为教材。1914 年改旧学制为新学制，课程有国文、算术、美术、音乐、体育、修身等 6 门，学生由 30 人增至 50 余人，又迁入了新校舍，从三年级起又开设了农村应用文和常识两门功课。至 1917 年有 20 多名学生毕业。看到穷人的孩子入学读书成为了现实，村民们对学校寄予了很大的希望，学生再次增加到 70 余人。全校 4 个年级 (复式班) 的课程全由马云松老师一人任教。

他常年一人住在学校，晚上认真批改作业、备课。五村距家只有几公里路，他也难得回家一趟。他对山区艰苦生活毫无怨言，全身心扑在教学上。马老师难能可贵之处是在课外还强调素质教育，提倡课外活动。他在课外带领学生在校内种植花草、美化环境，在学校门前辟出一块操场，让学生运动健身。在旧时偏僻山村是少有的。

马老师 20 余年在五村小学辛勤耕耘，为五村先后培养了 200 余名学生，他们有的毕业后又继续深造，有的在本村成为了有文化的秀才。后马老师调云龙镇中心小学任校长，五村父老乡亲送他一块匾，上书“治学有方”，以感谢他对五村培养人才、教书育人所做出的贡献。当时的云南省教育厅长龚自知先生也曾赠匾予马老师，以表彰他，可惜此匾后被毁。蒙古族后裔马云松老师虽已过世，但至今五村等处人们仍在怀念他。

马世雯：《云南蒙古族文化史》，昆明：云南民族出版社，2000 年。

第五篇　中华人民共和国时期云南蒙古族大事记

1949 年 12 月 6 日，中国人民解放军滇桂黔边区纵队九支队四十一团进入兴蒙时，兴蒙百余名中老年人，在村口欢迎解放军入村。

《兴蒙蒙古族乡志·大事记》

1951 年，河西县人民政府报省人民政府批准，成立“新蒙蒙古族自治乡”。

《兴蒙蒙古族乡志 · 大事记》

1951 年 6 月，朝鲜战争爆发后，新蒙乡人民在乡政府的号召下，家家订立了爱国公约，全乡捐献了稻谷 30 多万斤，20 多名青年报名赴朝参战。

《兴蒙蒙古族乡志 · 大事记》

1954 年 11 月，召开了新蒙乡一届二次各族各界代表会议，把新蒙蒙古族乡改成了下渔蒙古族乡。

《兴蒙蒙古族乡志 · 大事记》

1956 年 11 月，蒙古人民共和国历史学专家那楚克 · 道尔吉到新蒙乡考察，为南北蒙古族架起了“连心桥”。

《兴蒙蒙古族乡志 · 大事记》

1957 年 8 月，受内蒙古自治区政府的邀请，新蒙乡派遣王进乔参加内蒙古自治区成立 10 周年庆祝活动，受到内蒙古同胞的热情款待。

《兴蒙蒙古族乡志 · 大事记》

1963 年，兴蒙乡建立了合作医疗。

《云南蒙古族文化史》

1965 年，大电网的电送到通海以后，1966 年初至 1967 年，先后兴建了五座电力抽水站。从此，新蒙乡人结束了木水车车水灌溉的历史。

《兴蒙蒙古族乡志 · 大事记》

1967 年初，在外地红卫兵“大串联”的影响下，元代建在下村古城三教寺前的精致石币库被毁。

《兴蒙蒙古族乡志 · 大事记》

1970 年 1 月 5 日，发生了峨山、通海、曲江之间的 7.7 级大地震，新蒙乡内震倒房屋 3038 间，10 人死亡，18 人重伤，68 人轻伤。

《兴蒙蒙古族乡志·大事记》

1975 年，县农机公司将桃家嘴列为农业机械化的试验示范村。机械应用于农田作业，大大解放了劳动力，提高了工作效率。

《兴蒙蒙古族乡志·大事记》

1975 年冬，云南省社会科学院杜玉亭教授，深入到新蒙乡进行了考察。撰写了《云南蒙古族简史》。于 1979 年由云南人民出版社正式出版发行。该书的出版发行，在云南及内蒙古等地产生了积极的影响。

《兴蒙蒙古族乡志·大事记》

1976 年 5 月，内蒙古自治区蒙语文调查组丹碧、哈西、林色、朝格图四位教授，在新蒙乡进行了考察论证，写成《云南蒙古族》专辑，用蒙、汉两种文字在内蒙古出版发行，进一步扩大了新蒙蒙古族的知名度。

《兴蒙蒙古族乡志·大事记》

1977 年 8 月，内蒙古自治区成立 30 周年大庆时，受自治区政府的邀请，王立才参加了以陈锡联（副总理）为团长，乌兰夫（副委员长）、张冲（云南省革命委员会副主任）为副团长的中央代表团，到内蒙古进行为期一个月的庆祝活动。

《兴蒙蒙古族乡志·大事记》

1979 年 3 月，通海县人民法院复查审理了兴蒙 1957 年 11 月的“反革命骚乱”案，对王福禄等 14 名当事人宣告无罪，被关押的受害者及其家属做了妥善安排。为参加签名盖章受到株连的 820 名群众恢复名誉。

《兴蒙蒙古族乡志·大事记》

1979 年 4 月 27 日，内蒙古自治区艺术团一行 43 人，在玛拉沁夫的带领下，来到云南，专程到兴蒙大队慰问演出。全县的各族人民一万余人观看了演出。杞麓湖畔的各族人民第一次享受了北疆大草原艺术的魅力。

《兴蒙蒙古族乡志·大事记》

1980 年，在省、地民委的扶持下，投资 40 余万元，架设水管 30 余千米，把交椅湾龙潭的泉水送到各自然村。兴蒙乡蒙古族同胞结束了祖祖辈辈饮用大沟水的历史。

《兴蒙蒙古族乡志·大事记》

1980 年 9 月，兴蒙大队蒙古族女青年奎雁（《云南蒙古族文化史》中为奎燕）和路南大队彝族女青年普华芬，受云南省选派，参加了由国家民委、文化部联合主办的全国少数民族文艺调演，在北京登台演出。

《兴蒙蒙古族乡志》

1980 年，通海县开展地名普查，对原命名有误的地点予以纠正。新蒙乡将“下渔”更名为“兴蒙”。

《兴蒙蒙古族乡志·大事记》

1981 年 8 月，王进元、奎来团率领蒙乡“赴内蒙古探亲团”一行 14 人，回老家内蒙古寻根探亲，到成吉思汗陵祭奠始祖，受到蒙古族同胞的热情款待。

《兴蒙蒙古族乡志·大事记》

1981 年，王玉龙、华兆林送 8 名蒙乡青年到内蒙古学文艺。通过半年学习培训，回乡后，成为全乡的文艺骨干。1981—1987 年又有内蒙古师范学校、工业学校、卫生学校、农业技术学校、建筑学校帮助蒙乡培养了青年教师 14 名，医务工作者 5 名，农机员 5 名、农业技术员 4 名，建筑技术人员 3 名。他们学成回乡后，成为乡内的技术骨干。

《兴蒙蒙古族乡志·大事记》

1981 年 11 月 9 日—10 日，兴蒙乡举办了中华人民共和国成立以来的第一届“那达慕”大会。

《云南蒙古族文化史》

1982 年，受内蒙古锡林郭勒盟政府的邀请，党支部书记王玉龙率领兴蒙 22 名建筑技术人员，到锡林郭勒盟帮助盟教育局建盖了一幢教研大楼，深受锡林郭勒盟各族人民的好评，进一步加深了南北蒙古族的深情厚谊。

《兴蒙蒙古族乡志·大事记》

1982 年 6 月，通海县人民政府发文件确认：者湾、七街、龚杨、九街、河西等村镇 93 户 400 人原称汉族的旃姓，经调查识别，正式确认为蒙古族身份。

《通海县少数民族志·大事记》

1983年，在省、地、县各级政府的扶持下，乡里从凤凰山脚划出25亩土地，投资27万元，建盖了一所新校园。从此，兴蒙学校从白阁寺旧庙迁入新校园。随后，又投资数十万元，完善了电教楼、实验室、教师宿舍、食堂、体育运动场等设施。

《兴蒙蒙古族乡志·大事记》

1983 年 4 月—7 月，连续 100 多天无雨，稻田龟裂，禾苗枯死。

《兴蒙蒙古族乡志·大事记》

1983 年 8 月，云南省人民政府召开民族团结表彰大会，通海县兴蒙蒙古族乡受到大会表彰。

《通海县少数民族志·大事记》

1983 年 12 月 26 日，兴蒙乡遭遇雪灾，平地雪后一尺五寸左右，雪后又遭霜冻，小春作物受灾严重，减产三成以上。

《兴蒙蒙古族乡志·大事记》

1984 年 1 月 21 日，文山州政府办发文件恢复麻栗坡县境内伙姓及本县马街乡石龙地区余姓汉族为蒙古族身份。

《麻栗坡县民族志·大事记》

1984 年 7 月，青海省人大常委会副主任卓加，率人大工作考察团，到兴蒙乡考察基层人大工作。与乡村干部进行座谈。提出了“发挥基层人大代表作用，促进经济快速发展”的建议。

《兴蒙蒙古族乡志·大事记》

1984 年 10 月，内蒙古自治区人大常委会副主任布特格琪率领八盟四市的人大常委会主任考察兴蒙乡的经济社会发展情况，为兴蒙乡提出了发展经济的办法措施。

《兴蒙蒙古族乡志·大事记》

1984 年 11 月，辽宁省政协副主席汪惠贞率领省、市、县民委主任到兴蒙乡考察民族工作。从此，兴蒙蒙古族与辽宁省阜新蒙古族结下了深情厚谊，双方常来常往，互通信息。

《兴蒙蒙古族乡志·大事记》

1986 年秋，多雨成灾，杞麓湖水位猛涨，兴蒙乡内 2000 余亩农田被淹。

《兴蒙蒙古族乡志·大事记》

1987 年 8 月，受内蒙古自治区政府的邀请，兴蒙乡派王进元、赵云峰、招文富赴内蒙古参加自治区成立 40 周年庆典。

《兴蒙蒙古族乡志·大事记》

1987 年，峨山县蒙古族举办第一次“祭草原大会”。

《云南蒙古族文化史》

1988 年 1 月 7 日，经通海县人大常委会批准，正式挂牌成立兴蒙蒙古族乡。

《通海县少数民族志·大事记》

1988 年 10 月，在通海县科学技术普及协会的帮助指导下，成立兴蒙蒙古族乡科学技术普及协会，会员 83 人。协会设烤烟研究会、水稻研究会、生猪研究会、蔬菜研究会、果木研究会、水产研究会六个专业研究会，向农户推广农业科学技术，提供市场信息。

《兴蒙蒙古族乡志·大事记》

1988 年 12 月，在通海县召开的全县农村工作会议上，兴蒙乡荣获粮食、经济、社会综合发展二等奖。同年，评为全国民族团结进步先进集体，受到国务院表彰。

《兴蒙蒙古族乡志·大事记》

1988 年 12 月 27 日—29 日通海县蒙古族同胞表演的《杞麓湖畔谱新歌》在“玉溪地区首届少数民族文艺调演”中获剧目二等奖；《丰收快乐》获剧目三等奖。

《通海县少数民族志·大事记》

1989 年 9 月 27 日—10 月 4 日，在昆明举行的云南省第四届少数民族传统体育运动会上，通海蒙古代表队表演了“大王鞭”，获得了表演奖。

《云南蒙古族文化史》

1989 年，成立了通海县蒙古族建筑公司。

《兴蒙蒙古族乡志·大事记》

1990 年，在省、地、县的关怀下，投资 45.6 万元，在白阁村南征地 4 亩，建盖了兴蒙乡卫生院，设有住院、门诊部。

《兴蒙蒙古族乡志·大事记》

1990 年兴蒙乡建立乡党校和农业技术学校。

《云南蒙古族文化史》

1991 年 3 月，内蒙古自治区原顾问委员会主任王铎率部分自治区离休老干部到兴蒙乡考察远离蒙古草原蒙古族的生产生活状况。

《兴蒙蒙古族乡志 · 大事记》

1991 年 10 月，国家民委主任洛布桑（蒙古族）率领部分民族工作干部到兴蒙乡检查民族政策的贯彻落实情况，向兴蒙乡干部作了《民族平等、共同发展》的报告。

《兴蒙蒙古族乡志 · 大事记》

1992 年 6 月，内蒙古自治区人大常委会主任巴图巴根率领 12 名人大工作者到兴蒙乡考察，向兴蒙乡干部发表了《围绕经济建设中心，做好基层人大工作》的重要讲话。

《兴蒙蒙古族乡志 · 大事记》

1993 年 8 月 31 日，因交通道路故障，引发了兴蒙乡有史以来的蒙、回械斗，即“八三一”事件。玉溪地委派出了防暴队维持社会秩序，地、县两级政府派来了强有力的工作队，进行疏导缓解及法制宣传，使事件尽快得到平息。

《兴蒙蒙古族乡志 · 大事记》

1994 年 3 月 9 日，广南县蒙古族同胞在莲城镇举办第一届家族节。

《云南蒙古族文化史》

1994 年初，蒙古国社会科学院蒙古史研究所所长达悉策维尔先生到兴蒙乡考察。

《兴蒙蒙古族乡志 · 大事记》

1995 年 4 月，全国政协副主席钱伟长到兴蒙乡考察，在兴蒙乡挥笔书写了“兴蒙振华”四字楹榜。

《兴蒙蒙古族乡志 · 大事记》

1995年，通海县老干局下属的云通公司投资132万元，兴蒙乡出土地8.25亩，创办了“兴蒙蒙古族塑料编织包装厂”，开创了外地商人到兴蒙乡投资办厂的先例。

《兴蒙蒙古族乡志·大事记》

1997年，在全国少数民族文艺调演中，兴蒙乡文艺队表演的《大王鞭》获得鼓励奖，并由中央电视台录制成艺术片，向全国播放。

《兴蒙蒙古族乡志·大事记》

1997年4月26日，云南民族学会蒙古族研究委员会在昆明成立。

《云南蒙古族文化史》

1997年4月27日，云南民族学会蒙古族研究委员会暨昆明蒙古族“那达慕”大会召开。

《云南蒙古族文化史》

1997年，兴蒙乡成立“救灾救济扶贫救济会”帮助农民解决因天灾人祸造成的困难。

《蒙古族——通海兴蒙乡》

1998年4月，国家民委副主任图道多吉来兴蒙考察民族工作，挥笔书写了“加强民族团结，振兴兴蒙”的楹联。

《兴蒙蒙古族乡志·大事记》

1998年9月，内蒙古发生洪涝灾害时，兴蒙乡同胞在生活还不富裕的情况下，自发捐款。短短几天内，共捐资14183元寄往内蒙灾区。

《兴蒙蒙古族乡志·大事记》

1998年9月26日—30日，文山州蒙古族研究会成立。

《云南蒙古族文化史》

1999 年 8 月，内蒙古自治区政府主席云布龙率政府代表团参观昆明世博园之后，到兴蒙乡探望远离草原的蒙古族同胞。

《兴蒙蒙古族乡志·大事记》

1999 年，兴蒙乡遭受两次洪涝灾害，冬季遭受严重的霜冻灾害，直接经济损失达 60 万—70 万元。

《蒙古族——通海兴蒙乡》

2000 年 1 月 29 日，兴蒙乡遭受几十年未遇的大雪灾。

《蒙古族——通海兴蒙乡》

2001 年 6 月 2 日，通海境内，普降大雨，兴蒙乡政府前地面水深 30 多厘米，全乡农田被淹 3020 亩，房屋进水 402 间，倒塌 10 间，直接经济损失 228 万元。

《兴蒙蒙古族乡志·大事记》

2003 年 10 月 2 日—6 日，“2003 年中国蒙古族历史与文化国际学术研讨会”在云南省昆明市和通海县举行。

《云南日报》2003 年 10 月 4 日

2003 年 10 月 3 日，“蒙古人历滇 750 周年纪念庆典”在通海县兴蒙乡举行。

《当代云南蒙古族简史·大事记》

2004 年 5 月，兴蒙乡组团赴内蒙考察学习。

《兴蒙乡 2004 年年鉴》

2004 年 8 月，“云南蒙古人拜祖访亲团”一行 71 人赴内蒙古包头市，祭拜成吉思汗陵，与包头市民委进行座谈交流。这是云南省蒙古族有史以来规模最大、代表面最广的一次拜祖访亲活动。

《当代云南蒙古族简史·大事记》

2004 年 12 月 28 日，历经三年完成的《兴蒙蒙古族乡志》，在兴蒙蒙古族乡举行了发行仪式，正式出版发行。

《兴蒙乡 2004 年年鉴》

2005 年 3 月初，由云南民间家族志谱调查整理工作办公室编纂的第一部少数民族志谱——《沾益铁改余氏家族志谱》举行发行仪式。

《当代云南蒙古族简史・大事记》

2005 年 7 月，兴蒙中学并入通海十五中。

《兴蒙乡 2005 年年鉴》

2006 年春，云南蒙古族研究委员会及各地分会举办了由全省蒙古族代表参加的“成吉思汗建立蒙古汗国 800 周年祭三圣”系列活动。

《当代云南蒙古族简史・大事记》

2006 年，兴蒙乡二组被玉溪市列为新农村建设试点村。

《兴蒙乡 2006 年年鉴》

2006 年 10 月 3 日，“铁改余”蒙古族历史文化馆和四圣殿（成吉思汗、蒙哥、忽必烈、铁木健）在宣威市桃源村举行落成典礼。

《当代云南蒙古族简史・大事记》

2006 年 11 月，陆良县蒙古族举办了“那达慕”大会暨“云南陆良蒙古族文化保护传承大会”。

《当代云南蒙古族简史・大事记》

2007 年 4 月，石屏蒙古族研究分会在石屏举办了“云南石屏蒙古文化发掘保护传承研讨会”。

《当代云南蒙古族简史・大事记》

2007 年 6 月 1 日，经通海文化事业局同意，兴蒙乡成立了“云南蒙古族文化传承保护中心”，抢救、保护、弘扬和传承兴蒙乡蒙古族文化。

《兴蒙乡 2007 年年鉴》

2007 年 8 月，“中国蒙元史学术研讨会暨方龄贵教授 90 华诞庆祝会”在昆明召开。

《当代云南蒙古族简史·大事记》

2008 年 4 月 15 日—21 日，CCTV4《走遍中国》栏目到兴蒙乡拍摄《迷失的喀卓人》上、下集。

《兴蒙乡 2008 年年鉴》

2008 年 6 月 2 日—3 日，CCTV7《乡土》栏目到兴蒙乡拍摄《云之南的蒙古族儿女》。

《兴蒙乡 2008 年年鉴》

2008 年 12 月，兴蒙乡编纂完成并印刷了《云南通海兴蒙蒙古族喀卓语》一书。

《当代云南蒙古族简史·大事记》

2009 年 8 月 24 日—25 日，在通海县第三届残疾人运动会上，兴蒙乡代表队获全县团体总分第一名。

《兴蒙乡 2009 年年鉴》

2010 年兴蒙乡遭受百年不遇的旱灾。

《兴蒙乡 2010 年年鉴》

2011 年 12 月 13 日—15 日，“兴蒙乡第十二届那达慕大会”在白阁村隆重举行。

《兴蒙乡 2011 年年鉴》

2020年11月6日，参加“内蒙古第十七届蒙古族服装服饰艺术节”的“云南喀卓蒙古部落艺术团”完成彩排，最小的模特是团员赵清丽不满1周岁的小外孙。次日在团长王立生的带领下，艺术团启程赴通辽参加展演，10日平安抵达。经过激烈的角逐，“云南喀卓蒙古部落艺术团”在88支代表队中脱颖而出，获得了铜奖。作为一支完全自费且自制服装道具的农民代表队，他们连续三年参赛，成绩优异。赛事结束之后他们又到锡林郭勒盟参观了白雪覆盖的大草原。

“中国网草原频道”做了这次活动的报道：“11月11日晚，第十七届内蒙古服装服饰艺术节在内蒙古通辽市开幕，来自内蒙古各盟市的81支代表队和来自新疆、云南、青海、吉林、甘肃等省区的7支参赛队齐聚一堂，以‘铸牢中华民族共同体意识，民族团结一家亲’为主线，以‘亮丽内蒙古·霓裳大草原’为活动主题，通过蒙古族服装服饰设计大赛、创意设计作品展览、网络直播带货和线上商城、品牌发布、服装服饰产业发展研讨会、那达慕等六项活动，保护传承文化遗产、彰显中华民族文化自信。”

中国网草原频道

第六篇 云南蒙古族碑铭

元世祖平云南碑

据方国瑜先生考证，“世祖皇帝平云南碑”立于元至大元年（元武宗海山年号，公元1308年），由“翰林院臣程文海撰文”，程文海后来为避武宗海山讳，以字行于世，改名程钜夫，《元史》有传。此碑分刻二石，上石高三尺四寸，文三十行，行二十一字，下石高四尺二寸，广五尺四寸，文二十八行，行二十六字，正书，在大理县古城西三月街广场。有龟座高三尺余，负碑的两块石头各厚一尺五寸，上下重叠，全碑高约一丈二尺，通碑1300余字，方国瑜先生赞叹它为“巍然丰碑也”。元代于此碑曾建殿加以保护，且设专人管理，其人称为长老。大理五华楼新出土元碑“张长老墓碑”证明了此事，明以后就疏于管理，且因当地民间有刮碑文入药医病之俗，所以碑文下半段残损，到20世纪70年代末已仆在地，后经修缮，以水泥糊缝，受损字更多。碑文所记元世祖平云南诸事，多见于《元史·世祖本纪》，但各有详略，今录碑文如下：

国家继天立极，日月所照，罔有内外。云南，秦汉郡县也，负险弗庭。乃宪庙践祚之二年，岁在壬子，我世祖圣德神功文武皇帝，以介弟亲王之重，授钺专征。秋九月出师，冬十二月济河。明年春历盐夏，四月出萧关，驻六盘，八月绝洮，逾吐蕃。分军为三道，禁杀掠焚庐舍。先遣使大理招之，道阻而还。十月过大渡河，上率劲骑由中道先进。十一月渡泸，所过望风款附。再使招之，至其国遇害。十二月薄其都城，城倚点苍山西洱河为固，国主段兴智及其柄臣高太祥背城出战，大败。又使招之，三返弗听，下令攻之。东西道兵亦至，乃登点苍山临视，城中宵溃，兴智奔善阐，追及太祥于姚州，俘斩以殉。分兵略地，所向皆下，惟善阐未附。明年春，留大将兀良合台经略之，上振旅而还。未几拔善阐，得兴智以献，释不杀。进军平乌蛮部落三十七，攻交趾，破其都，收特磨溪洞三十六，金齿、白夷、罗鬼、缅中诸蛮，相继纳款。云南平，列为郡县，凡总府三十七，散府八，州六十，县五十，甸、部、寨六十一，见户百二十八万七千七百五十三，分隶诸道，立行中书省于中庆以统之。大德八年，平章政事也速答儿建言："所领云南地居徼外，历世所不能臣，先皇帝天戈一麾，无思不服。今其民衣被皇明，同于方夏，幼长少老，怡怡熙熙，皆自忘其往陋，非神武不杀之恩不及此；惟点苍之山尝驻跸焉，若纪圣功，刻石其上，使臣民永永瞻仰，于事为宜。"中书以闻，制曰：可，以命词臣。程文海再拜稽首而言曰：世祖皇帝之德大矣，辟如天地之无不持载，无不覆帱，而生生之意，恒寓于雪霜风雨寒暑变化之中，物之蒙之者薰然而温，洒然而濯，翕然而同，靡然而顺，有不自知其然而然者，故其功烈之崇，基业之广，贯三灵而轶千古。以大理之昏迷，旅拒虐我使人，若奋其武怒，俾无遗育可也，而招来绥缉，终释其主弗诛。呜呼，微天地之德，孰能与于此乎！今陛下建中和之政，凡以绳祖武，厚生民，无所不用其极，中外钦承，无远弗届，是以藩方大臣于钱谷甲兵之外，惓惓以光昭令德为请，其知为政之本也已。汉世宗从事西南夷，天下为之骚动，蜀民咨怨，谕之谆谆，凿池莅习再驾，而后取之，其视今也孰愈。穆王周行寓县，必皆有车辙马迹焉，初非疆理天下也，而世犹颂之至今，其视跋履山川，洒濯其民而纳于礼义之域孰愈。彼碧鸡金马与夫点苍，皆其山之望者也，汉使祭之，唐季盟之，夫各有畏焉耳！今也，镌末始磨之崖，纪无能名之绩，桓桓亭亭，与世无极，岂惟足以震百蛮荣千古，其余光所被，山川鬼神与皆赖之。呜呼盛哉！臣事先帝，早受眷知，今复待罪禁林，发扬蹈厉，职也，不敢以荒落辞。

谨再拜稽首而系之诗曰：于皇维元，载地统天，大噫小嘘，曰寒以暄。粤西南陬，水驶山巇。风霆流行，气交神州。跂息蠕蠕，勾萌鲜鲜。谷饮巢居，燕及跕鸢，繄谁之恩，圣祖神孙。武烈文谟，湔祓生存。既有典常，被之服章。我吏我民，我工我商，万国一家，孰为要荒。点苍苍苍，禹迹尧墙，并钺参旗，终夜有光。威不违颜，作善降祥，嗟尔耄倪，视此勿忘。

元宪二年仲春月黄道之吉旦

此碑未提刻石年代即至大元年（1308 年），元代无"元宪"年号。

《新纂云南通志·金石考十二》，卷九二

曲陀关元帅府碑

元代在云南设立行省，推重儒学，各地建学修庙之风盛行，建于曲陀关的临安元江广西等路宣慰使司亦不例外，当时任都元帅的蒙古族边将阿喇帖木耳崇尚儒学，修立文庙，并刻石以纪功，碑文为元代云南著名文士李泰所撰，当时李泰的官职是“云南诸路行中书省郎中”。碑文载于康熙《河西县志》和乾隆《续修河西县志》，民国《新纂云南通志》亦收录了碑文，《新纂云南通志·金石考》卷一四注释说此碑：“高五尺，广二尺二寸，正书，今在河西县城北三十里曲陀关。”据杜玉亭先生在《云南蒙古族简史》中考订，现存兴蒙乡三圣宫的“都元帅府建文庙碑”是后人翻刻的，但碑文基本一致，只是个别字有差别。该碑是旃姓出自蒙古族元帅旃檀的一个佐证。现谨摘录碑文中与云南有关部分如下：

云南去京师万里，诸夷杂处，叛服不常，必威之以兵则久安而长治。此至正二十有一年，经始都元帅府于曲陀阳关之原，使神人上下之分不逾，一举两得也。于戏！阿喇帖木耳蒙古右旃为边将，披坚执锐，驰骋游猎，分内事也，今崇尚斯文，投戈讲道，能为人之所不能者，非有高世之志，绝伦之才，其孰能之！噫，前乎制礼作乐，后乎东山之征，周公一人也，始焉讲道洙泗，终焉夹谷之会，孔子一人也。横槊赋诗，讲论经史，文武岂为二致。观元帅此学之建，诚不易得也。又明年冬，经历张思辈诣愚昆城寓所，需文勒诸坚珉，不获辞，因述以为来者劝。

至正二十二年月日立

杜玉亭：《云南蒙古族简史》，昆明：云南人民出版社，1979年。

普光山智照兰若记

此碑现在云南通海县秀山普光寺内。立在一个石龟上，碑身高123厘米，宽63厘米，碑顶高50厘米，中有“普光山智照兰若记”八个隶字。碑阴所记佛田四至，其中地价及量词具有云南特色，是研究云南地方经济史的重要资料。普光寺开光时，曾获元代述律杰都元帅特书的匾额“灵鉴”二字。碑文如下：

普光寺智照兰若记

原夫弥纶三际，统御大千，难测难思，至尊至贵，广度群生，超诸彼岸，以复其性者，莫佛法若也。佛法之兴隆，系乎僧之善护善嘱，僧之护嘱在乎山水之明辉，伽兰之壮丽，然后能事之毕，契理之融，为后来所依之龟鉴也。然秀山钟秀，叠巘来朝，势如星拱，烟霞杳霭，四时开花，锦云绚焕，光夺人目，盖天钟秀而然也。山之央有数丈之地，虎豹藏焉，蛟龙伏焉，与草昧而无异。于是郡长李氏创立梵宇，以崇福祉，即道隆己酉十一年也。归元之后，适际铁牛大德和尚出世，戒行孤高，道业峻极，经教祖意，贯彻于心，正令正因，精纯于念，始兴梵林之规矩，其修兰若工未获完，梦见五色光明当山现瑞，故扁“普光”为额，轮奂绀殿，中钦大日，遍照如来，左右饮光庆喜，东西竖立浮图，且安卓锡，摄受披剃僧徒，自此而鳞萃讽诵琅亟，祝延国祚，保佑生灵。迨今秀山梵刹，自普光而权舆焉。时郡中右族王氏二昆仲，厥兄颇明儒典，能文章，而尤诗，顿觉世缘俱幻，遂投礼铁牛和尚，薙染为僧，号玄机，精专三学，笃志一乘，影不出山，堪为师表，命尸本山，舍衣盂赀，市诸材木，建精舍方丈，幸获鹤野大参特书“灵鉴”二字而额焉。又会宪司佥使玉川公分部临安，闻师德行冠众，又能赋诗，遂乘骢驾而造于丈室，师预知宪使游山，答以诗篇，允符佛印东坡之意，宪使欣然，因作《灵鉴之记》，嘉师之德，光耀犹新。斯乃前住持玄机长老之功行也。厥弟志游释儒，嫌俗厌尘，亦礼和尚，号玉岑，慈行无双，道念惟一，允有得解脱之理焉。厥兄迁化，确掌本山，聿修不怠，殿之南向，肯构华轩，倚松而楹，目之曰友鹤，殿之左右重复二廊，一以丌四大部经，一以奉释迦妙相，鲸韵鼙鼗，警觉昏晓，斋庑庖廥，跂企翚飞，四壁庄严，海会围绕，园林花木，焕耀交辉，以至梵像浮图咸如金山玉立。志慕毗尼，徒弟有众，洒扫有役，常住有庄，斯亦后住持玉岑长老之守成也。迨至宣光五年秋，虑及老矣，甚宜休歇，嫡有犹子号修庵，自幼离家，肄业讲席，可以嗣法而领山门，由是询谋缁素，佥同其志，得妙高玉庭宗主之传授，以继其后，可谓王氏一门出尘入道，原始要终之轨范也。需愚鄙文志诸琬琰，昭示后嗣，以永其传，理不可让，愚乃合指加额而谂之曰：灵鉴之记，玉川笔述而尽矣；玄机之风，鹤野文碑而美焉；且如金仙氏之道，非智无以测其源，非理无以融其教，但以苟且之言，犹一毛以滴沧渤也，奚不难乎。聊以渺见，姑书其颠末云。

敕授前广西路儒学教授裕斋王宽述

登仕郎临安元江车里等处宣慰使司都元帅府都事熙斋□□□篆额

寓妙高山东林藏六子凌云书

以上为碑正面的文字，碑阴的文字是：

功不自功，因继承而功就；施不浪施，由精进而施融。恐岁远而荒唐，刻诸珉而彰久，今将本山应有常住一一开衔于后：

一、大般若经，王实施置。一、大宝积经，张白青舍置。一、大华严经，石平杨孝施置。一、大涅槃经，李知事应舍置。一、金光明经。一、妙法莲华经全部。一、金字大千佛名经，赵赐施置。一、梁武宝忏全部。一、置磬一座，一、大钟一口。

通海县一处巷下免粮水田一双二角，东至水渠，南西至董孝，北至阁堂地。一处江床荡水田三角，东至水渠，南至杨顺，西至李定，北至张节。一处释戒办施马祛水田二角，东西至水渠，南至□海，北至布位。一处马佉水田灯地二角，东至水渠，南至孙水，西至水渠，北至孙庆。一处买到张善处弯佉下小麦田一双，东至□，南观音地，西渠，北张白。一处买到董元渊深床水田三角，东江南赵右，西佉，北杨智，地价道如施一千卉，妙本施一千卉。一处什戒成施东栅门香地壹有。一处回南堂前灯地三埣。一处沙登坪水田一角一己，东至杨实，南董庆，西北□□。一处张温施小木树东水田二有，东至庆善，南惠右，西佉，北政勒。一处龙潭施沙登坪水田地二角，东至董长，南至本山，西至阿容海，北至董□。一处杨元施沙登坪水田一双，东至亏容，南召薮，西至佉，北矣普。一处昆山施沙登坪水田二角，东西佉，南段量，北王善。一新生邑塔地三角，东西佉，南杨大，北王成。

河西县禄卑乡

临安路判官僧加奴施，地名曰旭浮，水田六双，东至活券，南经地，西者平，北道。一洪通施，买到阿庆处水田地一双，东、南至水渠，西、北到阿波苴。一处买到李惠处地名莤坪，水田地五双，东至山，南至藏经地，西至完者卜花，北至观音山，价钱部实，李救施真贝八一千五百卉。

嶍峨县，一处买到提举杨海应水田地三双。一处江坪邑上一双二角，东南至清凉台，西至道，北至水渠。一处甸心内一双二角，东南至渠，西至李青，北本山。一处杨贤施甸心内免粮香地二埣，东、西至本山，南张福，北水渠。一处旧峰村地名大江边水田二双，东、西至洪满，南水渠，北至大江。一处买到白邑村苏赐处水田三双，地名录摩族，东至英牟，南向口口，西至江，北至本山。一处淋下种子地二埣，东、西至渠，南张通，北孙庆。

廉访司省会拟付洒扫户成升等置到：一户来保，一户福生。一住宅一院，东至玉君，南至道，西至杨福，北至王应。

元江府一处，杨永施，买到海外古城边水田一段，东至罗永，南至海，北至道路，西至水沟，永远为常住田。

时宣光七年岁舍丁巳仲秋桂月望日立石

杜玉亭：《云南蒙古族简史》，昆明：云南人民出版社，1979 年。

《敕授宣慰司总管始祖公讳阿喇帖木耳蒙古右旃》墓志

此碑文 48 行，655 字，是清朝嘉庆十一年（1806 年）一月十三日云南河西旃姓合族子孙为其旃姓始祖所立墓志。原立于河西县白龙寺旃氏墓地，现已移至通海县兴蒙乡三圣宫保存。碑文追述祖源蒙古，赞颂先祖的文治武卫，但有将契丹族都元帅述律杰事迹记于旃檀名下之夸词，方龄贵、杜玉亭等先生已有专文论述。碑文如下：

吾家籍原蒙古，随大元入中国，官于陕西西安府长安县，于至正二十年始祖公讳阿喇帖木耳蒙古右旃奉命平滇，任宣慰司总管，因临安路诸夷叛服不常，特授元帅府都元帅，领山东、江、冀、晋、关陕番、汉军一十五翼，镇曲陀关，凡四境之千户、百户及万户府皆属焉。爰以东厄（扼）郊（交）趾，西制新嶍，柔以文德，畏以武威，侏离爨僰之徒，尽革面洗心，喁喁向化，列为编氓。至皇庆、延祐间，人物繁盛，市肆辏辐。泰定乙丑建学立师于古城山，开河邑人文之始。

行省中书李公讳泰，序建学碑文，谓：公乃边将，披坚执锐，驰骋游腊（猎），分内事也，而能崇尚斯文，非有高世之志，绝伦之才，其孰能之。此始祖之大略也。公卒后，二世祖以旃为姓，讳檀，字南谷，生而英敏，长精骑射，嗜文学，当时大儒若虞集、揭傒斯，皆以文词相款纳。顺帝至正二年，荫任元帅府都元帅职，于曲陀建卧龙祠、武安王庙，时而横槊赋诗，时而投戈讲道，镇抚二十余年，交南无侵叛之患，新嶍泯扰攘之声。谓非公之能继述先业而克成厥志也哉。乃于讲学习射之暇，种桃千株，植松数围，以帅府桃林为景。后之骚人墨客，登览其间，又谓公能忧民之忧，而后能乐民之乐，县令朱公讳光正，因有贤宰后先相继美，河西即是古河阳之句。缘大明肇兴，元祚以终，公尽节，谥忠勇。有子四，遂侨寓焉。厥后邑人慕吾始祖功德，举入名宦第一，悦吾二世祖志节，举入忠孝祠第一，春秋祀典，恩沐圣朝光荣亿禩也。既而三世祖昆仲芬芳，长讳官福，次讳史喇卜花，三讳哈喇卜花，四讳官忠，忠厚代传，孝友绳武，治家道克勤克俭，教子孙惟读惟耕，自元迄今，相传十数世矣。县令江公讳宏衢怀古句云：四百年来成往迹，诺旃犹守曲陀关。想吾祖宗茂绩，载在县府通志，难以备述。数年来伟科时荐，良有以也。今而后凡我族姓，宜时思木本水源，常念祖德宗功，矢志凛凛而继述前勋，小心翼翼而缵成往绪。支派虽有远近，源流实系一脉，必亲敬以相恤也。苟稍存薄念，非以薄今人，实以薄祖宗耳，可不慎欤。

大清嘉庆十一年一月十三日合族众孙同立石

杜玉亭：《云南蒙古族简史·附件》，昆明：云南人民出版社，1979年。

《明、清故赵氏门中历代先远昭穆考妣神主之墓》志

为居住在通海县兴蒙乡的赵姓蒙古族于道光二十年（1840年）合族所立的神主碑，现存兴蒙乡三圣宫内，可惜碑文被红色涂料填色。碑文如下：

吾家系蒙古籍，自蒙古入滇，居河西下渔村住，世远年久矣！门户凋残，饥馑有星留之感；人烟寥落，忧劳若鸿雁之悲。遐思明清两朝所故之人丁，不计其数，兹略存神主六十八个，奈室如悬磬，俱无供主之处，将吾主东倒西斜，每触

目而伤心。今于道光庚子年，合族公议，同立石碑，并葬神主。至于考妣生卒日期，难以尽录。今坟内神主六十八个，使后世子孙，春秋二祭，当必事死如事生也。

明清故赵氏门中历代先远昭穆考妣神主之墓

长房八世孙赵登魁九世孙 赵宽安 赵开甲
十世孙 赵七十四 赵和 赵晋
十一世孙 赵自能 赵自强

二房八世孙 赵安才 赵十二
九世孙 赵金保 赵存保 赵开运 赵珍 赵富 赵玥
十世孙 赵福 赵有福

道光二十年四月初四日合族立石

杜玉亭：《云南蒙古族简史·附件》，昆明：云南人民出版社，1979年。

下村《以垂永久》碑

该碑立于清光绪二十九年（1903年），记载了兴蒙乡蒙古族人民于清代嘉庆十八年至光绪八年（1813—1882年）间围湖造田150亩，拟作学田并供三教寺佛田，但被钱姓汉族地主霸占，官府断作充公，令出银400两买回，村中无力，后经各地官绅捐资买回作香灯费，办学的愿望终成泡影。这是蒙古族流寓他乡，备受欺凌的写照。碑文如下：

盖闻本村原籍蒙古，自元时随旃元帅莅任滇南，镇守曲陀关，流落河西东门外土住。为本村寒苦，无力供培子弟读书，于嘉庆十八年报海淤田壹佰伍拾亩，将来成熟田亩设立义学，并作香灯岁修之用。因北至与钱姓陆拾肆亩接壤，中有通、河两县船只出入往来，官沟为界。延至光绪八年，其田成熟一半，不料钱姓贪心不足，越界侵占，久告不休，蒙上宪断作买卖，本村买回，费银肆佰余金。奈本村穷苦不堪，将田出典与各姓，至今未能取赎。近年寺内观音文昌披发三教香灯，举目萧条，幸逢十方官绅广施鸿慈，大发慈仁，捐资功德，赎回此田，则香灯千古不绝，即功德姓名万世不朽矣。

功德姓名胪列于后

花翎特授云南镇边厅升用知府李印应棠捐银伍拾两

特授云南镇雄州知州署新兴州黄印玉方捐银壹佰两

特授云南府易门县知县郭印显球捐银伍拾两

花翎运使衔云南即用知府总办老鸦潭厘局黄印彝捐银伍拾两

钦加同知衔赏戴花翎候选州正堂张印从德捐银叁拾两

光绪二十九年二月二十八日下渔村士庶老幼同立石

杜玉亭：《云南蒙古族简史·附件》，昆明：云南人民出版社，1979年。

河西县正堂告示

此碑立于清光绪十五年（1889年）七月十六日，碑文也记述了钱家嘴钱姓侵占下村蒙古族农田之事，还记录了蒙古族华中祥带头抗交租粮事迹。碑文经云南省民族研究所马世雯老师整理出来，全文如下：

执　照

钦加同知御授云南临安府河西县正堂记大功十二次李为

遵札发给执照事　光绪十五年叁月初柒日，奉布政使司曾札开案据该县禀复。县属三教寺买钱姓充公□□文庙海田并无水淹，收成丰熟。案犯华中祥等系逞刁抗粮希图缠讼。实遵复请饬照数拨粮等情一案到司，当经照抄原禀乡约呈报札发云南府，迅即监提该犯华中祥等勒令照收认粮完纳禀复。核办去后兹据禀复前来，当经批示据禀已悉此案，既据该府督同局员提讯该监犯华中祥、官自发等，取具认粮甘结呈送，前来应准。如禀销案，仰后将送到甘结。照抄原禀批饬该县遵办，仍候臬司批示甘结存发，除印发外，合就抄禀札。饬为此札仰该县遵照即将发来该监犯认粮甘结，归案核明，给照出示，勒石永远遵守，毋得宕延切切。特札计发认限原结壹张，抄禀壹□等因奉此。查该三教寺与钱姓争控海田共计壹佰零伍亩。前遵上宪批定分为三起：以贰拾亩归钱姓观音寺，以陆拾伍亩充入文庙。今该三教寺既出钱肆佰两，将文庙与钱姓观音寺两份田亩概行卖归三教寺，中连承分贰拾亩一并。做（坐）落中河尾东至海并苏家沟头，南至王士林官沟，西至拾叁亩，北至往来港，四至分。

明应纳秋粮二十九斗四升二合，如数拨入三教寺户口，承它永远勒石遵守，毋许再有人滋事，争控此田。除出寺□谕□恰行发给执照为据颁须至执照□□。

县正堂李准手拨粮禀复

藩臬□将从前老司照贰张，或发给下渔村三教寺管寺奎进保、奎万福、华凤彩等人，寺人等当与钱约定。

光绪十五年七月十六日

马世雯：《云南蒙古族文化史》，昆明：云南民族出版社，2000 年。

河西县正堂晓谕中渔村后山管业事项碑

该碑是清嘉庆十六年（1811 年）十月二十九日由河西县衙所发布的告示，表明中村后山为中村人所有，山上林木石料草木亦为村中公有，被地主豪强侵夺。现在该碑存于通海县兴蒙乡中村一社办公室院内。碑文摘录如下：

河西县正堂晓谕中渔村后山管业事项碑

特授临安府河西县正堂加三级纪录六次宋为出示晓谕事。照得中渔村后有名山一岭，原系中渔村靠山，与李庄并无干涉，只缘李家庄李周二姓在中渔村置有地土，因与中渔村人争占石山，互控到县，经本县堂讯，虽两造俱无管业凭据，但山既坐落中渔村后，经中渔村人管业年久，自应仍归中渔村管业。李家庄人在彼置有地土，只应照契耕管地土，不得借占石山，而中渔村人亦只许封为公山，山上柴草准其仍归该村观音寺割卖以供香火。山上石块遇有修路公用，禀县采用，此外概不得擅采，原有上山古路，准人往来，毋许阻塞，以示平允，两造均各允服，除取结存案外，合行出示晓谕。为此示，仰中渔村及李家庄人等知悉，嗣后遵照示谕，所争山地，永远作为公山，毋许再行争占滋讼，如违，定行照律严究，决不姑宽，各宜禀遵毋违，特示。

遵嘉庆十六年十月二十九日示右仰通知

自元朝以来，祖居中村，相传数百世矣，其营后左右俱系民等祖茔山场……

渔山何为而名也，忆自元时，旃姓莅任滇南，镇守曲陀，随从北人，寄居于此，志曰渔山，相传数世几百年矣。此山坟茔最多，而□土亦复不少，坑坎叠见，而峭壁亦累层出，假无人焉培植保护，其何以卫风水而利人文乎。幸村中老幼，咸皆忧之，前于嘉庆十六年，同心合意，恳恩，县上沈永封此山，所有各家坟茔，今已广培树株，勿许盗伐，禁止牛羊，勿容混践。士君子观风致此，未尝不叹林壑光美，蔚然深秀也，庶几风水有赖，而人文有依矣，将所谓地灵人杰者，不可为我村中至颂钦。

一、村首有石厂一处，此系平日晒虾之所，公同看议，勿许先占，随其所至，各分次序。

一、所畜草本，一概归公，以作香火，不得异议。

一、山中坟茔旷土，各分界趾，各管各业，勿得侵占。

嘉庆十八年桂月上浣之吉阖村老幼同立

杜玉亭：《云南蒙古族简史·附件》，昆明：云南人民出版社，1979 年。

整控江摩崖

澜沧江从景谷入思茅后被称为“整控江”，再向南流为九龙江，出中国边界则称湄公河。思茅地区在元时设思麽步日长官司，隶属元江路，在临安、元江、车里等路宣慰司的控制下，元代至正元年（1306年）车里总管寒赛因元江土司陷害而反叛，朝廷命令云南行省征讨，以右丞太不花参赞军务，都元帅述律杰统领兵马，先战元军不利，后经述律杰劝喻，寒赛归附，遣使入贡，战事遂平。为纪功而勒石整控江西岸。现石刻文字已多模糊。在云南各志书上也记作《思茅元碑》《都不花摩崖》。

方国瑜：《云南史料丛刊·整控江摩崖概说》卷三，昆明：云南大学出版社，1998年。

伙姓墓碑

云南文山州的西畴县、麻栗坡县、砚山县等地有几处伙姓墓地，其墓碑除墓主姓名、生卒年月日、子孙姓名外，大多都刻有其族别、入滇始祖事迹、改姓名迁徙经过等情况。如位于砚山县拖支柏乡火光斗墓，位于西畴县西洒镇英代坡的伙兆甲、伙万珠墓、位于麻栗坡铁厂街的伙朝彦、伙心印墓等等。这些墓碑的时间自乾隆年间至民国年间，世代沿袭下来，是研究云南蒙古族历史的重要资料。位于麻栗坡县铁厂乡关告村公所的伙姓公共墓地有“伙朝纲墓碑”，碑文说：“一世祖伙都帖木儿，旧名虎都帖木儿，原籍蒙古塔滩里人，任元朝枢密院佥事，住南京应天府西门内珠子巷。洪武十四年调任云南，摄守临安，十五年调通海守御，后袭千户职，事至天衢成，南祖始移住开化，于今盖六世矣，是为志。”该碑立于清光绪十年（1884年），是伙姓子孙所立。

马世雯：《云南蒙古族文化史》，昆明：云南民族出版社，2000年。

也池卜花墓碑

现立于安宁市县街区的燕塔村后（距安宁市约10公里），当地人俗称“三墓碑”，是马姓始祖也池卜花和其妻阿夜思六之合葬墓地之碑，共三通，均为清嘉庆四年（1799年）二月二十四日由燕塔、礼仪二村马姓后裔全族所立，今燕塔、礼仪二村马姓村民均为也池卜花的后裔。

右碑云：“始祖考讳也池卜花马公之墓。公随龙卜居燕塔，后为二村之始祖，生子马速忽古都，传至十五六代，后嗣二百余家。”

左碑云：“始祖妣阿夜思六之墓。龙飞大清嘉庆四年仲春月二十四日谷旦，燕塔、礼仪阖族后嗣百叩。”

中间的始祖碑序云：“……马氏始祖，讳也池卜花，元朝遗族也……启字置田克勤而兼以克俭，承先启后，创业而兼以贻谋。以故修德获报，孙者□昌炽。传至三叶四叶，胜于九宗十宗，迄今世十五代，户增二百余家，皆我始祖之积德而流光也。”《马氏合族宗族碑记》补充说明了后裔改姓马的原因：“兹考马氏宗派，观其墓志碑名，系元朝遗裔。也池卜花者，从戎到滇，卓有战功，因马著绩，即以为姓。□□遂寄籍雁塔，继又移居礼义村……”此碑现存于马氏宗祠旧墙内。

马世雯：《云南蒙古族文化史》，昆明：云南民族出版社，2000年。

伍公墓表

该碑立于云南省红河州开远市十里村伍氏墓地。20世纪70年代被毁。碑文拓片由开远市文管所收藏，是开远伍氏蒙古族入滇为官，落籍开远的历史见证。碑是清嘉庆年间由伍氏外孙傅尔睿所立。碑题：“例授修职左郎岁进士卿大宾外祖伍公墓表”，文曰：“外祖父讳□□德先，号明逻，□出蒙古，始祖金□随元帅把匝剌瓦尔密，官通海路，管阿迷，遂家焉。”

□□……

嘉庆□□年冬月五日建水外□傅尔睿述

马世雯：《云南蒙古族文化史》，昆明：云南民族出版社，2000年。

曲靖地区余姓墓志

“余沿贤墓”位于云南曲靖地区宣威市迤谷村，墓碑立于清道光年间（1821—1850年），碑文上有余姓为蒙古族后裔字句：“……余不才，因陋略具其本末，以志不朽云：真乃铁木真后裔，袭传九子不葬父，一女打荆棺。训也，传也。”“余公府君之墓”位于云南曲靖地区沾益县太平乡秧田湾小哨墓地，碑立于民国八年（1919年），上书余姓渊源，碑文云：“我祖余公，原籍江南，乃奇渥温胡人也。官拜明朝宰相……彼时位极一等，功名当朝。不意奸党居谋害，竟奔逃至湖广泸阳岸上凤劲桥前，幸遇异人授渡，得免此危于斯。撮土焚香，以插柳为记，飘流四海。”

马世雯：《云南蒙古族文化史》，昆明：云南民族出版社，2000年。

元代的白话碑刻

昆明筇竹寺白话碑

昆明“筇竹寺白话碑”在城西十里玉案山筇竹寺正殿，嵌于壁内。碑高四尺五寸，广二尺五寸，文二十行，只第十六行六十七字，其余的则因尊称提行，空字不足行，正书。碑立于元仁宗（爱育黎拔力八达）延祐三年（1316年）。碑阳用汉文刻元仁宗护佑佛教的圣旨，碑阴用蒙古文刻云南王阿鲁的旨令，故又称“筇竹寺白话圣旨碑”，是研究元代云南佛教史和元代蒙古文字的重要资料，汉文全文如下：

长寿天气力里、大福庆护助里，皇帝圣旨：军官每根底，军人每根底，城子里达鲁花赤每根底，来往使臣每根底，宣慰的圣旨。成吉思皇帝、月阔台皇帝、完泽笃皇帝、曲律皇帝圣旨里，和尚也里要赐藏经与筇竹寺里，命玄坚和尚住持本山转阅，以祝圣寿，以祈民绥。凡不楝甚么休当、告祝寿者么有来。如今依先的圣旨体例，教甚么差发休当，告天祝寿者么道。云南鸭池城子玉案山筇竹寺住持玄坚长老，为颐和尚每根底，执把大藏经帙与了。圣旨宣玄坚教修本寺里藏经楼，并寺院房舍完了者。差发铺马一应休当者，税粮休当。但系寺院的田园、地双、人口、头疋、铺面、典、咨堂，不楝甚么的，是谁休夺要者，休付气力者。更者，和尚每有圣旨么道。没体例依勾当做呵。他更不怕甚么。圣旨。龙儿年四月二十三日，大都有时分写来。

大理崇圣寺白话碑

“大理崇圣寺白话碑”高三尺，宽三尺八寸，十九行，行二十三字。原来碑存大理崇圣寺，刻于元泰定二年（1323年），碑文刻于“大崇圣寺碑”碑阴上段，方国瑜、冯承均先生均有考释之作。碑文写于至大四年（1308年），后刻于碑上，可见所颁的是元武宗的圣旨。该碑与“昆明筇竹寺白话碑”成为元代云南佛教史上的里程碑，具有重要的考史价值。碑文如下：

长生天气力里，大福荫护助里，皇帝圣旨。军官人每根底，军人每根底，管城子达鲁花赤官人每根底，来往使臣每根底，宣谕的圣旨：成吉思皇帝，月吉歹皇帝，薛禅皇帝，完泽笃皇帝，曲律皇帝，圣旨里，和尚、也里可温、先生，不楝甚么差发休着者，告天祝寿者道来。如今依着在先圣旨体例里，不楝甚么差发休着者、告天祝寿者么道。哈剌章有的大理崇圣寺里有的释觉性、释主通和尚每根底，执把的圣旨与了也。这的每的寺院房舍、使臣休安下者。铺马祗应休与者，税粮休与者。但属寺家的产业、产林、园林、碾、磨、店、铺席、浴房、人口、头匹、不楝什么休夺要者。使这和尚每拟着有圣旨么道，无体例的勾当休做者。若做呵，不怕那甚么。圣旨。猪儿年闰七月初五日。上都有时分写来。

李春龙审定，刘景毛点校：《新纂云南通志·金石考十三》卷九三，昆明：云南人民出版社，2007年。

元代云南的蒙古文碑刻

保存完好的回鹘蒙古文在国内属少见，而在云南昆明筇竹寺“圣圣碑”碑阴的“云南王藏经碑”，就是其中之一。碑文内容是云南王阿鲁于元惠宗至元六年（1340 年）颁给筇竹寺的一道令旨，敕令筇竹寺用他捐的一笔钱的利息每年为皇帝诵经祈福，不准他人征用。令旨用回鹘体蒙古文写成，令旨上方有八思巴字，碑额刻“云南王藏经碑”六个字。这通碑对于研究蒙古语言史和蒙古文字史都是极有价值的资料，中国社会科学院民族研究所的布道先生作有《云南王藏经碑跋》，苏联学者符拉基米尔佐夫、法国学者伯希和都对该碑铭的蒙古文部分作过研究。

另外，方国瑜先生在云南丽江县巨甸乡曾见到一座塔，塔身为方体，三层，高丈余，由板石砌成，民间称之为“番文塔”，因塔身有番文字，清代云贵总督爱新觉罗·琅玕领兵镇压维西傈僳族恒乍绷起义，行军经过时见到这座塔，随员中有认识蒙古字的，识别出来告诉墓主家人，这是蒙古人的墓幢，应好好养护。此墓地的子孙久已不知原籍，随当地人姓和，改姓元。这也是丽江元姓蒙古族的由来，此塔曾在20世纪初遭人盗毁过半，蒙古文也被破坏，后人用白灰抹合，不见字迹。但塔文的存在正可印证《元史·兀良合台传》：“癸丑秋，大军自旦当岭（今中甸）入云南境，遂至金沙江，分兵入察罕章（今丽江）半空和寨，依山枕江”的记载，元军与么些兵在半空和寨（今巨甸乡）有过激战。

马世雯：《云南蒙古族文化史》，昆明：云南民族出版社，2000 年。

参考文献

一、古籍

〔元〕刘应李编，郭声波整理：《大元混一方舆胜览》，成都：四川大学出版社，2003年。
〔元〕孛兰肹等撰，赵万里校辑：《元一统志》，北京：中华书局，1966年。
〔明〕宋濂等撰：《元史》，北京：中华书局，1976年。
〔明〕陈邦瞻等撰：《元史纪事本末》，北京：中华书局，1979年。
〔明〕刘文征撰，古永继点校：天启《滇志》，昆明：云南教育出版社，1991年。
〔明〕陈文等纂修，李春龙、刘景毛校注：《景泰云南图经志书校注》，昆明：云南民族出版社，2002年。
〔明〕曹学佺：《蜀中广记》，台北：台湾商务印书馆，1983年。
〔清〕顾祖禹撰：《读史方舆纪要》，北京：中华书局，2005年。
〔清〕张廷玉等撰：《明史》，北京：中华书局，1974年。
〔清〕董枢纂修：《河西县志》，台北：学生书局，1968年。
〔清〕屠寄：《蒙兀儿史记》，北京：中国书店，1984年。
〔清〕倪蜕辑，李埏校点：《滇云历年传》，昆明：云南大学出版社，1992年。
〔清〕常明修，杨芳灿纂：嘉庆《四川通志》，成都：巴蜀书社，1984年。
〔民国〕赵尔巽主编：《清史稿》，北京：中华书局，1977年。

二、著作及调查资料

中国科学院民族研究所、四川少数民族社会历史调查组编：《凉山西昌彝族地区土司历史及土司统治区社会概况》，北京：中国科学院民族研究所，1963年。
杜玉亭、陈吕范：《云南蒙古族简史》，昆明：云南人民出版社，1979年。

陈世松：《蒙古定蜀史稿》，成都：四川省社会科学院，1985 年。
甘孜藏族自治州概况编写组：《甘孜藏族自治州概况》，成都：四川民族出版社，1986 年。
方国瑜：《中国西南历史地理考释》，北京：中华书局，1987 年。
蒙默：《四川古代史稿》，成都：四川人民出版社，1989 年。
《中国少数民族社会历史调查资料丛刊》修订编辑委员会云南省编辑组：《云南少数民族社会历史调查资料汇编》（五），昆明：云南人民出版社，1991 年。
云南省通海县史志工作委员会编：《通海县志》，昆明：云南人民出版社，1992 年。
玉溪地区民委编：《玉溪地区民族志》，昆明：云南民族出版社，1992 年。
顾彼得著，李茂春译：《被遗忘的王国》，昆明：云南人民出版社，1992 年。
龚荫：《中国土司制度》，昆明：云南民族出版社，1992 年。
溥任：《成都满蒙族志》，成都：成都市满蒙人民学习委员会编印，1993 年。
蔡志纯、洪用斌、王龙耿：《蒙古族文化》，北京：中国社会科学出版社，1993 年。
段渝：《四川通史》，成都：四川大学出版社，1993 年。
郭大烈、和志武：《纳西族史》，成都：四川民族出版社，1994 年。
通海县民族事务委员会编：《通海县少数民族志》，昆明：云南人民出版社，1994 年。
木里县志编纂委员会：《木里县志》，成都：四川人民出版社，1995 年。
彭水县志编纂委员会：《彭水县志》，成都：四川人民出版社，1998 年。
盐边县志编纂委员会：《盐边县志》，成都：四川科学技术出版社，1999 年。
〔美〕约瑟夫·洛克：《中国西南古纳西王国》，昆明：云南美术出版社，1999年。
费孝通主编：《中华民族多元一体格局》（修订本），北京：中央民族大学出版社，1999 年。
郝时远主编：《田野调查实录——民族调查回忆》，北京：社会科学文献出版社，1999 年。
马世雯：《云南少数民族文化史丛书·蒙古族文化史》，昆明：云南民族出版社，2000 年。
林超民：《源远流长·辉煌灿烂——云南民族历史》，昆明：云南教育出版社，2000 年。
李治安：《行省制度研究》，天津：南开大学出版社，2000 年。

纳日碧力戈：《现代背景下的族群建构》，昆明：云南教育出版社，2000 年。
四川省地方志编纂委员会:《四川省志·民族志》,成都：四川民族出版社,2000 年。
盐源县志编纂委员会：《盐源县志》，成都：四川民族出版社，2000 年。
方慧、荣莉：《云南民族村寨调查：蒙古族——通海兴蒙乡》，昆明：云南大学出版社，2001 年。
云南省博物馆供稿：《木氏宦谱》（影印本），昆明：云南美术出版社，2001 年。
方铁主编：《西南通史》，郑州：中州古籍出版社，2003 年。
木仕华：《卡卓语研究》，北京：民族出版社，2003 年。
重庆地方志编撰委员会：《重庆民族志》，重庆：重庆出版社，2003 年。
彭水苗族土家族自治县民族宗教志编纂委员会：《彭水苗族土家族自治县民族宗教志》，重庆：重庆出版社，2003 年。
阿拉塔·扎什哲勒姆：《四川蒙古族》，香港：香港大地出版社，2004 年。
方龄贵：《元史丛考》，北京：民族出版社，2004 年。
马戎:《民族社会学——社会学的族群关系研究》,北京：北京大学出版社,2004 年。
李治安：《忽必烈传》，北京：人民出版社，2004 年。
王明珂：《华夏边缘——历史记忆与族群认同》，北京：社会科学文献出版社，2006 年。
曾现江：《胡系民族与藏彝走廊——以蒙古族为中心的历史学考察》，成都：四川人民出版社，2007 年。
［瑞士］雅各布·坦纳著，白锡堃译：《历史人类学导论》，北京：北京大学出版社，2008 年。
王明珂：《羌在汉藏之间》，北京：中华书局，2008 年。
李星星：《李星星论藏彝走廊》，北京：民族出版社，2008 年。
李绍明：《藏彝走廊民族历史文化》，北京：民族出版社，2008 年。
蒙古族简史编写组：《蒙古族简史》（修订本），北京：民族出版社，2009 年。
王明珂：《英雄祖先与弟兄民族》，北京：中华书局，2009 年。
《中国少数民族社会历史调查资料丛刊》修订编辑委员会云南省编辑组：《永宁纳西族社会及母系制调查》（三），北京：民族出版社，2009 年。
《中国少数民族社会历史调查资料丛刊》修订编辑委员会四川省编辑组：《四川

省纳西族社会历史调查》（三），北京：民族出版社，2009 年。
杜玉亭：《和而不同的中国民族学探索——杜玉亭基诺族研究文论》，昆明：云南大学出版社，2009 年。
李宗放：《四川古代民族史》，北京：民族出版社，2010 年。
纳日碧力戈等：《中国各民族的国家认同研究》，北京：中国社会科学出版社，2020 年。

三、论文

罗贤佑：《略论元朝与西南各族土酋大姓的关系》，《民族研究》1986 年第 3 期。
李绍明：《传为蒙古族之西昌〈余氏族谱〉考辨》,《民族文物》1988 年第 4 期。
娃素·沙拉若：《川滇边界蒙古族的由来》，《内蒙古社会科学》（汉文版）1989 年第 2 期。
李治安：《元代云南蒙古诸王问题考查》，《思想战线》1990 年第 3 期。
杜玉亭：《云南蒙古族的鲁班节研究》，《内蒙古社会科学》（文史哲版）1990 年第 6 期。
荣盛：《泸沽湖畔蒙古族的民族特征》，《内蒙古社会科学》（文史哲版）1991 年第 1 期。
伙辅滇：《云南境内伙姓蒙古族人的来历及其现状》,《昆明文史资料选辑》（第十六辑），昆明：昆明市政协文史办公室，1991 年。
王希恩：《民族认同与民族意识》，《民族研究》1995 年第 6 期。
黄淳：《云南蒙古族妇女与传统文化的继承》，《民族研究》1996 年第 2 期。
方慧：《元、明、清时期进入西南地区的外来人口》，《中央民族大学学报》1996 年第 5 期。
李治安：《元代行省制起源与演化述论》，《南开学报》（哲学社会科学版）1997 年第 2 期。
李治安：《元代行省制的特点与历史作用》，《历史研究》1997 年第 5 期。
和即仁：《关于云南蒙古族卡卓语的形成》，《民族语文》1998 年第 4 期。
［挪威］弗里德里克·巴斯著，高崇译，周大鸣校，李远龙复校：《族群与边界》，

《广西民族学院学报》（哲学社会科学版）1999年第1期。

王璞：《元代云南段氏与梁王之争再议》，《云南社会科学》2000年第5期。

郑荃：《云南蒙古族的石刻档案》，《云南师范大学学报》2000年第6期。

李永年：《南方蒙古族风俗演化的历史原因》，《黑龙江民族丛刊》2000年第1期。

马世雯：《近20年来的云南蒙古族研究》，《云南民族学院学报》（哲学社会科学版）2001年第6期。

王世丽：《云南蒙古史研究中的两项史实考》，内蒙古社会科学（汉文版）2002年第1期。

马世雯：《远离塞北草原的蒙古族》，云南民族学院学报（哲学社会科学版）2002年第6期。

姚大力：《中国历史上的民族关系与国家认同》，《中国学术》（总第十二辑），北京：商务印书馆，2002年。

赵心愚：《和硕特部南征康区及其对川滇边藏区的影响》，《云南民族学院学报》（哲学社会科学版）2002年第3期。

李宗放：《明代四川蒙古族历史和演变略论》，《西南民族大学学报》（人文社科版）2004年第4期。

东人达：《成吉思汗在西南的后裔》，《内蒙古大学学报》（人文社会科学版）2004年第1期。

马京、李亚：《从边疆研究的途径看云南蒙古族——以通海县兴蒙蒙古族乡为个案研究》，庄孔韶主编：《汇聚学术情缘——林耀华先生纪念文集》，北京：民族出版社，2005年。

马世雯：《云南蒙古族的姓氏源流分部及特点》，《云南民族大学学报》（哲学社会科学版）2006年第6期。

王世丽：《论蒙古族入滇的历史贡献》，《云南民族大学学报》（哲学社会科学版）2006年第6期。

罗丰：《什么是华夏边缘——读王明珂〈华夏边缘：历史记忆与族群认同〉》，《中国史研究》2008年第1期。

曾现江：《明代中晚期东蒙古部落在康区的活动及其影响》，《西藏研究》2008年第2期。

赵心愚：《纳西族木氏土司家谱所记蒙古始祖问题的探讨》，《纳西族历史文化研究》，北京：民族出版社，2008 年。

高永久、朱军：《论多民族国家中的民族认同与国家认同》，《民族研究》2010 年第 2 期。

王希辉：《重庆彭水“象鼻塞碑”考释》，《黑龙江民族丛刊》2010 年第 3 期。

王希恩：《中国民族识别的依据》，《民族研究》2010 年第 5 期。

王希辉：《重庆蒙古族来源及其社会文化》，《西南民族大学学报》2011 年第 3 期。

邓启耀：《从马背到牛背——云南蒙古族民间叙事中的文化变迁镜像》，《广西民族大学学报》(哲学社会科学版)2010 年第 4 期。

莫代山：《西南地区蒙古族研究综述》，《内蒙古民族大学学报》（社会科学版）2014 年第 1 期。

纳日碧力戈、符广兴：《云南通海蒙古族民族认同研究综观》，《中央民族大学学报》（哲学社会科学版）2014 年第 2 期。

后　记

本书是我们的国家社科基金课题《西南地区蒙古族的民族认同研究》结项成果的修改和完善。从开始准备资料到出版历经10年，非为磨剑砥砺，而是期间风云际会，机缘变换。物是人非！

感谢前贤和师友们的关心与帮助！这部书稿得以呈现，完全是集体智慧的结晶。囿于研究基础和精力，本项目的研究内容主要涉及2012年之前西南地区的经济社会发展和蒙古族人口的民族认同历程研究。2012年之后，随着国家脱贫攻坚战略的实施，西南地区各蒙古族聚居区的经济社会发展发生了巨大改变，到2020年各地实现了脱贫目标，为研究者打开了新的视野、提出了新的课题。我们将持续关注西南地区蒙古族社会经济文化发展变化这一课题。

书稿付梓之际，首先要感谢我的学姐周竞红研究员！从项目的构思到书稿的修订，竞红学姐都给予了无微不至的关怀，尤其是在新冠疫情阴霾笼罩的2020年春季，竞红姐抱病审读书稿，写出了高屋建瓴、精准独到的序言。感谢我的导师林超民先生和学长秦树才、潘先林等同好，在项目论证和开题过程中提出了诸多有建设性的指导意见，并时时勉励和扶持。感谢责任编辑金学丽女士，在编审过程中不厌其烦、严格把关、反复推敲、精审精校。

我所供职的学校是时下人们所说的"双非"大学，但从毕业分配工作入职至今已从教30余年，可谓不离不弃矣。我们老历史系（原人文学院）的同仁和学生亦师亦友，团结协作，达成了本书稿的完成：同事马世雯、郭飞平、马勇、尹建东、李勤、刘月英等尽心尽力、不辞辛劳地陪我们调研，走访西南地区蒙古族的聚居区；我的硕士研究生从2005级到2020级都不同程度地参与了收集资料、实地调研、撰写论文、校订文稿等工作。通过项目的训练，同学们增长了才干，完成了学业，成为各自工作领域的骨干与中坚，其中有11人攻读博士学位。尤其是2010级的陈霜和聂迅，他们俩作为课题组成员，先行开展了四川和云南蒙古人口聚居区的调研工作，收集了大量第一手资料，在认真研读史料的基础上完成了毕业论文的写作；在前期的资料汇编、实地调研和后期的文稿修订完善过程中，谷训涛、甘长新、郭志华、霍毅、张述友、李灵慧、沈卡祥、李晓彤、李云帆、孙诗超、张波等20余位同学都贡献的了精力和时间，使得书稿日臻完善。

在陆续开展的调研活动中，我们得到云、贵、川、渝各地蒙古族同胞和社会各界领导的热情协助和支持：云南省民族宗教事务委员会、丽江市民宗委、凉山州民宗委、云南省蒙古族研究会、四川省满蒙学习研究会、宁蒗县民宗委、通海县民宗委和档案馆、盐源县民宗委和政法委、木里县民宗委和方志办、大方县民宗委、兴蒙蒙古族乡、泸沽湖镇、屋脚蒙古族乡、项脚蒙古族乡都为我们安排了专题调研活动并提供了大量的文献资料。各地蒙古族同胞的热情接待和参与，是我们努力推进工作的坚强动力，而他们对蒙古文化和草原故乡的深深眷恋之情则不断鼓舞激励着我们前行。

由于调研工作的持续开展，我们师生和西南地区蒙古族聚居区的各界干部群众结下了深厚情谊。尤其是云南省玉溪市通海县兴蒙蒙古族乡的同胞们视我们为亲人，我们也时刻关注他们的发展和成就。700余年来，这个落籍南国红土高原的蒙古族群体人口规模变化不大，但生活方式却历经沧海桑田的变迁。改革开放40余年以来，他们的日子从温饱走向富裕、奔向小康，对蔚蓝色蒙古故乡的眷恋之情也在日益增长，他们自发地组织起来回草原旅游参观，开展经济文化交流。尤其难能可贵的是他们建设独具特色的南方蒙古族地域文化的自信心！当他们的喀卓服装服饰展演队带着劳动生产工具做道具、背着襁褓之中的小外孙当模特，不远万里舟车劳顿去通辽参加“第十七届蒙古族服装服饰文化节”，怎能不被他们的文化自信力和民族自豪感而折服！在这里谨向队长王立生、赵清丽夫妇致以崇高的敬意！向在生态文明建设中获得更加强烈幸福感的兴蒙乡蒙古族同胞们致以崇高的敬意！感谢回乡建设美好家园的期秀芬学友，她是我们历史系旅游管理专业的优秀毕业生，回乡后无论是做小学老师，还是任乡政府、县政府干部，都是兢兢业业、恪尽职守、有口皆碑，被评为“全国民族团结进步模范个人”。在本项目的调研过程中，期秀芬学友热情周到地参与到各个环节，既是课题组成员，也是田野工作向导，贡献了大量的第一手资料。

万分遗憾的是本项目的重要成员哈丹朝鲁先生于2013年猝然离世，未能看到本书的出版！哈丹朝鲁兄是20世纪80年代我们奈曼旗在京求学学子们的老大哥，兄长的风范与世长存、音容笑貌永驻心间！谨以此书敬献给哈丹大哥！

本书的出版不是我们关于西南地区蒙古族研究的结束，这会成为一个新的起点。当今学术界的研究者们从社会科学的多维角度、多个学科来关注这个远离草原故土的人群，必将推动此项研究走向更加深入、更加高远；而西南地区蒙古族同胞与周邻各族人民一道精诚团结、追求美好生活的实践也会令这一课题历久弥新。

王世丽谨识于雨花毓秀寓所

2020年12月5日